U0919361

中国教育三十年

1978～2008

ZHONGGUO
JIAOYU SANSHI NIAN

于述胜　李兴洲
倪烈宗　李　涛　◎著

中国教育三十年

1978～2008

ZHONGGUO
JIAOYU SANSHI NIAN

四川出版集团
四川教育出版社
·成　都·

图书在版编目（CIP）数据

中国教育三十年：1978~2008 / 于述胜等著. —成都：四川教育出版社，2008.11

ISBN 978-7-5408-4988-7

Ⅰ.中… Ⅱ.于… Ⅲ.教育改革-概况-中国-1978~2008 Ⅳ.G529.7

中国版本图书馆 CIP 数据核字（2008）第 166099 号

策　　划　陶明远
责任编辑　谢志良　张纪亮
封面设计　何一兵
版式设计　顾求实
责任校对　吴映泉
责任印制　黄　萍
出版发行　四川出版集团　四川教育出版社
　　　　　地　　址　成都市槐树街 2 号
　　　　　邮政编码　610031
　　　　　网　　址　www.chuanjiaoshe.com
印　　刷　四川锦祝印务有限公司
版　　次　2008 年 11 月第 1 版
印　　次　2008 年 11 月第 1 次印刷
成品规格　168mm×240mm
印　　张　22.5　插页　3
字　　数　369 千
印　　数　1-4000 册
定　　价　39.80 元

如发现印装质量问题，请与本社调换。电话：（028）86259359
编辑部电话：（028）86259381　邮购电话：（028）86259694

目录

中篇 20世纪90年代的市场经济发展与教育改革

下篇 2000年以来教育的公平、质量与文化追求

导 言
——改革开放三十年来中国的教育学话语与教育变革

2008年是中国改革开放的第三十个年头，共和国教育也走过了三十年改革发展的风雨历程。对于拥有数千年文明史的中华民族来说，三十年只是短暂的一瞬。但是，若将其置于追求国家富强、民族复兴的中国百年历史中，这三十年又显得那么非同寻常、耐人寻味。其间，一代人在刚刚见到黎明之时，就带着壮志未酬的遗憾飘然而逝；一代人在从“革命”话语到“建设”话语的痛苦转变中，承担起了现代化建设的重任；一代人在相对正常的人生轨迹与眼花缭乱的时代剧变的相互交织中，从襁褓走进学校，从学校步入社会，学成德立，成家立业……

如同千禧年来临之际的百年情思一样，这第三十个年头，也因其非同寻常，成为人们回顾和前瞻的标志性时刻。中国古代史学向以资治为首要目标，却又有一个传统：当朝人不写当朝史。这有其深刻的历史智慧——“不识庐山真面目，只缘身在此山中”；“当局者迷，旁观者清”——只有拉开距离，一个历史事件的意义，才能在丰富的历史联系中自然呈现。然而这个传统似乎已为现代中国史学所打破。早在20世纪二三十年代，在经历了对于西方教育从部分到整体、从制度形式到思想理论的移植之后，为了追求教育和学术独立，也为了给迫在眉睫的社会和教育问题把脉、定向，晚清以来的现代史（或近代史）逐渐成为中国史学研究的兴奋中心之一。作为延续和发展这一趋势的产物，现代史还成了大学、科研院所的重要学科或研究领域，并与古代史分庭抗礼。

改革开放使现代史①逐步恢复了它明真、存真的学术尊严。博士论文作为最高学位和师生共同努力的结晶，或许很能反映中国学术研究领域及其问题的分布状况。近些年来，中国教育史学科博士论文选题向现代史聚拢的趋势非常明显，中华人民共和国教育史研究得到了前所未有的开拓，以改革开放三十年教育问题为主题的论文也不罕见。这与新一代教育学人的历史学养和日趋强烈的“致用”情结不无关系，更与三十年来日益开放的言真空间密切关联。以改革开放之所赐，言改革开放时期教育之真，是当代中国学者应该承担也可能履行的历史责任。

言真，既需要勇气，也需要智慧。在习惯于说假话的时代，言真首先要有勇气；当说真话已渐渐成为人们的习惯之时，说自己的话、言他人之所未言，就显得格外重要了。开放社会的显著标志之一是：学（学术）、政（政治）、俗（大众）三大话语系统既相对独立、各言其所欲言，又彼此关注、相互回应，结成一种“和而不同”的关系。三者的分化和呼应关系，呈现的是特定社会、文化和教育的结构性状态，可能成为理解、解释和评价三十年中国教育实质性变化的重要维度。从这一维度出发进行动态历史考察，比起描述教育的数量和质量、规模和结构的变化，可能更能提供某些独特的历史经验。在此，我们将以学术话语的变化为主线，在其与政治和大众话语的适当关联中，呈现改革开放三十年中国教育的结构性进展和问题。

一、20世纪80年代：拨乱反正的政治话语

中国是带着历史的重负进入改革开放新时代的。讨论改革开放三十年的中国教育，不能回避的是“文化大革命”，因为后者是前者的历史前提。“彻底否定‘文化大革命’”——改革开放就是以此为起点的。早在“文化

① 这里所说的“现代史”，是一个与古代史相对应的概念，包括我们通常所说的“近代”、“现代”和“当代”。

大革命”之前，中国的教育学经过思想改造和“反右”运动，已渐渐沦为国家的教育方针政策汇编和教育工作者的“工作手册”。“文化大革命”则在宣告“教育是阶级斗争的工具”、“学校是无产阶级反对资产阶级主战场”的同时，把心理学宣布为“伪科学”（因为它不研究人的心理的阶级性），把高校的教育系列入资产阶级黑线，把一度主导中国教育学话语的凯洛夫教育学定性为“修正主义”学说，大学停止招收教育学专业的学生，个别幸存的教育教研室也时断时续、名存实亡。教育研究事实上中止了。

“彻底否定‘文化大革命’”，首先代表了政治和意识形态的变化，意味着政治路线从“以阶级斗争为纲”转向以经济发展为中心的社会主义现代化建设上来。在这种情况下，发展教育首先来自于经济发展的需要——“党的十一届五中全会指出：既要确定适合国民经济发展需要的经济体制，又要确定适合国民经济发展需要的教育计划和教育体制”①；“发展经济，必须发展教育。搞‘四化’离不开科学技术人才、经济管理人才和其他各方面人才，而培养人才，就要靠教育”②。教育科研又来自于国家进行教育规划和建设的需要：“造就千百万适应四化需要的又红又专的人才，教育科学必须先行……我们要加紧努力，在广泛调查、实验，认真总结老解放区的，特别是解放后的丰富教育经验，批判继承孔子以来的教育遗产，吸收对我国有益的外国教育先进经验基础上，逐步掌握教育的客观规律，建立起我们自己的社会主义教育体系来。”③ 因此，在改革开放之初的政治话语中，教育科研的合理性与必要性，是在它与国家目标和国家规划的直接关联中得到确认的。由于“发展生产力”成了最大的政治，所以这种确认并没有从根本上改变教育和教育研究为政治服务的思维逻辑，它只是从为一种政治（阶级斗争）服务转变到为另一种政治（经济建设）服务。服务于经济建设的教育发展和教育科研观，成为20世纪80年代教育的主导话语。

从思想演化的进程来看，“彻底否定‘文化大革命’”代表的是态度和立场的转变，它不是思维方式的变化。“以马克思主义为指导从事教育科研”，是当时学与政的共同话语。它以科学的世界观和方法论相统一的形式，

---

① 中国教育学会通讯发刊词［J］. 中国教育学会通讯，1980（1）：3.

② 董纯才. 积极开展教育科学研究——在中国教育学会第三次常务理事扩大会议上的讲话［J］. 中国教育学会通讯，1981（2）：3.

③ 中国教育学会通讯发刊词［J］. 中国教育学会通讯，1980（1）：3.

把政治规范（从而也是一种行为的价值规范）转化为学术研究的思维规范。于是，关于教育理论问题的探讨，就只能在一定的框架内进行。最典型的莫过于这个时期的“教育本质”论争。

这场论争开始于1979年，于1982年上半年告一段落。它是为了响应党的十一届三中全会“解放思想”的号召，主题为“教育是不是上层建筑”，讨论的理论框架和理论支点主要是早已进入中国教科书的马克思主义哲学常识：经济基础与上层建筑之间的关系。论争是在众说纷纭中结束的，并没有达成理论上的共识。[①] 其历史的价值，主要是否定了教育单纯为政治（阶级斗争）服务的方针，肯定了教育为发展社会主义经济服务，把教育的重心转移到为社会主义现代化建设服务的轨道上来，恢复了人们对于教育工作曾经有过的常识，从而为确立教学在学校教育中的中心地位、恢复正常的教育教学秩序铺平了道路。[②] 现在看来，这场论争不过是以学术讨论的形式（当时争论的参与者大多是来自于大学和科研院所的教育学研究者）表达出来的新的政治认同和政治诉求，是对于新的政治意识形态的理论诠释。

与唯物论的马克思主义相一致，20世纪80年代的教育学——从论文、著作到教科书——倾向于把教育学理解为“研究教育现象、发现教育规律的科学”。“教育本质”、“教育规律”、“教育科学”和“遵循教育规律，按教育规律办事”，是那个时代最为流行而强劲的教育学话语。在政治上，这一话语表达的是：对于同一个时代的政治而言突出教育的独立性和内在规律，对于不同历史形态的教育而言突出教育的共同本质和规律，以抗拒“文化大革命”时期政治化的教育，为认同于新的意识形态，为学习现代西方教育经验、制度和方法开辟道路。在知识论上，它表达的是一种唯物论的科学主义，即像自然科学那样，把存在于不同历史时期和同一时期不同场景中的教育现象和问题，当做同质的教育事实，认为通过对这些事实的分析比较、抽象概括，就能揭示出不以人的主观意志为转移的客观法则——“规律”。同时，“规律”论基于事实以形成规律性认识的思想路径，也在一定程度上对“左”的僵化的思想观念具有某种抑制作用。在这方面，作为教育学基础学

---

① 杨银付．教育本质研究之研究［J］．华东师范大学学报：教育科学版，1994（4）：15.

② 胡克英．教育科学的十年和展望［J］．中国教育学刊，1989（2）：3.

科的教育史研究，就有很强的代表性。

1979年12月12日，全国教育史研究会成立大会和第一届年会在杭州召开。会议的中心议题是“用实践是检验真理的唯一标准，研讨教育史研究工作中的若干问题”，重点讨论了三个问题：史、论关系，批判继承，研究范围。史、论关系涉及的是“主义”、史料和观点三者间的关系，重点在否定“以论带史”，讨论达成的一般共识是：“在马克思主义的一般原理指导下，从分析、研究具体的史料中，得到符合实际的观点或结论，揭示出教育史的客观规律，从而证实、丰富、发展马克思主义的一般原理。”“批判继承”主要涉及教育是否有共同规律以及批判继承的标准，“代表们一致认为，教育是一个永恒的社会现象，教育的共同规律是客观存在的，谁也不能否认；违反它，就会遭到无情的惩罚。而共同规律可以为任何阶级所利用”，也是继承的主要对象。批判继承的普遍尺度，则是“民主性和科学性”。教育史研究的范围是教育思想和教育制度，应与通史、哲学史和思想史有所区别，并要向科技教育史、民族教育史和老解放区教育史等方面扩展。[①] 作为时代精神的体现，这些基本观念事实上支配了此后十余年中国的教育史研究，并结晶于《中国教育通史》这部教育史学科恢复和重建时期的代表作之中。其作者主要由两部分人构成：一部分是接受过20世纪二三十年代大学教育的老专家、老学者，他们扮演着指导者的角色；一部分是接受过“文化大革命”前大学教育的中年学者，他们是研究的主力，是具体的组织和研究者。

以“主义”为理论前提的研究，注定要通过对于“主义”的重新诠释来开辟理论的发展空间。20世纪80年代前期，马克思、列宁和毛泽东教育思想的研究很盛，这是其重要原因之一。《华东师范大学学报（教育科学版）》是最能反映改革开放以来教育理论研究水平的专业刊物之一。1982年到1993年间，它上面共有9篇专论马克思、列宁和毛泽东教育思想的文章，全都发表于1985年以前。有关论文常以“学习×××”命名，表达了中国学者在意识形态面前的特有谦卑。《北京师范大学学报（社会科学版）》虽非专业的教育学刊物，却因有一批优秀的教育学研究者聚集在周围，也发表了不少体现时代脉动的教育理论文章。20世纪80年代初期，一批学者试图

① 韩达. 全国教育史研究会会议述评［J］. 中国教育学会通讯，1980（1）：11～14.

通过人道主义的马克思主义来推进政治改革，这集中体现在关于“人性、人道主义和异化”问题的争论上。[①] 在这一思想氛围中，教育学界同样也关注马克思关于人的学说[②]，其主要观点是：用异化论来论证马克思主义的人的全面发展学说，把人看做教育的出发点和归宿，把教育发展的动力归结为人的需要的产生、满足和新需要产生的历史。[③] 这种反思很快便偃旗息鼓。

1983 年 9 月 10 日，邓小平为景山学校题词：“教育要面向现代化，面向世界，面向未来。”这个后来被简称“三个面向”的题词，第二天便通过各种媒体传遍全国。其后，它还被视作邓小平改革中国教育的总体设计，于 1985 年被写进《中共中央关于教育体制改革的决定》之中。“现代化”、“世界”、“未来”这些富有感召力的字眼，提供的是一个新的宏大叙事：它以“现代化”概念为轴心，把“中国”和“世界”、“过去”和“未来”通过对比联结在一起，为从不同角度言说中国文化和教育问题的人提供了新的想象和思想空间。也是在这一氛围中，“教育现代化”渐渐进入教育言说的中心。

“教育现代化”话语无疑是接着主流意识形态“教育为社会主义现代化服务”的话语往下讲的，但它强调的重点是教育本身首先要现代化：“教育要能适应社会主义现代化建设的需要，教育本身也必须实现现代化，才能为现代化建设培养各种人才。”[④] 这种言说没有彻底摆脱社会本位的工具主义价值观，但强调教育本身要现代化，无疑把教育的现代化看做教育为现代化建设服务的基本前提。它以确认现代教育普世价值的形式，进一步凸显了教育的相对独立性和能动性，也为教育学术界不断引进西方现代学术思想资源，突破“左”的束缚进行更加独立的理论言说开辟了更加广阔的空间。

“教育现代化”话语预设了“传统/现代”、“中国/西方”的思想框架。由于认定中国和西方虽同处现代社会，但就发展水平和实际状态而言，中国

① 许纪霖．启蒙的命运——二十年来的中国思想界［J］．二十一世纪，1998（12）．

② 例如，北京师范大学的厉以贤先生就发表了《马克思主义关于人的学说与教育》，见《北京师范大学学报（社会科学版）》1983 年第 2 期。

③ 孙喜亭．试论教育的出发点［J］．北京师范大学学报：社会科学版，1984（4）：1．

④ 顾明远．新的科技革命与教育现代化［J］．北京师范大学学报：社会科学版，1984（5）：8．

教育更多地代表了传统而不是现代，于是就存在一个“现代化”、“由传统教育向现代教育转变或过渡”的问题。现代化的标杆则是已经现代化了的西方教育。20世纪80年代后期关于传统教育与现代教育、中国教育与西方教育的一般特征的比较分析，以及对处理两对关系一般原则的论说虽不乏折中调和、持重不偏之论[①]，但当时的主导思潮（特别是在接受过新时期大学和研究生教育的青年知识分子中间）无疑是“西化”（或“西体中用”）论。在这里，西方标杆同时发挥着历史反思、现实批判和未来规划等多重作用。人们借以了解西方的主要知识资源，则是通过各种途径介绍、翻译过来的，品类不一的西方思想学术著述。

最初的教育现代化讨论，集中强调现代教育的“生产力—科学技术（特别是‘新科技革命’）”基础和以之为中心的教育谋划。伴随着文化热的兴起，讨论很快便深入到教育价值和功能、教育和人的主体性等精神—价值层面问题上来。其潜在问题意识，则是对1949年以来中国教育政策和制度偏差的历史反思、批判。例如，教育价值问题的讨论虽采取了十分抽象的理论形式，从清理“价值”、“教育价值”、“教育功能”、“教育目的”等概念及其相互关系入手，进而区分并辨析教育的“本体价值”（或曰“内在价值”）和“工具价值”（或曰“外在价值”），但最终要回答的，却是当下中国应该采取什么样的教育价值观的问题。当时的教育理论界在教育价值的本质、教育价值的分类等问题上有诸多分歧[②]，但对于现实教育价值观的批判却出奇的一致。人们普遍认为：1949年以来中国教育决策的变化只是从政治工具主义走向经济工具主义，只强调教育的社会工具价值，忽视教育在培养个性、使人的潜能得到尽可能发展上的内在价值。[③] 与教育价值问题密切相关的是教育的主体性和人的主体性问题。从一定意义上可以说，后者是注重教育内在价值之倾向的深化和具体化。教育的主体性论说重在阐明教育是一种社会

---

① 如：黄济．论传统教育与现代教育［J］．北京师范大学学报：社会科学版，1986（5）．

② 李长吉．教育价值研究二十年［J］．高等师范教育研究．2001（4）：56．

③ 如：叶澜．试论当代中国教育价值取向之偏差［J］．教育研究，1989（8）；周志超，张文超．教育价值观的历史评判与现实反思［J］．教育理论与实践，1990（3）；刘复兴．教育的本体价值与工具价值关系管窥［J］．山东师范大学学报：社会科学版，1991（6）．

实践活动，具有独立于其他社会实践领域的主体地位①，实际上是以教育的主体性抗衡教育的工具主义。1990 年前后的教育本质讨论逐步摆脱了“生产力/生产关系”、“经济基础/上层建筑”的论说框架而走向“教育实践”、“教育活动论”，正是这种教育主体性追求的又一体现。人的主体性和主体性教育，则是鉴于“长期以来，由于过分强调外部世界对人的制约性，把人对社会的依从性绝对化”，结果使全面发展变成了“全面塑造”、育人的实践变成了“造物”的物质生产，倡导把主体性确立为人的全面发展的核心，把全面发展的主体由社会转向具有独立性、自主性和造性的人自身。② 它是对于西方自启蒙运动以来“人是目的”而不是工具这一现代价值的热诚肯定和接纳。③

不难看出，正是在“现代化”话语之下，中国的教育学术言说开始以批判的姿态去确立学术论说的自主性。这意味着教育的学术和政治话语已由混沌一体开始走向分化。虽然这种分化主要是在政治精英和文化精英之间展开的，大众在 20 世纪 80 年代的教育言说中还是沉默的为大多数，但仅仅是这初步的分化，已足以昭示改革开放以来中国教育的实质性进展。事实上，那些学术界相对独立而超前的言说，如“教育先行”、“主体性”、“人本”等主张，在 20 世纪 90 年代以后也确实不同程度地逐步转化为国家的意识形态话语的内容。

不过，从总体上讲，20 世纪 80 年代的教育学话语本质上还是一种反政治化的政治化话语。在它的前期，政、学两界在“彻底否定‘文化大革命’”上达成了高度一致，在共同的框架内展开论说，并共同论证着那种“生产力—科学技术”的新的意识形态母题，政治言说和学术言说如胶似漆地粘连在一起，缺乏分化和个性。后期的“现代化话语”虽然摆出了超越的姿态并孕育着分化的端倪，但那主要也只是一种姿态，一种谋求自主和独立

---

① 王道俊，郭文安．试论教育的主体性［J］．华东师范大学学报：教育科学版，1990（4）；王策三．教育主体哲学刍议［J］．北京师范大学学报：社会科学版，1994（4）．

② 张继良．主体性是人的全面发展的核心［J］．北京师范大学学报：社会科学版，1989（4）．

③ 孙俊三．论教育目的的受教育者主体性［J］．鄂西大学学报：社会科学版，1988（1）．

的姿态而已。超越的是单一的"主义"，拥抱的却是知识论上含混不清的众多的"主义"（如人道主义、人本主义、存在主义、新康德主义、理性主义、非理性主义、精神分析、科学哲学等等）。这些"主义"与其拥抱者的关系，与其说是基于知识的内在兴趣和精密理解，不如说是出于态度的一致和情感的共鸣。而态度、情感的一致性，使学科边界十分模糊：一方面是众多的"主义"纷至沓来，另一方面是每一种"主义"都会激起人们的无穷灵感和丰富想象，引来众多学科的普遍响应。想想看，当时的主体性哲学、价值哲学等以"学"命名的东西，不正是作为"主义"，穿梭于各个学科之间的么？"主义"之所以是"主义"，就在于它首先不是知识的对象，而是信仰的对象，是批判现实、规划未来的行动原则。在今天看来，"主义"与态度、情感的这种直接关联，使得当时在"现代化"话语笼罩下的教育学术论说，主要不是基于自觉知识立场的问题研究，而是观点表白、立场宣示和理想憧憬。态度一致、"主义"先行、现实关怀（其实主要是学者基于国家主体立场指点江山、进行宏大规划的致用情结），生发出"借经术文饰政论"的普遍风气。它们其实是另一种形式的政治化话语。

二、20 世纪 90 年代：知识化与专业化

20 世纪 90 年代的中国教育学术，逐步迈上了知识化、专业化轨道。导致这一变迁的宏观社会背景是中国确立了建立社会主义市场经济体系的改革发展目标。

1990 年前后，以新一轮的民间学术杂志《学人》（1991 年创刊，陈平原主编）、《中国社会科学季刊》（香港，1992 年创刊，邓正来主编）、《学术集林》（1994 年创刊，王元化主编）、《原学》（1994 年创刊，陈少峰主编）为代表，一批学者致力于"通过学术史和学术规范的重建和传统国学的梳理，为中国学术和文化奠定一个更扎实的知识基础"①。教育学界也自觉不自觉地

① 许纪霖．启蒙的命运——二十年来的中国思想界［J］．二十一世纪，1998（12）．

涌入这场学术化和知识化的潮流之中。其典型表现是教育学史和元教育学研究的迅速兴起。

1989 年是中华人民共和国建立 40 周年。虽然早在 1984 年就有学者倡导进行教育学史研究①，其后又有零星唱和者②，但是，众多的教育学史反思论文同时涌现，还是在 1989 年。这一年，仅《华东师范大学学报（教育科学版）》就发表了如下相关文章：《教育学的迷惘与迷惘的教育学——建国以来教育学发展道路侧面剪影》（陈桂生，第 3 期），《对四十年教育理论研究的历史反思》（金一鸣，袁振国，第 4 期），《论教育学理论及其在近代发展的阶段与特点》（贾永堂，第 4 期），《一条曲折的路——教学论发展四十年》（董远骞，第 3 期），《我国教育经济学发展的回顾与分析》（操扬高，冷志强，第 4 期），《关于中国近代教育史学科体系的几点思考》（田正平，第 2 期），《中国教育史研究四十年》（周德昌，第 4 期），《四十年来的外国教育史》（金锵，吴式颖，第 4 期）。此外，代表当时中国高水准教育学研究的学术刊物，如《北京师范大学学报（社会科学版）》、《教育研究》、《中国教育学刊》（由《中国教育学会通讯》于 1988 年更名而来）等，也有不少相关论文发表。虽说上述研究基本上属于粗线条的历史素描，但通过梳理知识史来确立自我意识、消除教育理论言说失语的迷惘，则是人们比较明确和一致的追求。尤其值得注意的是，对这一主题的研究在此后一发不可收拾，在广度和深度上不断扩展，形成 20 世纪 90 年代中后期以来一个不可忽视的学术热点，并借着又一个十年和千禧年的到来，凝聚成一批颇具学术功力的

① 雷尧珠．试论我国教育学的发展［J］．华东师范大学学报：教育科学版，1984（2）．就笔者目力所及，这是改革开放以来最早提倡并尝试教育学史研究的论文。

② 如：叶澜．关于加强教育科学“自我意识”的思考［J］．华东师范大学学报：教育科学版，1987（3）．

专著或博士论文[1]，它们以专题、断代、通论或教育学分支学科的形式，反思着教育学概念范畴、理论问题、知识结构、系科设置等的历史变迁和历史问题。正是通过丰富的历史反思，我们过去教育论说中作为当然前提的概念、框架等现在有了问题（如“目的—手段”体系），需要在知识与社会密切关联的历史变动中，界定其在知识版图上的特定意义和功能。一些在中国现代教育学发展中具有根本性意义的历史问题，如意识形态化与学科自立、借鉴外来理论与理论的中国化或本土化、学科的分化与综合等，开始在知识论立场上得到检视；追求教育学研究的科学化、中国化和现代化，已经成为人们在历史反思中所形成的普遍结论。

这种历史反思，指出了中国教育学百年进程中所存在的问题或毛病，却没有真正发现教育学的中国经验——那种可以真正作为中国教育学科学化、中国化和现代化的可靠历史根基——哪怕是需要改进或拓展的历史凭借也好。于是，科学化、中国化和现代化的追求，只能通过进一步借鉴和引进西方理论来解决。就是在这一背景之下，“元教育学”研究兴起了。

20世纪90年代关于“元教育学”的讨论，其知识论立场更加凸显。早在20世纪80年代后期，针对本学科恢复和重建时期以教科书面目出现的大量教育学著述所存在的“千人一面”、结构随意、逻辑混乱等问题，一些有理论头脑的教育学者就开始了以“教育学的逻辑起点”为主，兼及范畴体

---

① 如周谷平的《近代西方教育理论在中国的传播》（广东教育出版社，1996年。这是作者在1990年完成的博士论文基础上形成的）；陈元晖的《中国教育学史遗稿》［北京师范大学出版社，2001年。其主干内容是作者1997年以《中国教育学七十年》为题连载于《北京师范大学学报（社会科学版）》上的长文］；郑金洲，瞿葆奎的《中国教育学百年》（教育科学出版社，2001年。该书的撰写起念于1997年，成稿于2000年；其研究基础则是瞿先生连载于《教育研究》1998年第12期至1999年第2期的同名长文）；杜成宪的《中国教育史学九十年》（华东师范大学出版社，1998年）；金林祥主编的《20世纪中国教育学科的发展与反思》（上海教育出版社，2000年）；王坤庆的《教育学史论纲》（湖北教育出版社，2000年）；侯怀银的《20世纪上半叶中国教育学发展问题的反思》（华东师范大学博士论文，2000年）。那些见证并参与中国教育学百年进程的学界前辈们结合个人学术实践的历史回顾类论文，更是所在多有。

系、知识性质等问题的探讨。① 进入90年代，在国内“元”研究②话语的感召下，人们进而关注西方近几十年兴起的“元教育学”。日益增多的有关研究话题，逐渐被有些学者归拢到“教育学的元分析”或“元教育学”的名下。③ 从1995年第1期开始，《华东师范大学学报（教育科学版）》开设了“‘元教育学’讨论”专栏，展开了为期两年的讨论。在这个讨论的前后，还有若干学术专著出版。④ 有关研究者对于“元教育学”的性质有各种理解和诠释，如：“教育理论的理论”⑤、“教育理论的形式研究”⑥、“教育科学研究的方法论”⑦、“教育学的认识论”⑧ 等，但基本立足点似乎又是相同的，即“元教育学”以教育理论为对象，是对于教育理论的研究。由于理论总是以知识化的形式——即由概念、范畴、命题或判断等所构成的逻辑体系——表现出来，故说到底，“元教育学”是对于教育理论的知识基础和知识逻辑

① 如瞿葆奎，喻立森的《教育学逻辑起点的历史考察》（《教育研究》1986年第11期）；沈剑平的《教育学的逻辑起点初探》（《教育研究》1988年第3期）；范国睿的《西方关于教育学理论性质的探讨》（华东师范大学硕士研究生论文打印稿）等。当时不少学者有一种理论抱负：希望教育研究能像马克思的《资本论》从“商品”分析入手揭示资本主义社会那样，确定教育问题分析的逻辑原点。

② 特别是“元哲学”研究，它具有高度辐射力。早在1987年，哲学界就有人从元哲学的观点来研究“哲学是什么”的问题（如李光程的《哲学究竟是什么——从元哲学的观点来看》，《哲学研究》1987年第12期）。

③ 如张乐天的《教育学元科学研究的回顾与前瞻》（《教育研究与实验》1993年第1期）；黄向阳的《教育研究的元分析》[《华东师范大学学报（教育科学版）》，1993年第2期]；瞿葆奎，唐莹的《元教育学的兴起与发展》（中国人民大学报刊复印资料《教育学》1993年第10期）；郭元祥的《元教育学概论——元教育学的性质、对象方法及意义》[《华东师范大学学报（教育科学版）》1994年第2期]，等等。

④ 如姚文忠的《元教育科学导论——教育科学研究的理论和方法》（成都科技大学出版社，1992年）；陈桂生的《“教育学”辨——元教育学的探索》（福建教育出版社，1998年）；瞿葆奎的《元教育学研究》（浙江教育出版社，1999年）。

⑤ 如郭元祥，郑金洲等有此说。

⑥ 如陈桂生有此说。他特别强调语言—逻辑的形式分析。

⑦ 姚文忠在他的那本专著中明确主张这一观点。

⑧ 唐莹是元教育学研究中用力最勤、成果最多的学者之一，他在《元教育学——西方教育学认识论剪影》（《教育研究》2001年第2~3期）对此种主张进行了比较充分的论证，强调“元理论是理论的认识论。它不仅从语言逻辑分析中寻找教育学知识的认识论标准，还从研究的方法论的角度探讨教育学知识形成的认识论标准。事实上，这两者是不能截然分开的”。

的分析、批判。至于它特别重视语言—逻辑分析，那是因为理论知识最终是通过语言来表达的。其研究目标，则是建立教育知识的合法性、规范性标准。

中国20世纪90年代空前高涨的“元教育学”研究，在2000年前后渐呈衰歇之势。唐莹大概是少数几个对该研究始终保持理论兴趣和进行一贯研究的学者之一。其专著《元教育学——西方教育学认识论剪影》[①]，在系统梳理西方20世纪教育学认识论发展历程之后，比较有创造性地概括出了教育理论的六种类型，详密论证了教育理论中如何处理应然与实然、真理性与方法论的关系，提出在描述性、批判性和规范性的综合运用中形成“元教育学”研究的章法。有论者把“元教育学”研究在中国走向沉寂，归结为它后来致力于对西方理论的引进，偏离了使中国教育学科学化的初衷，“没有把元教育学与研究实践、研究者的需要联系起来，因而找不到进一步发展的动力和基础”[②]。但在我看来，情形可能恰恰相反。中国学者研究“元教育学”当然关怀着中国教育学科学化的根本目标，但由于“元教育学”本就是西方文化和历史传统的现代结晶，要落实那一根本目标，首先要做的，就是从西方的历史、文化传统和社会现实，去理解其“元教育学”的逻辑。只是教育学史研究突出的主要还是理论知识本身的历史，远未进入其与西方社会和文化的内在关联之中。

但不管怎么说，教育学史研究和“元教育学”研究彰显的都是教育学的知识基础。只不过，前者侧重于知识基础的历史方面，后者侧重于知识基础的逻辑方面。知识立场的凸显，不仅解构了20世纪80年代单一“主义”主宰下的教育学，而且超越了20世纪80年代后期冲击单一“主义”的多元“主义”。进入20世纪90年代特别是其中期以后，仍不乏基于信仰和情感，进行立场宣示和现实批判的教育学言说，但它们显然已遭到冷落，不再构成学术界（特别是那些走在理论前沿的研究）的主流。在学术界受到普遍欢迎的，恰是那些知识基础比较扎实、问题意识明确的研究成果。[③] 它并不意味

---

① 唐莹．元教育学——西方教育学认识论剪影［M］．北京：人民教育出版社，2002.

② 赵婷婷．国内元教育学缘何沉寂［J］．沈阳师范学院学报：社会科学版，1999（4）：79.

③ 集中体现在学术和学位论文重视学术规范，强调充分掌握研究文献，在观点与方法的双重考问中，总结已有研究，形成自己的问题。

着彻底拒绝“主义”，而是把“主义”当做假设，当做经过反思的自觉的方法论前提，并要求把“主义”落实到具体问题研究中。这种学术立场的转变，与其说在拥抱新的“主义”，不如说是拥抱知识。如果一定要说它是“主义”，那它也是“知识主义”。它也以这样一种方式，把教育的学术话语同教育的“政治—行政”话语切割开来。这种学术言说在其庸俗化形式中，常常会出现堆积概念、故作艰深、晦涩难解的现象，以至于顾明远先生在《教育学报》创刊之初（该学报创刊于2004年，编委会主任就是顾先生）曾告诫我们：“教育理论研究要说人话，不要说鬼话。”那些“鬼话”，一方面与日常语言，特别是大众语言十分隔膜，让一般人甚至教师大众都莫名其妙；另一方面，因为它是“洋鬼子”的话，从语词到句法都是外国式的，让中国人不知所云。不过，历史地看，即便那些“鬼话”也出自活人之口，在当时也具有抗拒意识形态话语、促进教育学言说与政治和大众言说分化的历史意义。

这种知识化追求，与20世纪90年代中国市场经济的启动和不断发展也大有关系，后者导致了文化和学术体制不可逆转的深刻变化，其突出表现就是专业化程度的空前提高，学、政、俗三大话语系统在市场导向下的相互分化。

20世纪90年代初邓小平的南方谈话，让人们搁置了“姓资”、“姓社”的争论，让人们“警惕右，更要反对‘左’”，并使1992年举行的中共十四大把“建立社会主义市场经济体制”确立为20世纪90年代经济体制改革的基本目标。市场经济的启动，直接影响了新一轮的教育体制改革。因为中国学术化的教育研究主要是以高等院校，特别是高等师范院校为依托进行的，故高等教育体制的改革对教育学术的影响更为直接。

1993年1月，国务院批转了国家教委《关于改革和积极发展普通高等教育的意见》；同年2月，中共中央、国务院印发《中国教育改革和发展纲要》，国务院亦发布《关于〈中国教育改革和发展纲要〉的实施意见》；同年7月，国家教委发布《关于重点建设一批高等学校和重点学科点的若干意见》。这些重要文件确认了国家教委1990年开始酝酿的“211工程”建设方案，并使该工程于1995年正式实施。从国家规划层面来看，学科建设的前提是把握各门学科的历史、现状和未来方向。1994年，根据全国哲学社会科学规划办公室《关于开展哲学社会科学各学科研究状况与发展趋势调查的意见》，全国教育科学规划领导小组组织相关专家集体研究，形成了《我国教育学学科研究现状与发展趋势调查报告》[1]。1995年10月，国家教育委员会师范教育司主持编写的《教育学学科建设指导性意见》由人民教育出版社出版。这些举措，既呼应又推动了学界的基于学科和专业的知识反思。所以，“元教育学”研究与国家规划在时间上的耦合绝非偶然。

“211工程”的实施，把中国高校的科学研究逐步纳入“国家规划—行政主导—经济驱动”的标准化运行模式之中，引发了各有关高等院校在科研经费、重点学科、学位点、引进高水平和高学历人才等方面的激烈竞争。它导致了教育学术的一系列重要的变化。首先是学科意识和专业分化程度的空前增强。无论是重点学科还是学位点建设，都以学术梯队为基础，不同的学者遂被定位于特定的“学科—专业—研究方向”上。其次是确立统一化、标准化、规范化的学术评价标准，以之为职称评聘、业绩奖惩、学位点和重点学科设立的客观依据。在这一过程中，学术刊物与非学术刊物形成了日益清晰的分野，学术刊物自身的等级序列也被建立起来。这无疑是20世纪90年代初以来一些前沿学者强调学术规范的学术化追求在体制上的落实。只是，这种专业化和规范化趋势主要以国家和区域规划为前提，面向教育发展战略和重要现实问题的科研项目、科研成果受到极大重视，它改变了20世纪80年代人文学者一统天下的局面，以建设的姿态与政府合作、用社会科学方法从事应用研究的学者地位空前凸显，以“主义”见长的人文学者逐渐边缘化了，基础理论性质的研究也日益受到冷落。过去那种传统干预方式，逐步让位于用行政权力调配学术和经济资源以落实国家目标的方式。

与市场经济的快速发展相适应，文化市场也初步形成。至20世纪90年代末和21世纪初，以网络技术、媒体技术为主要载体的大众文化异军突起。从世界、国家大事到街谈巷议、家庭琐事、个人情感，从正襟危坐的学术讲论到花边新闻、戏谑调侃的娱乐文化乃至痞子文化，都在网络中拥有一席之地。网络的开放性、即时性和大众性，使任何一个能识字断句的人都成了潜在的“作家”，他们也都可以通过网络快速、便捷地获得自己所需要的大量文化信息。中国意义上的现代公共空间，实际上主要借助于网络空间形成。

---

① 全国教育科学规划领导小组办公室. 我国教育学学科研究现状与发展趋势调查报告［R］. 教育研究，1995（9~10）.

虽说网络同时为不同阶层、立场和趣味的人提供了空前广阔的言说空间，但从知识生产的角度来看，最能吸引众多网民眼球的，主要有两类知识人：一类是所谓“公共知识分子”，他们运用自己掌握的理论和知识，站在公众立场上对公共问题（也是大众关注的问题）发表意见，试图以舆论的力量影响政府决策，素质教育、教育收费、高考等，都是他们讨论的热门话题；另一类是所谓“野狐禅”、“学术明星”、畅销书作者等，他们把学术性知识进行了通俗化、情感化加工，以正经或不正经的方式，满足着大众的文化娱乐需要，开发着巨大的文化快餐市场。

值得注意的是，在“知识化”、“专业化”话语逐步占据20世纪90年代学术主流的同时，一股“精神”性话语也潜滋暗长。1993年，《上海文学》第6期的“批语家俱乐部”栏目，发表了文学沙龙性的《旷野上的废墟——文学和人文精神的危机》一文。主持人是华东师范大学教授王晓明，参加者有该校文学博士和硕士研究生张宏、徐麟等。该文激起了一场为时两年之久的“人文精神”大讨论。这场讨论对于其后中国的人文社会学科的学术话语产生了广泛而持久的影响。在社会、文化层面上，这场讨论“所指涉的是90年代的中国现实，是对于伴随着市场经济和经商大潮而兴起的负面现象：拜金主义、见利忘义、理想沦丧、道德解体，用一种经典性的表述，就是对于金钱的关怀远远大于对精神的关怀”①。它同时也直接关联着人文学者在市场经济大潮来临时的生存危机感和自我定向：

去年以来，面对迅速崛起的商品经济大潮，最难适应的可能是人文学者。相对来说，自然科学家因有可能把他们的研究成果变成专利用以开发，故转型比较容易；学经济的、学法律的，也就是社会科学这一摊子，也比较容易转型；跟市场经济距离最大的，或者比较难以立足的，可能是人文学者。……我们现在考虑的是，还愿意在书斋里面作文史哲研究的这些学者们的命运，以及将来可能的出路。②

中国的教育学自恢复和重建以来，自觉地把自己定义为“科学”（也有以教育学为“艺术”者，但似乎属于逻辑不通之列）；即便是教育学科中最具人文色彩的教育史研究，长期以来也自我认同于社会科学家的立场，以发

---

① 王晓明．人文精神寻思录［M］．上海：文汇出版社，1996：176．

② 陈平原，钱理群，等．人文学者的命运及其选择［J］．上海文学，1993（9）：62．

现“教育的历史规律”为己任。加之国家因重视经济建设而重视教育，至少在理论上也愈益强调教育科学研究的重要性，市场经济启动后一个巨大的教师培训市场呈现在教育系科面前。这些都使专业的教育学者较少其他人文学科学者的生存危机感，故教育学界对于“人文精神”的呼应主要集中在社会、文化层面。

教育学界的“人文精神”话语，首先针对着随“商品—市场经济”兴起的物质主义、拜金主义。这种“人文精神”在“道德”、“理想”、“信仰”等相互混杂的言说中登场，多少带有某种道德主义的味道。这可能是德育理论、教育哲学研究者较早积极介入“精神”言说的重要原因。其后续发展主要沿着两个方面进行：在教育实践层面，人们力图用“人文教育”去平衡“科学教育”，“人文精神和科学精神”、“人文教育和科学教育”的整合成了部分学者的口头禅，并开始进入某些以“现代教育理论”等命名的教科书中；随着市场经济发展而建立起来的大学“教育—学术”体制，也在“人文精神”的视野中受到检视，并逐渐聚拢到“大学精神”（而非“大学规律”）的旗帜之下。在学术理论层面，“人文精神”在与所谓“科学主义”的对抗中彰显自己的知识立场，它引导人们去关注西方的“人本主义”教育学及其与“科学主义”教育学的分野，力图引进和建立一种贯注人文精神、体现人文学科特点的教育学研究范式。

在20世纪二三十年代的“科玄论战”中，“玄学派”在思想主张上处处与“科学派”相左，但在论战之前，其立场（知识化立场）早已为后者所同化，以至于著名学者汪晖在进行历史解读时，把那场论战说成是“以知识化方式进行的又一场文化论战”[①]。与此相类似，处在知识化氛围和日益深入的专业化体制中的中国教育学者，由于长期受中国当代文化、政治环境及特殊学科背景的影响，较少拥有人文学者的精神体验，难以在体验中领会真正的人文精神，也不太擅长人文化的表达方式，因而只能以概念化、逻辑化的方式去传达自己所追求的“人文精神”。这使得“精神”从一开始就被知识化了。其中最典型的莫过于“大学精神”论说——在众多的专业教育学论说者那里，“大学精神”不过是“大学规律”、“大学定理”的变相表达。尽

① 汪晖. 现代中国思想的兴起［M］. 北京：生活·读书·新知三联书店，2004：1330~1343.

管如此，“精神”话语至少体现了部分教育学者的人文情怀和人文学者姿态。随着人们对于日益工程化的“教育—学术”体制之消极体验的与日俱增，这种“精神”话语亦将获得必要的思想空间。不仅如此，它还昭示着教育学界人文化学术自觉的开始，以及人文学者与社会科学家的初步分化。

此外，“元教育学”与“中国教育学史”研究的奇特结合也值得特别关注。前面说过，两者关注的都是中国教育学的知识基础，只不过一个侧重逻辑方面，一个侧重历史方面。然而，问题也出在这里。“元教育学”所揭示的“逻辑”之主体是外国的（当然也是西方的），“中国教育学史”所描述之“史”的主体则是中国的（这个“中国”当然是现代中国而不是传统中国，因为传统中国没有“教育学”这个学科，甚至没有现代意义上的学科）。于是，历史与逻辑的结合变成了中国的历史（或中国的实际）与西方的逻辑（或西方的理论）的结合，这似乎又犯了叶澜先生所说的中国1949年前和20世纪50年代教育学的老毛病——“‘理论’是外国的，‘实际’却是中国的”[①]。或许正是有鉴于此，有学者在继提倡“元教育学”研究之后，又强调教育研究要实现历史与逻辑的统一。[②] 不过，这种“历史”与“逻辑”的分离，又是与20世纪90年代知识化的历史逻辑相一致的。这种知识化的取向在把“主义”还原为知识之后，只能沿着“概念—逻辑—范式”的路径前行；而在“概念—逻辑—范式”中，知识的历史性和文化性即使没有被完全取消，也是在一个更加超越、普遍的知识框架内被观照和审视的。这个框架确实超越了中国的教育学，却没有超越西方的教育学——是西方“关于教育理论的理论”，使我们拥有了超越的资格。它以“西话中说”的方式，确立了中国教育学的多重独立姿态——独立于意识形态话语，独立于其他人文社会学科（尽管这个独立的形式意义远远大于实质意义），也独立于“庸俗”的大众话语。

然而，这种独立也付出了教育学与中国社会更加疏离的代价。如果说在20世纪90年代的社会文化语境中，这种知识化追求还有它历史的合理性，可以博得“为了知识而知识”、坚守“象牙塔”[③] 之类的美名，那么，世纪

① 叶澜. 中国教育学发展世纪问题的审视［J］. 教育研究，2004（7）：10.

② 郭元祥. 论教育研究的历史意识与逻辑意识［J］. 华东师范大学学报：教育科学版，2000（1）：29.

③ 石鸥. 市场经济和象牙塔［J］. 教育研究，1994（2）.

之交中国市场经济初步建立所带来的文化格局变化，则使它遭到了来自方方面面的诟病。来自行政立场的批评强调“中国特色社会主义教育理论必然在中国当代教育科学体系中占据主导地位，决定或引导着教育科学体系的整体发展……背离现实中国主流教育思想，脱离中国教育实践发展的教育科学研究既没有社会实践基础，也没有理论发展空间”①。来自大众（特别是各级各类学校教师）的反应是“看不懂，也不想看”。来自学术界的批评，圈外人士往往觉得教育学界制造理论话语多，但具有典范意义并能为其他学科提供借鉴的学术成果少；还是圈内人士的自我反省多且深（毕竟教育学的境遇与教育学者的生存境遇密切相关）。有关说法很多，但归结到最后，还是一个理论与实践的关系问题。只不过，这种“反思—重建”是在一个变化了的历史语境中进行的，体现出超越知识、走向文化的学术追求。

三、2000年以来：超越知识的文化追求

自20世纪80年代后期的文化热以来，无所不包的“文化”概念，开始被泛化到各个人文社会学科和各种社会领域问题的言说中，似乎成了一个“很滥”的词儿。但是，我仍愿用“文化追求”一词来表达2000年前后以来新兴教育学话语的历史和时代特性，实在是由于我深深感受到，不是别的，正是文化立场、文化态度和文化理解的根本性转变，才构成了2000年以来教育学术状态的宏观背景、历史底色。

2000年以来，有一句话很流行，叫做“有知识而没有文化”，是用来批评那种知识化人格的。它看似平常，却是传达时代精神的典型话语。在当代中国的很长一段时间里，“知识”和“文化”是同义语。1957年，毛泽东在《关于正确处理人民内部矛盾的问题》中说：“我们的教育方针，应该使受教育者在德育、智育、体育几方面都得到发展，成为有社会主义觉悟的有文化的劳动者。”这里的“有文化”其实就是“有知识”。然而，在“知识越

① 见俞家庆主持的国家教育科学十五规划重点课题《中国特色社会主义教育理论研究》（打印稿），第10页。

多越反动”的“文化大革命”时代，就是这点有限的“文化”，也遭到了无情批判和否定，以至于改革开放要从提倡“尊重知识、尊重人才”之类的基本常识开始。但在20世纪80年代，人们心目中的知识，主要是科学技术或科学技术化了的知识（民间流行的“学好数理化，走遍天下都不怕”一句话，很能表达当时的状态）。进入90年代，“尊重知识”的观念普及了（尽管在80年代末90年代初，鉴于体脑倒挂，知识界曾有“光着屁股坐花轿”的自我揶揄），人们也朦胧地意识到“知识”与“文化”的不同，但把握和表达“文化”的方式却仍然是“知识化”的（准确地说，是自然科学化的），只不过是朝着专业化方向推进和深化了的。其典型代表，是由“文化热”转变而来的“国学热”。“国学”关怀着“国”，却落实为“学”（其实就是知识），并走向考据化道路。在2000年以来，当人们说出“有知识而没有文化”并得到比较广泛认同的时候，“文化”已经处在与“知识”的对比和超越关系中。对比是为了区分，区分是为了强调，强调被区分出来的东西的某个方面。这句话在不同场合、从不同的人口中说出，含义会略有不同。有时是说一个人只有关于科学和技术的知识而没有历史和文化的知识，这主要是人文社会学科中人批评自然科学研究者的口吻；有时是指向那些只有西方知识而缺乏中国知识特别是中国文化和社会常识的人，这主要是“土鳖”嘲笑“海龟”的口吻；有时又是指“知识”与“人格”、“理智”与“情感”、“理论”与“实际”（特别是“生活”）等的分裂，这多半是人文社会学科学者的自我反思和自我批判。在文化与知识的对比和超越中，“文化”的重心显然发生了偏移：在与自然科学知识的对比中，强调社会和人文知识；在与外来（特别是西方）文化的对比中，强调中国文化（或本土文化）；在与外在知识的对比中，强调内在的人格和境界；在与理智的对比中，强调情感、需要、信仰；在与理论的对比中，强调实际、生活。当然，对于“文化”的空前强调，并不意味着否定“知识”，而是要凸显“知识”与“文化”的密切关联，把“知识”置于“文化”的基础之上进而超越知识。于是，思想重心同时也是价值重心的转移，又指向一个极其高远的“文化宏愿”：对于“文化”的完整把握和全面实现。不难看出，“有知识而没有文化”这一学术界的生活话语，以具体而微的形式，袒露出2000年以来中国学术界（当然也包括教育学界）的思想密码。以此为出发点，反观2000年以来教育学界的流行学术话语，如“本土生长”、“回归生活世界”、“回归实践”、“生命立场”、“叙事研究”、“质性研究”等，我们会发现，各种说法看似纷繁歧异，却是同一种时代精神的不同表达，属于同一个相互关联、彼此呼应的知识家族。

“本土化”或“本土生长”无疑是与全球化相对应的概念，“民族主义”和“世界主义”的对立是其潜在文化立场或思想前提。基于民族主义立场，“本土化”倡导者把西方教育制度和理论在包括中国在内的第三世界国家的扩张，视为与西方政治、经济的全球扩张相伴随的文化殖民；把中国对于西方制度和理论的引进视为自我殖民。在消极方面，它要反殖民化或去殖民化；在积极方面，它追求中国教育在自尊自信、自我认同基础上的自我表达和自我建立，并希望以此去达成一种“和而不同”的文化理想。“本土化”既是一种实践追求，也是一种理论追求。作为理论追求，它希望在把握本土文化教育发展逻辑的基础上，形成自己的理论话语，以中国的方式去思考和表达中国自己的问题。所以，“本土化”追求既意味着理论视线的内转，即由关注西方、从西方找寻思想，转变为关注自我和自我生成；也意味着理论视线的下移，即搁置理论思考者头脑中已被“殖民化”了的思想和理论，在对于中国实践的关注和理解中，形成中国自己的理论。于是，“本土化”与“回归实践”、“回归生活世界”关联起来。值得注意的是，鉴于“本土化”仍然具有“他者”导向的自我殖民色彩，为了进一步体现和落实“本土化”追求，遂有“本土生长”概念的提出。“生长”这个概念，显然是个体生命的文化隐喻，它也以这种方式，与“生命立场”或“生命追求”等话语关联起来；而“本土”这个概念所以颇有磁性，一被创制就迅速蔓延开来，显然与它的丰富隐喻有关：既有“土得掉渣”的意味（关注边缘和民间），也有“土壤”的意味（文化土壤、生命土壤）。一言以蔽之，“本土生长”是“原汁原味”的“土生土长”。[①] 这种隐喻性，很容易把表达民族国家间文化关系的“本土生长”，转化为对中国内部的国家与区域（地方）、主流与非

① 讲“本土生长”的教育学论文很多，但最具代表性的似乎是项贤明的《教育：全球化、本土化与本土生长——从比较教育学的角度观照》，载《北京师范大学学报（人文社会科学版）》2001年第2期。

主流、中心与边缘关系的联想。《教育学报》2007 年第 6 期发表的一组文章[①]，就很有代表性。

再来看看“回归生活世界”话语。“生活世界”是现象学大师胡塞尔在20 世纪 20 年代前后提出的一个哲学概念，并在他写于 1935 ~ 1936 年间的《欧洲科学的危机与超越论的现象学》[②] 中得到了集中论述。[③] 20 世纪 90 年代初开始为我国学术界所研究，并在一些教育学者的论述中有所反映，但成为一个十分流行的教育学术话语，却是在 2000 年以后，特别是最近几年。要理解“回归生活世界”的教育学旨趣，首先要弄明白“生活世界”的对应物是什么。

大体说来，“回归生活世界”的完整表述，主要有“教育回归生活世界”和“教育理论回归生活世界”两种。前者的对应物是“教育”，准确地说是“学校教育”，即“体制化”、“制度化”的教育[④]，特别是“表现出明显的目的性、结构性和有序性”的现代教育（或者说“科学世界的教育”)[⑤]。在这里，“教育回归生活世界”，显然是过去“教育—生活”关系问题的新表述，它们都有弥缝教育与生活、学校与社会分裂的意图，因此有中国教育史知识的学者会十分自觉地去关注和援用陶行知的“生活教育理论”。但是，在陶行知那里，“生活教育”主要作为“老八股”和“新八股”（即“洋八股”）的对立面出现，并不存在“科学—人文”之间的紧张和对立关系，也不存在对于“体制化”本身的批判，虽然“生活教育理论”具有明显的非学校化成分。“生活世界”话语则建立在区分“科学—人文”基础之上，表现为对于“体制化”教育之非人文性的反思乃至批判。于是，“生活世界”被赋予了人文性、个体性、生命性等新含义。所以，“教育回归生活

① 这组文章有三篇，它们分别是：徐莉的《文化家园与教育守望：一位苗族女教师的执著与困惑》，孙杰远的《自组织力量：人力资源生长的教育人类学考察》和王枬、古专华的《文化变迁与教育发展：泗水乡教育场景的描述与阐释》。

② 也有翻译成《欧洲科学危机和超验现象学》的，如上海译文出版社 1988 年版。

③ 王晓丽．近十五年关于“生活世界”问题的研究［J］．社会科学战线，2004（5）：219.

④ 林存华．教育世界与生活世界：从“隔离”到“融通”［J］．教育理论与实践，2004（1）：3.

⑤ 项贤明．生活世界的教育与科学世界的教育［J］．教育研究与实验，1999（4）：14.

世界”，实际上就是回归意义世界（即人文学意义上的文化世界），回归个体化的生活和生命世界，个体生命中的非理性方面（如直觉、灵感和顿悟，情感、意志和欲望，以及无意识等）得到了空前强调；师生关系，亦被还原或建构成基于理解和对话的“交往关系”。虽然“回归”的倡导者们一般不主张取消学校教育和“科学世界”的教育，而是力图沟通教育与生活、学校与社会，融合“科学世界”的教育与“生活世界”的教育，但“生活世界”显然被赋予了本原甚至本体（作为自然与应然统一体）的意义。

在“教育理论回归生活世界”命题中，“生活世界”对应着“理论世界”，所以，这个命题是过去“理论—实践”关系的新表达和新建构。值得注意的是，在与“理论世界”的对应中，“生活世界”的场域常常（虽非总是）也在“概念—隐喻”的相互作用下发生位移，转变为学校场域中的生活。这意味着实践的生活化，即实践由原来执行理论命令的角色，转变为特定教育活动主体在特定条件下的自我定夺和自我展开。其中，来自于理论家的理论，不再具有主宰具体教育行动的能力；导致具体教育行动发生的，是行动者的常识、信念、利益权衡、生活习俗和常规，以及活动中的人与人之间的具体关系或活动结构。这使得“生活”（哪怕是学校生活）概念具有突出的人文化色彩。这大概可以用来解释20世纪90年代继“教育是培养人的社会实践活动”的教育本质定义出现后，为什么有学者会主张进一步区分“教育实践”与“教育活动”，强调“教育活动是不同于教育实践的一个十分重要的教育学概念，是解开教育领域中主体性发展之谜的一把钥匙、一个入口。……教育活动有主体—客体、主体—主体和主体—自我三个互为条件的层面，在不同的层面上分别发展着主体的能动性、社会性和个性”①；“回归生活世界”的倡导者们为什么会自觉不自觉地去拥抱“活动”而疏远“实践”。这是因为，“活动”没有理论的强制性（或者说，理论的强制在活动中是无效的），更具主体自为性、个体性、情境性、动态关联性等特点，与“生活”更加接近。理论家的理论即使对教育活动主体有影响，也只有在其进入活动主体意识、变成活动者个人知识的一部分时才有可能；而且，这种影响常常只作为活动中的“部分”因素发挥作用。

---

① 石中英. 关于教育活动的理论思考［J］. 北京师范大学学报：社会科学版，1996（2）：21.

与“实践”的生活化同时发生的，是“理论”的生活化倾向。一方面，教育学家在专业化的书斋里所建构的抽象理论，不再被认为是有效、合法的。有效的理论不只要联系实践，它本身就必须来自实践，来自对于实践的全面理解和把握。要实现这一点，理论研究者必须参与实践，做到不仅在“知识—技术”层面，而且在“情感—体验”层面上把握实践。这意味着理论性质、理论功能、理论研究者姿态以及理论研究者和教育实践者关系等的根本改变：“理论”不再提供单一的“规律—规范”，它在本质上是呈现性的——全面呈现教育活动的结构和状态；“理论”的主要功能不是指示和规范，而是基于理解、解释的实践知识分享；理论研究者不再以“实践大脑”或指导者自居，而是实践活动的参与者之一；它与实践者的关系，也由指导者和被指导者，转变为基于共同实践的各自个人知识的“对话—交往”关系。① 另一方面，理论研究本身也开始被理解为一种实践、活动或生活，因此，要区分“教育学”和“教育学研究”，区分静态的“教育学知识”与动态的“教育学活动”，因为静态教育学知识不过是动态教育学活动的产物；要真正理解教育学知识的意义，就必须将其纳入生成它的活动过程之中，全面关注研究主体的生存环境、文化氛围、个体生命。② 这种生活化指向，同时包含着对于教育学研究主体的实践的人文要求，即在知识与人格的统一中进行理论创造，并以人文化的方式去探究教育问题、表述教育知识。“良知先于理论”、“尊德性而道问学”、“同情之理解”、“学者的人间情怀”、“意义与学科的统一”、“表达与塑造的统一”等在述旧中开新、穿梭于各人文社会学科之间的话语，都是这种实践的人文要求的不同表达。说到底，“回归生活世界”就是回归到以人文世界为根底的人的文化世界。它使得“理论—实践”范畴超越具有浓烈“工程—技术”色彩的知识论而走向“生命—文化”的生存论。

我相信，说到这里，即使不再逐一解读2000年以来流行的教育学话语，

---

① 体现这一致思倾向的论文很多，如：宁虹、胡萨的《教育理论与实践的本然统一》（《教育研究》2006年第5期）；李润洲的《实践逻辑：审视教育理论与实践关系的新视角》（《教育研究》2006年第5期）。

② 石中英．教育学的文化性格［J］．教育研究，2002（3）．笔者的《学术与人生——舒新城与他的道尔顿制研究》（《北京大学教育评论》2007年第4期）亦有此意。

诸位方家也能洞悉“超越知识的文化追求”是怎么一回事了。大体说来，它是这样一种东西：以人为主体，把与人相关的世界进一步区分为自然世界、社会世界和人文世界①，并通过凸显人文世界的本原性②超越知识，谋求对于“文化”（同时也是“生命”、“生活”、“实践”等）的完整把握和文化价值的全面实现。对于教育实践的筹划如此，教育理论的自我规划也是如此。这种追求显然不是空穴来风，它有自己的现实社会背景；它也不纯粹是理论的自我滚动，理论有着异常明确的现实针对性。就宏观社会背景而言，有几个因素似乎值得特别关注。

其一，以加入 WTO 为标志，中国的市场经济体制基本确立，中国也以体制化的形式，更加深刻地卷入全球化进程之中。

2002 年，对外经济贸易大学研究员贾宝华提出了“后改革开放时期”的概念。他认为，经过二十年的发展，中国的改革开放已基本结束，经济发展的动力已从特殊的优惠政策变成了普遍的市场体制，经济发展的主体已由政府变成了市场，从国营部门变成了非国营部门，世界经济体系对中国国内经济的影响已经成为左右中国经济发展的决定性力量。③ 不管我们是否赞同他的观点，但一个不争的事实是，到 2000 年前后，中国的市场经济体制确已基本建立。市场经济的不断发展和市场体制的基本确立，不仅使中国走出了计划经济时代，也使中国价值观的多元化成为现实。这直接导致了中国知识界文化立场和态度的根本变化。

这一变化的实质性意义在于：文化选择、评价和实践主体，开始由单一的“国家—政治”主体向民间社会转换。在 20 世纪 90 年代的文化场域中，中国传统文化在民间的复活，有两个现象特别值得关注。在学术层面，是被称为“文化保守主义”思潮的出现，陈明等创办于 1994 年并延续至今的《原道》辑刊是其典型代表。在大众文化层面，是传统民间宗教的复活。由

---

① 在教育学界，这种区分最为深入、明晰的，是石中英的《知识转型与教育改革》（教育科学出版社 2001 年版），该书因此成为相同立场教育学者争相征引的对象。

② “人文世界”与“社会世界”、“价值”与“意义”的分疏，以及“人文世界”的凸显，是理解 2000 年以来教育学之新致思倾向的关键。正是在这里，“生命”、“生活”、“实践”、“文化”等，作为具有很强隐喻性质的概念，可以相互渗透和诠释。

③ 贾宝华. 中国进入“后改革开放”时期［J］. 宏观中国，2002（37）.

于与个人主体和民间社群的自主选择密切相连，这种传统文化复活已经超越了知识和社会价值（如道德、法律）等层面，而深入到个体的精神世界和精神生活中。民间宗教自不必说，因为它本身就是与个体精神安顿直接相关的信仰问题。就是学术层面的儒学，也具有了强烈的精神关注。聚集在《原道》周围的一批学者，不仅主张用学者的态度去研究以儒学为主体的传统文化，而且倡导以儒者的姿态尊重、理解并积极承担民族的文化生命——因为中国学者注定不能作为一个旁观者、局外人来处理自己的历史文化传统。至于“文化保守主义”阵营中强调儒学的宗教性甚而提倡立儒教为国教者，其“信仰—精神”指向则更加明显。取代20世纪80年代“文化热”而起的90年代“国学热”，通过把“国”与“学”相关联而表达出精神性与知识化的双重追求，虽则“国”的关怀消解在知识化的形式中。有学者认为，“国学”这个概念本身就存在明显的知识逻辑问题。但在我看来，重要的倒不是它是否真有此问题，而是揭示这个“有知识逻辑问题”的东西所传达出来的那个现实的“历史—文化”逻辑。不揭示这个逻辑，我们就无法理解新世纪的中国教育学术状态。

到了2000年前后，中国市场经济发展所带来的综合国力提升，使国人的文化自信空前提高，文化保守主义思潮乘此东风更加强劲，不仅在学术界产生了更大影响（2004年被称为“文化保守主义年”），而且进一步走向民间社会和大众生活（传统节日被空前强调，“新读经运动”异军突起等），甚至影响了这个时代国家的政治话语和文化行为。第29届奥运会那台具有浓重民族文化情调的开幕式文艺演出，正是通过学、政、俗的联姻，对近年来传统文化生活化、精神化趋向的集中呈现。传统文化在民间生活中的复活和浸润于文化保守主义氛围中的文化写作，使中国人具有了一定的现实人文精神体验，教育学者的“人文精神”、“人本主义”言说才不会完全蹈空驾虚，才可能获得其现实的经验对象，由抽象走向具体。上述文化现象和文化因素，或许不会使学术界确立对于传统文化的普遍信仰，却必定会改变学术界的文化心态和文化立场，一元化时代的单元简易心态注定要为多元化时代的相互理解、尊重和包容所取代。事实上，到2000年以后，任何文化立场都可能遭到来自其他立场的质疑和批评，这使各种文化立场处于相互制约之中。至少在学术界，虽然极端民族主义和民族虚无主义（如全盘西化论）皆有其言论空间，但都不再是思想主流；既开放好学、乐于欣赏，又自信自肯、勇于创造，才是日益普遍化的学术心态。全球化时代所带来的空前文化紧张，自然会使相当一部分学者特别是人文学者，对西方的文化扩张和殖民保持高度警觉，起而以“本土化”或“本土生长”制衡之，力图以自己的创造性思想参与国际性的文化和教育对话。这是空前追求世界化的时代（“与国际接轨”），也是空前关注文化身份和民族文化认同的时代。

其二，大众文化进一步兴旺，它在冲击学术界的同时，也使学术界自觉调整自己的文化立场和学术的研究与表达方式。

20 世纪 90 年代后期开始的大学扩张运动，已使当今中国步入高等教育大众化阶段。2005 年底，中国有各类高校 2300 余所，在校学生超过 2300 万人，全国接受过高等教育的人数已达到 5%。大学生拥有个人电脑在 90 年代还比较罕见，现在则已十分平常了。即使那些家境比较贫寒的学生，也可以利用学校提供的日益充足的电子设备和网络资源，即时获得丰富的社会、文化和学术信息。大学扩招以及高等教育的大众化确实存在诸多负面影响，却发挥了造就学术大众、推动学术文化大众化方面的重大作用。大学生和接受过大学教育的人是名副其实的学术大众。这些学术和知识大众，不仅是大众文化的重要消费主体之一，更成为大众文化的言说主体。尽管他们中的绝大多数并不以学术为职业，但作为沟通学院内外的中坚力量，他们确实在深刻改变和重塑着学院与外部社会的关系，是学术文化与大众文化相互交接、相互转化的重要力量之一。

市场化运作且日益发达的网络媒体、不断壮大的知识大众，为 21 世纪造就出更多、更耀眼的大众心目中的“学术明星”、“文化明星”。除了因特网之外，凤凰卫视的“世纪大讲坛”、央视的“百家讲坛”等，都可以被看做学术与大众互动的文化平台，也是造就此类明星的重要场所。以易中天、于丹等为代表的“学术明星”，虽因其知识瑕疵和市场炒作气味而遭到来自学院派的攻击，但他们以贴近大众生活情感的方式，把学术与大众、历史与现实的距离空前拉近了，这总是值得重视的。对于学院派特别是人文学者来讲，如果希望自己所治之学能不只对学术知识的增进，也对现实的社会生活有用，那么，如何重新认识学术与市场、学术与大众的关系，就是一个不能回避的问题。更何况，学术文化未必高雅，如果它依附权力、跪拜金钱；大众文化也未必庸俗，如果它立意高远、关爱人生。

以此为背景，不少学院派学者改变了 20 世纪 90 年代以愤世嫉俗的孤傲心态去抱怨庸俗文化、抱怨大众文化中庸俗化倾向的做法，尝试着以学术为根底，通过理解和对话，介入到大众文化的写作之中。这种介入，又反过来影响了学院派学者的学术写作方式。以内在体验为基础，把更加严谨的学理与尽可能通俗而又情感化的表达方式相结合，似乎正在改变90年代那种带有一定普遍性的自话自说和艰涩文风。从这个意义上来讲，21世纪是空前知识化的时代，也是空前情感化的时代。大众文化如此，学术文化似乎也是如此。毕竟，学术文化也好，大众文化也罢，其根基在生活，其生命力也来自于生活，来自于文化写作主体的完整生命体验和对于生活的真实表达。如果说“政治化”时代大量存在意识形态的遮蔽性，使人们难以表达真实，“知识化”时代在对事实、逻辑、客观必然性的狂热追求中搁置了价值和情感的真实，那么，“文化追求”时代则力图通过全面把握、合理区分文化实践的不同层面，全面而有效地表达真实。从这个意义上，超越知识的文化追求，又是在大众文化影响下，学术界调整自己的文化立场、探寻新的研究和表达方式的结果。

其三，“工程化”高等教育和学术体制空前发达，激起了学院派学者特别是人文学者的反思。

受“211工程”一期又一期的实施，以及紧随其后的“985工程”和高等学校本科教学评估的进一步强化和推动，中国高等教育及其学术不仅走出了20世纪80年代的自发“教学定向”阶段，也走出了90年代的自觉“科研定向”阶段，迈入寻求“教学科研均衡发展”、全面实现工程化管理的阶段。大学排名，各种名目的“工程”纷纷出台，量化、细化且日益严格化的教学、学术评估评价指标的出现，是这种状态的显著表征。

2000年以来空前发达的工程化学术体制具有三个根本特征：一是贯彻始终的工程思维。“文化大革命”后，“建设”话语逐步取代了“革命”话语。如今，“建设”话语已经深入人心，人人谈“建设”、天天喊“建设”、行行搞“建设”。既然要“建设”，那就要有目标、方案、时间表，有“投入”有“产出”。于是，一切“建设”皆可纳入“工程”视野：社会建设是工程，文化建设也是工程，以至于道德、学术之业，莫不可以“工程”建设之。统一化、标准化和规范化，就是工程思维的基本特征。二是行政组织和行政权力起支配作用。在中国当前情形下，各级教育和学术行政组织全面参与工程的设立、实施和评价过程。各种学术资源（项目、重点学科、学位点及与之相关的经费）主要由行政权力掌控，各种评价标准的制定和评估活动的实施，也是以行政权力为主导的。出于“效率”、“公平”的双重考虑，行政组织自然倾向于统一化、标准化和规范化的管理，因而与工程思维不谋而合。三是以利益驱动（主要通过用行政权力分配学术资源的方式进行）为手段，去落实国家目标和国家规划。

该体制内含三个深刻的矛盾冲突关系：一是学术权力与行政权力的冲突。对此，王英杰先生曾作过深入剖析。① 这种冲突从高等教育产生那一天起就存在，却又是一个具有时代性和世界性的问题。相当一部分行政权力拥有者身兼学术职位，用行政权力为单位、集团或个人抢占学术资源，导致了学术资源分配中形式上的“公平”（统一化、标准化、规范划的指标）而实质上的极端不公。二是社会科学家和人文学者的分化加剧，陈平原等人在20世纪90年代初对于人文学者生存危机的担忧，终于在进入21世纪以后变成了普遍现实。社会科学家可以以国家目标和国家规划为前提，以建设者的姿态去从事工程式研究，容易获得较大的生存发展空间；人文学者则以其基于文化理想进行长线思考，以及固有的文化和现实批判本性，难以融入工程化体制之中。三是按照工程要求生产出来的呈几何级数增长的学术产品，由于急功近利，缺乏内在学术精神支撑，大多并不具有学术品位（先是抄袭成风，后来有了“规矩”，又变成了改头换面的复制）。②

正是这种工程化学术体制所带来的矛盾和冲突，导致学院派学者特别是人文学者的强烈反弹和反思。2003年，围绕着北京大学人事制度改革而展开的全国性高等教育和学术体制大辩论，就是上述矛盾冲突的结果和典型。③

① 王英杰. 大学学术权力与行政权力冲突解析——一个文化的视角［J］. 北京大学教育评论，2007（1）.

② 笔者在与一位省级教育科学规划负责人的私下交谈中得悉：这些年该省立项完成的科研课题，真正称得上研究的不到10%。考虑到该区域拥有不少国内高水平大学和科研院所，全国性的比例当会比此更低。

③ 罗燕，叶赋桂. 2003年北大人事制度改革：新制度主义社会学分析［J］. 教育学报，2005（6）.

从这个角度来看，如同强调大学的人文本性①、强调教育学的人文本性②一样，2000 年以来教育学的文化（当然首先是人文文化）追求，显然与反思、批判这种工程化体制有关。它同时关联着人文学者的现实利益和人文学科的自主性问题。

余论：接着往下说

进入 21 世纪以后的中国教育学术，已经开始了它的自我批判和反思。③反思不是否定，而是要“接着往下说”。接着说的说法自然可以也应该多种多样。就笔者目力所及，以下几个问题似乎值得一提：

1. 后现代主义立场及其思维方式

正如很多学者所观察到的那样，兴起于 20 世纪后期、以后现代主义为主要代表的当代西方哲学和文化思潮，已明显成为中国教育学研究的新的参照系。④ 后现代主义在 20 世纪 80 年代后期被介绍到中国，但直到 90 年代后期才在学术界得到比较广泛的传播。进入 21 世纪以后，它已经不仅作为一种观点、立场被使用，而且作为一种思维方式，深深嵌入越来越多中国学者的学术思考和理论言说之中。教育定义中的反本质主义倾向，知识分类（自然知识、社会知识与人文知识）中对于人文知识的强调，知识历史形态把握（分为原始知识、古代知识、现代知识与后现代知识）中对现代到后现代知

---

① 如陈平原在《大学何为》中说：“作为专业设置，文、理、法、医、工、农等，各有其独立性，评价标准不一；但作为大学的整体形象，是人文（或社科），而不是科学（或技术）。这不仅仅指‘教育’的学科定位，更包括‘办教育’这一行为本身所蕴涵的文化理念。”（北京大学出版社 2006 年版，第 191 页）

② 如冯建军在《教育研究》2006 年第 6 期《论教育学的生命立场》一文中，强调“教育学是‘成全生命’的人文之学”：“教育学与其他学科看待同一现象的区别在于它秉持的是‘教育立场’。‘教育立场’就是关怀生命、促进生命发展的立场。”

③ 程亮. 中国教育学：从“漂泊”到“寻根”[J]. 教育学报，2008 (3).

④ 叶澜. 中国教育学科年度报告 2002 [R]. 上海：上海教育出版社，2003.

识转型的确认，研究方式上从“宏大叙事”走向“小叙事”，研究对象上对于边缘、个体、非理性、差异性、不确定性的关注等等，都是后现代主义思维方式在中国教育学文本中的具体呈现。

由于关联着中国社会和文化结构（特别是城市和发达地区）的历史变迁，后现代主义的历史语境在中国和西方确实具有某种相同或相似性。故后现代主义思维方式在中国并非完全无根，而是有着一定的现实基础。[①] 鉴于城乡二元结构、发达的东部地区与发展滞后的西部地区形成的巨大文化教育反差，中国的现代性规划远未完成，故教育学术中的后现代叙事与现代化叙事不仅同时存在，还有相互融合的趋势。即使抱有明显后现代立场的中国学者，大多也以超越现代性的姿态去容纳现代性而不是取消现代性。因此，当下中国的后现代主义思维和言说，就其主流而言，既是批判性的，也是建设性的，它“促进了教育研究生气勃勃的自由发展”，却又没有彻底“向理性主义研究方法告别”。至于一些学者以中国的科学和科学教育远未发达为由，拒绝后现代主义对于科学主义和理性主义的批判，不见得是明智之举。这是因为，虽然中国的科学和科学教育远未发达，但中国的科学主义却早已借强大的国家规划力量发达起来。不以必要的人文主义、后现代立场进行观照，很可能使科学、科学教育以及教育的科学研究走到科学的反面。这跟极端后现代主义所导致的实践后果是一样的。

2. 教育理论家与教育活动者

任何时代都有追求理论与实践统一的意志——实践需要自己的理论，理论要求自己变成现实。只是由于社会条件的变化和历史基础的不同，这种统一的具体内涵和方式会有差异。“回归生活世界”的时代话语，也要求我们在区分生活和活动主体的基础上，去准确把握不同层面的“理论—实践”关系：谁的理论与谁的实践相统一？理论家的理论和其理论活动，由于是同一个主体，才谈得上理论和实践的统一；同样，各个教育活动者的个人理论与其教育活动，由于是同一个主体，也才谈得上统一。当我们在讲理论家的理论与教育活动者的实践相统一的时候，其表达的已不再是理论与实践的关

---

① 张应强，赵军．后现代主义与我国的教育研究［J］．教育研究，2006（6）：42～44．

系，而是两类人、两类知识和两类活动之间的关系；它的思想前提和问题情境，是由专业化和社会分工所带来的体制性矛盾。[①] 不明白这一点，大谈“理论和实践的统一”，要么会用理论家的理论去强迫教育活动者，要么就用教育活动者的实践取代教育理论家的实践。想想看，一个理论工作者，即使像“回归生活世界”者所倡导的那样，能在参与教育活动中理解教育、形成理论，那他也是以一个专业的理论工作者身份去参与的，并以形成理论为直接目标。正是理论家的这一特殊身份，决定了理论家的理论注定与追求特定教育教学目标实现的教育活动者的个人理论并不相同，因而才有可能，也有必要进行对话和交流，并通过对话和交流相互丰富。完全放弃理论工作者的专业身份去参与教育活动，理论工作者就变成了另一位教育活动者，思想成果的分享、交流和对话也变成了两个教育活动者之间发生的事，这等于取消了理论家的理论和理论活动。

所以，要处理好教育理论家与教育活动者之间的关系，必以承认既定的社会分工和专业化体制为前提，并以完善这种分工和体制为重要目标。理论家的理论活动方式，既可以是社会参与式的，也可通过书斋中的文本解读进行——不能为了强调一种方式，就取消另一种方式。须知，当今中国的教育理论生产，既需要“真切笃实”的社会参与，也需要“真切笃实”的书斋䌷绎；既需要基于国家目标和国家规划的建设性姿态，也需要针对国家目标和国家规划的批判性立场。关键在于是否“真切笃实”，在于建设得是否卓有成效，批判得是否切中时弊，而不是只要一种方式、一种姿态。这同样适用于处理学、政、俗三者间的关系。在三者业已分化的今天，以一种方式、一种立场支配、统领其他立场，既不可能，也无必要。唯有基于彼此尊重和理解的真诚对话，在“和而不同”中相互滋养，学、政、俗三者才分化而不对立、独立而不封闭。这是科学的态度，也是民主的和人文的态度。

3. 理论家的理论与其理论活动

说到理论与实践的统一以及人文的态度，不能不进一步思考理论家的理论与实践相统一的问题。在这方面存在的主要问题是：沉湎于具体问题研究

---

① 于述胜．中国教育史学科结构方式的历史探究［J］．北京师范大学学报：人文社会科学版，2008（1）．

者常常缺乏自觉的方法论意识，难以形成贴近时代脉搏，拥有高屋建瓴之势和醍醐灌顶之力的学术产品；致力于方法论建构者又往往说得多、做得少，提倡、建构了太多的理论模型、研究范式，但把它们落实到具体问题研究中形成典范性学术成果，又显得非常不够。尤其是人文精神和教育学人文本性的理论张扬，更少变成倡导者的人文化探究和表达方式。以至于教育学界对于“大学精神”的研究，至今仍主要以“大学定理”、“大学定律”的方式呈现，这本身就是理论与实践脱节（甚至自相矛盾）的表现。在这方面，一些圈外人士的“大学精神”探究，倒更能体现“精神”的本性。比方说北京大学教授陈平原，他把“大学精神”还原为“大学传统”，并主要通过讲述“大学故事”加以呈现，确实抓住了“精神”和“精神”表达的精髓。[①]而他对于“学者之文”（有学且有文）的提倡和实践，更寓有融会社会科学和人文学科探究方式的深意[②]，值得我们认真思考：如何把“超越知识的文化追求”以有效方式落到实处？

“学”与“文”的统一，是严密学理、宽厚知识与人文情怀、人文化探究和表达方式的统一。比较而言，教育学特别是教育史研究的人文学特性体现得还很不够。这样的典范性成果，是实现跨学科对话、沟通“象牙塔”和文化大众的要津。它同时关联着弘扬人文精神，关联着人文学科生存发展空间的扩展和学术自主性的确立，或许值得我们为之努力。

---

① 陈平原．大学排名、大学精神与大学故事［J］．教育学报，2005（1）．

② 请参见笔者《大学精神的另一种探寻——〈大学何为〉述论》，《现代中国》第十辑，北京大学出版社，2008．

上篇 20世纪80年代：拨乱反正与体制改革

>> 1976年，持续十年之久的“文化大革命”结束了。1978年中国共产党第十一届三中全会的召开，标志着中国进入了改革开放的新时代。

>> 1980年前后，同整个中国社会的发展状态相适应，中国教育发展的首要任务也是拨乱反正，即把被“文化大革命”所颠倒了的是非重新颠倒过来，把“教育为阶级斗争服务”转到为以经济建设为中心的社会主义现代化建设服务上来，恢复人们曾经有过的教育常识，并通过向“文化大革命”前十七年的教育制度回归，重建正常教育教学秩序。

>> 1985年，以中共中央召开第一次全国教育工作会议和《中共中央关于教育体制改革的决议》为标志，中国教育走上了以体制和结构改革为主要内容，建立为社会主义现代化建设服务、与经济体制和科技体制改革相配套的教育体系的道路，开辟了在改革中不断发展的新方向。

第一章 教育发展的历史性转变

从1976年10月“文化大革命”结束，到1981年6月中国共产党召开的十一届六中全会通过了《关于建国以来党的若干历史问题的决议》，标志着党在指导思想上拨乱反正任务的完成，对社会主义建设道路进行了初步探索。在这一时期，我国的政治、经济、思想、文化和教育等领域都进行了正本清源、恢复正常秩序的纠偏工作，在短期内迅速解决了全国混乱的局面。教育领域发生了极大的思想转变，出台并实行了一系列改革措施，使教育发生了很大的变化。

一、教育领域的拨乱反正

1976年10月，“文化大革命”结束，1977年教育领域开始拨乱反正。教育领域的拨乱反正是以推翻“两个估计”为突破口，从而加入了对真理标准问题的大讨论，为教育的改革和发展奠定了思想基础。

（一）彻底否定“两个估计”

“两个估计”的提出。1971年4月15日至7月31日，全国教育工作会议在北京举行。7月27日会议形成了由迟群主持起草，经张春桥、姚文元定稿的《全国教育工作会议纪要》。①《纪要》认为：

长期以来，在教育战线上，始终存在着两个阶级、两条路线的激烈斗争，即无产阶级和资产阶级争夺教育战线领导权的斗争。

1957年反对资产阶级右派斗争的胜利，使教育战线的资产阶级势力受到一次沉重的打击。1958年，毛主席号召："教育必须为无产阶级政治服务，必须同生产劳动相结合。"广大革命群众和革命干部在党的总路线的指引下，掀起了一场教育革命，许多革命的社会主义的新生事物，冲破了×××修正主义路线的压迫和破坏，蓬蓬勃勃地生长出来。但是，由于当时无产阶级对教育部门的领导权问题还没有从根本上解决，这场革命刚刚起来就被×××一伙破坏了。他们污蔑这场革命是"乱、糟、偏"，疯狂地反攻倒算。1961年，又通过制定高教"六十条"，使"教授治校"、"智育第一"、"业务挂帅"等黑货更加系统化，加紧推行修正主义教育路线，达到十分猖狂的程度。1962年党的八届十中全会上，毛主席及时发出了"千万不要忘记阶级斗争"的号召，更加完整地提出了党在社会主义历史阶段的基本路线。这一时期，毛主席对教育革命问题作了一系列指示，并且尖锐地指出："旧教学制度摧残人才，摧残青年，我很不赞成。"×××一伙竭力封锁、抵制毛主席的指示，利用他们窃取的权力，到处推行资产阶级的"两种教育制度"，妄图继续霸占住教育阵地，对无产阶级实行专政。

这次会议是在张春桥、迟群等人的主持下召开的。他们在教育问题上提出了一些过激的主张，从而遭到一些与会者的反对和抵制。然而，迟群竟指责这些与会者是"资产阶级知识分子的代表"。"两个估计"就是在《纪要》里提出来的：

历史事实证明，解放后十七年，在毛主席革命路线照耀下，教育战线上的广大共产党员、共青团员、革命干部和革命知识分子对×××修正主义教育路线，对旧教育制度进行了多次抵制和斗争，教育方面，也有一些进步。但是，由于×××一伙网罗一小撮叛徒、特务、走资

① 何东昌主编. 中华人民共和国重要教育文献（1949—1975）［C］. 海口：海南出版社，1997：1479 ~1481.

派，把持教育部门的领导权，疯狂推行反革命修正主义教育路线，毛主席的无产阶级教育路线基本上没有得到贯彻执行，教育制度、教学方针和方法几乎全是旧的一套。从这些学校出来的学生，有些人由于各种原因（这些原因大概是：或本人比较好，或教师比较好，或受了家庭、亲戚、朋友的影响，而主要的是受社会的影响）能同工农兵结合，为工农兵服务，有一些人则不能。甚至有的工农子弟，进了大学，受到资产阶级的腐蚀，“一年土，二年洋，三年不认爹和娘”，变得同工农兵格格不入。在无产阶级专政的国家内，在教育战线上，这种资产阶级专了无产阶级的政的严重现象，引起了全国广大工农兵的强烈不满。1966 年，毛主席在《五七指示》中一针见血地指出：“学制要缩短，教育要革命，资产阶级知识分子统治我们学校的现象，再也不能继续下去了。”毛主席亲自发动和领导的无产阶级文化大革命，从文化教育阵地开刀，是非常及时的，完全必要的。

原有教师队伍中，比较熟悉马克思主义，并且站稳无产阶级立场的，是少数；大多数是拥护社会主义，愿意为人民服务的，但是世界观基本上是资产阶级的。

这就是所谓的“两个估计”，即：“文化大革命，前十七年教育战线是资产阶级专了无产阶级的政，即‘黑线专政’；知识分子的大多数世界观基本上是资产阶级的，是资产阶级知识分子。”从这“两个估计”出发，会议确定了较为偏“左”的教育政策，正是这些政策使广大知识分子长期受到压抑。这些政策包括“工宣队”长期领导学校；让大多数知识分子到工农兵中去接受再教育；选拔工农兵上大学、管大学、改造大学；缩短大学学制，将多数高等院校下放由地方领导等。

对“两个估计”的批判和否定。“文化大革命”结束后，1977 年 8 月，中共中央召开科学和教育座谈会，邓小平同志代表中共中央在会上做了《关于科学和教育工作的几点意见》的讲话。他指出：

对建国以后的十七年怎样估计，这是大家很关心的问题。这个问题在科研方面基本上得到了解答，大家不满意的是在教育方面。这是一个应当回答的问题。

我个人认为，毛泽东同志在“文化大革命”以前的大部分时间里，对科学研究工作、文化教育工作的一系列指示，基本精神是鼓励，是提倡，是估计到我们知识分子中的绝大多数是好的，是为社会主义服务或者愿意为社会主义服务的。在1957年以后讲过一些过头话，但在60年代初期，他还是支持科学14条、高等学校60条这些的。我们要把毛泽东同志在教育方面的主导思想，在知识分子问题上的主导思想讲清楚。毛泽东思想是我们一切领域的指导思想，应当从总体方面完整地准确地表达出来。这是很重要的。对全国教育战线十七年的工作怎样估计？我看，主导方面是红线。应当肯定，十七年中，绝大多数知识分子，不管是科学工作者还是教育工作者，在毛泽东思想的光辉照耀下，在党的正确领导下，辛勤劳动，努力工作，取得了很大的成绩。特别是教育工作者，他们的劳动更辛苦。现在差不多各条战线的骨干力量，大都是建国以后我们自己培养的，特别是前几十年培养出来的。如果对十七年不作这样的估计，就无法解释我们所取得的一切成就了。

就知识分子的世界观改造方面来说，应该怎样估计呢？世界观的重要表现是为谁服务。我国的知识分子世界观绝大多数是自觉自愿地为社会主义服务的。①

1977年9月，邓小平同志同教育部主要负责同志谈话。他批评了教育部徘徊观望的态度，指出："《纪要》里讲了所谓'两个估计'，即'文化大革命'前十七年教育战线是资产阶级专了无产阶级的政，是'黑线专政'；知识分子的大多数世界观基本上是资产阶级的，是资产阶级知识分子。这个问题究竟怎么看？建国后的十七年，各条战线，包括知识分子比较集中的战线，都是以毛泽东同志为代表的路线占主导地位，唯独你们教育战线不是这样，能说得通吗？《纪要》是毛泽东同志画了圈的。毛泽东同志画了圈，不等于说里面就没有是非问题了。我们不能简单地处理。……《纪要》引用了毛泽东的一些话，有许多是断章取义的。《纪要》里还塞进了不少'四人帮'的东西。对这个《纪要》要进行批判，划清是非界限。""'两个估计'是不符合实际的。怎么能把几百万、上千万知识分子一棍子打死呢？我们现在的人才，大部分还不是十七年培养出来的？……你们的思想还没有解放出来。你们管教育的不为广大知识分子说话，还背着'两个估计'的包袱，将来要摔跟头的。现在教育工作者对你们教育部有议论，你们要心中有数，要

---

① 国家教育委员会政策法规司．十一届三中全会以来重要教育文献选编［C］．北京：教育科学出版社，1992：2.

敢于大胆讲话。我在8月8日科学和教育工作座谈会上的那篇讲话，是个大胆的讲话，当然也照顾了一点现实。”“教育部要争取主动。你们还没有取得主动，至少说明你们胆子小，怕又跟着我犯‘错误’。我知道科学、教育是难搞的，但是我自告奋勇来抓。不抓科学、教育，四个现代化就没有希望，就成为一句空话。抓，要有具体政策、具体措施，解决具体的思想问题和实际问题。你们要放手去抓，大胆去抓，要独立思考，不要东看看，西看看。把问题弄清楚，该怎么办就怎么办。该自己解决问题，自己解决；解决不了的，报告中央。教育方面的问题成堆，必须理出个头绪来。现在群众劲头起来了，教育部不要成为阻力。教育部首要的问题是要思想一致。赞成中央的，就干；不赞成的，就改行。”①

在邓小平同志的领导下，教育部组织开展了对“两个估计”的批判。1978年7月，国务院批转了教育部部长刘西尧在全国教育工作会议上的报告和总结。刘西尧在报告中指出：“‘两个估计’是‘四人帮’在教育战线上反动思想的核心，影响最深，危害最大。他们制造的许多谬论和事件，都是由此派生的。”1979年3月19日，中共中央批转教育部党组的报告，决定撤销1971年中共中央批转的《全国教育工作会议纪要》和1974年中共中央转发的《关于河南省唐和县马振扶公社中学的情况简报》两个文件。中央批示指出：“这两个文件，是在‘四人帮’及其亲信一手把持下炮制出来的，是错误的。它在教育战线危害极大，流毒很深，应当继续批判。”“各地一些同志由于执行这两个文件犯了错误是没有责任的。由此而造成的冤案、错案、假案，尚未平凡昭雪的，要抓紧解决。”

1981年6月，中国共产党第十一届中央委员会第六次全体会议一致通过《关于建国以来党的若干历史问题的决议》。《决议》指出：“总之，我们现在赖以进行现代化建设的物质技术基础，很大一部分是这个期间建设起来的；全国经济文化建设等方面的骨干力量和他们的工作经验，大部分也是在这个期间培养和积累起来的。这是这个期间党的工作的主导方面。”“‘文化大革命’被说成是同修正主义路线或资本主义道路的斗争，这个说法根本没有事实根据，并且在一系列重大理论和政策问题上混淆了是非。‘文化大革

① 国家教育委员会政策法规司. 十一届三中全会以来重要教育文献选编［C］. 北京：教育科学出版社，1992：8.

命’中被当做修正主义或资本主义批判的许多东西，实际上正是马克思主义原理和社会主义原则，其中很多是毛泽东同志自己过去提出或支持过的。‘文化大革命’否定了建国以来十七年大量的正确方针政策和成就，这实际上也就在很大程度上否定了包括毛泽东同志自己在内的党中央和人民政府的工作，否定了全国各族人民建设社会主义的艰苦卓绝的奋斗。”“实践证明，‘文化大革命’不是也不可能是任何意义上的革命或社会进步。它根本不是‘乱了敌人’，而只是乱了自己，因而始终没有也不可能由‘天下大乱’达到‘天下大治’。……在社会主义条件下进行所谓‘一个阶级推翻一个阶级’的政治大革命，既没有经济基础，也没有政治基础。它必然提不出任何建设性的纲领，而只能造成严重的混乱、破坏和倒退。”“历史已经判明，‘文化大革命’是一场由领导者错误发动，被反革命集团利用，给党、国家和各族人民带来严重灾难的内乱。”《决议》彻底否定了“两个估计”的谬论。

推倒“两个估计”的意义不可低估，它实际超出了教育的范围，是一场政治化的批判运动。1977 年 8 月刚刚开过的中共十一大，仍然肯定“文化大革命”，仍然宣称要批江青反革命集团的“极右实质”。而邓小平同志却在这同一个月，以教育为突破口，勇敢地把斗争锋芒指向了“文化大革命”的极“左”实质，指出了作为“文化大革命”重要组成部分的“教育革命”的核心依据——“两个估计”是错误的，打破了“左”的政治禁区，冲破了“左”的思想禁锢，在教育领域率先进行新一轮的拨乱反正，推动了深入批判“左”倾错误的斗争。推倒“两个估计”，实际上是批判“两个凡是”的先声，为 1978 年春开始的真理标准讨论做了思想舆论准备。

（二）恢复招生考试制度

高级中学实行推荐与选拔相结合的办法招生。“文化大革命”对教育思想、教育制度的“批判”，是从对招生制度的“批判”开始的。1966 年 6 月，中共中央、国务院批转教育部党组《关于改革高级中学招生办法的请示报告》。中央批示指出：“改革高级中学（包括相当于高中的学校）招生办法，是贯彻执行毛泽东思想，进行教育革命的一项重大措施。各级党委应加强领导，保证贯彻执行。”① 教育部党组的《报告》认为，“现行的招生考试办法，是资产阶级的办法，没有突出无产阶级政治，是业务第一，分数挂帅”，应予改革。改革的意见：废除现行高级中学招生考试办法，实行推荐与选拔相结合的办法招生，在当地党委统一领导下，采取群众路线的办法进行。推荐与选拔必须突出政治，贯彻党的阶级路线。工人、贫下中农、革命干部、革命军人、革命烈士子女及其他劳动人民子女，凡符合条件的，应该优先保证升入高中。具体招生政策由教育厅、局制定，请示省、自治区、直辖市党委批准。初中和小学的招生，仍维持原有办法，但必须突出政治，保证录取德才兼有的学生。

这样，高中招生废除考试，实行推荐与选拔相结合的办法。实际上，1966 年度城市中小学没有进行毕业考试，而是采取民主评定办法考核成绩。高中应届毕业生留校参加“文化大革命”，毕业时间推迟到寒假。城市的高级中学全体教职工和学生，初级中学全体教职工和三年级学生，小学的全体教职工，不放暑假，留校参加“文化大革命”。

高等学校招生取消考试，采取推荐与选拔相结合的办法。1966 年 7 月，中共中央、国务院发出《关于改革高等学校招生工作的通知》。《通知》认为：“高等学校招生，是关系到培养无产阶级革命事业接班人的重大问题，是一项严肃的政治任务。解放以来，高等学校招生考试办法，虽然不断地有所改进，但是基本上没有跳出资产阶级考试制度的框框，不利于贯彻执行党中央和毛主席提出的教育方针，不利于更多地吸收工农兵革命青年进入高等学校。这种招生办法，必须彻底改革。”②

《通知》提出，为了使高等学校和高中有足够的时间彻底搞好“文化大革命”，使实行新的招生考试办法有充分的时间做好一切准备，中共中央和国务院决定：1966 年高等学校招收新生的工作推迟半年进行。《通知》对招生考试体制、考试办法等问题提出了意见：

根据中央关于领导体制适当下放，充分发挥地方积极性的精神，从今年起，招生工作下放到省、自治区、直辖市办理；教育部负责编制各高等学校

---

① 金铁宽．中华人民共和国教育大事记（2）［M］．济南：山东教育出版社，1995：827.

② 陆震．中国考试史文献集成（第八卷）［C］．北京：高等教育出版社，2003：17～18.

招生计划和检查各地贯彻执行中央的方针政策以及完成招生任务的情况。从今年起，高等学校招生，取消考试，采取推荐与选拔相结合的办法。高等学校招生的推荐与选拔，应在各地党委统一领导下，采取群众路线的方法进行。首先由中学根据统一规定的政治审查标准、健康检查标准和高中毕业生的平时成绩，经过学校领导、教师和学生的党团组织共同评议，把德、智、体三方面条件较好的学生推荐出来，然后由县委或市（区）委组织的、由各有关部门参加的招生委员会进行审查，最后集中到省、自治区、直辖市，在省、自治区、直辖市党委的领导下，由高等学校统一招生委员会按照基层党委和中学的推荐意见，并参考学生的志愿择优录取。各地在分配推荐名额时，应大于选拔名额（即招生计划数字），以便从中选拔。（此时尚未取消应届高中毕业生上大学的资格。）

对于在阶级斗争、生产斗争和科学实验三大革命运动中经受过一定锻炼的、政治思想好、年龄在 25 周岁以下（个别特殊情况的可以超过 25 周岁；理工科一般年龄应小一些）、具有高中毕业或相当于高中毕业文化程度、劳动两年以上的工人、贫下中农、劳动青年，以及退伍军人、在职干部（包括中小学教师）、四清工作队员，也采取推荐与选拔相结合的办法，由所在单位的基层推荐到县或市的招生机构审查，然后推荐到省、自治区、直辖市的招生委员会负责加以选拔，保送入学。

高等学校选拔新生，必须坚持政治第一的原则。应该贯彻执行党的阶级路线，对于工人、贫下中农、革命干部、革命军人、革命烈士子女以及其他劳动人民的子女，凡是合乎条件的，应该优先选拔升入高等学校。至于剥削阶级家庭出身的应届高中毕业生，一定要经过严格审查，对于那些在政治上确实表现好的，也允许挑选适当数量的人升入高等学校。在处理政治、学业、健康三者的关系上，必须重在政治表现，要在保证政治质量的提前下，结合学业和健康条件，择优录取。

《通知》还要求高等学校录取新生工作的时间，从 1967 年 1 月 1 日起，至 1 月底结束。但是，由于“文化大革命”的发展，高等学校招生不是推迟半年，而是本科停止招生有四年之久（1966 ~ 1969），许多高校甚至停止招生达六年之久，因为这些高校是从 1972 年才开始正式恢复招生。

高等学校招生取消考试的做法，由于随后几年的高校招生工作的停止而变得毫无意义。在 1970 年北京大学、清华大学进行的招生试点工作中，实行的也是废除考试制度，群众推荐、领导批准和学校复审相结合的办法。接着在1972年中共中央《关于杜绝高等学校招生工作中“走后门”现象的通知》中，提出在考试方法上要切实执行“自愿报名，群众推荐，领导批准，学校复审”的原则。随后在1973年、1974年高校招生工作的指导方针都是执行“自愿报名，群众推荐，领导批准，学校复审”的原则。这样做的一个直接后果就是考试缺少了客观标准，大大增加了主观随意性，成为某些权势群体谋取利益的便捷工具。真正品学兼优的劳动人民的子女离他们梦中的大学的距离变得更加遥远了。

恢复高校招生的试点工作。1970年6月，中共中央批转了《关于北京大学、清华大学招生（试点）的请示报告》，要求“各地在安排招生工作时，可结合本地区的具体情况办理”。《报告》认为，经过三年来的“文化大革命”，两校已具备招生条件。为此，计划于本年下半年开始招生，具体意见如下：

学生条件：政治思想好。在三大革命运动中，特别是在近四年的“无产阶级文化大革命”中，能活学活用毛泽东思想、突出无产阶级政治、密切联系群众，有阶级斗争和路线斗争觉悟。要贯彻党的阶级路线，既反对忽视成分，又要反对唯成分论，要重在表现。有实践经验。具有三年以上实践经验，年龄在20岁左右，有相当于初中以上文化程度的工人、贫下中农、解放军战士和青年干部（一般只招收未婚者）。还要招收一些有丰富实践经验的工人、贫下中农，他们不受年龄和文化程度的限制。理工科学员原则上专业对口。从农村中招生，应注意招收那些有三年以上劳动锻炼、表现较好、受贫下中农欢迎并为群众所推荐的上山下乡和回乡的知识青年。

在这个条件中，“实践经验”取代了文化科学知识并成为最主要的前提，高中毕业水平变成了“相当于初中以上文化程度”，应届高中毕业生被取消了上大学的资格。

招生办法：废除修正主义的招生考试制度，实行群众推荐、领导批准和学校复审相结合的办法。

招生地区：北京、上海、天津、东北、广东、江西等地区和中央有关部所属厂矿、解放军部队。

由于实行推荐的入学制度，降低入学文化程度的要求，使新生的文化水平、学习质量大大降低。更为严重的问题是各地招生工作中程度不同地存在着“走后门”现象，有些地区和单位情况比较严重。有少数干部利用职权，违反规定，采取私留名额，内定名单，指名选送，授意录取，甚至用请客送礼、弄虚作假等不正当手段，将自己、亲属和老上级的子女送进高等学校。有些招生主管部门和负责招生工作的干部，不按原则办事，讲私人交情，私送名额，或强令招生人员违章接受不够条件的人入学。为此，中央专门下发了《关于杜绝高等学校招生工作中“走后门”现象的通知》，并在随后几年的高校招生工作的意见中反复强调，坚决抵制“走后门”的不正之风，对于发现的问题，严厉处理。可见，当时实行的废除招生考试制度，实行群众推荐、领导批准和学校复审相结合的办法本身是有问题的，操作更是不透明的，这就增加了投机的情况，因此问题就变得相当严重，不然，就不会在招生考试意见中反复强调这一问题。但只是文件强调或思想上重视是远远不够的，在各地的招生工作中，根本不能杜绝“走后门”的现象。

高考制度的恢复。“文化大革命”结束后，在当时“路线不清”、矛盾重重，甚至是极度混乱的状态下，教育部起草了《关于一九七七年高等学校招生工作的意见（草稿）》，并于1977年6月29日至7月29日在山西省太原市召开了1977年高等学校招生工作座谈会。会议的大部分时间用于讨论教育部起草的《意见》，会上虽然多数同志对教育部起草的《意见》极不满意，但是教育部的主要负责人并没有认真研究会议提出的意见，对《意见》也未作根本修改。关于招生办法，《意见》仍然坚持推荐制：“必须坚持党的领导、群众路线，实行自愿报名，群众推荐，领导批准，学校复审的招生办法。”

而在随后召开的中国共产党十届三中全会上，决定恢复邓小平同志的领导地位。同年8月，邓小平主持科学和教育工作座谈会。在会上，邓小平提出：“今年就要下决心恢复从高中毕业生中直接招考学生，不要再搞群众推荐。从高中直接招生，我看可能是早出人才、早出成果的一个好办法。”遵照邓小平的指示，教育部紧急通知，在北京重新召开了1977年高等学校招生工作座谈会。一年开两次招生会，新中国建立以来，唯有1977年。

1977年10月，国务院批转教育部《关于一九七七年高等学校招生工作的意见》及《关于高等学校招收研究生的意见》，这标志着高考制度的恢复。《意见》对1977年高校招生工作进行了重大改革，恢复了“文化大革命”前行之有效的招生考试办法。

《意见》规定的招生对象是：工人、农民、上山下乡和回乡知识青年（包括按政策留城而尚未分配工作的）、复员军人、干部和应届高中毕业生，年龄20岁左右，不超过25周岁，未婚；对实践经验比较丰富并钻研有成绩或确有专长的，年龄可放宽到30岁，婚否不限（要注意招收1966、1967两届高中毕业生）。符合下列条件者，均可报名：政治历史清楚，拥护中国共产党，热爱社会主义，热爱劳动，遵守革命纪律，决心为革命学习；具有高中毕业或相当于高中毕业的文化水平（在校的高中学生，成绩特别优良，可自己申请，由学校介绍，参加报考）；身体健康。这个报考条件，没有像1973年的那样规定注意成分，坚持选拔具有两年以上实践经验的优秀工农兵入学；也没有像1974年那样规定注意选拔“批林批孔”的积极分子，充分重视实践，坚持选拔具有两年以上实践经验的优秀工农兵入学。而是可以招收应届高中毕业生直接上大学，不是必须“劳动两年”。考虑到当时尚有大量初中毕业的上山下乡和回乡知识青年，《意见》中也规定了“或相当于高中毕业的文化水平”，这也否定了《纪要》中“相当于初中以上”的提法。

招收应届高中毕业生，虽然保留了20%～30%的比例，但规定“以选优为原则，可高于或低于这个比例”，实际上等于没有比例。对于因“文化大革命”而失去高考机会的1966、1967两届高中毕业生，给予了特殊关注。

招生办法：自愿报名。各级领导要积极支持和鼓励优秀青年报名。符合报名条件者，均可向自己所在的单位报名，按学校和学科类别填写二至三个报考志愿。由公社、厂矿、机关、学校等单位按招生条件进行审核，符合条件者，报县（区）招生委员会批准后，参加统一考试。考试的目的主要是了解掌握基础知识的状况和分析问题、解决问题的能力。当年的考试分文、理两类。文科考试科目有政治、语文、数学、史地，理科考试科目是政治、语文、数学、理化，报考外语专业的要加试外语。由省、自治区、直辖市拟题，县（区）统一组织考试。地市初选。地（市）招生委员会组织评卷，根据考试成绩提出参加政审、体检的名单，并征求所在单位群众的意见。学校录取，省、自治区、直辖市批准。根据专业的不同情况，对考试成绩的要求，可以有所侧重。录取学生时要优先保证重点院校。

研究生招生：有条件的普通高等学校要积极招收研究生，努力培养一批水平较高的又红又专的各类专门研究人才。

《意见》具有下列不同于以往的特点：政审标准强调主要看本人的政治

表现；废除了“文化大革命”中的推荐制，恢复了“文化大革命”前的考试制。鉴于“文化大革命”的教训，物理、化学合为“理化”，历史、地理合为“史地”。由于当时没有全国统一的课程标准或教学大纲，暂由各省、自治区、直辖市命题统考。废除了“文化大革命”中把招生指标下达到县，甚至下达到公社的做法，改为国家制订招生计划，由省、自治区、直辖市统一录取。考虑到考生人数过多，规定在初试之后，由地市按省下达的录取数的二倍或稍多于二倍进行初选。

1977 年 11 月 28 日至 12 月 25 日，招生考试结束，全国约有 570 万青年参加了高等学校招生考试，各大专院校从中录取了 272 971 名学生，使新生的质量有了较大的提高。据统计，1977 年和 1978 年两年，全国实际报考人数为 1160 多万人，实际招生 67. 4 万人，入学率为 5. 8%。①

1978 年起，全国高校实行统一拟题，统一考试，从而形成了现行的全国高校统一考试招生制度。《关于一九七七年高等学校招生工作的意见》及《关于高等学校招收研究生的意见》的发布和实施，标志着大中专院校招生制度的全面恢复。

恢复高考是教育领域拨乱反正的一个重要突破。高考改变了一代有志青年的人生命运。当时许多闯过独木桥的莘莘学子，现在都成为各个领域的骨干和栋梁。高考制度的恢复，成为鼓励学生努力学习、提高教育质量的有效措施，极大地调动了广大青年的学习积极性，改变了当时年青一代沉闷的精神状态，形成了十多年从未有过的读书热潮，广大教师也精神振奋，整个教育界的风气和社会风气为之改变，受到广大群众的欢迎。

中等专业学校招生考试制度的恢复。1977 年中等专业学校的招生办法由各省、自治区、直辖市自定，1978 年 6 月国务院批转的教育部《关于一九七八年中等专业学校招生工作的意见》是“文化大革命”结束后全国第一个统一的中等专业学校招生工作的文件。根据《意见》的规定，发出《一九七八年中等专业学校跨省招生来源方案》，恢复面向全国或地区的中等专业学校和专业实行跨省招生。

《意见》强调中等专业学校招生工作要“坚持德智体全面考核、择优录取的原则，切实保证新生质量”。文件规定中等专业学校一般招收应届初中

① 齐鹏飞，杨凤城. 当代中国编年史 [M]. 北京：人民出版社，2007：468.

毕业生和具有初中毕业文化程度的工人、农民、上山下乡、回乡知识青年，年龄在18岁左右；也可招收具有高中毕业文化程度的工人、农民、上山下乡、回乡知识青年，年龄在22周岁以内；对有实践经验的农业科技积极分子、赤脚医生、民办教师等报考对口专业，年龄可以放宽到25岁以内，均限于未婚青年。学习年限工科3~4年，其他专业3年，具有高中文化程度者，学习年限可以适当缩短。

关于招收上述各种对象的比例，由各省、自治区、直辖市根据实际情况，自行确定。国务院各部、委所属学校需要招收具有高中毕业文化程度的工人、农民、上山下乡、回乡知识青年的，由各部、委提请地方予以安排。招收“社来社去”学生的问题，由各省、自治区、直辖市自行确定。中等专业学校的招生考试由省、自治区、直辖市统一命题，县（区）组织考试，地（市）评卷。考试科目有政治、语文、数学、理化，主要了解考生掌握基础知识的状况和分析问题、解决问题的能力。录取新生要坚持德智体全面考核，从高分到低分，参照考生志愿，分段择优录取。由学校提出录取名单，地（市）批准。根据专业的不同情况，对考试成绩的要求可以有所侧重。强调同一学校或专业应尽量录取同等文化程度的新生，以利于组织教学。文件强调要纠正不正之风，严禁“走后门”等违法乱纪行为。对徇私舞弊和“走后门”的人要批评教育，情节恶劣的要给予处分，直至开除党籍，依法惩处。

1978年中等技术学校招生267 953人，中等师范学校招生179 086人，两者合计447 039人。

（三）课程与教材改革

“文化大革命”对教材编审、出版事业的破坏。“文化大革命”开始后，人民教育出版社的编辑出版业务全部停顿。1969年8月，全体干部、职工下放干校劳动。1972年初，部分编辑干部分配到一些省、自治区、直辖市工作。后经周恩来总理同意，1972年7月重建人民教育出版社，承担原人民教育出版社和高等教育出版社的任务，即编辑出版中小学和中等师范学校各科教材，高等院校理科基础课、基础技术课、专业课、工科基础课教材，高等师范院校教育专业、心理专业、学前教育专业教材和各系公共必修课的教育学、心理学教材，职工、农民各类学校的文化课教材以及其他教育书籍。但是，由于江青反革命集团的干扰破坏，中小学教材的编写工作直到1977年9月在中央直接关怀下才开始进行。经干校分配到各地的编辑干部这时才陆续调回一部分。

1966年9月，第一机械工业部、教育部联合发出《关于撤销专业教材编审委员会及编审小组的决定》。《决定》指出：根据《十六条》中有关教学改革的精神以及学校“文化革命”发展的情况，现在的专业教材编审委员会及编审小组已不能适应教材工作需要，决定予以撤销，并停止有关编审教材的一切工作。

1966年6月，中共中央、国务院批转教育部党组《关于1966～1967学年度中学政治、语文、历史教材处理意见的请示报告》。中央批示指出：目前中学所用教材，没有以毛泽东思想挂帅，没有突出无产阶级政治，违背了毛主席关于阶级和阶级斗争的学说，违背了党的教育方针，不能再用。教育部应该积极组织力量，根据党和毛主席有关教育工作的指示，重新编辑中学各科教材。中央批示还指出：小学语文、历史教材问题也很多，教育部也应该组织力量着手重新编写和审查。目前，历史课暂停开设，语文教材应审查一次，将其中坏的内容删去后暂时采用。不论高小还是初小都要学习毛主席著作，初小各年级学习毛主席语录，高小可以学“老三篇”（指毛主席的三篇著作：《愚公移山》、《纪念白求恩》、《为人民服务》），以及其他适合小学生思想政治水平和语文程度的一些文章。教育部党组的请示报告在指出原有的政治、语文、历史教材存在的问题后提出：未印的均停止印刷，已印的也停止发行。中学历史课暂停开设；政治和语文合并开设，以毛主席著作为基本教材，选读“文化大革命”的好文章和革命作品，发动师生揭发批判原有教材。

随后中共中央发出《关于大中小学复课闹革命的通知》，提倡各地自编自审自用教材。1968年各地相继成立中小学教材编写组，着手编写教材。受其影响，上海、北京等地教育部门于1968年组织力量编写暂用教材，次年开始发行使用。后来没有自编教材的地区多采用上海、北京等地的暂用教材，这种情况一直到1978年人民教育出版社恢复统编教材时为止。

课程、教材领域的拨乱反正。“文化大革命”结束后，为了肃清极“左”思想对学生的影响，提高教育质量，有关部门组织力量清理了“文化大革命”时期编写的教材，拟订了新的教学计划，编写了新的教材。1977

年8月，教育部召开了有11个省、市教育局长和有关人员参加的中小学教学计划座谈会。在初步研究新中国建立以来的教育经验和教训的基础上，起草了《全日制十年制中小学教学计划试行草案》；然后经过调查修改，报经国务院批准，于1978年1月由教育部正式颁发《草案》。《全日制十年制中小学教学计划试行草案》规定：中小学学制十年，小学五年，中学五年。该草案规定小学设课8门，即政治、语文、数学、外语、自然常识、体育、音乐、美术；中学设课14门，即政治、语文、数学、物理、化学、外语、历史、地理、生物、农基、生理卫生、体育、音乐、美术。《草案》还对所设的各主要课程的基本内容、教学要求等作了简略说明。该《草案》的颁布，对于提高当时中小学的教学质量有重要作用。

随着中小学教学计划方案的初步确定，教育部从1977年8月开始组织高等院校教材的编写工作。同年9月开始组织中小学各科全国通用教材的编写工作。

加强统编中小学教材的组织指导工作。“文化大革命”期间，教育部几近瘫痪，原来编教材的机构和人员都没有了，原人民教育出版社的班子早已发配到外地。当时任党中央副主席的邓小平同志果断地指示：“要组织一个很强的班子，编大中小学教材。”为此，教育部决定以人民教育出版社的中小学教材编辑人员为基本力量，并向全国18个省、自治区、直辖市选借了一批大中小学教师和教材编辑人员，共200余人，用全国中小学教材编写工作会议的形式，于1977年9月按中小学学科，分12个编写组开始编写工作。教材的编审领导工作，经教育部党组批准成立了领导小组。领导小组集体研究确定中小学教材的编辑方针和各科教材的编辑原则，并领导制定各科教学大纲。重大原则问题报教育部党组审定。同时，还聘请了吴文俊、苏步青、童第周、周培源、何祚庥、于光远、叶圣陶、吕叔湘、白寿彝等45位专家担任编写各科教材的顾问。

为拨乱反正，尽快编出质量较高的中小学教材，全国中小学教材编写工作会议的各科教材编写组重新研究了1963年出版的十二年制中小学教材，分析了“文化大革命”期间地方编写的中小学教材，查阅了几个国家的中小学教材，走访了专家、教师和各有关部门，广泛征询对编写中小学新教材的要求和意见，并在广泛研究各有关方面的要求和意见的基础上，确定了新编教材的指导思想。这一指导思想就是：贯彻执行党的路线、方针、政策，为实现我国四个现代化培养又红又专的人才打好基础。在编写工作中要做到以下几点：

正确体现政治与业务的关系。编写教材要以辩证唯物主义和历史唯物主义为指导，但马克思主义哲学是指导，而不能代替各科教材的具体内容；教材内容要体现无产阶级的政治方向；教材内容要有利于对学生进行思想政治教育，但思想政治教育是通过各科教材的具体内容进行的，而不是脱离各科教材的具体内容空发议论，牵强附会。

正确体现理论和实际的关系。注意通过对具体事例的阐述或观察、实验使学生理解和掌握理论；使学生知道理论在实际中的应用，培养学生具有运用所学理论去解决一些实际问题的能力；不能脱离基础知识讲实际应用和生产技术细节。

十分注意加强和精选基础知识。基础知识应当是学习现代科学技术和参加现代化生产必须具备的；精选传统内容，适当充实先进的科学知识；基础知识必须是学生能够理解和接受的。

为了加强基础，必须重视基本技能的训练。通过基础知识的学习、基本技能的训练，启迪学生的智力，培养学生的能力。

新教材的出版发行。“文化大革命”结束后，中小学急需新教材。邓小平同志主持科学和教育工作，要求1978年秋季新生入学前能够使用新教材。于是教育部、国家出版事业管理局于1977年12月在河北省涿县联合召开全国教材出版发行工作会议。会议讨论和制订了1978年度中小学教材出版计划和1978年度高等学校、中等专业学校（理、工、农、医、体育）教材出版计划。1978年4月，国务院批转了这次会议的报告，恢复了“文化大革命”前的教材编审体制和出版发行办法。

这次集中编写的新中国第五套全国统编通用的十年制中小学教材（也是“文化大革命”结束后的第一套教材）很快由人民教育出版社完成了编辑、出版任务，于1978年秋开始在全国供应小学一年级和初中一年级各科使用。这套教材包括教学大纲15种15册，教科书32种106册，教学参考书27种90册。新教材的投入使用，初步扭转了十多年来各地使用的教材内容谬误多、程度不一、教学要求参差的混乱状况。

表 1-1 全国统编通用中小学教材一览表

教材序列	第一套	第二套	第三套	第四套	第五套	第六套	第七套
编写时间	1951	1954	1960	1961	1977	1981	1986
出版时间	1951	1956	1961	1963	1978	1982	1987
学制（年）	12	12	10	12	10	12	12

这套教材在编写的过程中，参考了外国教材编写的有益经验。教育部自1977年8月起，开始从美国、英国、联邦德国、法国、日本等国家引进大、中、小学教材供编写我国教材参考。至1978年2月，进口的外国教材已达2200册，其中小学教材占15%，中学教材占20%，大学教材占65%。新教材吸取了国际中小学课程改革的经验和教训，进行了教学内容的现代化改革。特别是这套教材注意到基础知识的选择、智力的启迪和能力的培养，对于恢复正常的教学秩序，统一并提高全国教学水平发挥了重要的作用。

但这套教材在实践中仍暴露出诸多缺陷，数理教材对安排传统内容与先进科学知识研究不够。教材试用以后，多数地区、学校和师生反映教材内容“深、难、重”，难以完成教学任务。此外，文科教材依然受极“左”思想的影响，在反映学科本性、现代社会生活及真实社会历史上存在诸多不足。

面对新教材的诸多问题，人民教育出版社依据学制改革的变化状况及修订后的教学计划的要求，对教材进行了较大的修订或改编，同时着手编写12年制教材。根据新的教学计划，分别在1981年和1984年相继编写出新教材。这一时期也是地方自编实验教材的高峰期，中小学乡土教材、视听教材和民族教材均有明显的发展。

第六套通用教材是为12年学制编写的。它在一定程度上避免了第五套教材的不足，比较重视基础知识和基本技能的训练，逐步清除了文科教材中的极“左”思潮影响，体现了学科教材本身的意义，教材的整体水平较高。但在试用中大家也提出了许多意见，依然没有克服以往多套通用教材的弊端，即不适应各地发展不平衡的现实。数理教材更多地考虑升学需要，教学内容中存在偏深偏难的现象。初中作为一个独立的教育阶段，历史、地理等学科教材知识体系不够完善。教材本身知识的衔接和各科教材之间的相互配合不够，存在重复与相互脱节的现象，有些教材缺乏启发性、趣味性，可读性差，不利于学生自学。

（四）教育事业的恢复、整顿与提高

“文化大革命”期间的教育。在“文化大革命”中，教育领域是“重灾区”，教育事业所遭受的破坏，在教育史上是罕见的。[①]“文化大革命”之所以冠以“文化”二字，是因为它是由文化教育领域的“批判”开始的。这说明文化教育阵地在“文化大革命”中处于十分重要的地位，因而使得文化教育领域的“左”倾错误更为严重，灾难更加深重。

大、中、小学停课。由于对十七年教育工作的全盘否定，搅乱了思想，导致了混乱，加上社会动荡，使教育工作无法进行，“文化大革命”十年中各级各类教育基本上陷于停顿之中。1966 年“文化大革命”开始后，城市学校基本停课。12 月 15 日，中共中央发布《关于农村无产阶级文化大革命的指示（草案）》第九条规定：“中等学校放假闹革命，直到明年暑假。半农半读大中学校的文化革命，应当按照抓革命、促生产的方针，根据具体情况，妥善安排。农村小学的文化革命，和所在社、队一起搞，由所在社、队的文化革命委员会统一领导。”[②] 此后，全国大多数学校处于停课状态。

从 1966 学年度开始，全国高等学校停止按计划招生，到 1970 年底大学停办已经四年半。1970 年和 1971 年曾在部分高等学校试点招收工农兵学员，每年仅招 4 万余人，后来略有增加。其间办过“七二一”大学，但“七二一”大学是面向本厂、本系统职工招生，毕业后回车间。有的实行半工半读，有的是全脱产但不脱离劳动，规定了定期回车间劳动的时间。办学宗旨是“以政治教育为中心，以阶级斗争为主课，以马克思列宁著作和毛泽东著作作为主要教材，把工人大学办成政治大学”。1966 年 5 月以后，成人教育全部停顿。

复课闹革命。1967 年 2 月，中共中央发出《关于小学无产阶级文化大革命的通知（草案）》，《通知》规定：“春节后各地小学一律开学。在外地串联的小学教师和学生，应当返回本校。五、六年级和 1966 年毕业的学生，结合文化大革命，学习毛主席语录、‘老三篇’和‘三大纪律八项注意’，

---

① 毛礼锐，沈灌群. 中国教育通史（第六卷）［M］. 济南：山东教育出版社，1989：197.

② 金铁宽. 中华人民共和国教育大事记（2）［C］. 济南：山东教育出版社，1995：841.

学习‘十六条’，学唱革命歌曲。一、二、三、四年级学生学习毛主席语录，兼学识字，学唱革命歌曲，学习一些算术和科学常识。小学生可以组织红小兵。”“小学的文化革命委员会、文化革命领导小组，由教师和高年级的学生民主选举产生。在‘文化大革命’中，重点打击党内走资派，同时把教职员工中那些坚持反动立场的地、富、反、坏、右分子（不是指家庭出身）清除出去，由教育机关安排，就地劳动改造。”①

与此同时，中共中央发出《关于中学无产阶级文化大革命的意见（供讨论和试行用）》。其中规定：“从3月1日起，中学师生停止外出串联，一律返校，一边上课，一边闹革命，分期分批进行军政训练。上课学习毛泽东主席著作，批判旧教材和教学制度，以必要时间，复习数、理、化、外语和各种必要的常识；在农忙期间，师生下乡劳动。要在大联合的基础上，由革命学生、革命教职员和革命领导干部民主选举文化革命委员会，负责领导学校的文化大革命运动，并具体安排上课，搞好师生生活。”

同年3月，中共中央发出《关于大专院校当前无产阶级文化大革命的规定（草案）》。其中规定：“下乡下厂和外出串联的师生，于3月20日前返校，分期分批进行短期军政训练，在校内批判斗争走资派和反动学术权威，着手研究改革旧的教育制度、教育方针和教学方法。”并规定：“大专院校必须由革命学生、教职员工和革命领导干部组成临时权力机构，领导文化大革命，行使本校的权利。红卫兵是文化大革命的先锋，应该在运动中整顿、巩固和发展。”

同年10月，中共中央、国务院、中央军委、中央文化革命小组发出《关于大、中、小学复课闹革命的通知》，要求全国各地大学、中学、小学一律立即开学，一边进行教学，一边进行改革，逐步提出教学制度和教学内容的革命方案。此后，各地小学陆续复课，也有一些大专院校、中学、中等专业学校开始复课。但有不少学校因搞运动并未真正复课，或短期复课后又停课。复课的学校，因否定了原有的教学计划，教学内容很不稳定，一般由学校或师生自订方案、课程，自选教材内容，自编教材。

这种极不正常、不稳定的复课，也经常被冲垮。如1969年，在所谓

① 金铁宽．中华人民共和国教育大事记（2）［C］．济南：山东教育出版社，1995：848．

“加强戒备，防止敌人突然袭击”的“一号令”下达后，一些高等学校被裁并，一批设在北京、上海、广州、长春、郑州等大中城市的高等学校外迁；更多的高等学校在农村建立“战备疏散点”，将大批师生员工及部分家属下放到农村。大批中等专业学校被裁并，教师和干部下放。不少部门和地区的中等专业学校停办。技工学校被改为工厂，大多停办。业余教育停办。

教育行政机关受到冲击。在十年“文化大革命”期间，各级教育领导部门陷于瘫痪。首先是教育的中央管理部门瘫痪。在所谓打倒党内走资本主义道路当权派的口号下，1966 年 6 月高等教育部部长蒋南翔、教育部部长刘季平被批斗。7 月中共中央同意将高等教育部、教育部合并，成立教育部，何伟任部长。9 月，何伟被批斗。这期间，高教部、教育部的一些副部长、司长、局长也陆续被批斗。高等教育部、教育部及其所属单位的业务工作，及各地教育行政机关的工作都先后停顿。从这时起到 1975 年重建教育部止，其中有 8 年时间教育事业无专门主管部门。

1969 年 10 月，教育部及所属人民教育出版社、高等教育出版社、中央教育科学研究所、北京函授学院等事业单位全体干部、职工共 1258 人，在教育部军管小组和驻教育部工人宣传队带领下，下放到安徽省凤阳县教育部五七干校劳动锻炼，继续进行“斗、批、改”。1970 年 6 月，周恩来总理批示：“同意教育部五七干校委托南京军区转安徽军区代管。教育部现在所属机构撤销，全部参加五七干校进行斗、批、改。”“同意原教育部外事工作移交外经委。在北京留三五名军管人员做留守工作，与国务院直属口联系。至于教育部各直属机构，除函授学院撤销外，其他均去五七干校锻炼。今后如何处理，委托科教组注意考察，再作适当决定。”1971 年开始，对在教育部五七干校的干部、职工陆续另行分配工作，进行安置。1975 年 11 月，教育部五七干校撤销。

1970 年 7 月以后的四年半时间，全国教育行政工作由国务院教科组管理。由于国务院教科组的工作受到各种干扰，也缺乏执行系统，所以全国教育基本处于一种无政府状态。

军管小组和工人宣传队管理学校。1967 年 3 月，毛泽东主席对《天津延安中学以教学班为基础实现全校大联合和整顿巩固发展红卫兵的体会》作了批示。《批示》指出：“军队应分期分批对大学、中学和小学高年级实行军训，并且参与关于开学、整顿组织、建立三结合领导机关和实行斗、批、改的工作。先做试点，取得经验，逐步推广。”（这一批示后来被简称为“三七指示”）随后，中共中央转发毛泽东主席的批示及天津延安中学的材料，要求各地参照执行。此后各地大、中、小学的军训工作全面展开。军训团所到的学校，师生陆续返校，解散了为数众多的跨班级、跨部门、师生混合的群众组织，实行以教学班为基础的大联合。撤销教研室（组），取消班级建制和班主任制度，将师生统一按班、排、连、营建制编队。

1968年8月，中共中央、国务院、中央军委、中央文化革命小组发出《关于派工人宣传队进驻学校的通知》。《通知》提出，中央认为整顿教育的时机到了，“各地应该仿照北京的办法，把大中城市的大、中、小学逐步管起来”。要“以优秀的产业工人为主体，配合人民解放军战士，组成毛泽东思想宣传队，分批分期进入各学校”。在农村，一些地区实行建立贫下中农管理委员会管理学校的办法。

以上情况可以看出，在“文化大革命”的十年中，教育事业和各级各类教育的管理失去了控制，处于无政府状态，各行其是。

“文化大革命”对教师的摧残。“文化大革命”开始后，全国范围内就掀起了“横扫一切牛鬼蛇神”的运动，很多人横遭人身凌辱和伤害，学校中不少干部、教师被隔离审查。20世纪60年代末70年代初，在全国范围内开展了一场声势浩大的“清理阶级队伍”运动，大批干部、教师受到令人发指的摧残，不少教授、副教授和在学术上有成就的知识分子被诬称为“反动学术权威”，横遭批斗。“文化大革命”期间，教育界的大批干部、教师遭受诬陷、迫害、致残、致死。教师受迫害，长期脱离教学和科研工作，造成教育事业受到严重破坏，教育水平急剧下降。

下放五七干校或下放农村插队落户，是对学校干部、教师打击、迫害的另一种形式。让知识分子丢弃知识和技术，荒废学业和业务，去从事繁重的农业生产劳动，这种惩罚方式，使知识分子更加难以接受。这种活动违反教育规律，于社会、于国家、于个人均无意义，是挫伤知识分子工作积极性的错误行动。北京大学、清华大学工宣队将学校大批干部教师赶到江西鲤鱼洲劳动改造，那里是血吸虫的重疫区，不少教师因此患上血吸虫病，丧失工作能力，有的还失去了生命。至于教师精神上的压抑，所造成的损失更难以估量。

“文化大革命”对高校的破坏。“文化大革命”十年，教育资产、教学设备损失巨大。高等教育更是首当其冲，损失惨重。1971年全国教育工作会议通过了《关于高等院校的调整方案》，确定原有的417所高校，保留309所，合并43所，撤销中国人民大学、中国医科大学、北京政法学院、上海财经学院、暨南大学、华侨大学等45所，改为中等专业学校17所，改为工厂3所。这样，通过撤、并、改等手段，共砍掉108所高校。在高等院校和中等专业学校被撤销、外迁、裁并过程中，大批校舍被占，大量图书、仪器等设备被毁坏或散失，大批教学人员流散或受迫害，损失无可计量。

各类高等院校都受到不同程度的冲击和摧残。农业院校损失惨重，原有的47所农业院校，有23所搬迁45次，搞得校无定址，人无定居，教无定所。在“砸烂公检法”的反动口号下，4所政法学院全部被撤销，中断招生。高等财经教育也陷入绝境，18所财政院校被撤销16所，只剩下辽宁财经学院、湖北财经专科学校。全国艺术院校全部停办，校舍被占，原有教材禁用，教师被赶出校门，到1972年才恢复了少数院校，招生人数极少。从1966年至1971年，体育学院的教学工作基本处于停顿状态，大部分体院被合并、撤销。1972年北京体育学院才开始招收二年制的体育系学生。高等理工院校专业设置遭到严重破坏，推行“结合典型任务进行教学”，专业划分得很细，专业范围越来越窄，产品类型的专业增多，专业名称也异常混乱；很多理科专业被取消，或者“理向工靠”。大学文科专业更是被大砍大并，搞所谓“三合一”、“五合一”，有的把经济、哲学、历史三系合成一个政治学专业，把经济、法律、历史、马列主义教研室合并到哲学系，搞得一片混乱。高等学校的社会科学研究工作几乎全部停顿，人员下放，图书损坏，资料中断，文物损毁。高校的图书馆多数被关闭，很多图书资料被当做“封、资、修”毒草而遭封存甚至焚毁；长期连续订购的报刊资料中断。高等学校理工农医和文科教材建设也蒙受了一次毁灭性的灾难。教材编审、出版机构被撤销，编审、编辑队伍被解散，通用教材的出版、发行工作被迫停顿，学校只能使用自编讲义，而这些讲义大多支离破碎，基础理论十分薄弱，以致教师无书可教，学生无书可读。

“文化大革命”使教育事业遭受巨大损失。“文化大革命”给教育事业造成的损失是无法估量的，使我国整整一代人不能得到正常的、健康的成

长。以下一些数字可以说明部分情况：①

1966 年高等学校在校研究生总数 3409 人，到 1977 年只剩下 226 人。1965 年全国高等院校 434 所，到 1976 年为 392 所。财经类院校从 1965 年的 18 所减至 1977 年的 7 所。政法类院校到 1977 年只有 1 所。高等院校教授，1965 年有 3506 人，1977 年为 2288 人，副教授 1965 年有 4382 人，1977 年为 3531 人，共减少 2000 多人。中等专业学校（包括中等师范学校）1965 年在校生 547 447 人，1969 降至 38 471 人。普通中学 1966 年 55 010 所，1976 年增至 192 152 所，1977 年达 261 268 所。中等教育结构严重失衡。

"文化大革命"中的"左"倾教育思潮造成的后果是极为严重的，其后果之一就是延误了人才培养，造成教育质量的大幅度下降，并造成读书无用的不良社会风气。1966～1976 年至少为国家少培养 100 万名合格的大专毕业生和 200 万名以上的中专毕业生，造成各行各业人才匮乏，青黄不接，使青壮年文盲占总人口的比例达到 21%。其二就是贬低和压抑教师在教育中的重要作用，把教师当做"资产阶级知识分子"而成为革命的对象，影响到各级教育部门和学校。对教师采取了一种极端的"改造"措施，使他们横遭批斗，或者使他们荒废学业和业务，把一支忠诚于人民教育事业的教师队伍搞得七零八落，混乱不堪。其三就是把"文化大革命"前的一切教育制度、教育方针、教学方法等，均称为"旧"的教育制度、"旧"的教育方针、"旧"的教学方法，甚至连"文化大革命"前建的学校都被称为"旧"学校而从根本上加以否定。

"文化大革命"后对教育事业的恢复、整顿与提高。"文化大革命"结束后，邓小平同志创造性地运用马克思主义的基本原理，深刻指出了社会主义的根本任务是发展生产力。要发展生产力，就必须依靠科学技术；要发展科学技术，就必须培养科技人才；人才的培养，基础在教育。这就清楚地表明教育在社会主义现代化建设中的重要作用，明确了发展教育事业对社会主义现代化建设具有举足轻重的作用。所以，尽快培养出一批具有世界一流水平的科学技术专家，被作为科学、教育战线的重要任务。社会主义建设事业需要有一批杰出的科学家，也只有有了成批的杰出人才，才能带动我们整个中华民族科学文化水平的提高。为此，邓小平同志在全国科学大会开幕式上

① 高奇. 新中国教育历程［M］. 石家庄：河北教育出版社，1996：223.

的讲话中指出："科学技术人才的培养，基础在教育。我们要全面地正确地执行党的教育方针，端正方向，真正搞好教育改革，使教育事业有一个大的发展，大的提高。教育事业决不只是教育部门的事，各级党委要认真地作为大事来抓。各行各业都要来支持教育事业，大力兴办教育事业。""不抓科学、教育，四个现代化就没有希望，就成为一句空话。"[①] 这就是说，教育是实现我国现代化的基础，教育关系着现代化建设的成败，关系着国家的兴衰。基于此，邓小平把"发展教育和科学技术"放在"发展战略第一位"。

肯定教师的工作，重视提高教师的社会地位。"文化大革命"后重视教师地位的提高。1978 年，邓小平同志在全国科学大会开幕式上的讲话中指出："人民教师是培养革命后代的园丁。他们的创造性劳动，应该受到党和人民的尊重。要确实保证教师的教学活动时间，要关心他们的政治生活、工作条件和业务学习。对于在教学工作中做出贡献的教师，应该给以表扬和奖励。"同年，他在全国教育工作会议上的讲话中指出："我们要提高人民教师的政治地位和社会地位。不但学生应该尊重教师，整个社会都应该尊重教师。""一个学校能不能为社会主义建设培养合格的人才，培养德智体全面发展、有社会主义觉悟的有文化的劳动者，关键在教师。"讲话清楚地表明教师在培养社会主义劳动者方面承担着重要的责任，同时也表明教师在社会主义现代化建设中的重要作用。这就充分地肯定了教师义不容辞的责任，肯定了教师职业崇高的社会地位。邓小平同志的讲话不但指出要提高教师的社会地位，而且充分地肯定了教师在教育事业中所做出的贡献。他指出："二十多年来，我们已经建立了一支人民教师队伍。全国有教师九百万人。绝大多数教职员工热爱党，热爱社会主义，勤勤恳恳地为社会主义事业服务，为民族、为国家、为无产阶级立了很大功劳。为人民服务的教育工作者是崇高的革命的劳动者。"这充分表明我们党对知识分子的高度关心和爱护，是对教师的充分肯定，体现出党在新时期给予教师的厚望。

提高教师社会地位的一个重要举措就是实施教师职务制度。1977 年 9 月 19 日，邓小平同志在《教育战线的拨乱反正问题》中提出："大专院校也应恢复教授、讲师、助教等职称。"1979 年 1 月他又进一步强调："在学校里面，应该有教授（一级教授、二级教授、三级教授）、副教授、讲师、助教

① 教育改革重要文献选编［C］. 北京：人民教育出版社，1988：170.

这样的职称。”自邓小平同志讲话后，中断多年的评定教师职务工作首先在高校逐步开展起来。评定教师职务，肯定了教师及其职业应有的社会地位。特别是教授，从这个教师中的最高职称诞生的那天起，就具有至高无上的地位。通过评聘职务也肯定了教师个人的能力、贡献，激励广大教师不断提高自己的素质。

认真做好教育工作。“文化大革命”结束后，邓小平同志以高瞻远瞩的战略眼光，首先抓了教育战线的拨乱反正，并自告奋勇地要为教育工作当“后勤部长”。“我自告奋勇管科教方面的工作，中央也同意了。我们国家要赶上世界先进水平，从何着手呢？我想，要从科学和教育着手。”① 强调教育的战略地位，要求以战略眼光认真抓教育，是邓小平教育思想的一大特点，是邓小平在新时期反复提出的一个根本问题。

教育行政部门直接管理教师与学校，恢复正常的学校秩序。邓小平同志在1977年9月对教育部长的谈话中提出撤出工宣队的问题。他说：“要健全教育部的机构”，“工宣队问题要解决，他们留在学校也不安心。军队支‘左’的，无例外地都要撤出来”。“重点大学教育部要管起来”，“教育部要直接抓好几个学校搞点示范”。② 随后，中共中央转发教育部党组《关于工宣队问题的请示报告》。《报告》提出：“工宣队已经完成在特定条件下党交给的特殊任务，可以尽早宣布撤出学校，至于贫管会，好要保留，但应坚持不脱产。”中共中央批示指出：“现在从学校撤出工宣队，已不影响无产阶级教育事业的发展。”根据中共中央的批示精神，各地进驻大、中、小学的工宣队随即全部撤出学校。原有的学生组织已逐渐恢复，以学校共青团组织取代“红卫兵”组织，少先队组织取代“红小兵”组织。这样，“文化大革命”中各地学校出现的“红卫兵”组织、“红小兵”组织先后撤销。

对于教育的行政领导体制问题，1978年1月，国务院批转教育部《关于加强中小学教师队伍管理工作的意见》。教育部这个文件，根据当时多数地区的教育行政部门不能管理教师，不能管理师范院校毕业生的分配，教师自然减员得不到如数补充等一系列问题，明确规定：中小学公办教师的管理、

① 国家教育委员会政策法规司．十一届三中全会以来重要教育文献选编［C］．北京：教育科学出版社，1992：2.

② 金铁宽．中华人民共和国教育大事记（2）［C］．济南：山东教育出版社，1995：1023.

调配工作，由县以上各级教育行政部门负责；高等师范院校、中等师范学校毕业生应全部分到教育战线工作；公办教师的自然减员，应由教育部门当年如数从民办教师中选择补充；各级行政部门不应占用教育事业编制，已占用的，尽快退还；选用民办教师，由县教育行政部门统筹规划。民办教师的任用、辞退、调换均需由县教育行政部门批准。此后，各地进行了中小学教师队伍的整顿工作，调回了大批被借调做其他工作的教师，仅山东省到1978年3月底为止就调回8488人（占全部被借调教师10 360人的82%）。随着教师队伍管理体制的变更，还改变了一些大中城市实行的由街道管理小学的体制；在农村则重建学区、中心小学；城乡中小学校先后恢复由教育行政部门直接领导和管理。

加强教师培训，提高教育质量。1977年10月，教育部在北京召开中小学师资培训座谈会，参加座谈会的有各省、自治区、直辖市教育部门及部分院校代表一百多人。会上总结交流了教师队伍建设的经验。会议提出要采取多种形式，提高现有教师水平。争取三五年内，经过培训，使现有水平较低的教师，绝大多数达到合格程度。要尽快建立和健全省、地、县、公社和学校的师资培训机构。高等和中等师范学校都要承担培训提高在职中小学教师的任务。各级教育行政部门和学校要做好师资培训规划。

此后，各地积极开展中小学教师培训工作，教育学院、教师进修院校迅速恢复。至1979年底，全国已建立和恢复省、自治区、直辖市一级的教育学院34所。还有高等师范院校附设的函授部44个。普遍建立了省、地、县、公社和学校五级在职教师培训网。参加进修的中学教师达到86.3万人，占应进修教师的35%。参加进修的小学教师有137.5万人，占应进修教师的47%。

在1978年教育部发出的《关于加强和发展师范教育的意见》中提出：大力发展和办好师范教育，加强教师队伍的建设。各地要建立师范教育网，积极扩大招生。三五年内要在全国新建若干所师范学院。要力争在三五年内经过有计划的培训，使现有文化水平较低的小学教师大多数达到中师文化程度，初中教师和高中教师在所教学科方面分别达到师专和师范学院毕业文化程度。

可见，当时提高教师的业务水平具有重要意义。为适应新的教学需要，适应新编教材的需要，加强教师的培训就显得格外迫切。加强教师队伍建设，是做好教育工作的前提。要扭转当时的不良局面，提高教育质量，就必须提高师资水平。

恢复研究生招生。1977 年 11 月 3 日，教育部、中国科学院根据国务院批转的教育部《关于高等学校招收研究生的意见》，联合发出 1977 年招收研究生的通知。根据教育部关于高等学校 1978 年研究生招生工作安排的意见，决定将 1977 年和 1978 年两届招收研究生工作合并进行，统称为 1978 年研究生。这样自 1966 年停止已达 12 年之久的研究生招生，至此开始全面恢复。据 27 个省、自治区、直辖市不完全统计，共有 6.35 万多人报考，经初试、复试，210 所高等学校、162 所研究机构共录取研究生 10 708 人。除此之外，还有 26 所重点高等学校在港澳地区招收研究生。

办好一批重点大、中、小学校。根据邓小平同志“要办重点小学、重点中学、重点大学”，“要经过严格考试，把最优秀的人集中在重点中学和大学”的指示精神，教育部于 1978 年 1 月颁发《关于办好一批重点中小学试行方案》，并发出通知。通知指出：切实办好一批重点中小学，以提高中小学的教学质量，总结经验，推动整个中小学教育革命的发展。通知要求各省、自治区、直辖市和国务院各部委的教育部门要对发展和办好本地区、本部门的重点中小学做出规划和部署。《方案》对办好重点中小学的目的、任务、规划、招生办法、加强领导等问题做了规定。确定由教育部办的重点中小学共 20 所，各地都确定了一批重点学校。至 1979 年底，全国共有重点中学 5200 多所，在校生 520 万人；重点小学 7000 多所，在校生 510 万人。随后教育部又确定了第一批全国重点高等学校 88 所，占全国高等学校总数的 22%。

1978 年 4 月，在北京召开了全国教育工作会议。在全国教育工作会议之后，中央决定恢复高等学校教师的职称制度。12 月 28 日，国务院决定在全国恢复和增设 169 所普通高等学校，进一步发展高等教育，以适应四个现代化建设的需要。这些都说明我国的教育事业已得到全面恢复。

“尊重知识”与“尊重人才”。1977 年 5 月 24 日，邓小平同志在同中央两位同志的谈话中指出：“一定要在党内造成一种空气：尊重知识，尊重人才。要反对不尊重知识分子的错误思想。不论脑力劳动，体力劳动，都是劳动。从事脑力劳动的人也是劳动者。”① 讲话对于纠正人们的混乱思想，形成尊重知识、尊重人才的良好社会风气起到了发人深省的作用。

深刻的经验教训。“文化大革命”期间把知识分子都当成“资产阶级知识分子”，把大批干部和学有专长的知识分子当做“革命对象”，进行了无情打击，残酷迫害。由此严重破坏了党的知识分子政策，挫伤了广大知识分子的积极性，造成了不良的社会风气。不言而喻，在知识分子问题上，我们有着十分深刻的经验和教训。

“文化大革命”结束后，邓小平同志首先以极大的勇气，冲破禁区，力排非议，挺身为知识分子说话。他明确指出：“‘两个估计’是不符合实际的。怎么能把几百万、上千万知识分子一棍子打死呢?”“对全国教育战线十七年的工作怎样估计？我看，主导方面是红线。应该肯定，十七年中，绝大多数知识分子，不管是科学工作者还是教育工作者，在毛泽东思想的光辉照耀下，在党的正确领导下，辛勤劳动，努力工作，取得了很大成绩。”这是针对“文化大革命”期间架在知识分子头上的“两个估计”而言的，因为不推翻“两个估计”，知识分子就没有出头之日，对待知识分子的一套“左”的做法就不能从根本上纠正。邓小平同志的这个结论，从根本上推翻了“两个估计”，是我们党在新时期对知识分子的正确认识和正确判断。

在考虑社会主义现代化建设的伟大战略时，邓小平首先关心知识和人才问题，科学和教育问题。他指出：“我们要实现现代化，关键是科学技术要能上去。发展科学技术，不抓教育不行。靠空讲不能实现现代化，必须要有知识，有人才。没有知识，没有人才，怎么上得去？科学技术这么落后怎么行?”② 这段话十分深刻地揭示了科学文化知识、人才同社会主义现代化建设之间的关系。

正确的知识分子政策。尊重知识分子，就要正确对待和尊重知识分子的劳动，应当逐步提高知识分子的生活待遇。这样做，不仅有利于调动广大知识分子的积极性，充分发挥他们的作用，而且更重要的是有利于整个国家社会生产力的发展，有利于人民群众物质文化生活水平的提高，有利于劳动者

① 国家教育委员会政策法规司. 十一届三中全会以来重要教育文献选编［C］. 北京：教育科学出版社，1992：1.

② 教育改革重要文献选编［C］. 北京：人民教育出版社，1988：142.

素质的提高，有利于鼓励人们努力学习科学文化知识，从而培养更多的知识分子。

1979 年 1 月 4 日，《人民日报》发表特约评论员文章：《完整地准确地理解党的知识分子政策》。文章分析新中国建立近三十年来我国知识分子队伍状况的变化后指出："我们党在解放初期提出来的，以资产阶级的和小资产阶级的知识分子为主要对象的团结、教育、改造的政策，现在对于绝大多数知识分子来说，已经不适用了。他们已经不是解放初期那种团结、教育、改造的对象，而是从事脑力劳动的工人阶级，是党的依靠力量。""在从事体力劳动和脑力劳动的工人阶级内部，巩固地建立起亲密无间的关系，互相学习，共同进步，是实现四个现代化的基本条件之一。"这就明确了知识分子是工人阶级的一部分，是建设社会主义的重要依靠力量。充分肯定知识分子的重要作用，对于提高全社会的文明程度起着重要的潜移默化的作用。

二、教育本质问题的大讨论与新时期教育方针的确立

（一）真理标准问题的大讨论对教育的影响

"文化大革命"结束后，一方面是要纠正"文化大革命"的"左"的错误理论以及由此造成的政治上和思想上的混乱。另一方面，由于"两个凡是"阻碍拨乱反正的进一步进行，于是，党和人民面临着两种抉择：或者彻底纠正指导思想上的"左"倾错误，把党的路线完全转到社会主义现代化建设的道路上来；或者继续推行"两个凡是"的方针，让"左"的思想在各方面延续下去。这两种不同选择不可避免地产生两条根本对立的指导方针的激烈斗争。随着斗争范围的扩大，程度的深化，从而引发了一场全国性的关于真理标准问题的大讨论。

关于真理标准问题的讨论，从 1976 年 10 月粉碎江青反革命集团到 1977 年底，主要内容是坚持"两个凡是"还是坚持实事求是的争论，从 1977 年

底到1978年，“实践标准”成为争论的焦点。1978年3月26日，《人民日报》针对当时在理论和实践上的争论，发表了一篇题为《标准只有一个》的思想评论，提出了检验真理的标准只能是实践。5月9日，中央党校内部刊物《理论动态》刊登了《实践是检验真理的唯一标准》一文。5月11日，《光明日报》以特约评论员的名义发表此文。文章鲜明地提出：“一个理论，是否正确反映了客观实际，是不是真理，只能靠社会实践来检验。这是马克思主义认识论的一个基本原理。”“实践不仅是检验真理的标准，而且是唯一的标准。”文章指出，马克思主义的理论宝库并不是一堆僵死不变的教条，它要在实践中不断增加新的内容。文章发表后，引发了一场中共全党乃至全民参加的大讨论。

关于真理标准问题讨论的实质是，对马克思主义、毛泽东思想究竟应该采取什么态度，怎样才算是坚持马列主义、毛泽东思想。通过讨论，弄清这个问题，对于打破过去盛行的个人崇拜和教条主义的精神枷锁，对于中国共产党的指导思想和社会各领域实际工作的拨乱反正，会产生巨大的作用，对于中国社会主义现代化建设具有深远的历史意义。

真理标准问题的讨论是新的历史时期又一次思想解放运动。它冲破了长期以来“左”的错误思想和“两个凡是”的思想束缚，为大规模拨乱反正和解决历史遗留的重大问题创造了条件，为中共十一届三中全会的召开作了思想理论准备。十一届三中全会的召开，实现了全党工作重心的转移，成为中国共产党和中国历史发展的伟大转折点。

真理标准问题的大讨论对教育的影响。“文化大革命”结束后，由于受“两个凡是”主张的影响，教育部门没有及时改变工作思维方式和相应的教育活动。为了尽快使教育工作走上健康发展的轨道，教育部开始着手建立必要的规章制度。首先根据新的情况和要求，对大、中、小学工作条例进行了修订。这些条例经过修订后，体现了新时期的总任务和实现社会主义现代化的要求。但是，有些条条中仍保留了“坚持无产阶级专政下的继续革命”，学工、学农、学军仍被视为教育与生产劳动相结合的重要途径等“左”的内容。教育部颁布的《全国重点高等学校暂行工作条例（试行草案）》虽然在“高教六十条”的基础上进行了修订，但修订原则是对其基本精神和主要内容一律不动，只作一些必要的修改。这些都表明“教育革命”的思维定式严重地束缚着教育部决策者的手脚，“教育改革”的新声并没有唤醒“教育革命”的旧梦。

1979 年 1 月，教育界开始了对自身指导思想的认真反思。1 月 4 日至 24 日，国家科委、教育部、农林部在北京联合召开全国高等学校科学研究工作会议。会议根据中共十一届三中全会精神和实践是检验真理的唯一标准的基本原则，初步总结了新中国建立以来高等学校的历史经验。会议强调要解放思想，打破思想僵化和半僵化状态，继续做好整顿工作，在整顿中前进，在前进中整顿。

教育领域开展真理标准问题的讨论。自从开展“实践是检验真理的唯一标准”的讨论后，教育战线上的广大干部、师生也参加了这场讨论。这对于清除“左”倾错误，解放思想，起了很大的作用。1979 年 10 月，教育部召开专门会议，要求进一步批判“两个凡是”，冲破“禁区”，把真理标准问题的讨论进一步深入开展下去，并提出在教育战线要落实到培养什么人这个根本问题上；要对毛泽东同志关于教育工作的一系列指示作历史的、科学的分析，联系三十年来教育工作的实践经验，坚持真理，修正错误，纠正“左”的错误指导思想。10 月 20 日，《光明日报》转载了《教育研究》发表的《补好真理标准讨论这一课，教育问题要来一次大讨论》一文。文章针对教育界思想僵化、徘徊不前的局面提出了尖锐的质问：三十年来，关于教育的理论、方针、政策、方法究竟有没有问题？有什么问题？这充分表明教育界在真理标准问题上的讨论和思想解放上没有跟上时代前进的脚步，传统的思维习惯束缚着决策者的头脑。该篇文章认为：过去十多年，唯心主义盛行，行而上学猖獗，从根本上说是在真理问题上抛弃了客观标准，以语录标准、权利标准等主观标准取代了实践标准。“两个凡是”就是主观标准新的表现形式。局限在语录标准的范围内来澄清思想是非不可能从根本上触动“两个凡是”。这篇文章经《光明日报》转载后在教育界引起了极大的反响，它把真理标准问题的大讨论引向教育领域，实事求是地分析了教育指导思想“左”倾错误的来源和由此造成的教育失误，对教育领域的思想解放起到了开山引路的作用。

教育领域的反思与工作的改进。1978 年 12 月，中共十一届三中全会在北京召开。全会的中心议题是讨论把全党的工作重点转移到社会主义现代化建设上来。全会讨论了党的思想路线问题，确定了解放思想、开动脑筋、实事求是、团结一致向前看的指导方针。全会高度评价了关于真理标准问题的讨论，认为这对于促进全党和全国人民解放思想，端正思想路线，具有深远的历史意义。会议坚决批判了“两个凡是”的错误方针，强调党中央在理论战线上的崇高任务，就是领导、教育全党和全国人民历史地科学地认识毛泽东同志的历史功绩，完整地、准确地掌握毛泽东思想的科学体系，把马列主义、毛泽东思想的普遍原理同社会主义现代化建设的具体实践结合起来，并在新的历史条件下加以发展。

此后，1979 年 1 月在北京召开了全国高等学校科学研究工作会议。会议明确指出：“文化大革命”前十七年，我国高等教育工作执行的基本上是一条马克思列宁主义路线，成绩是主要的，并不存在刘少奇修正主义教育路线，也不存在资产阶级知识分子统治学校的现象。会议根据全党工作着重点的转移，讨论如何把高等学校办成既是教育中心，又是科研中心的问题。会议认为高等学校是我国文化和科学水平的重要标志，它担负着培养专门人才，发展科学技术的双重任务。那种把教育看做消费事业的观点是不正确的。高等学校要把工作着重点转移到教学和科研工作上来，努力办成教育中心和科学研究中心。同月，《人民日报》第 1 期发表题为《抓紧整顿和发展中等专业教育》的评论员文章。文章指出中等专业教育的许多重大问题至今仍未得到解决，少数学校实际上还处于无人领导、无人管理的混乱状态。因此，抓紧抓好中等专业教育的整顿，迅速拨乱反正，明确方向，研究制订发展中等专业教育的规划，已成为当务之急。

这一时期，除了做好大中专教育工作外，还成立了中国教育学会。中国教育学会的任务是组织会员准确领会和掌握马列主义教育学说和毛泽东思想；总结新中国建立以来教育战线上的经验教训，探讨教育规律；批判继承历史上的教育遗产；开展对教育工作新情况、新问题的调查研究，必要时向党和政府提出建议和报告；举办各种学术活动，促进学术交流，并大力普及教育科学知识；研究外国教育理论和经验，介绍外国教育动态及现代化教育手段；开展国际学术交流活动。

（二）教育本质问题的大讨论

关于教育本质问题的讨论，既是实践标准的讨论在教育领域的一次思想解放，又是新时期首先展开争论的一个最基本的教育理论问题。说它是思想解放运动，是因为在“文化大革命”中，教育的本质被遮蔽。在教育的性质问题上，竭力夸大教育的阶级性，极力强调“教育是阶级斗争的工具”。然而，随着真理标准问题大讨论在教育领域的进一步深入，势必导致人们对新中国建立以来的教育问题进行争论。教育本质问题既是一个基本的教育理论问题，又是事关教育指导思想大讨论的一个重要方面。教育指导思想的拨乱反正，必然触及人们对教育的本质、属性、功能等相关问题的认识。对教育本身的性质、属性和功能等的正确认识又是制定正确科学的教育方针的必要前提。

教育本质问题是教育基本理论问题之一，我国教育界对此问题的研究由来已久。新中国建立前的不少教育家和教育著作都对此进行过相关的研究和论述。新中国建立后，我国教育理论界关于此问题的研究受到苏联的影响。“文化大革命”结束后，在70年代末80年代初，开展了一场激烈的、参与人数空前多的、持续时间相当长的争论。现将其发展脉络做一简要的梳理。

杨贤江关于教育本质的观点。在20世纪30年代，杨贤江就在《新教育大纲》中指出：“教育为‘观念形态的劳动领域之一’，即社会的上层建筑之一。”[①]“照唯物史观来说，社会的经济构造是现实的基础，而法制上，政治上，宗教上，艺术上以及哲学上——简言之，就是观念上——的各种形态（即所谓观念形态）都是建立在这个基础上的上层建筑；教育就是这样的上层建筑之一，也就是这样的观念形态之一。”在这里，杨贤江明确地提出了教育属于观念形态的上层建筑之一。除了其属性之外，他还揭示了教育与经济、政治之间的关系。他说：“教育这种上层建筑是依据经济基础以成形，且跟随经济发展以变迁的。”教育同上层建筑的其他意识形态一样，“对于社会的经济结构也有影响作用”。在阐明了教育与经济的关系后，杨贤江又对教育与政治的关系作了分析。“教育不仅由经济所决定，也由政治所决定。”“在阶级社会中，政治支配一般社会的精神生活过程；教育当然也不例外。”教育虽然由政治所决定，但教育对政治也有影响作用，甚至在一定条件下，“教育也有率先领导或者促进的功用”。

苏联关于教育本质的讨论对我国的影响。对于教育的本质问题，苏联教育理论界在1950年斯大林的《马克思主义与语言学问题》发表以后，展开了“作为社会现象的教育的专门特点的讨论”。这场讨论从1951年至1952

---

① 毛礼锐，沈灌群．中国教育通史［M］．济南：山东教育出版社，1988：598．

年持续了一年多时间。此后，《苏维埃教育学》杂志发表了由包德列夫等6人撰写的《关于作为社会现象的教育的专门特点的讨论总结》。《总结》认为，教育是上层建筑，教育又具有自己的专门特点；教育与生产力是有联系的，但作为上层建筑的教育与生产力没有直接联系，教育必须通过经济基础的中介才能发挥作用，教育不直接反映生产力发展水平。[①] 苏联教育界的讨论于1952年被介绍到中国。《人民教育》1952年5月号综合报道了这次讨论，同年7、8月号又连载了包德列夫等人的《总结》。此后，我国教育界基本接受了教育是上层建筑的结论。虽然有人对此提出过不同见解，但是不被重视或者受到批判。

教育变成阶级斗争的工具。自此以后，我国教育理论界对教育与生产力的关系较少关注，而对教育与政治的关系则特别重视。特别是到“文化大革命”时期，把教育仅仅看做无产阶级专政的工具，这样就导致“文化大革命”时期否定学习知识，仅把学校作为阶级斗争的主要阵地。这种片面化甚至完全错误的认识造成我国教育事业严重的损失。“文化大革命”结束以后，有人看到片面地把教育看做上层建筑、看做阶级斗争的工具是破坏教育事业的一个借口，目的是对教育领域的全面专政。它是造成教育事业面临绝境的重要根源之一，于是有人对教育是不是上层建筑提出了质疑。

促成教育本质大讨论的国内外因素。党的十一届三中全会的召开，使我国的社会发展战略发生了根本的变化，实现了从以阶级斗争为纲到全面建设社会主义现代化的伟大转变。充分认识到科学技术和教育在现代化建设中的重要作用，提出了“科学是关键，基础是教育”的新认识，把科学技术看成是第一生产力。由此引起人们重视对教育与生产力的关系的研究。在国际上，许多国家都把教育看成生产部门，把教育投资视为生产投资，这对我国产生了影响。在这种情况下，有人对教育的本质问题重新进行思考。思考的视点就是教育应如何为现代化建设服务，如何充分地实现教育的功能，多出人才，快出人才。于是，在国内外各种因素的促使下，引发了关于教育本质问题的大讨论。

教育本质问题大讨论中的不同观点。《学术研究》1978年第3期上发表

---

① 瞿葆奎，郑金洲．教育基本理论之研究［M］．福州：福建教育出版社，1998：154.

了于光远的《重视培养人的研究》一文。该文指出："在教育这种社会现象中，虽然包含有某些属于上层建筑的东西，但是整个说来，不能说教育就是上层建筑。在教育与上层建筑之间不能画上等号。同样，我们也不能说学校就是上层建筑，不能在学校和上层建筑之间画上等号。现在流行着一种观点，认为教育完全是上层建筑，这是不完全确切的。"该文还提出："既然教育中包括属于上层建筑的东西和不属于上层建筑的东西，教育科学的研究就应该包括这两个方面。在教育科学研究中，要有专门研究上层建筑方面的部分，这部分当然非常重要。因为我们现存这个社会还存在着阶级，还存在着社会主义与资本主义的斗争。这是属于阶级性的问题，指导方针的问题，哲学的问题，这方面的研究工作是不可少的。但是，除了这个方面以外，还有一部分不属于上层建筑的东西，也应该大力开展研究。"可以看出，该文呼吁对教育进行大力研究。同年 10 月，教育学教材讨论会在开封举行。讨论会是由受教育部委托编写高等师范院校教材《教育学》的开封师范学院、华中师范学院、武汉师范学院、湖南师范学院、甘肃师范大学的教育系和教育研究室共同发起召开的。会议就共同关心的教育理论问题，如教育是不是上层建筑、教育与生产劳动相结合、教学过程、思想教育过程等方面的问题展开讨论。

此后，在教育界围绕教育的本质问题展开讨论，报刊上发表了一批讨论文章。1979 年 4 月，全国教育科学规划会议上还就这一问题举行学术讨论会。自此，讨论全面展开。这次讨论首先是对于"教育是上层建筑"这一观点的质疑，认为教育不能完全归结为社会的上层建筑，还有生产力的因素存在。当时的讨论主要有三种观点：

（1）教育属于社会的上层建筑。持这种观点的人认为，任何一种教育，它的内容、方法和形式，虽然同一定的生产力水平有联系，但是它们主要是为一定的教育目的所制约，而教育目的又是被一定的政治经济制度所决定的，集中地反映了在经济政治上居统治地位那个阶级的意志和愿望。又认为，教育理论、教育方针和培养目标等都是有阶级性的，应当属于上层建筑；尽管教学方法、教学组织和教学手段等有些是无阶级性的，但它们也是意识形态有机整体中的组成部分，应划归上层建筑。

显然，持此种观点的人主要是从教育的目的、教育的方向性等带有意识形态观念的角度来考虑问题，认为社会主义的教育必须坚持社会主义的政治方向，这就是它的本质所在。教育内容中的自然科学部分本身虽然没有阶级性，但选编教材，也是由一定社会的政治经济的要求和培养人的目的决定的，而且经过具有一定世界观的教师传授，必然带有一定社会的思想政治倾向。整个教育体系的核心是教育目的，它对教育的任务、内容、方法和形式都起着制约作用，它表明教育为谁服务，是教育的根本标志，而教育目的是由一定社会的政治经济所决定，集中体现统治阶级的利益和意志，所以，教育应属于社会的上层建筑。

（2）教育属于生产力。持这种观点的人认为，作为有目的、有计划的培养人的教育活动，是一种包括意识形态因素和物质生产因素在内的复杂的社会现象。在教育活动中，不仅进行着精神生产，还进行着劳动力再生产。国家的教育方针、教育所要形成的受教育者的人才规格、教育者的教育思想、受教育者获得的思想品德等属于意识形态的范畴；但教育者对受教育者所进行的培养教育工作本身，却是物质运动的过程。这就是说，教师所从事的工作也是生产劳动。把这种与物质生产有密切联系的劳动力再生产过程单纯看成是社会的意识形态，是不符合客观实际的。

教育应被看做生产事业，是教育属于生产力说的根本所在。认为教育在社会生活中，从开始产生就是在与生产斗争的密切联系中才得以存在和发展的。它和生产劳动一样，是人类营谋社会生活所不可缺少的，教育的根本属性就是生产性。教育中的某些因素如自然科学知识、语言和语法的教学、教学方法、教学规律及其组织形式等都是不属于上层建筑的因素，而且很多经济学家试图估算教育投资所带来的经济效益，视教育投资为生产性投资。因此，应当从根本上改变教育的价值观念，教育应当属于生产力。

（3）双重属性说。持双重属性说观点的人认为，从教育的起源、教育发展的历史过程以及教育与生产力、生产关系的相互关系中分析，教育具有生产力和上层建筑双重属性，具有阶级斗争工具和生产斗争工具的双重特征。因为任何一种社会制度下，教育的指导思想都是由当时的经济基础所决定并为之服务。经济基础改变，教育的指导思想也随之改变。从这个意义上说，教育具有上层建筑属性。同时，教育是向下一代传授人类积累的生产知识、生产经验的活动，本身就是生产力的重要构成部分。

除了这三种主要观点外，还有人提出了多重属性说。认为教育除了具有上层建筑和生产力属性外，还具有其他属性，如多质性（即教育具有多种本质属性)、复合性（即教育具有多种属性）等。还有的把教育的生产性、政治性、社会实践性作为基本属性。

讨论的历史意义及其局限。这次讨论冲破了“文化大革命”时期的思想局限，解放了思想，活跃了对教育基本理论问题的研究氛围，具有特定的针对性和现实性，对教育在社会主义建设中的作用产生了新的认识，取得了积极的成果。

首先，这次讨论是教育界的一次思想解放运动，它冲破了一些传统观念的束缚。这次讨论起源于对“文化大革命”十年间教育的批判与反思，一开始并不是直指教育是什么或教育应该是什么等问题的，而是在批判江青反革命集团的种种言论和对教育造成巨大危害的前提下，引发的对教育的性质、属性的一些认识，这些认识后来就演变成对教育本质的探讨。

其次，通过讨论使人们比较清楚地看到了教育对发展生产力的巨大作用，极大地提高了人们对教育在社会主义现代化建设中的重要地位的认识，这是讨论的一个重要成果。

新中国建立以来，我国教育理论界一直把教育看做“消费事业”，看不到教育对经济建设和社会发展的重要促进作用，导致越来越轻视甚至忽视教育建设，严重影响了我国教育事业的发展。这次讨论对于克服轻视教育的思想起了积极的作用，对于后来明确教育在经济发展中的战略地位，做了很好的舆论准备。

再次，这次讨论极大地开阔了教育界的理论视野，提高了人们的教育理论水平，突破了一些理论框框的束缚。长期以来，我国教育理论界把“教育是上层建筑”的观点视为唯一的正统观点，思想上受到很大束缚，理论研究成效甚少。通过讨论，对这个问题的认识虽然没有达成一致的看法，但普遍感到对这个问题的讨论思想还要再放开些，不要局限在狭窄的圈子里。生产力与生产关系、经济基础与上层建筑的关系并不能包容一切，不是所有的社会现象都能纳入这些范畴中。教育属于上层建筑还是生产力，这不是教育的本质问题，而是教育的归属和职能问题。同时，对教育的本质问题又提出了许多不同的认识，这些认识又促进了讨论的深入发展，从而使教育理论研究又前进了一步。

讨论的局限。这次讨论的众多参与者试图通过强调和突出教育的经济功能而纠正十七年和“文化大革命”中教育指导思想中过分政治化的偏向，在思维范式上没有大的突破。这场讨论中的“教育生产力属性说”成为与“上层建筑属性说”对立的观点证实了这一点。

除此之外，在突出和强调教育的经济功能时，对教育其他多方面的功能没有给予足够的重视。这些偏向导致了20世纪80年代中国教育在面对商品经济大潮时出现一些失误。

（三）新时期教育方针的确立

教育方针是一个国家在一定历史时期内教育工作的总方向和总目标。教育方针的确定必须以本国国情和经济、科技、文化、社会发展的具体实际，以及教育工作自身的特点与规律为依据。因此，不同的国家教育方针的表述是不同的，即使是同一个国家的不同历史时期，其表述也是不同的。

关于教育方针问题的讨论。我国较早明确提出教育方针的是毛泽东同志。他在《关于正确处理人民内部矛盾的问题》（1957年）中明确提出：“我们的教育方针，应该使受教育者在德育、智育、体育几方面都得到发展，成为有社会主义觉悟的有文化的劳动者。”1958年9月，中共中央、国务院《关于教育工作的指示》中指出：“党的教育工作方针，是教育为无产阶级的政治服务，教育与生产劳动结合；为了实现这个方针，教育工作必须由党来领导。”此后二十年中，我国教育方针都是采用1957年、1958年的提法。

“文化大革命”期间，党的教育方针被歪曲得面目全非。“文化大革命”结束后，为了拨乱反正，有必要进一步明确党的教育方针，全面提高教育的质量，这是关系教育能否走上健康发展轨道的根本问题。党的十一届三中全会后，随着关于真理标准问题讨论的进一步深化，广大教育工作者对从未怀疑过的教育方针也提出了质疑。在《光明日报》1979年10月20日发表的《补好真理标准讨论这一课，教育问题要来一次大讨论》一文指出：三十年来教育事业虽有很大的成绩，但是有两件事谁也不能否认：第一，没有普及初等教育，老年人的扫盲尚未完成，在青壮年中又出现了不少新文盲；第二，普遍感到人才短缺，各条战线都是缺了一代人，亏了几代人，出现了人才危机。出现这种结果同整个国家的政治、经济状况是分不开的，但也不可避免地要向教育部门尖锐地提出：“三十年来，关于教育的理论、方针、政策、方法究竟有没有问题？有什么问题？”这是首次对教育方针提出疑问。紧接着，对教育方针质疑的文章连续出现。各报刊陆续发表了几十篇研讨教育方针问题的文章，不仅就教育方针的内容从理论上开展了热烈的讨论，而且提出了多种表述新时期教育方针的方案，讨论一直持续到1990年。讨论中所发表的意见，有的是相互补充的，有的是针锋相对的，争论十分激烈。这些讨论从形式上看是如何表述的问题，实际上也包含了许多教育理论问题，绝不仅仅是一个语言表述如何准确、科学的问题，还涉及许多重大的理论和政策问题。

这次讨论集中在以下几个问题上：

(1) 关于“教育为无产阶级的政治服务，教育与生产劳动相结合”的提法是否正确的问题。对于这个问题的争论有三种意见：

第一种意见认为“教育为无产阶级的政治服务，教育与生产劳动相结合”作为教育方针是不正确的，是“左”倾思潮的产物，不宜再写进新的教育方针中去。从多年的实践来看，为无产阶级政治服务，实际上变成了为政治运动服务，为阶级斗争服务；“教育与生产劳动相结合”对于培养物质生产部门的建设人才具有针对性，但对于培养非物质生产部门的建设人才，如服务性部门等就不具有普遍意义。所以，主张只需用“教育必须为社会主义建设服务”这一句话就可以取代过去的“教育为无产阶级的政治服务，教育与生产劳动相结合”两句话。

第二种意见坚持认为“教育为无产阶级的政治服务，教育与生产劳动相结合”的方针是正确的。因为教育担负有培养下一代具有坚定正确的政治方向、高尚的道德品质的职能，这是属于上层建筑的方面。所以，教育具有阶级性，社会主义教育就必须为无产阶级的政治服务。1989年国内国际形势的剧烈变化，使我们更加清醒、更加深刻地认识到，坚持四项基本原则同资产阶级自由化的斗争将长期存在，“和平演变”与反“和平演变”的斗争将长期存在，学校特别是高等学校是争夺接班人的前沿阵地。能否坚持教育的社会主义方向，关系到整个国家的前途和命运。教育与生产劳动相结合是社会发展的必然产物，社会越发展，教育就更能体现出其为生产服务的功能。因此，从原则上看，教育为无产阶级的政治服务，教育与生产劳动相结合的方针是正确的。至于过去发生的教育为政治运动服务，为阶级斗争服务的现象，是对教育功能的扭曲，是理解和执行过程中出现的片面性，不是教育方针本身的错误。特别是在面对资产阶级敌对势力的挑战时，此项功能就具有更现实的意义。

第三种意见同意将“教育为无产阶级的政治服务”改为“教育必须为社会主义建设服务”，同时要在教育方针中继续写上“教育必须与生产劳动相结合”。虽然我们在贯彻教育与生产劳动相结合的实践上出现过错误，但在新的历史条件下，正确贯彻这一方针有利于实现培养全面发展的社会主义新人的目标。

（2）关于“我们的教育方针，应该使受教育者在德育、智育、体育几方面都得到发展，成为有社会主义觉悟的有文化的劳动者”这一表述是否需要修改、补充、完善的问题。

在讨论中，多数人认为这一方针总结了国内外的经验，反映了教育的规律和社会主义教育的特点，又比较明确、具体，是正确的。也有一些人认为这一方针的基本精神是好的，但在新的形势下，应作适当的修改和补充，使之更加完善。反映在以下三个问题中：

第一，“全面发展”应包括哪些内容？有人认为只提“德育、智育、体育”三育不能概括“全面发展”的全部内容，应把美育单独提出，与德、智、体并列而不宜笼统地讲美育包括在三育中。甚至有人认为“全面发展的教育”应包括“德、智、体、美、劳”五育。不管是讲三育、四育还是五育并举，都是从施教者方面讲的。如果从学生本身的发展来讲，提“品德、智力、体质全面发展”比较准确。因为品德、智力、体质的全面发展不但需要德育、智育、体育，而且需要美育，需要劳动技术教育，其他内容的教育也可以包括进去，都会对学生的全面发展起作用。因此，《中华人民共和国宪法》第46条的表述，“国家培养青年、少年、儿童在品德、智力、体质等方面全面发展”是比较科学的，能够为大多数人所接受。

第二，关于“劳动者”、“建设者”、“人才”的表述问题。有人认为毛泽东1957年提出的“劳动者”侧重于培养体力劳动的劳动者，但是现在随着生产现代化程度的不断提高，要求劳动者的体脑结合程度将越来越高，因此，学校的培养目标不能再片面地理解为培养体力劳动的劳动者，而是具有高度科学文化水平、又红又专的建设人才。所以，建议改为“建设者”，建设者的含义更广，更适应新时期的需要。也有的主张提“人才”，认为教育的目的归根到底就是为了培养人才。新时期，社会主义现代化建设需要各类人才，所以在教育方针里直接提“人才”就更明确，更有时代精神。

第三，关于“因材施教”是否应列入教育方针的问题。自从“全面发展”的方针提出后，它与“因材施教”的关系一直有争论。有人认为在执行“全面发展”方针的过程中，往往忽视“因材施教”，所以主张在提“全面发展”的同时，应加上“因材施教”。还有的说为了培养创造型的人才，应在培养目标中加上“使学生主动地生动活泼地学习”，这对克服单纯追求升学率的偏向也是有利的。

(3) 关于“三个面向”的战略思想，如何在教育方针中体现的问题。

在讨论中，有人主张直接把邓小平同志“三个面向”的思想作为新时期的教育方针，理由是“三个面向”语言很概括，内涵很明确；它反映了时代要求，具有科学性和针对性。反对意见认为历史上用领导人的指示作为党的教育方针，已经有过经验教训，不易照搬，只要领会其精神实质即可。

这次关于教育方针的讨论，具有多方面的积极意义：

首先，在新时期探讨党的教育方针具有时代意义。新中国建立后，教育方针几经变化，都有其时代意义，对当时教育事业的发展产生了积极的影响。同时，也有其不足之处。尤其是进入以经济建设为中心的新的历史时期后，时代新的任务对教育提出了新的要求。深入研究和探讨新时期的教育方针，既有客观的需要，也有重大的理论意义和现实意义。确定新时期教育方针的统一的、明确的表述，对于统一教育工作者和社会各界对教育工作的认识，对制定教育政策、法规，安排教学内容，评估教育教学工作的质量，对整个教育事业的发展，都会有重大的影响。教育方针是一个国家在一定历史时期提出的教育工作发展的总方向，是教育基本政策的总概括，如果长期没有一个表述明确、科学的教育方针，可能会在一定程度上造成教育思想上的混乱。

其次，这次大讨论有力地推动了教育理论的发展，对教育方针的研究大大深入了，取得了相当的成果。新时期教育方针的表述问题，表面上似乎是一个如何科学、准确表述的问题，实际上涉及一系列教育基本理论问题，如教育与政治的关系问题，这是一个涉及马克思主义的基本原理与教育实践的重大的理论问题。通过讨论，使我们对教育与政治的关系的认识大大提高了一步，既坚持了马克思主义的基本观点，又排除了“左”的干扰，认真总结了多年来的经验教训，理论水平有了很大提高。对教育方针自身的认识水平也提高了，关于制定教育方针的意义、目的、作用及指导思想，教育方针的内容和组成部分，认识也更深入、全面、清楚了。关于教育方针应包含的内容，虽然意见不完全一致，但也取得了几点共识：要明确教育方向，即教育要为社会主义建设服务；要明确教育途径，即教育要同生产劳动结合；要明确教育的目标，即德智体全面发展。

再次，通过广泛讨论，为中央制定新时期的教育方针作了重要的理论准备，提供了重要的决策咨询，保证了新时期教育方针表述上的科学性、准确性。

新时期教育方针的确立。1985 年《中共中央关于教育体制改革的决定》中提出了两个“必须”，即“教育必须为社会主义建设服务，社会主义建设必须依靠教育”，作为教育工作的根本指导思想。但是，在这个《决定》中尚没有对新时期的教育方针提出一个比较明确、统一、概括的表述。在中央重要文件中，比较明确、肯定、概括表述新时期教育方针的是《中共中央关于制定国民经济和社会发展十年规划和“八五”计划的建议》，这是 1990 年 12 月 30 日在中国共产党十三届中央委员会第七次全体会议上通过的。其中明确提出：“继续贯彻教育必须为社会主义现代化服务，必须同生产劳动相结合，培养德、智、体全面发展的建设者和接班人的方针，进一步端正办学指导思想，把坚定正确的政治方向放在首位，全面提高教育者和被教育者的思想政治水平和业务素质。”

1995 年颁布的《中华人民共和国教育法》第一次以教育母法的形式对教育方针进行了如下表述：“教育必须为社会主义现代化建设服务，必须与生产劳动相结合，培养德智体等方面全面发展的社会主义建设者和接班人。”自此，我国教育方针在指导思想、内容及其表述等方面更趋成熟，教育方针的理论和实践也逐步走出政治化等偏差的旧时代而进入一个新的历史时期。

2002 年 11 月 8 日，在北京召开了中国共产党第十六次全国代表大会。教育作为全面建设小康社会的重要内容和手段，在党的十六大报告中被多次提及。报告将教育方针重新表述为：“坚持教育为社会主义现代化建设服务，为人民服务，与生产劳动和社会实践相结合，培养德智体美全面发展的社会主义建设者和接班人。”

第二章 教育体制改革

党的十一届三中全会以后，全国的工作重心转移到经济建设上来，实行了全面改革开放的政策，使社会主义现代化建设迈入了一个新时期。新时期的任务，特别是经济建设中心地位的确立和改革开放的新形势，必然要求教育同从以阶级斗争为中心向以经济建设为中心的转变相适应，并同发展商品经济和经济结构的调整相适应。但是，由于长期以来形成的轻视教育、轻视知识、轻视人才的错误思想仍然存在，教育工作中“左”的思想影响还没有完全克服，因此，教育事业的发展远远不能适应社会主义现代化建设的需要。特别是面对对外开放、对内搞活，经济体制改革全面展开的形势，面对世界范围内新技术革命的挑战，我国教育事业的落后和教育体制的弊端更加突出。改革教育体制，使教育事业更好地适应国民经济的发展就显得日益重要。

一、基础教育管理体制的改革

1985 年中共中央召开了改革开放后的第一次全国教育工作会议，颁发了《中共中央关于教育体制改革的决定》。为使教育适应国民经济建设发展的需要，为探索中国特色社会主义教育的发展道路，全面启动了教育体制的改革。《决定》是整个教育工作的纲领性文件，与经济体制和科技体制改革的决定相配套，对促进基础教育的体制改革，使我国教育事业主动适应经济社会发展的需要，产生了积极影响。邓小平同志指出："教育体制改革的决定草案，我看是个好文件。现在纲领有了，蓝图有了，关键是要真正重视，扎扎实实抓，组织好实施。"① 教育体制改革的根本目的是提高民族素质，多出人才、出好人才。强调教育必须为社会主义建设服务，社会主义建设必须依靠教育。《决定》是20世纪80年代指导教育改革和发展的最重要的文件。

（一）基础教育体制改革的动因、核心及其评价

基础教育管理体制是国家组织和管理基础教育的形式、方法和制度的总称，它有广义和狭义之分。狭义的基础教育管理体制仅是政府对基础教育进行行政管理的总称，也可以称之为基础教育外部管理体制；广义的基础教育管理体制还包括基础教育内部如中小学内部的行政管理制度，我们把基础教育内部的行政管理制度称为基础教育内部管理体制。因此广义的基础教育管理体制就包括基础教育内部管理体制和基础教育外部管理体制。

20世纪80年代的基础教育管理体制改革以1985年为界分为两个截然不同的阶段，前期改革以拨乱反正、纠正"文化大革命"中的错误做法为主，其特点是建立了相对集中的基础教育管理体制；后期的改革以克服80年代初期基础教育管理体制存在的弊端，调动各方面的积极性为主，其特点是将基础教育的领导管理权层层下放，建立了以分权为特征的基础教育管理体制。

这次基础教育管理体制改革的原因在于：

（1）社会经济、政治环境的变化。十一届三中全会后，随着我国社会发展战略的转变，首先在农村进行了经济体制的改革。改革充分调动了农民的生产劳动积极性，极大地促进了农村社会生产力的发展，使农村的社会发展呈现出蓬勃生机。农民的生产热情空前高涨，收入有了较大提高，生活得到很大改善。人民群众对教育的需求发生了很大变化，然而原来的教育管理体制却阻碍了教育规模的扩大，满足不了人民群众的需要，必然要求对基础教

---

① 教育体制改革文献选编［C］. 北京：教育科学出版社，1985：19.

育体制进行改革。

在农村经济体制改革取得较大突破后，1984 年党中央作出了《关于经济体制改革的决定》，拉开了城市经济体制改革的序幕。随着城乡经济体制改革的逐步展开，必须相应地改革科学技术体制，这是关系我国现代化建设全局的一个重大问题。为此，在 1985 年 3 月，中共中央作出了《关于科学技术体制改革的决定》。《决定》进一步明确了经济建设必须依靠科学技术，科学技术必须面向经济建设的战略方针。科学技术体制改革的根本目的，是使科学技术成果迅速地广泛地应用于生产，使科学技术人员的作用得到充分发挥，大大解放科学技术生产力，促进经济和社会的发展。在这一方针指导下，我国在促进科技与经济结合上采取了一系列重大举措，在经济和科技领域都取得了显著成就。既然社会的经济和科技体制进行了改革，必然要求教育体制进行相应的改革。正如《关于经济体制改革的决定》所指出的："科学技术和教育对国民经济的发展有极其重要的作用。随着经济体制的改革，教育体制和科技体制的改革越来越成为迫切需要解决的战略任务。"而教育管理体制作为教育体制最重要的部分，其改革的迫切性也就日益凸显。

1987 年 6 月国家教育委员会、财政部联合发出的《关于农村基础教育管理体制改革若干问题的意见》指出："基础教育的管理体制与基础教育的发展紧密相关。我国原有的农村基础教育管理体制是为适应原来的经济体制建立的。在国家的经济体制、财政体制和农村政权建设发生了深刻变化之后，这种教育管理体制就显得很不适应，如不及时改革，势必影响农村基础教育的发展。因此，这一改革是我国经济体制、财政体制改革的必然产物，是加快农村教育事业发展、使之更好地为当地社会主义现代化建设服务的一项战略措施，也是为建立适合中国国情的基础教育管理体制而采取的一个重大步骤。"

（2）政治方面的需要。自"文化大革命"开始不久，教育部的工作已经停顿，教育部机关已瘫痪。1968 年 7 月 27 日，中共中央、国务院、中央军委、中央文化革命小组决定对教育部实行军事管制，成立军管小组。1969 年 4 月 3 日，首都工人毛泽东思想宣传队进驻教育部，会同军管小组领导"斗、批、改"。1969 年 10 月，教育部及所属中央教育科学研究所、人民教育出版社等事业单位全体职工共 1258 人，统统下放劳动改造。这样教育部及所属机构撤销，在京仅留三五名军管人员做留守工作。①

1968 年 8 月，中央发出了《关于派工人宣传队进驻学校的通知》，要求各地依照北京的做法，“以优秀的产业工人为主体，配合人民解放军战士，组成毛泽东思想宣传队，分批分期进入学校”。8 月 26 日，《人民日报》发表了姚文元的《工人阶级必须领导一切》一文，引述了毛泽东的批示：“实现无产阶级教育革命，必须有工人阶级领导，必须有工人群众参加，配合解放军战士，同学校的学员、教员、工人中决心把无产阶级教育革命进行到底的积极分子实行革命的三结合。工人宣传队要在学校中长期留下去，参加学校中全部斗、批、改任务，并且永远领导学校。在农村，则应由工人阶级的最可靠的同盟者——贫下中农管理学校。”从此，全国各地都派工宣队、军宣传队进驻各级各类学校，并宣布学校的党、政、财大权都归宣传队掌握。中小学一度由工宣队管理，后来由“革命委员会”领导。教育部所属的高等院校，全部由所在省、自治区、直辖市革命委员会领导。1978 年，教育部重新颁发了《全日制小学暂行工作条例（试行草案)》和《全日制中学暂行工作条例（试行草案)》，规定：全日制小学由县教育行政部门统一领导和管理；社队办的小学，可以在县的统一领导下，由社队管理。“文化大革命”后至 1984 年，基本上恢复了“文化大革命”前实行的统一领导、分级管理的教育行政体制，强调中央教育行政的权威。

（3）教育自身改革的需要。20 世纪 80 年代初的基础教育管理体制基本上沿用了 50 年代末 60 年代初的做法。这种管理体制纠正了“文化大革命”中的错误做法，使“文化革命委员会”退出了基础教育的管理，同时加强了中央和省（自治区、直辖市）政府对基础教育的领导。这种体制在迅速扭转“文化大革命”对基础教育造成的冲击和消极影响等方面起到了一定的积极作用。但是，它的弊端也是明显的，表现在以下几个方面：

在基础教育外部管理体制方面，其弊端表现在中央对地方政府管得过死，使地方缺乏办学积极性。这样的管理体制，使得学校只是按上级指示被动办学，不能对变化了的经济、社会发展情况作出及时的反应和灵活有效的调整，不利于调动学校和教师进行教育教学改革，提高教育教学质量。由于

---

① 王炳照，阎国华. 中国教育思想通史（第八卷）[M]. 长沙：湖南教育出版社，1994：196.

中央对地方什么都管，造成了地方对中央的严重依赖，这种依赖使地方没有办学积极性。办学积极性的缺乏，使许多问题由此而生。例如学校缺乏应有活力，政府该管的没管好，不该管的又管得过多；由于等、靠、要的思想作怪，地方政府对学校投入严重不足，致使中小学发展缓慢。由于国家决定发展重点中学，造成很多学校都去争办重点中学，导致政府过分重视重点中学而忽视了一般中学的发展，由此造成学校发展的两极分化，好的更好，差的更差，整个学校的布局平衡被打破。

在基础教育内部管理体制方面，实行党支部领导下的校长分工负责制，学校的一切重大问题必须经过党支部讨论决定。它对学校从“文化大革命”浩劫中恢复过来，建立正常的教学秩序，保证党的教育方针的贯彻落实，提高教育教学质量等方面起到了一定的积极作用，但也暴露出一些问题：首先，容易产生效率低下的问题。当时的有关政策规定，学校的一切重大问题必须经过党支部决定，然后由校长去执行。然而对什么是“重大问题”，国家没有明确说明。中小学的“重大问题”，无非就是教育教学、人事、后勤、升学考试等行政工作。这些工作都由党支部来讨论决定，不可避免地造成党支部包办一切的问题，从而既未加强党支部的领导作用，又未充分发挥行政的作用。其次，在党支部领导下的校长分工负责制的管理体制下，党支部领导不负责而要校长负责，校长负责但有些问题又要受制于党支部。这样很容易使书记和校长产生矛盾，工作中互相推卸责任，从而影响领导班子的团结。实行这样的领导管理体制，必然导致效率低下，管理成本较高。

在教育结构上，基础教育薄弱，学校数量不足，质量不高，合格的师资和必要的设备严重不足，经济建设急需的职业和技术教育没有得到应有发展；在教育思想、教育内容、教育方法上，从小培养学生独立生活和思考的能力很不够，不少课程内容陈旧，教学方法死板，实践环节不被重视，不同程度地脱离了经济和社会发展的需要，落后于当代科学文化的发展。

从以上几个方面可以看出，20 世纪 80 年代的基础教育改革是社会经济体制、政治体制、科技体制变化的必然产物。同时基础教育本身的管理体制存在很多弊端，最终导致基础教育管理体制必须进行改革，以更好地发挥教育服务于经济建设的目的。

地方负责、分级管理——基础教育管理体制改革的核心。宏观管理方面，为了加强党和政府对教育工作的领导，成立国家教育委员会，负责掌握教育的大政方针，统筹整个教育事业的发展，协调各部门有关教育的工作，统一部署和指导教育体制的改革。在简政放权的同时，必须加强教育立法工作。这次改革的一个主要目的就是中央简政放权，扩大地方政府的办学自主权。中央成立国家教育委员会，只是从宏观上加强指导，协调各地的教育工作，从大政方针等方向性问题上对全国的教育工作进行指导。

在具体政策上，《中共中央关于教育体制改革的决定》提出："实行九年义务教育，实行基础教育由地方负责、分级管理的原则，是发展我国教育事业、改革我国教育体制的基础一环。""基础教育的管理权限属于地方。除大政方针和宏观规划由中央决定外，具体政策、制度、计划的制定和实施，以及对学校的领导、管理和检查，责任和权力都交给地方。省、市（地）、县、乡分级管理的职责如何划分，由省、自治区、直辖市决定。为了保证地方发展教育事业，除了国家拨款以外，地方机动财力中应有适当比例用于教育，乡财政收入应主要用于教育。地方可以征收教育费附加，此项收入首先用于改善基础教育的教学设施，不得挪作他用。"

这就充分表明国家把发展教育事业的权利和责任落实到地方政府身上，所以各级党委和政府都要把教育工作摆到战略重点的地位，把发展教育事业作为自己的主要任务之一，上级考查下级都要以此作为主要内容之一。中央认为，在新的经济和教育体制之下，各地将有充分的可能发挥自己的经济和文化潜力，加快教育的发展。

在中小学内部管理体制方面，《中共中央关于教育体制改革的决定》提出："学校逐步实行校长负责制，有条件的学校要设立由校长主持的、人数不多的、有威信的校务委员会，作为审议机构。要建立和健全以教师为主体的教职工代表大会制度，加强民主管理和民主监督。学校中的党组织要从过去那种包揽一切的状态中解脱出来，把自己的主要精力集中到加强党的建设和加强思想政治工作上来；要团结广大师生，大力支持校长履行职权，保证和监督党的各项方针政策的落实和国家教育计划的实现。"

在中央关于教育发展的决策指导下，国家教育委员会下设基础教育司负责中小学管理工作。为了加强对教育事业的管理，经国务院批准在中央及各级教育行政部门成立教育督导机构，以配合教育管理体制的改革。

基础教育实行地方负责、分级管理，其根本目的是充分调动地方发展教育事业的积极性，使之从当地经济和社会发展的实际需要出发，统筹规划基础教育、职业技术教育和成人教育，把文化教育与职业技术教育、职前教育与职后教育有机地结合起来，使教育以为当地的“两个文明”建设服务为主，促进教育与经济的良性循环。我国基础教育的大头在农村。据1985年统计，县以下（含县）农村小学在校学生约占全国小学生总数的92%，中学在校学生约占全国中学生总数的82%。同时，由于受经济发展水平的制约，目前我国农村基础教育与城市相比还很落后。因此，抓好农村基础教育，对我国整个基础教育的发展具有决定性的作用。

各级政府对基础教育的管理职责与权限。根据《中共中央关于教育体制改革的决定》和《义务教育法》的有关规定，地方各级政府分级管理基础教育的职责权限如何全面划分，由省、自治区、直辖市决定。基础教育实行地方负责以后，省、地（市）、县、乡四级都要明确各自的职责。对农村基础教育，省、地（市）必须加强领导，同时，应把县、乡两级职责权限的划分作为工作重点。

——县一级政府，长期以来担负着管理农村学校的重要责任。

目前，县财政拨款仍是农村基础教育经费的主要来源。县一级有比较完备的管理教育的职能部门和机构，比较熟悉农村基础教育的特点和规律，具有比较丰富的工作经验。因此，要充分发挥县在管理农村基础教育方面的重要作用。在边远和经济不发达地区，当前更应注意发挥县一级的作用。各县要根据中央的方针政策，从当地实际出发，把教育事业的发展纳入全县的总体规划；制定调动本地区各级政府和社会力量办学积极性的具体办法；抓好干部和师资队伍建设，制定有关民办教师的政策，检查贯彻落实情况，努力改善办学条件；加强对教学业务的指导，不断提高教育质量，在扎扎实实普及小学教育的基础上，有计划、有步骤地普及九年义务教育；规划和调整教育结构，使基础教育、职业技术教育、成人教育更好地结合起来，使教育与经济协调发展，着重为当地的经济和社会发展服务。

——乡是我国农村的基层政权。

扩大乡一级政府管理农村学校的职责权限是这次改革的一个重要特点。随着建乡工作的完成，乡财政正在逐步建立，干部的“四化”程度有所提高，乡政府在管理教育方面有必要也有可能承担比过去更多的责任。但是，就全国而言，乡一级政府管理教育的基础还比较薄弱，需要一个逐步适应和提高的过程。因此，目前不宜把乡一级的职责权限搞得过大。为了充分发挥乡管教育的作用，乡应成立管理教育的机构。这个机构可由乡政府、企业、学校负责人及财税等有关人员兼职组成。乡管学校的机构要在乡政府直接领导和县教育行政部门的指导下，行使上级赋予的职权，做好职责范围内的各项工作。如协助县教育行政部门搞好教育规划和教师、教育行政干部队伍建设；筹措并管好、用好本乡教育经费，切实解决民办教师工资福利待遇问题；密切学校与社会的联系，逐步改善办学条件等。乡管教育要充分发挥现有学区和中心中学、小学在教学行政业务方面的作用。

——村是我国农村基层的自治组织。

在农村基础教育管理体制改革中，要注意发挥村在解决危房、改善办学条件、提高教师待遇、筹措解决民办教师的工资、管好学校财产、维护学校权益、动员适龄儿童入学、参与监督学校工作等方面的作用。

《关于农村基础教育管理体制改革若干问题的意见》是20世纪80年代基础教育管理体制改革的最重要的指导文件之一。之后，全国各地基础教育管理体制的改革由试验转入推广阶段。到80年代末，全国初步形成了五种分级办学与管理模式：（1）市、区小学区办区管，中学市、区共办共管；（2）县、乡两级办学，县、乡两级管理；（3）县、乡、村三级办学，县、乡、村三级管理；（4）县、区、乡、村四级办学，县、区、乡、村四级管理；（5）县、乡、村三级办学，县、乡两级管理。

对基础教育管理体制改革的评价。20世纪80年代基础教育管理体制的改革具有一定的积极作用，表现在以下几个方面：

（1）明确了教育体制改革的方向、任务和目标。《中共中央关于教育体制改革的决定》总结了新中国建立以来特别是党的十一届三中全会以来教育改革的实践经验，比较系统地提出和阐明了教育体制改革的指导思想、目标、任务和具体措施，以解决中国教育同社会主义现代化尤其是同经济建设相互协调发展的问题，是全面进行教育改革的纲领性文件。《决定》指出：“教育必须为社会主义建设服务，社会主义建设必须依靠教育。”这个精辟的论述科学地阐明了教育与社会主义建设的辩证关系，把重视和发展教育放在了事关我国现代化全局的战略地位，明确了教育改革和发展的方向。这是贯穿于《决定》的基本精神和根本的指导思想。

（2）初步理顺了各级政府管理教育的关系，形成了分工负责、分级管理教育的新体制，调动了各级政府与学校的办学积极性。这次基础教育管理体制的改革，一个重要目的就是中央对地方教育权限的下放，形成省、市、县、乡四级管理教育的新体制。除基础教育的大政方针和宏观计划由中央决定外，具体政策、制度、计划的制定和实施，以及对学校的领导、管理和检查，责任和权力都交给各级地方政府。这一改革有力地调动了地方各级政府主要是县、乡两级政府、企事业单位和广大农民的办学积极性；有力地推动了基础教育与当地经济和社会发展的结合，不少地方把教育纳入当地经济和社会发展的总体规划，为城乡经济的发展培养了更多的有用人才；有力地改善了办学条件，促进了九年义务教育的实施。

（3）调动了农村各级政府、各种社会力量和群众办学的积极性。1986年社会捐资、教育费附加及勤工俭学收入达40亿元，山东省1986年仅教育费附加就有了3亿多元，相当于国拨教育经费的30%。这就大大改善了基础教育的办学条件，使基础教育得到了稳步发展。到1987年，全国小学学龄儿童入学率已达97.1%，全国已有60%的县普及了初等教育。①

虽然这次基础教育管理体制改革的影响深远，积极意义明显，但仍有某些失误，表现在：首先，改革缺乏必要的理论指导。这或许是因为作为改革的理论基石的管理学理论及其分支学科的研究当时在我国尚十分落后，处于介绍国外的研究阶段，既未消化吸收，又未与中国国情结合。其次，在价值取向上存在重技术价值轻人文价值的倾向。

改革的实施也存在一些不足。基础教育管理体制的改革过程，是新旧两种体制的转换。在转换的过程中，很多矛盾就会同时出现，由此产生许多问题。如学校实行教职员聘任制，被辞退的教师又能找到单位，但劳动人事部门却按规定不能办理调转和安排。除了工作中出现的复杂矛盾外，改革还导致人们的新旧观念、新旧知识经验、新旧心理、新旧工作方法与习惯等方面的冲突，这些冲突很大程度上又影响着改革本身。

在改革的过程中，仓促分权也容易造成一时的混乱。如实行地方财政包干后，地区教育行政部门的实际行政权受到了严重的削弱。

在基础教育管理体制改革的同时，由于一些相关的改革措施与法规没有及时出台，导致改革措施难以落实或缺乏操作性，在实践中容易陷于盲目和

① 傅兴国，杨秀梅．我国教育体制改革的成就和进一步深化的思考［J］．北京师范大学学报：社会科学版，1989（3）．

被动之中。改革措施不配套的另一个原因是社会保障等制度不健全，从而导致教职工的聘任制往往流于形式而无法落到实处。

20 世纪 80 年代的教育管理体制改革产生了新的问题，表现在：分级办学、分级管理体制可以调动各级政府的办学积极性，但不能解决横向地区之间的差别；它导致义务教育责任层层下放，但由于缺乏相应的财税政策，乡村财政能力并没有增加，出现了财权与事权的不一致。义务教育主要靠乡、村办，但实际上，村级没有财政，乡级财政较弱，义务教育缺乏有效的财政保障，因而出现拖欠教师工资现象；分级办学、分级管理使“人权”和“事权”下放到乡镇，县级政府对教育管理出现了松动情绪，对基础教育的调控能力减弱。由于基础教育管理体制的不完善或者地方教育行政领导的不负责任，出现了教育经费得不到落实的情况，投入不足在一些地方表现越来越突出。

（二）中等教育结构的调整

“文化大革命”期间中等教育结构的单一化。由于“文化大革命”期间大力发展普通中学，停办职业技术教育，因而形成一种单一的中等教育结构：1976 年普通中学在校生为 5836. 6 万人，其中高中段 1483. 6 万人，而中专、技工、农中、职中等类学校在校生人数仅为高中生的 1. 16%。1965 年底，全国高中段在校生 273. 1 万人，其中普通高中在校生 130. 8 万人，仅占 47. 9%；而中专 54. 7 万人，技工学校 10. 1 万人，农业高中、职业高中 77. 5 万人，合计 142. 3 万人，占 52. 1%。1965 年底全国初中段在校生 1169. 1 万人，其中普通初中 803 万人，占 68. 7%；而农业初中、职业初中、初级师范等各类职业学校 366. 1 万人，占 31. 3%。①

教育结构的不合理，一方面使得教育本身畸形发展，另一方面造成人才培养与社会需要的脱节。从 1978 年开始，教育领域贯彻“调整、改革、整顿、提高”八字方针，进行教育结构改革。主要内容是将部分普通中学改办成职业中学、职业学校，在普通中学设职业班，以适应社会主义现代化建设对人才的多方面的需要，适应经济体制改革、产业结构调整、劳动就业结构

① 中国教育年鉴（1949—1981）［M］. 北京：中国大百科全书出版社，1984：172.

变化的需要。

问题的提出。党的十一届三中全会以后，党和国家把工作重点转移到以经济建设为中心的社会主义现代化建设上来，明确了科学技术是第一生产力的思想，大力发展职业技术教育就成为非常迫切的时代课题。发展职业技术教育的目的在于培养千百万中、初级技术人员、管理人员、技工和其他城乡劳动者，这对于使更多的人学习和掌握先进的设备、技术和管理方法，对我国的四个现代化建设，具有特殊的重要作用。但是，职业技术教育恰恰是我国整个教育事业中最薄弱的环节。

对此，邓小平同志1978年4月在全国教育工作会议上的讲话中指出："我们的国民经济是有计划按比例发展的，我们培养训练专门家和劳动后备军，也应该有与之相适应的周密的计划。我们不但要看到近期的需要，而且必须预见到远期的需要；不但要依据生产建设发展的要求，而且必须估计到现代科学技术的发展趋势。""国家计委、教育部和各部门，要共同努力，使教育事业的计划成为国民经济计划的一个重要组成部分。这个计划，应该考虑各级各类学校发展的比例，特别是扩大农业中学、各种中等专业学校、技工学校的比例；要研究发展什么样的高等学校，怎样调整专业设置、安排基础理论课程和进行教材改革。"同时，教育部在这次会议上正式提出改革中等教育结构，从只面向升学转变为同时面向培养大批优良的劳动后备力量；从单一的普通中学教育体系转变为普通中学教育与职业教育并行。据此，从1980年开始，普通中学强调双重任务，各地开始试办职业高中和职业高中班，劳动部门建立劳动服务公司进行就业培训。

关于改革城市中等教育结构、发展职业技术教育的意见。1983年5月9日，教育部、劳动人事部、财政部和国家计委联合下发了《关于改革城市中等教育结构、发展职业技术教育的意见》。《意见》指出："自1978年小平同志在全国教育工作会议上提出扩大职业技术学校的比例以后，许多城市进行了中等教育结构改革的试点。……经过几年的努力，单一化的中等教育结构开始起了变化，职业技术教育有了初步发展。到1982年，全国城市职业中学（班）、职业（技术）学校在校生已达35万余人，与普通高中在校学生的比例已达到1∶5。如将中等专业学校、技工学校在校学生计算在内，接受职业技术教育的学生比例还要大一些。”①

《意见》进一步明确了改革中等教育结构、发展职业技术教育的方向、途径和要求。城市中等教育结构改革，主要是改革高中阶段的教育，使之适应社会主义现代化建设多方面的需要，适应经济体制、产业结构、劳动就业等变化的需要。实行普通教育与职业技术教育并举，全日制学校与半工半读学校、业余学校并举，国家举办与业务部门、厂矿企事业单位、集体经济单位办学并举的方针。民主党派、群众团体以及个人办学，应给予鼓励。城市高中阶段教育的学制、结构和办学形式都要实行多样化。

改革的主要途径是：（1）将部分普通高中改办为职业中学、职业（技术）学校或在普通高中设职业班。这类学校和班，可由教育部门自己办，也可以与其他业务部门、企事业单位联合办，隶属关系不变。（2）发动各行各业举办职业中学、职业（技术）学校或举办学制长短不一的职业技术培训班。（3）普通高中要有计划地增设职业技术教育课。努力使今后的中学毕业生不仅具有一般的普通文化知识，还能初步掌握一点建设本领。还可举办职业技术教育中心。（4）改革和办好中等专业学校和技工学校。

《意见》指出：普通高中保留多少、改多少，要从教育事业发展的全局考虑，根据改革中等教育结构的目标，从各地的实际情况出发，做好人才需求和各级各类学校发展中普通高中应有比重的预测工作，全面规划，统筹安排。力争到1990年，使各类职业技术学校在校生与普通高中在校生的比例大体相当。

关于师资问题，《意见》指出：各业务部门和企事业单位、集体经济单位举办的职业中学、职业（技术）学校的师资，由办学单位自行解决，教育部门给予协助。普通中学改办的，专业课教师由有关业务部门和协作单位帮助解决，也可聘请部分兼课教师。教育部门、劳动人事部门和有关业务部门要有计划地为发展职业技术教育培养师资。有条件的省、自治区、直辖市可试办职业技术师范学院。有关大专院校应承担职业技术教育的专业课师资培训任务。各地师范院校和各级教育学院应开办为职业技术教育服务的新专业和举办专业课教师培训班。从1983年开始要分配一定比例的大专院校、中

---

① 十一届三中全会以来重要教育文献选编［C］．北京：教育科学出版社，1992：128.

专毕业生给职业中学、职业（技术）学校和技工学校。

调整中等教育结构的纲领性文件——《中共中央关于教育体制改革的决定》的颁布。1985 年，《中共中央关于教育体制改革的决定》颁布，其重要内容之一就是调整中等教育结构，大力发展职业教育。《决定》指出：

社会主义现代化建设不但需要高级科学技术专家，而且迫切需要千百万受过良好职业技术教育的中、初级技术人员、管理人员、技工和其他受过良好职业培训的城乡劳动者。没有这样一支劳动技术大军，先进的科学技术和先进的设备就不能成为现实的社会生产力。但是，职业技术教育恰恰是当前我国整个教育事业最薄弱的环节。一定要采取切实有效的措施改变这种状况，力争职业技术教育有一个大的发展。

职业技术教育问题已经强调多年，局面没有真正打开，重要原因在于长期以来对就业者的政治文化技术准备缺乏应有的要求，在于历史遗留的鄙薄职业技术教育的陈腐观念根深蒂固。因此，要在全党和全社会进行教育，树立行行光荣、行行出状元的观念，树立劳动就业必须有一定的政治、文化和技能准备的观念，并且在改革教育体制的同时改革有关的劳动人事制度，实行“先培训，后就业”的原则。今后各单位招工，必须首先从各种职业技术学校毕业生中择优录取。一切从业人员，首先是专业性技术性较强行业的从业人员，都要像汽车司机经过考试合格取得驾驶证才许开车那样，必须取得考核合格证书才能走上工作岗位。有关部门应该制定法规，逐步实行这种制度。

根据大力发展职业技术教育的要求，我国广大青少年一般应从中学阶段开始分流：初中毕业生一部分升入普通高中，一部分接受高中阶段的职业技术教育；高中毕业生一部分升入普通大学，一部分接受高等职业技术教育。在小学毕业后接受过初中阶段的职业技术教育的，可以就业，也可以升学。凡是没有升入普通高中、普通大学和职业技术学校的学生，可以经过短期职业技术培训，然后就业。要充分发掘现有中等专业学校和技工学校的潜力，扩大招生，并且有计划地将一批普通高中改为职业高中，或者增设职业班，加上新办的这类学校，力争在五年左右，使大多数地区的各类高中阶段的职业技术学校招生数相当于普通高中的招生数，扭转目前中等教育结构不合理的状况。

发展职业技术教育要以中等职业技术教育为重点，发挥中等专业学校的骨干作用，同时积极发展高等职业技术院校，优先对口招收中等职业技术学校毕业生以及有本专业实践经验、成绩合格的在职人员入学，逐步建立起一个从初级到高级、行业配套、结构合理又能与普通教育相互沟通的职业技术教育体系。

中等职业技术教育要同经济和社会发展的需要密切结合起来，在城市要适应提高企业的技术、管理水平和发展第三产业的需要，在农村要适应调整产业结构和农民劳动致富的需要。要着重职业技能的训练，训练的范围不要太窄，基础教育也要适当配合，以适应长期广泛就业、进行技术革新和继续进修的需要；同时还要重视职业道德和职业纪律的教育。①

调整中等教育结构的重要目的就是大力发展中等职业技术教育，它是由多种因素决定的：职业技术教育是经济发展的重要支柱和推动力。中国教育的一个基本国情，是在经济尚不发达的条件下进行的世界上最大规模的教育。因此，教育不可避免地面临着诸如教育经费短缺、办学条件不足、教师待遇偏低等一系列的困难和问题。在教育投入不可能在短期内大幅度有效增长和经济建设对国民整体素质的全面提高与各种专门人才的培养需求更加迫切的双重压力下，我国教育必须选择一条多快好省的发展途径。大力发展职业技术教育可以说是解决我国教育问题的根本出路。在各种教育中，职业技术教育与经济发展的关系最密切、最直接。从世界范围经济发展和教育发展的进程看，现代职业技术教育是社会化大生产的产物，同时又是进一步发展社会化大生产的前提和条件。

改革开放以来我国经济建设的快速发展表明，经济的发展固然需要相当数量的高级专门人才，但更需要数以万计的中、初级技术、管理等专门人才和数以亿计的各行各业有文化有技术的劳动者。社会主义初级阶段的根本任务是发展社会生产力，而发展生产力的关键在于科学技术的不断进步和劳动者素质的迅速提高。先进的科学技术和现代化生产设备要转化为现实生产力越来越受到劳动者素质的制约，广大农村由自然、半自然经济向社会主义商品经济的过渡、工业企业面临的新技术革命挑战和激烈的市场竞争、新兴产

---

① 十一届三中全会以来重要教育文献选编［C］．北京：教育科学出版社，1992：163．

业派生出的以知识技术密集为特点的广泛就业门路，都对劳动者的素质提出越来越高的要求。从这个意义上讲，职业技术教育是社会主义中国经济发展的重要支柱和推动力，因为职业技术教育担负的主要任务就是最广泛的普及科学技术，加速科学技术的物化，培养应用型、工艺型的技术管理人才和城乡各行各业的劳动者。

大力发展职业技术教育不仅对提高社会生产力、提高经济效益起着巨大的推动作用，而且为经济的持续发展、劳动者素质的提高发生持久的作用。一方面，由于教育特别是职业技术教育的发展被纳入各级经济、社会发展总体规划之中，既为现实的经济发展服务，更要适应产业结构的预期变化为未来经济的持续发展提前培养人才，也就是职业技术教育在经济建设中必须先行一步做好人才准备。通过职业技术教育，在使我国丰富的自然劳动力资源转化为巨大现实生产力的同时，也不断扩大各行各业的人才储备。另一方面，职业技术教育将促进农村劳动力的转移。农村经济发展的根本出路在于调整产业结构，发展乡镇企业，对农产品进行深加工，增加农产品的科技含量和附加值，这是符合国情的农村劳动力非农业化，缩小工农差别、城乡差别，实现农村现代化的基本途径。发展职业技术教育是实现农村劳动力向非农转化的重要举措。广泛传授给农村劳动者所需要的生产知识和实用技术，将会迅速提高农村劳动力的整体素质，使其就业门路更多，转移速度更快，从而有效地促进整个农村的现代化建设。

职业技术教育是科学技术成果迅速转化为现实生产力的桥梁。邓小平同志提出“科学技术是生产力，而且是第一生产力”的科学论断，揭示了科学技术对当代生产力发展和社会经济发展的第一位的变革作用，指明了加速现代生产力发展的根本途径。生产力的构成要素包括劳动者、劳动资料和劳动对象。在生产力诸要素中，在科学技术通过生产力各要素物化为现实生产力的过程中，起决定作用的是劳动者。劳动资料特别是生产工具，无论多么先进，自动化程度多么高，对生产力发展的作用多么巨大，终归它还是人的创造物，由人来使用。依靠科学技术武装起来的劳动者，其劳动将由以体力支出为主转变为以智力和创造性劳动为主，使劳动力的技术和技能不断提高。因此，通过教育提高劳动者的素质，是发展生产力的关键。

教育对劳动者的培养与训练，可以分为三个层次：一是培养具有一般劳动能力的人；二是把具有一般劳动能力的人培养成具有专门的特殊劳动能力的人；三是把已经具有某种专门的特殊劳动能力的人培养成具有新的特殊劳动能力的人。担负着向劳动者传授广博的科学文化知识，培养其综合运用科学知识解决问题的能力、熟练的技术操作能力和创造性智能素质这一任务的职业技术教育，主要培养的是第二层次的劳动者。它从培养目标、教学内容到教育方式，都直接体现着科学技术与生产实际的密切结合，成为科学技术转化为现实生产力的桥梁。

职业中学、普通中等专业学校、技工学校的改革与发展。职业中学、中等专业学校、技工学校属于中等技术教育，它们之间性质相同，属于同一层次水平的技术教育，但是它们的培养目标有所差别。

职业高中的建立。1980 年 10 月，国务院批转教育部、国家劳动总局《关于中等教育结构改革的报告》。《报告》指出："改革中等教育结构，发展职业技术教育，适应四化建设需要，是当前亟待解决的问题。"《报告》认为改革的重点是高中阶段的教育。要使高中阶段的教育适应社会主义现代化建设的需要，实行普通教育与职业、技术教育并举。县以下的教育主要面向农村，为农村的各项建设服务。在城乡要提倡各行各业广泛举办职业（技术）学校。可将普通高中改办为职业（技术）学校、职业中学、农业中学。经过改革，要使各类职业（技术）学校的在校生在整个高级中学教育中的比重大大增加。

《报告》提出中等教育结构改革的内容和途径是："普通中学要逐步增设职业（技术）教育课；将部分普通高中改办为职业技术学校、农业中学、职业中学；举办多种形式的职业（技术）学校；有条件的大中城市试办职业技术教育中心；积极发展和办好技工学校和中等专业学校。"①

职业高中的类型有以下几种：单一的职业高中、有普通初中的职业高中和在高中阶段既有普通高中班又有职业高中班的学校，后一类主要设在城郊结合的地区。从培养目标上分主要有三种类型：一类是培养目标、教学计划与中专基本相同的职业高中；一类是与技工学校基本相同的职业高中；一类是专业面较宽，适应性较强的职业高中。后一类主要面向第三产业。

职业高中是中等教育改革的产物，大部分是由普通高中改办的。其培养目标，在 1980 年 7 月教育部转发北京市文教办公室《关于当前中等教育结

① 中国教育事典（中等教育卷）[M]. 石家庄：河北教育出版社，1994：622.

构改革的几点意见》中提出：职业高中、农业高中要“培养有社会主义觉悟的，具有相当于普通高中文化水平，并掌握一定专业基础知识和生产技能的，有体力的劳动后备和技术后备力量”①。1990 年 12 月 31 日，国家教委颁发《关于制订职业高级中学（三年制）教学计划的意见》。其中规定：“根据国家的教育方针和社会主义现代化建设的需要，职业高级中学的任务是培养中级技术工人、具有中等技术水平的农民、中等管理人员、技术人员和其他从业人员。”“职业高级中学学生的培养目标是：有理想、有道德、有文化、守纪律、热爱社会主义祖国和社会主义事业，具有为国家富强和人民富裕而艰苦奋斗的献身精神；具有实事求是、勤于思考、勇于创造的科学精神；具有良好的职业道德、职业意识、职业纪律、职业习惯、忠于职守的敬业精神；掌握直接从事某一专业、工种必需的文化基础知识和素养、专业技术知识和操作技能；有健康的体魄。”②

职业高中的管理及其发展。职业高中由地方教育部门管理。除了教育部门、企事业单位独立办学外，多数职业高中采取教育部门和用人部门联合办学的方式，由教育部门提供校舍、文化课教师和部分教育经费；用人部门提供实习场所、专业课教师及部分教育经费。这种合作形式对发展教育、提高质量和就业有利。

职业高中招收初中毕业生或具有同等学历者。学制一般为三年，也有两年和四年的。

毕业生不由国家分配工作，而由劳动部门介绍就业，或自谋职业。由于职业高中的毕业生不能依赖国家分配就业，在专业设置上，重视社会对人才的需求。20 世纪 80 年代后期，在城市中，主要发展的是面向第三产业的专业（工种），有些是现有的中等专业学校和技工学校很少设置的专业，或只设社会需求量大的专业（工种）。职业高中的发展，对落实“科教兴农”，发展第三产业，调整中等教育结构和人才的专业结构，都起了重要作用。

由于职业高中是在经济体制改革中兴起的学校，所以第三产业类的专业和新的专业、紧缺专业比较多，如办公自动化、旅游服务、外事服务等是职

---

① 刘英杰. 中国教育大事典（1949—1990）（下）[M]. 杭州：浙江教育出版社，1993：1753.

② 刘英杰. 中国教育大事典（1949—1990）（下）[M]. 杭州：浙江教育出版社，1993：1754.

业高中的特色专业。由于职业高中大部分是由普通高中改办的，已有校舍、文化课教师等办学条件，所以花钱少，见效快；专业与课程设置适应经济改革和发展的需要，比较灵活；办学形式多样；学生因国家不包分配，有选优录用的压力，有利于调动学生学习的积极性和主动性。因为有这些优势，所以职业高中的发展很快。从1980年开始办，到1990年已有9164所，在校生达到295.01万人，成为中等职业教育中的一支新生力量。

普通中等专业学校的改革与发展。普通中等专业学校（简称中等专业学校）是指经由国家规定的主管机关批准成立的、纳入国家招生计划的、由地方统一组织考试的、以应届初级中学毕业生为主要招生对象的全日制中等专业学校。中等专业学校包括两种学校：一是中等师范学校，主要培养小学教师；二是各类中等专业（技术）学校，培养工、农、医、文、理、财经、政法、体育、艺术等科类的中等专业技术人才，如技术员、会计师、医师、护士以及各类中级管理人员等，是整个人才结构的中间层次。

1979年6月8日教育部颁布的《全日制中等专业学校工作条例》指出：中等专业学校培养“具有相当于高中文化程度，并在此基础上掌握本专业现代化生产所需要的基础理论、专业知识和实际技能，具有健康体魄的中级技术、管理人员”。这就清楚地表明中等专业学校的文化程度是高中。后来在国家教委《关于制定和修订全日制普通中等专业学校（四年制）教学计划的意见》（1986年4月12日）中提出：中等专业学校要培养“德、智、体、美全面发展，牢固掌握必需的文化科学基础知识和专业知识，有较强实践能力的中等专门人才”。“应该在相当于高中以及中等专门人才必备的文化知识的基础上，掌握本专业必需的基础知识、基本理论和基本技能，具有运用所学知识分析和解决问题的能力、一定的自学能力、获取信息的能力，具有初步的经营管理能力和组织管理的能力，了解电子计算机在本专业的实际运用并有初步的运用能力，学好一门外语，为毕业后应用打下基础。”从这个培养目标的要求看，中等专业学校仍属于高中阶段的中等职业学校。以后的一些文件中，也将中等专业学校归入中等职业学校。

中等专业学校的专业设置及教学要求。随着经济和社会的发展，中等专业学校的专业设置有进一步的发展。1982年8月25日，教育部汇总各部委拟定的专业目录方案，修订出《中等专业学校的专业目录（征求意见稿）》。《目录》共分11科，即工、农、林、医、师范、文、理、财经、政法、体育、艺术（含工艺美术）。比1963年制定的专业目录增加了文、理、政法三科，专业总数由348个增加到433个，反映了20世纪80年代科学的发展和社会、经济的需求。如工科内的专业由14类增加到16类，增加了环境保护和经营管理类；新增加的文科专业包括文书档案、图书馆管理两类；理科专业包括岩矿分析、放射性水文地质、海洋化学、农业气象、电厂化学等16类；政法专业中包括公安、航运警察、治安管理、刑事侦察、预审、经济文化保卫、政治侦察、劳动改造、劳动教养等9类。《目录》使中等专业学校更能适应社会对各类中级专业人才的需要。

中等专业学校的专业设置是根据国家的需要、科学技术的发展和学校的条件来决定的。一个学校的专业设置应性质相近，数目不宜过多，划分不宜过细，并应力求稳定。学校的增设、调整和停办，专业的设置、调整和撤销，必须按照领导关系，分别由国务院主管部门或省、自治区、直辖市主管部门批准并报国家计委、教育部和有关部门备案。

中等专业学校强调以教学为中心。在教学中必须正确贯彻理论联系实际的原则，加强基础理论和基本知识的教学，加强基本技能的训练。专业课的教学应该使学生掌握必需的专业知识、技能和管理知识，同时尽可能了解本专业范围内最新的科学技术成就和发展趋向。

中等专业学校教育改革的方向、重点、步骤和方法。1987年8月，国家教委职业技术教育司在北戴河召开了中等专业学校教育座谈会。会议以《中共中央关于教育体制改革的决定》为指导，总结和交流了前一阶段中等专业学校教育改革的情况和经验，探讨了今后进一步深化中等专业学校教育改革的有关问题。会议虽然时间较短，但收获很大，进一步明确了中等专业学校教育改革的方向、重点、步骤和方法，更加坚定了搞好中等专业学校教育的信心。

中等专业学校教育改革的方向，就是要随着我国经济和政治体制改革的深入发展，切实转变办学思想，使学校教育始终能自觉地、主动地适应经济和社会不断改革、发展的需要，使学校培养人的全过程始终与社会保持密切的联系，从而使中等专业学校教育更好地为社会主义现代化建设服务。

中等专业学校教育改革的重点，一是要继续推进中等专业学校教育管理体制的改革，充分发挥地方统筹职业技术教育的作用，在现行管理体制不做大的变动的情况下，各部委、各省（自治区、直辖市）要大力支持中等专业学校广泛开展联合办学，尽可能地挖掘潜力，扩大学校的服务面向；二是要从分配环节入手，认真研究和实验改革招生和分配制度，促进学生学习的积极性和用人单位选择用人的积极性；三是要把加强实践教学作为教学改革的突破口，推动整个教学过程、教学内容和教学方法的全面改革。中等专业学校要把教学、技术服务（社会服务）、生产实践三结合作为办学的基本路子。在教学上，要处理好理论与实际、文化基础与专业的关系，扭转重理论、轻实践的倾向；要适当拓宽专业面，改革课程结构，增加一些社会科学方面的知识；要引导高年级学生广泛地接触社会，开展技术推广、技术服务和社会实践活动，在实践中增长才干；要加强学生的思想政治工作，加强对学生的职业意识和职业道德的培养，不断提高教育质量。

关于改革的步骤和方法，会议指出，教学改革是一项政策性、思想性、学术性很强的工作，必须有组织、有领导、有步骤地进行。不要“一哄而起”，也不要“一刀切”。重大改革必须先进行实验。首先要从调查研究入手，按照社会需要确定改革方向，并认真抓好改革的试点工作，试点方案需经学校的主管部门审批。

招生和分配改革。1988 年 3 月 14 日，国家教委在《普通中等专业学校招生暂行规定》中提出，农、林、卫生等系统的中等专业学校可以招收国家不统一分配的班，招收农村有实践经验的优秀青年入学，年龄可适当放宽。同年 4 月 5 日，农牧渔业部、国家教委、国家计委、财政部、商业部、劳动人事部、公安部、林业部共同颁布《关于农业中等学校招收农村青年不包分配班的若干规定》。其中规定：不包分配班的招生工作必须面向农村，贯彻招生来源与毕业去向、培养与使用紧密结合的原则，招收立志务农的初、高中毕业生。对于有一定生产实践经验的往届毕业生，年龄可适当放宽。招生指标纳入国家中等专业学校指令统一招生计划，注明不包分配。不包分配班实行单独招生。考试科目为政治、语文、数学、化学（农机类专业可考物理），加试农业生产知识。以后农业部在农村农业中等学校试行招收不包分配生或班取得成功，受到农村青年的欢迎。

中等专业学校的隶属关系。1985 年 1 月，教育部颁发了《关于政企分开后妥善处理中等专业学校从属关系的通知》。《通知》指出：随着经济体制的改革，逐步实行政企分开后，有的原中等专业学校主管业务厅（局）将要撤销，有的虽不撤销但已不再直接管理中等专业学校。这样，在教育体制改革未定之前，如原主管业务厅（局）撤销，应请示省、自治区、直辖市人民政府决定其所属中等专业学校由谁主管，中等专业教育经费应从主管部门的事业费中列支，不得削减，中等专业学校的性质不得改变，招生不得减少，学校的校舍、设备、师资不得抽调、拆散、占用。各省、自治区、直辖市主管中等专业教育的教育（高教）厅（局）要在人民政府的领导下，积极会同当地计委、经委、财政厅（局）以及学校主管业务部门共同研究，采取措施，做好学校的安排工作。

中等专业学校的办学渠道是多方面的，主要是依靠中央和地方的业务部门及其所属厂、矿、企事业单位办学。中等专业学校在专业业务上的指导与管理由国务院有关部委按行业系统归口，中央和地方的教育部门分级负责综合管理与协调。至 1990 年，全国中等专业学校共 2956 所，在校生 156.7 万人。

技工学校的改革。技工学校是培养技术工人的学校，是国家教育事业的组成部分，其任务是培养中级技术工人。和中等专业学校一样，它也是在新中国建立后，学习苏联的技工教育经验，经过改革和调整后发展起来的，是培养中级技术工人的主要基地。在 1985 年劳动人事部《关于技工学校改革的几点意见》中指出："技工学校是一种中等职业技术学校。它的主要任务是为企、事业单位培养输送合格的中级技术工人。在完成中级技术工人培训任务的前提下，允许技工学校发挥多功能培训的作用，即可以对在职工人进行提高培训，也可以举办待业青年就业训练班、富余职工专业培训班、学徒技术学习班等。既面向城市，也面向农村；既面向全民所有制经济，也面向集体所有制经济和个体经济。"这说明技工学校可以根据需要和可能，积极承担多种培训任务。

技工学校的培养目标。1979 年 2 月 20 日，国家劳动总局颁发的《技工学校工作条例》中，将技工学校的培养目标规定为：思想政治方面，使学生具有爱国主义、国际主义精神和共产主义道德品质，热爱中国共产党、热爱社会主义，树立无产阶级的阶级观点、群众观点、劳动观点和辩证唯物主义观点，全心全意为人民服务。技术操作方面，使学生熟练地掌握本工种、专业的基本操作技能，能完成本工种中等复杂程度的作业，养成遵守操作规程和文明生产的习惯。技术理论方面，使学生能够掌握本工种、专业所需要的技术理论知识，并且在原有基础上进一步提高文化水平；招收初中毕业生的，主要文化课程要提高到高中水平。

1986年11月，劳动部和国家教委针对当时社会上鄙薄职业技术教育和有的人认为技工学校不正规、不能算学历的思想，联合发出《关于技工学校毕业生学历问题的通知》。《通知》指出："根据《中共中央关于教育体制改革的决定》的精神，技工学校是初中分流以后培养技术工人的中等职业技术学校，是各类高中阶段的职业技术学校的一类，属于高中阶段的职业技术教育。今后，技工学校毕业学生在填写学历时，应填写为技工学校毕业。"与此同时，劳动部和国家教委1986年颁发的《技工学校工作条例》规定："技工学校是培养技术工人的中等职业技术学校，是国家职业技术教育事业的重要组成部分，属于高中阶段的职业技术教育。"由此明确了技工学校在学制中的地位，认定了其正规学历。《条例》对技工学校的培养目标规定为："思想政治方面：培养学生爱祖国、爱人民、爱劳动、爱社会主义，讲文明，懂礼貌，守纪律，有良好的职业道德，有为国家富强和人民富裕而艰苦奋斗的献身精神。操作技能方面：培养学生熟练地掌握本工种（专业）的基本操作技能，完成本工种（专业）中级技术水平的作业，养成遵守操作规范和安全生产、文明生产的习惯。文化技术知识方面：培养学生扎实地掌握基础理论知识，具有一定的分析和解决问题的能力。"①

技工学校的工种（专业）设置。在劳动部和国家教委1986年颁布的《技工学校工作条例》中规定："技工学校的办学规模和工种（专业）设置，从经济和社会发展需要出发，由办学主管部门核定。规模不宜过小，在校学生一般不应少于200人。工种（专业）设置，应以操作技术复杂、技术业务知识要求高的为主；为增强学生就业后的适应能力，不宜划分过细。""文化大革命"前，全国技工学校设置的工种（专业）为200余个，培养的人员中，多数为机械工种技术工人。进入20世纪80年代，随着经济的发展和产业结构的变化，技工学校所设工种增加到400余个，一些商业、服务行业和新兴的工业企业都开始举办技工学校，培养缺门、短线的技术工种（专业），如旅游、服装、工艺美术，以及农业的园艺、养殖等。

技工学校的教学计划。技工学校一般按工种设置进行教学。20世纪90

① 刘英杰．中国教育大事典（1949—1990）（下）［M］．杭州：浙江教育出版社，1993：38．

年代，由于岗位操作技术的现代化与综合化，也有按专业培训技工的。通常技工学校的教学以生产操作实训为主，同时也学一些相关的文化知识和专业知识。1979年国家劳动总局颁发的《技工学校工作条例》中对技工学校教学计划的规定是：生产实习和文化、技术理论教学的比重，原则上各占一半为宜。有的工种、专业需要的文化和科学技术理论知识较多，可以适当扩大文化、技术理论课的内容。从效果来看，操作能力培养不够突出，后来有所调整。1985年，劳动人事部颁发的机械类通用工种，招初中毕业生，三年制的教学计划，生产实习达到总课时的58%强，政治、文化、技术理论课占42%弱。劳动部和国家教委1986年颁发的《技工学校工作条例》明确规定：技工学校的教学，必须着重操作技能训练，并紧密围绕培养目标，安排必要的文化与技术理论基础课程。

经过努力，技工学校的数量在20世纪80年代有了很大幅度的增加。据1989年统计，国务院各业务部门及其所属企业办的技工学校4102所，劳动部门办的约400所，其余为业务部门和所属企业办的技工学校。到1990年底，全国共有技工学校4184所，在校生133.17万人。

对中等教育结构调整的评价。经过多年的中等教育结构调整，克服了单一化的弊病。普通高中盲目发展的状况已得到有效的控制和压缩，中等教育结构不合理的状况有了明显改变。表现在以下几个方面：

（1）中等教育结构发生了根本改变，办学条件逐步改善，教育质量有了很大提高。中等教育结构改革是整个教育改革的重要内容，是建立社会主义教育体系的一项重要任务。1978年以前，中等教育结构极不合理，基本上是单一的普通教育。1976年，在高中阶段，职业技术学校在校生只占1.16%，98%是普通高中在校生，而能升入高等学校的只是其中的极少一部分，造成千军万马过独木桥的局面。为此，从1980年开始，中共中央、国务院和主管部门先后作出了一系列关于中等教育结构改革的重要决策，并要求各省、自治区、直辖市建立领导小组，吸收有关部门参加，统管中等教育结构改革和职业技术教育。同时，为使中等教育结构改革积极稳妥地进行，对职业技术教育的毕业生安置、管理和经费、教师配置等问题都做出了明确的规定。

经过各方面的努力，中等教育结构改革历经十多年，成效显著。1980年，中等职业技术教育的招生数占整个高中阶段的招生数的21.3%，1985年上升到43.8%。据1990年统计，普通高中在校学生占高中阶段在校生总数的57.2%，招生数占高中阶段招生总数的55%，各类职业学校学生占高中阶段在校生总数的42.8%，招生数占高中阶段招生总数的45%，基本上改变了中等教育结构严重失调的状况。中等教育结构单一化的局面，已经有了根本的改变。

与此同时，在各级政府、有关部门、办学单位的关心支持下，经广大职业技术教育干部和教师的努力，职业技术学校的办学条件逐步改善。从1983年开始，中央财政和地方财政连续十年拨给职业技术教育一定额度的专款或专项补助，广大群众开展捐资助学、集资建校等活动，使职业技术学校的占地面积、建设面积、固定资产等都有了一定的改善。

20世纪80年代以来，我国的职业技术教育不仅在数量上有很大发展，而且在质量上也有较大提高，得到了社会各方面和用人单位的肯定。在大面积提高质量的基础上，涌现出一批办得较好的、具有较高水平的骨干学校。从1990年开始，国家教委连续两年共评估认定了455所省级重点职业高中，并对中等专业学校进行了合格评估、办学水平评估，取得了积极的效果。1992年，对重点技工学校工作进行了评估。国家教委制定了国家级重点职业高中标准，并进行了国家级和省部级重点中等专业学校评估的工作，以进一步推动骨干学校的建设，进而推动整个职业技术教育事业的发展。骨干学校在办学方向、学校设施、管理水平和教学质量等方面，发挥了骨干和示范作用，取得了较好的办学效益和社会声誉。

（2）职业技术教育坚持办学的社会主义方向，德育工作取得了实效。多年来，各类职业技术学校都坚持了社会主义的办学方向，主动为社会主义建设服务，为当地和本行业经济建设与社会发展服务。农村的职业技术教育与发展农业生产、加强农村建设以及农民的致富联系起来；城市的职业技术教育同城市的发展和企业的利益联系起来。注重德育建设是职业技术教育的重点工作之一。教育学生成为合格的劳动者，是职业技术教育的灵魂。加强职业道德和思想教育，坚持把道德教育与严格训练结合起来，使学生形成良好的行为习惯，提高他们的社会服务水平。

（3）加强基本办学条件建设，取得了较大进步。加强师资、教材、实习基地等基本办学条件建设，是办好职业技术教育，提高教育质量的根本保证。为此，国家教委和各地教育行政部门本着培养和培训、专职和兼职相结合的原则，采取多种措施，努力拓宽职业技术教育师资的培养和培训渠道。

据统计，1989 年在 160 多所高等院校增设了培养职业技术教育师资的系、专业或班，在校生达 2. 17 万人。在全国建立了十几所职业技术师范学院，同时还建立了若干个培训职业技术教育管理干部和教师的基地或中心。国家教委先后制定了《加强职业技术学校师资队伍建设的几点意见》、《中等专业学校、技工学校教师职务试行条例》等十几个文件，各地、各部委也出台了相应的文件，有力地促进了职业技术教育师资队伍的建设，基本满足了事业发展和教育教学工作的需要。到 1991 年，全国职业技术教育专职队伍已有 117 万人，其中专任教师 61 万人，分别是 1980 年的 2. 5 倍和 2. 9 倍。这支队伍是在同各种社会偏见的斗争中，在艰苦环境的磨炼中成长起来的，是中国今后发展职业技术教育事业的中坚力量。

（4）在教材建设上，落实“全面贯彻党的教育方针，坚持理论联系实际，强调基本知识教学和基本技能训练”的方针，本着编、选、借、译相结合，国家统编与地方自编相结合的原则，做好出版发行工作。国家教委负责宏观指导、方针政策的掌握和规划的制订，各部委、各地负责本行业、本地教材建设的全面工作，建立中央和部门、地方两级编审机构，明确分工职责，保证教材质量，适时发行，从而加强了职业技术教育教材的改革与建设，编写出一批较好的教材，基本上满足了教学工作的需要。

（5）在生产实习基地建设上，国务院《关于大力发展职业技术教育的决定》中，明确要求“各级政府和参与办学的部门、企事业单位必须解决职业技术学校实验、实习设备和校内外实习基地”。20 世纪 80 年代末，各级政府和教育行政部门一抓认识，二抓条件，三抓管理，使职业技术学校的生产实习基地建设有了较大进展。据 1991 年统计，全国中等专业学校有生产实习基地 4200 多个，工农业产值 7. 7 亿元，第三产业营业额及其他收入 2. 6 亿元。技工学校有实习工厂 1700 多个，校外定点实习工厂 800 多个，年产值 14. 3 亿元，第三产业营业额及其他收入 3. 6 亿元。① 这些生产基地发挥了育人、示范、服务、创收等多种功能，促进了职业技术教育质量的提高和办学条件的改善。

（6）职业技术教育在社会主义现代化建设中发挥了重要的作用。中国共产党第十三次全国代表大会指出：“把发展科学技术和教育事业放在首要位

① 何东昌. 当代中国教育（上）[M]. 北京：当代中国出版社，1996.

置，使经济建设转到依靠科技进步和提高劳动者素质的轨道上来。”这是中国进行经济建设，在方针和指导思想上的重大转变。在推广科学技术和提高劳动者素质方面，职业技术教育负有重大使命，有其优势和特殊作用。在工业部门，自1981年以来，职业技术教育与成人教育紧密配合，对3000万青壮年职工进行了初中文化和初级技术的补课性培训，累计培训中级工1200万人次，培训高级工350万人次，评聘出技师20万人。各类职业技术学校培养的数百万毕业生成为工业生产的重要力量。他们多为应用型、工艺型的人才，是生产第一线的管理者、组织者和技术骨干，是联结科研人员、工程技术人员和第一线的生产工人的纽带，在把科学技术转变为社会财富的过程中起着重要的作用。

（7）经过各方面十多年的努力，其中也包括职业技术教育的贡献，我国职工队伍和干部队伍的整体素质在逐步提高。以铁路行业为例，20世纪80年代以来，全国铁路中专、技工学校和职业高中共招生28万人，毕业20万人，完成短期培训10万多人，改善了全路250万职工的科技文化素质。全路职工大专、中专和技校毕业生从1980年占职工总数的12.1%提高到1989年的占职工总数的18.03%；干部中大专、中专、高中以上文化程度的由1980年占干部总数的49.05%提高到1989年的占干部总数的72.05%；每年新招职工素质也有了较大的改善，为铁路行业的发展注入了新的活力。

（8）第三产业的发展，很大程度上归功于职业技术教育的开展。1990年从事第三产业的就业人员有10 533万，占社会劳动者总数的18.6%，第三产业占国民经济总产值的27%。在第三产业的发展中，职业技术教育有着不可替代的作用。20世纪80年代，中等专业学校和职业中学的专业设置中分别有35.7%和50%左右是面向第三产业的。第三产业的从业人员中，有相当部分是经过职业技术教育或培训的，职业技术教育为改变第三产业落后的局面起了积极的作用。例如，1992年北京市职业高中毕业生有8万多人，80%以上从事第三产业工作；北京市旅游局涉外饭店共有职工3.5万人，其中半数以上是职业高中培养的毕业生；1990年第十一届亚运会期间，北京市有35所职业高中、11个专业、1万余人直接承担了亚运会组委会交给的各项工作，他们以崇高的爱国热情和无私奉献的精神，良好的职业道德和娴熟的专业技能技巧，圆满、出色地完成了各项任务，用实际行动谱写了“职教之花为亚运增辉”的诗篇，受到了国内外各方面的赞扬和好评。

中等教育结构的改革，推动了整个教育事业，尤其是职业技术教育事业的改革和发展，加强了教育与经济的紧密结合。为此，国务院《关于大力发展职业技术教育的决定》要求在20世纪90年代“使全国高中阶段职业技术学校的在校生人数超过普通高中的在校生人数”。

存在的问题。从整体上看，职业技术教育的规模、层次和结构还远未能适应城市经济和社会发展的需要，还没有形成所有经济部门，尤其是工业企业都能依靠职业技术教育来提高从业人员素质的格局；农村的职业技术教育还很薄弱，发展很不平衡，农村许多地方基本上还是单一的普通教育；中等专业学校和技工学校发展还很缓慢，潜力未充分发挥出来；教育质量和办学效益不高，相当多的职业学校的师资力量薄弱，经费严重不足，缺少基本的教学设施和实习条件，社会迫切需要的某些专业仍然短缺或十分薄弱。

这次中等教育结构的调整是政策指令下的强迫改革，由于普通教育过度发展，而没有了职业教育的发展空间，所以强制把部分普通中学改成职业中学，或在普通中学设置职业班。这就造成很多问题，首先是市场（或企业）的需求问题。这次中等职业技术教育改革是在没有进行充分调研的情况下进行的，职业学校的学生将来能否适合企业或工厂的需要将成为一个问题。从根本上来说，要使职业学校的学生适应企业的需要，就必须加强与企业的联系，使学校真正面向企业培养人才。其次，把普通高中突然改为职业高中，所面临的最迫切需要解决的问题是合格师资不足。对于文化课的教师来说，这种转型是可以适应的。但专业技术课的教师如何解决，就成了一个现实的问题。1985年《中共中央关于教育体制改革的决定》指出：“师资严重不足，是当前发展中等职业技术教育的突出矛盾。各单位和部门办的学校，要首先依靠自身力量解决专业技术师资问题，同时可以聘请外单位的教师、科学技术人员兼任教师，还可以请专业技师、能工巧匠来传授技艺。要建立若干所职业技术师范院校，有关大专院校、研究机构都要担负培训职业技术教育师资的任务，使专业师资有一个稳定的来源。中央各部门办的这类学校，地方也要予以协调和配合。”职业学校的匆促上马造成师资、教材、教学实习场所严重缺乏，教学准备严重不足等问题，其教训是深刻的。具体表现在：

（1）发展职业技术教育要有必要的条件支撑。与普通教育相比，职业技术教育对办学基本条件的要求显然要高得多。为了保证所培养学生的质量，它非常强调实践教学环节。生产实习教学和专业生产劳动应当占有相当大的比例，因此就要求职业技术教育机构配备相应的专业设备和实习基地，对职业技术教育经费的投入也要相应地高于普通教育。世界上职业技术教育比较发达的国家，对职业技术学校的投资都高于普通中学，而且高出很多。在我国职业技术教育体系中占有重要位置的农村职业中学，有许多是从普通中学直接改过来的，缺乏起码的实习设备和基地，长时间不能使教学走上正常轨道，逐渐失去社会信誉，难以为继。这是发展职业技术教育的一个严重教训。即使到现在，我国的职业技术教育数量上有了客观且比较合理的发展，但在质量上仍远不尽如人意。特别是面对社会需求的更加急迫和新技术新工艺的不断涌现，如果仍不着力解决这个问题，将成为职业技术教育提高质量的极大障碍。

（2）发展职业技术教育要有一支高水平的教师队伍。改革开放以来，在职业技术教育迅速发展的过程中，职业技术学校特别是农村职业中学专业教师数量的严重不足和素质的普遍偏低，始终是一个十分突出并难以解决的问题。为此，各地大多采取了这样一些应急措施：动员部分专业相近的文化课教师改教专业课；选择部分年轻教师送出去培训后回学校教专业课；从普通高校毕业生中分配；由联办单位派出技术人员担任专业课教师；学校从企业、学校和科研部门聘请；从本校毕业生中择优留校等。这些措施在职业中学大量兴起的开始阶段，确实有效地缓解了专业师资短缺的矛盾，但这毕竟不是专业师资的稳定来源，因此很快便暴露出专业课教师的专业能力局限性大、教学业务素质低的弱点。特别值得注意的一点是，从总体上分析，我国职业技术教育不仅专业课师资状况与实际需要相距甚远，文化课师资状况也令人担忧。以职业中学为例，据国家教委计划建设司统计，1993 年职业高中文化课教师学历合格率只有 29.35%。这表明，职业技术教育的师资水平亟待提高，否则将会成为严重影响职业技术教育发展、严重影响职业技术学校学生素质提高的制约因素。

（3）发展职业技术教育要有健全的制度保证。改革开放以来，我国相继颁布了一批重要的教育法律和教育行政法规，但有法不依、执法不严的现象相当普遍。这种状况也一直困扰着职业技术教育的发展。职业技术教育是教育与经济的重要结合点，培养的学生将直接进入经济建设的各个领域，从这个意义上讲，职业技术教育是一种完全开放的教育，就更需要健全的法制保证。健全的法制要在职业技术教育外部条件和内部动力上为其顺利发展提供有力的保障。外部条件方面主要是通过立法和执法保证职业技术教育所需的经费、设施、实习基地、教师等；内部动力方面则主要是通过立法特别是严格执法，保证职业技术学校的学生进得来，留得住，学习有劲头，毕业有出路。就目前而言，在某种意义上后者比前者显得更重要。如果“先培训、后就业”的制度、职业资格证书制度以及受过各级职业技术教育的学生都允许接受更高层次教育的制度等能切实得以执行，职业技术教育就会更快更好地发展。

（4）发展职业技术教育需要良好的社会环境。要有必要的思想准备，克服各种鄙薄职业技术教育的陈腐观念，从各级领导、教育部门到整个社会都要对职业技术教育在经济建设和社会进步上的重要作用有深刻的认识，从而对职业技术教育的发展给予充分的重视和支持。职业技术教育的发展要适应现代化经济建设的需要，更要适应生产力的发展水平和教育的发展水平与基础，结合当地的资源条件和产业优势，因地制宜，按需培养，这样才能使职业技术教育办得富有生机和活力。

二、九年制义务教育的规划与实施

义务教育是依照法律规定，适龄儿童和少年必须接受的，国家、社会、学校、家庭必须予以保证的国民教育。实行义务教育，既是国家对人民的义务，也是家长对国家和社会的义务。国家和社会要提供条件使每个儿童和少年都受到法律规定年限的教育，家长也要保证自己的子女接受这种教育。对青少年儿童实施义务教育为现代生产发展和现代社会生活所必需，是现代文明的一个标志。

（一）普及初等教育的全面恢复

“文化大革命”结束后，国家极为重视教育的普及工作。从1976年“文化大革命”结束到1986年《中华人民共和国义务教育法》颁布的十年，是我国全面恢复普及初等教育的时期。1978年12月召开的党的十一届三中全会为普及教育的恢复和发展提供了基本条件和政治环境。

1979年11月6日，中共中央批转了湖南省桃江县委《关于发展农村教育事业的情况报告》，肯定该县发展农村教育的主要经验。该县小学教育从1972年起达到普及，学龄儿童入学率和巩固率均在98%左右。小学生除个别情况外，都能普遍地学完五年。中学教育在发展全日制中学的同时，还试办了8所农业中学和31所公社中学附设农中班。在校中小学生1979年同1970年相比，分别增长了2倍和83%。[①] 中央在批示中指出："四个现代化，关键是科学技术现代化。"培养科学技术人才，基础在教育，而小学教育又是这个基础的基础。中央要求各级党政领导把普及小学教育当成一件大事来抓，要切实抓好。

1980年12月3日，中共中央、国务院发出《关于普及小学教育若干问题的决定》。《决定》指出："建国以后，我国小学教育有很大发展，但是由于工作上的种种失误，特别是'文化大革命'的破坏，我国目前五年制小学教育尚未普及，新文盲继续大量产生。这种情况，同经济发展对人才培养的要求很不适应，同建设现代化的、高度民主、高度文明的社会主义强国的要求很不适应。"《决定》明确提出："在80年代，全国应基本实现普及小学教育的历史任务，有条件的地区还可以进而普及初中教育。小学教育是整个教育的基础，要提高教育质量，提高全民族的科学文化水平，必须从小学抓起。普及小学教育应当根据各地区经济、文化的基础和其他条件的不同，由各省、市、自治区规划，提出不同要求，分期分批予以实现。"[②]

1982年12月，全国人大五届五次会议通过《中华人民共和国宪法》。《宪法》第十九条规定："国家举办各种学校普及初等义务教育。"1983年5月6日，中共中央、国务院发出《关于加强和改革农村学校教育若干问题的通知》。《通知》指出："普及初等教育，是培养现代化建设人才的奠基工程。必须坚决贯彻执行1980年12月中共中央、国务院《关于普及小学教育若干问题的决定》，力争1990年前在我国除少数山高林深、人口特别稀少的地区外，基本普及初等教育。普及初等教育的规划和措施，要落实到县和区乡、社队。省、市、自治区应当参照教育部制定的基本要求，结合本地区实

---

① 中国百科年鉴（1980）[C]，北京：中国大百科全书出版社，1980：542.

② 教育改革重要文献选编 [C]. 北京：人民教育出版社，1988：404.

际情况，确定普及的具体标准。”①

（二）普及九年义务教育的规划

《中共中央关于教育体制改革的决定》指出：“我国基础教育还很落后，这同我国人民建设富强、民主、文明的现代化社会主义国家的迫切要求之间，存在着尖锐矛盾，决不能任其继续。现在，我们完全有必要也有可能把实行九年义务教育当做关系民族素质提高和国家兴旺发达的一件大事，突出地提出来，动员全党、全社会和全国各族人民，用最大的努力，积极地、有步骤地予以实施。为此，需要制定义务教育法，经全国人民代表大会审议通过后颁布。”

《决定》同时指出：“由于我国幅员广大，经济文化发展很不平衡，义务教育的要求和内容应该因地制宜，有所不同。全国可以大致划分为三类地区：一是约占全国人口四分之一的城市、沿海各省中的经济发达地区和内地少数发达地区。在这类地区，相当一部分已经普及初级中学，其余部分应该抓紧按质按量普及初级中学，在 1990 年左右完成。二是约占全国人口一半的中等发展程度的镇和农村。在这类地区，首先抓紧按质按量普及小学教育，同时积极准备条件，在 1995 年左右普及初中阶段的普通教育或职业和技术教育。三是约占全国人口四分之一的经济落后地区。在这类地区，要随着经济的发展，采取各种形式积极进行不同程度的普及基础教育的工作。对这类地区教育的发展，国家尽力给予支援。国家还要帮助少数民族地区加速发展教育事业。”

以上三类地区的划分，是就全国而言的。事实上，每个省、自治区内，经济、文化的发展也是不平衡的。在经济、文化发达的省内，也有经济、文化不发达的地区和县；而在经济、文化不发达的省内，也有经济、文化发达的地区和县。因此，每个省，每个市，乃至每个县，都要坚持从实际出发，区分不同类型的地区，提出切合实际的奋斗目标，有步骤地实施。

为了贯彻《决定》精神，1985 年至 1986 年，国家教委先后召开了三个“普九”工作片会和两次扫盲工作部际协调领导小组会议，对全国实施“两基”工作做了全面部署。

---

① 教育改革重要文献选编［C］. 北京：人民教育出版社，1988：472.

第一片汇报会于1985年8月29日至9月1日在天津召开，参加会议的有北京、天津、上海、辽宁、山东、江苏、浙江、广东8个省市主管教育的负责同志。会议明确了城市和沿海发达地区的战略任务是：从我国的国情出发，在今后15年内，应当要求把城市、沿海和内地比较发达的地区首先抓上去，使他们在经济建设上做出较大贡献的同时，在教育、科技、文化方面也有相当高度的发展，力争早一步接近世界发达国家的水平，有力地带动全国，支援后进地区。

第二片汇报会于1985年11月17日至20日在北京召开，参加会议的有吉林、黑龙江、河北、山西、福建、安徽、江西、河南、湖南、湖北、四川、陕西12个省主管教育的负责同志。这次会议在实施九年制义务教育方面明确了不同地区的目标和任务，防止普及义务教育操之过急。要求扎扎实实地普及小学教育，同时做好普及初中教育的准备。各省、自治区、直辖市应对原定的普及九年制义务教育的规划认真进行一次测算，使规划建立在现实的基础上。

第三片汇报会于1986年12月5日至8日在山东省烟台市召开，参加会议的有甘肃、青海、宁夏、新疆、内蒙古、云南、贵州、西藏、广西9省区主管教育的负责同志。这次会议要求边远地区的各级各类学校都要进一步明确教育为当地社会主义建设服务的办学思想，把立足点真正转移到为边远地区经济振兴服务上来。同时要妥善解决少数民族地区中小学教学语言问题、教育与宗教关系问题、教材建设问题、教育经费问题等几个特殊问题。

三个片会之后，各地认真贯彻落实上述会议精神，结合实际，重新论证、调整了当地实现“两基”的目标、规划和步骤。

（三）义务教育法的颁布和实施

1986年4月12日第六届全国人民代表大会第四次会议通过《中华人民共和国义务教育法》，于7月1日起施行。《义务教育法》第二条规定：“国家实行九年制义务教育。省、自治区、直辖市根据本地区的经济、文化发展情况，确定推行义务教育的步骤。”第四条规定：“国家、社会、学校和家庭依法保障适龄儿童、少年接受义务教育的权利。”第五条规定：“凡年满六周岁的儿童，不分性别、民族、种族，应当入学接受规定年限的义务教育。”

这就说明义务教育具有强制性质，它对不履行应承担各项义务的行为，规定了适当的强制性措施。如第十五条规定："除因疾病或者特殊情况，经当地人民政府批准的以外，适龄儿童、少年不入学接受义务教育的，由当地人民政府对他的父母或者其他监护人批评教育，并采取有效措施责令送子女或者被监护人入学。对招用适龄儿童、少年就业的组织或者个人，由当地人民政府给予批评教育，责令停止招用；情节严重的，可以并处罚款、责令停止营业或者吊销营业执照。"

《义务教育法》的颁布和贯彻执行，标志着我国普及基础教育工作进入了一个新阶段，是关系国家和民族发展的一项具有战略意义的重大举措。

1986 年 9 月，国务院办公厅转发了国家教育委员会、国家计划委员会、财政部和劳动人事部四部委下发的《关于实施〈义务教育法〉若干问题的意见》。《意见》要求各级人民政府、各部门要切实加强领导，结合实际情况做出具体规划，充分调动各方面的积极性，首先把师资和办学条件等问题解决好。同时对普及九年制义务教育的基本要求、实施的步骤、学制年限、师资、有关法律责任等作了说明。

（四）对实施义务教育的评价

实施普及义务教育取得的成绩。实施普及义务教育以来，到 1990 年，全国小学适龄儿童入学率已经达到 97.9%，在校学生巩固率已达到 97.66%，小学毕业生升入初中的已达到 74.6%。全国除城市外，已有 1459 个县通过了省级人民政府的普及初等教育检查验收，约占全国总县数的 76%，比 1985 年增长了一倍多。全国 80% 以上的地区已经普及了小学义务教育，多数大中城市普及了初中义务教育。

表 2-1 1985～1990 年全国学龄儿童入学率及小学在校学生巩固率 （单位：万人）

项目 年份	学龄儿童入学率			小学在校学生巩固率		
	全国学龄儿童数	已入学学龄儿童数	入学率（%）	学年初学生数	学年末学生数	巩固率（%）
1985	10 362. 30	9942. 80	95. 95	13 557. 10	13 109. 72	96. 70
1986	10 067. 50	9702. 10	96. 37	13 350. 40	12 962. 90	97. 10
1987	9750. 90	9477. 20	97. 19	13 182. 50	12 817. 30	97. 23
1988	9655. 84	9380. 35	97. 15	12 769. 00	12 372. 98	96. 90

续表

年份＼项目	学龄儿童入学率			小学在校学生巩固率		
	全国学龄儿童数	已入学学龄儿童数	入学率（%）	学年初学生数	学年末学生数	巩固率（%）
1989	9699.13	9450.73	97.44	12 124.54	11 770.48	97.08
1990	9717.40	9516.90	97.94	—	—	97.66

资料来源：《中国教育年鉴》。

表2-2　1985～1990年全国小学、初中毕业生升学率　（单位：万人）

年份＼项目	小学毕业生升学率			初中毕业生升学率		
	小学毕业生数	初级中学招生数	升学率（%）	初中毕业生数	高级中学招生数	升学率（%）
1985	1999.90	1367.00	68.35	—	—	
1986	2016.10	1402.00	69.50	1057.00	429.20	40.61
1987	2043.00	1410.90	69.10	1117.30	437.00	39.11
1988	1930.30	1359.00	70.40	1157.20	439.60	37.99
1989	1857.10	1328.40	71.53	1134.30	434.60	38.31
1990	1863.11	1389.20	74.56	1109.10	450.40	40.61

资料来源：《中国教育年鉴》。

表2-3　1985～1990年全国检查验收基本普及初等教育县情况表

年份＼项目	全国总县数（不含市辖区）	基本普及初等教育县	
		累计	%
1985	1999（不含西藏）	731	36.57
1986	2003	1052	52.52
1987	1911	1240	64.89
1988	1968（不含西藏）	1326	67.39
1990	—	1459	76.00

资料来源：《中国教育统计年鉴》。

在不同地区的教育普及工作有了明显提高。《义务教育法》颁布实施后，九年义务教育不仅在城市和经济发达地区取得了显著的成效，而且在农村，包括林区、牧区、山区等也取得了初步的成效。首先，农村义务教育的普及初有成效。到1990年，全国小学有96.54%设置在县镇和农村；设置在县镇、农村的初级中学占全国初级中学的90%以上。此外，农村还有14.97万处小学教学点。其次，特殊儿童的义务教育取得成效。1979年，全国共有盲聋哑学校289所，其中盲童学校9所，盲哑学校63所，聋哑学校217所，共有学生32 281人。[①] 1985年，全国有375所特殊学校，在校生41 706人。到1990年，全国已有特殊学校［包括盲聋哑学校和弱智儿童学校（班）］746所，在校学生71 969人，教职工20 267人，其中专任教师13 785人。再次，少数民族地区的普及义务教育工作有了明显进步。在少数民族地区不仅小学及中学学生数增长较快，各类中等教育及高等教育都有了迅速提高。到1990年，全国小学少数民族学生达到1069.52万人，占全国小学生总数的8.74%。

表2－4　1982～1984年各级学校少数民族学生数和教师数

学校类型		人数（万人）			占全国同级学生总数或教师总数（%）		
		1982年	1983年	1984年	1982年	1983年	1984年
少数民族学生	普通高等学校	5.37	5.96	6.93	4.7	4.9	5.0
	中等技术学校	4.10	4.48	5.24	6.5	6.5	6.5
	中等师范学校	3.46	3.74	4.21	8.4	8.2	8.2
	普通中学	177.96	182.97	202.07	3.9	4.2	4.4
	农村职业中学	1.77	3.62	6.17	2.5	3.0	3.5
	小学	823.86	812.90	910.06	5.9	6.0	6.7
少数民族教师	普通高等学校	0.92	1.08	1.08	3.2	3.6	3.4
	中等技术学校	0.44	0.49	0.52	4.0	4.2	4.4
	中等师范学校	0.27	0.27	0.28	6.9	6.8	6.6
	普通中学	10.40	10.72	11.24	3.9	4.1	4.4
	农村职业中学	0.13	0.23	0.36	3.3	3.1	3.5
	小学	34.32	34.49	37.80	6.2	6.4	7.0

资料来源：《中国教育年鉴》。

① 中国百科年鉴（1980）［M］. 北京：中国大百科全书出版社，1980：545.

表 2-5　1990 年各级学校少数民族学生数和教师数　（单位：万人）

学校类型	少数民族学生		少数民族教师	
	人数	占全国同级学生总数（%）	人数	占全国同级教师总数（%）
普通高等学校	13.67	6.63	1.75	4.43
中等专业学校	18.18	8.10	1.49	6.35
普通中学	293.03	6.39	18.20	6.00
农业、职业中学	15.06	5.10	1.09	4.87
小学	1069.52	8.74	45.87	8.22

资料来源：《中国教育年鉴（1991）》。

义务教育专任教师队伍不断发展壮大。实施义务教育后，随着我国师范教育的不断发展，义务教育专任教师队伍也逐步发展壮大。到 1990 年，全国小学专任教师已达 558.18 万人，中学专任教师 303.26 万人，与 1985 年相比，都有了较大的增长。

表 2-6　1985~1990 年义务教育专任教师发展情况表

年份	小学（万人）	中学（万人）	特级教师（人）
1985	537.70	265.20	7250
1986	541.40	275.80	8186
1987	543.40	287.00	9480
1988	550.18	295.90	10 008
1989	554.38	298.04	—
1990	558.18	303.26	—

资料来源：《中国教育年鉴》；吴德刚编著：《中国义务教育问题研究》。

教育经费不断增长，为教育事业的改革和发展提供了必要的经费保障。我国普及义务教育实行地方负责、分级办学、分级管理的体制。自 1985 年以来，各级地方政府努力增加财政预算内的教育拨款，大多数省、自治区、直辖市基本做到了“两个增长”。据国家教委等单位对全国 26 个省、自治区、直辖市的检查、督导，1985 年到 1988 年，做到财政内预算教育拨款年均增长率高于同期地方财政经常性收入年均增长率的有 23 个省、自治区、直辖市，其中 18 个省、自治区、直辖市基本做到财政预算内教育拨款的增长逐年高于地方财政经常性的增长。与此同时，各地还采取多种形式多种渠道筹措教育资金，并取得了显著的效果。

1990 年，我国财政预算内教育经费支出达到 426.14 亿元，比 1989 年增加 28.4 亿元，增长 7.14%。其中教育事业费支出 352.52 亿元，比上年增长 11.5%。预算内教育经费是我国教育经费来源的主渠道，在 1990 年国家财政比较困难的情况下，预算内教育经费保持了稳步增长。1990 年全国预算内外教育经费总支出达到 659.36 亿元，比 1989 年增加 64.66 亿元，增长 10.87%。教育经费的增长，保证了教育事业发展的基本需要，促进了各级各类学校办学条件的进一步改善。中小学危房所占比例从 1985 年的 7% 下降到 1990 年的 3.07%；初、中等学校仪器设备价值约 15 亿元；一些学校科研仪器设备、图书资料等也有所更新和补充。

表 2-7　1990 年教育经费增长情况　（单位：亿元）

<table>
<tr><th colspan="2">项　目</th><th>金额</th><th>比上年增长（%）</th></tr>
<tr><td colspan="2">合　计</td><td>659.36</td><td>10.87</td></tr>
<tr><td colspan="2">一、预算内教育经费</td><td>426.14</td><td>7.14</td></tr>
<tr><td rowspan="3">其中</td><td>1. 教育事业费</td><td>352.52</td><td>11.50</td></tr>
<tr><td>2. 教育基建投资</td><td>42.15</td><td>-13.61</td></tr>
<tr><td>3. 各部门事业费用于中专技校经费</td><td>25.25</td><td>10.75</td></tr>
<tr><td colspan="2">二、预算外教育资金</td><td>233.22</td><td>18.40</td></tr>
<tr><td rowspan="6">其中</td><td>1. 教育费附加</td><td>63.51</td><td>16.23</td></tr>
<tr><td>2. 厂矿企业用于中小学经费支出</td><td>38.45</td><td>23.32</td></tr>
<tr><td>3. 社会集资、捐资</td><td>52.64</td><td>47.12</td></tr>
<tr><td>4. 勤工俭学和社会服务收入</td><td>30.98</td><td>10.13</td></tr>
<tr><td>5. 学杂费</td><td>27.74</td><td>1.20</td></tr>
<tr><td>6. 其他收入</td><td>19.91</td><td>26.01</td></tr>
</table>

资料来源：《中国教育年鉴（1991）》。

普及义务教育存在的质量问题及其原因分析。随着义务教育的日益普及，如何提高教育的质量，就成为迫切需要解决的问题。1992 年国家教育发展研究中心与华东师范大学的研究人员合作，主持中华社科基金“八五”重点课题“义务教育质量指标体系研究”。对现状全面、准确地了解和把握是推进整个研究的前提，为此调研组组织了全国11个省、自治区、直辖市的教育工作人员、科研人员于1993年开展了大规模的调查测试工作。对北京、天津、辽宁、河北、上海、浙江、湖北、广州、四川、甘肃和宁夏等省、自治区、直辖市计划单列市小学、初中毕业年级在校生进行了抽样调查测试研究工作，取得了大量第一手资料和数据，其后又进行了数据的整理和分析，并撰写了调查报告。

这次测试有较高的质量。分科测试由大学的科研人员、中小学教研员、督导人员和教学第一线富有经验的教师共同组成的专家组负责命题和审题。命题的基本依据是现行教学大纲，不受各地教育质量现状的影响。测试是在统一的日期进行。从各学科的命题原则、过程及对测试题的实际评价来看，这次抽样调查的测试具有较高的内容效度。

在其《全国义务教育阶段学生学习质量调查咨询报告》中分析认为①：

初中是义务教育阶段学生学习质量的薄弱环节。从测试情况看，小学语文、数学、常识劳技、思品美育四门学科的平均分都在70分以上，及格率在78%以上；四科成绩的差异系数在0.18～0.20之间，表明没有分化特别严重的学科；学习很差的学生（成绩低于40分者）所占比重很小，仅在0.9%～2.6%之间。

从这次测试看出，小学数学成绩非常突出，及格率达到91.8%，优秀率达到55.1%。尽管当时在小学教育中还存在许多问题，但从测试结果看，小学毕业生的学业成绩基本达到了教学要求。

表2－8　小学测试结果

指标	语文	数学	常识劳技	思品美育
样品量	14 697	14 798	14 646	13 432
平均分	73.34	85.73	70.35	74.79
标准差	13.18	15.86	13.95	13.39
及格率（%）	85.2	91.8	78.6	85.7
优秀率（%）	7.9	55.1	6.2	13.4

① 表2－8至表2－13均引自谢安邦、谈松华主编，华东师范大学出版社1997年出版的《全国义务教育学生质量调查与研究》。

续表

指标	语文	数学	常识劳技	思品美育
差异系数	0.18	0.18	0.20	0.18
低于40分的比例（%）	1.8	2.6	2.5	0.9

表2-9 初中测试结果

指标	语文	数学	英语	综合理科	综合文科	音乐	美术	劳技	行为评价
样本量	12 000	12 774	12 354	12 368	12 698	12 033	12 594	10 005	12 434
平均分	90.52（60.35）	73.66	68.19	100.17（62.60）	63.02	54.18	57.82	72.43	160.82（80.4）
标准差	20.55	21.73	19.65	23.11	11.22	21.39	17.74	20.19	29.98
及格率（%）	57.0	76.4	67.6	61.0	61.7	42.9	46.4	84.0	95.6
优秀率（%）	1.1	29.0	15.0	1.5	0.8	3.8	3.5	15.8	23.3
差异系数	0.23	0.30	0.29	0.23	0.18	0.39	0.31	0.28	0.19
低于40分的比例（%）	7.70	9.14	10.28	5.15	1.83	26.08	16.55	9.11	—

注：1. 语文满分150分，综合理科满分160分，行为评价满分200分。

2. 括号内为折成百分制的分数。

3. 综合理科考核内容包括物理、化学、生物、（自然）地理四科，综合文科考核内容包括政治（含时事）、历史、（人文）地理三科。

从表2-9可以看出，除数学、劳技外，其余六科（不含行为评价）的平均成绩低于70分，语文、音乐、美术的及格率低于60%，总体水平偏低。各科成绩的差异系数为0.18~0.39，其中音乐、美术、数学、英语、劳技五科分化较为严重（大于0.28）。学习很差的学生在英语、数学、劳技三科中占10%左右，而在美术、音乐两科中则高达17%和26%。造成偏科的原因部分是学科结构不合理。一些师范院校长线专业招生偏多，而艺术、体育、外语等紧缺专业招生偏少。即使有相关专业的大中专的毕业生，他们也很难深入到农村学校任教。由于师资匮乏，加之中考不考音乐、体育、美术等原因，导致有些中小学根本就没有排音乐、美术课。除了教师结构不合理外，还存在教师地区分布不合理的现象。许多好的、素质高的、优秀的教师大多集中在大城市的重点小学、重点中学内，这就使城市教师，特别是重点学校的教师出现富余和供过于求的局面，而农村学校却普遍存在教师数量短缺、质量差、学校管理差的现象。

此外，除数学的及格率达到76.4%外，其他各科（劳技、行为评价除外）的及格率都较低，这就充分表明义务教育阶段初中教育质量较差。

造成义务教育阶段初中生学习质量不理想的原因是多方面的。首先，初中的教学内容较小学有了较大的扩展，对学生的要求也较高。随着九年义务教育的普及，初中招生规模的扩大，初中的办学条件（尤其是师资水平）还比较薄弱。据1990年统计，全国有26%的小学教师达不到规定学历，53.5%的初中教师达不到规定学历。在全国，教师学历达标率低的地区主要集中在农村，尤其集中在贫困地区和少数民族地区。有些教师虽然学历达标了，但能力差，不能胜任教学工作；还有些教师缺乏敬业精神。这种较差的办学条件与较高的教学要求之间的矛盾是导致初中学生学习质量较差的根本原因。其次，在小学阶段就已经出现的“两极分化”现象到初中阶段随着学习难度的增加而变得更为严重，大大增加了教学的难度，影响了教学效果。此外，初中生的学习动机比小学生更为复杂，直接或间接地影响着学习效果。

经济文化不发达的西部地区不仅是普及义务教育的重点和难点，而且是提高教育质量的重点和难点。这次把参与测试的省、自治区、直辖市按经济发展的总体水平分为东（北京、上海、天津、广东、浙江、辽宁）、中（河北、湖北）、西（四川、甘肃、宁夏）三个区域，并对其测试成绩进行比较。调查发现东部和中部地区小学阶段四门学科的及格率都在80%以上，初中阶段大部分学科的及格率也在60%左右，其中有的学科及格率超过80%。说明东、中部地区小学阶段绝大多数学生达到了学习质量的基本要求。初中阶段虽然总体上看离基本要求还有差距，但半数以上的学生语文、数学、英语、综合理科、综合文科、劳技、行为评价等主要学科也达到了基本要求。

西部地区无论小学还是初中，学习质量不仅远远落后于东、中部地区，而且离教学的基本要求相差较大。西部地区小学阶段各科及格率虽然都在70%以上，但最高的（数学）也不过82.9%。四门学科的及格率都比11个省、自治区、直辖市的平均成绩低12个百分点以上。初中阶段西部地区学生学习质量低的问题更加突出。西部地区初中阶段学生除行为评价一项及格率达97.2%且略高于11个省、自治区、直辖市平均成绩外，其余八门学科的及格率都很低。其中语文、英语不到34%，理科、文科、美术不足30%，音乐仅为8.1%。可见，西部地区学生学习质量离大纲的基本要求还有相当大的差距。若以西部地区与11个省、自治区、直辖市的平均及格率相比，差距十分明显：语文、数学分别低24和22个百分点，英语、理科、文科、音乐、美术则低32个百分点以上。这说明西部地区是提高义务教育阶段学生学习质量的难点和重点。

表2-10 小学东、中、西部测试成绩比较

指标		语文	数学	常识劳技	思品美育
东部	样本量	8896	8840	8914	8630
	平均分	74.75	87.64	73.01	79.37
	标准差	12.79	14.33	13.87	13.06
	及格率（%）	88.5	94.5	83.6	91.8
	优秀率（%）	8.4	59.9	9.2	24.4
中部	样本量	1993	1837	2008	1660
	平均分	79.45	93.67	70.15	74.14
	标准差	11.35	9.08	10.67	12.24
	及格率（%）	94.0	98.6	84.0	87.8
	优秀率（%）	18.6	80.7	0.3	7.8
西部	样本量	3790	4121	3724	3116
	平均分	66.83	78.11	64.09	67.41
	标准差	12.43	18.21	13.68	13.31
	及格率（%）	73.0	82.9	63.7	69.9
	优秀率（%）	1.0	33.5	2.1	3.6

表2-11 初中东、中、西部测试成绩比较

	指标	语文	数学	英语	综合理科	综合文科	音乐	美术	劳技	行为评价
东部	样本量	8407	8438	8390	8312	8371	8313	8396	7098	8380
	平均分	91.07 (60.71)	72.42	69.27	99.14 (61.96)	62.41	57.77	60.26	74.46	161.66 (80.83)
	标准差	21.83	22.18	20.02	23.43	11.22	20.92	18.41	20.24	33.22
	及格率(%)	57.9	74.3	69.2	59.8	60.4	49.8	52.7	87.7	95.0
	优秀率(%)	1.5	27.3	17.9	1.3	0.8	5.2	5.1	19.6	27.5
中部	样本量	2584	3358	2959	3056	3319	2735	3211	2907	3095
	平均分	92.16 (61.44)	80.85	70.34	108.28 (67.68)	66.74	50.97	53.41	67.44	159.60 (79.80)
	标准差	15.84	17.85	17.28	20.34	10.62	19.30	15.44	19.20	22.27
	及格率(%)	63.1	88.1	75.5	75.4	74.8	34.3	35.0	75.1	96.7
	优秀率(%)	0	39.8	11.2	2.5	1.0	0.8	0.4	6.5	15.4
西部	样本量	1002	978	1005	1000	1007	985	987	—	959
	平均分	81.58 (54.39)	59.68	52.78	83.91 (52.44)	55.84	32.71	51.43	—	157.34 (78.67)
	标准差	18.00	21.07	16.19	17.49	8.44	16.30	14.43	—	19.67
	及格率(%)	33.7	54.0	31.2	27.7	29.5	8.1	29.4	—	97.2
	优秀率(%)	0	6.9	1.5	0	0	0	0.1	—	11.9

注：1. 语文满分150分，综合理科满分160分，行为评价满分200分，括号内为折成百分制的分数。

2. 初中劳技一科，因宁夏（西部）未参加测试，故空缺。

办学条件（主要是师资水平）是造成学习质量差距的一个根本原因。办学条件好的学校多为过去的重点学校，已形成了办学的传统和优势，这些学校学生的成绩均优于一般学校。这次调查把被测学校按其原来的办学基础和

办学效果分为三类，并对学生的学习成绩进行比较，发现办学条件较好的一类校小学四门学科的及格率都在95%以上，办学条件居中的二类校在83%~93%之间，而办学条件较差的三类校则都在91%以下。初中九门学科的及格率，一类校都达到72%以上，其中五门达到80%以上，两门达到90%以上。二类校有两门达到90%以上，两门在80%~89%之间，两门在60%~70%之间，还有两门在52%以下。三类校除行为评价一门达到95.2%以外，其余八门学科都在82%以下，其中四门学科在60%以下，音乐、美术两门学科的及格率仅为39.3%和42.1%。

表2-12　小学不同类型学校测试成绩比较

指标		语文	数学	常识劳技	思品美育
一类校	样本量	825	822	809	824
	平均分	79.47	91.75	76.68	81.07
	标准差	9.39	10.11	10.19	9.36
	及格率（%）	96.0	98.2	94.6	97.5
	优秀率（%）	10.3	73.6	6.9	18.2
二类校	样本量	2666	2594	2551	2431
	平均分	74.67	86.74	72.05	75.30
	标准差	12.00	14.05	13.41	13.92
	及格率（%）	88.8	93.6	82.9	85.0
	优秀率（%）	9.4	55.0	9.1	18.6
三类校	样本量	11 184	11 375	11 286	10 177
	平均分	72.57	85.07	69.51	74.16
	标准差	13.55	16.47	14.14	13.40
	及格率（%）	83.6	90.9	76.5	84.9
	优秀率（%）	7.3	53.85	5.5	11.8

表2－13 初中不同类型学校测试成绩比较

	指标	语文	数学	英语	综合理科	综合文科	音乐	美术	劳技	行为评价
一类校	样本量	991	927	1030	989	1040	1017	1018	686	975
	平均分	103.84	85.90	80.45	114.05	67.81	70.86	71.34	77.17	171.46
	标准差	22.81	19.20	18.58	21.39	11.52	17.78	16.45	22.28	19.28
	及格率（%）	74.6	90.4	83.7	81.9	76.8	72.8	77.8	88.0	98.9
	优秀率（%）	10.1	63.2	46.0	1.9	3.9	15.8	13.2	32.7	36.9
二类校	样本量	1972	1647	1315	1679	1487	1825	1771	1398	1704
	平均分	91.67	81.66	75.96	105.48	63.21	57.75	60.78	77.89	162.65
	标准差	21.70	16.77	16.42	20.61	10.37	21.36	18.18	13.45	31.91
	及格率（%）	65.7	89.1	84.0	72.8	62.6	44.4	52.1	93.0	95.7
	优秀率（%）	0.2	40.9	21.5	1.7	0.2	7.3	6.7	17.0	29.0
三类校	样本量	9036	10 198	9969	9691	10 135	9189	9804	7920	9695
	平均分	88.81	71.25	65.84	97.81	62.51	51.62	55.88	71.05	159.43
	标准差	19.46	21.97	19.39	23.05	11.21	20.83	17.09	20.76	30.16
	及格率（%）	53.2	73.0	63.7	56.8	60.1	39.3	42.1	82.1	95.2
	优秀率（%）	0.2	24.0	10.8	1.4	0.5	1.8	1.9	14.1	20.9

由于各省小学大多取消重点学校，因此划分小学类型的标准不尽统一。从表2－12可以看出，全国小学一类校与三类校语文、数学、常识劳技、思品美育四科平均成绩分别相差6.9分、6.68分、7.17分和6.91分；四科及格率分别相差12.4，7.3，18.1和12.6个百分点。由于小学实行分级管理，小学的办学条件得到改善；学生就近入学，缩小了生源的差异，从而使得九年制义务教育中的初等教育阶段的不同学校类型学生学习质量的差异正在逐步缩小。

初中阶段不同类型学校之间的差异则呈明显的梯度分布。从表2－13可以看出，在所测试的八门文化课中，除了综合文科、劳技两科外，其余几科的平均成绩省（直辖市）重点中学均比一般中学高14.61分至19.24分，及格率高17.4～35.7个百分点。差距十分明显，尤其是音乐、美术、综合理科与语文四科。以重点校（一、二类校）与非重点校（三类校）相比，上述六科的平均成绩差异也达到6.93分至12.09分，及格率差异为15.26～20.17个百分点。此外，三类校的语文、综合理科、音乐、美术四科的及格率均低于60%。

在初中各科中，音乐、美术两科成绩最差，平均分仅为54.18分与57.82分，且及格率均不到50%，说明初中阶段应试教育的影响仍然很深。音乐、美术不属于升学考试的科目，不受重视，有些学校连基本课时也无法保证。此外，教学设施的欠缺、教师的不足以及师资学历合格率很低（1992年音乐教师为36.07%，美术教师为43.03%），也是音乐、美术两科成绩较低的重要原因。

不同类型的学校出现学习质量差异的原因当然是多方面的，其中，办学条件（师资、设备）、生源的差异是主要原因。鉴于大部分学生都在一般中学就读，因此，大力加强薄弱学校的建设，改善其办学条件是提高初中教学质量的关键环节。

各学科成绩之间有较大差异，存在着明显的学科性偏差。测试表明，初中阶段学生学习质量存在着明显的学科性偏差，小学阶段也在一定程度上存在着学科发展不平衡现象。这一现象主要表现在升学必考的工具性科目（如小学的语文、数学，初中的语文、数学等）考试成绩普遍较好；而升学不考的科目（集中反映在小学的常识、劳技和初中的音乐、美术几科上）则成绩很差。如初中数学、英语、综合理科、综合文科的及格率都在60%以上，语文及格率也接近60%，而音乐、美术达到及格水平的初中生却不足一半。其中，初中数学的及格率比音乐高出33.5个百分点，优秀率高出25.2个百分点；初中数学的及格率比美术高出30个百分点，优秀率高出25.5个百分点；有的省初中数学及格率竟比音乐和美术分别高出68个百分点。小学数学与小学常识的及格率相差13.2个百分点，优秀率相差48.9个百分点。

改进建议。义务教育作为提高国民素质和培养跨世纪人才的奠基工程，它的质量的高低直接影响着新一代人的思想道德、科学文化知识和基本能力等方面素质的形成，进而影响到未来我国经济增长模式能否真正从依靠人力资源优势转移到依靠智力资源优势和科学技术进步上来。这对于我国全面实现社会主义现代化的战略目标具有举足轻重的作用。

自从普及义务教育以来，由于教学条件的不断改善，教师素质的不断提高，使义务教育的质量同20世纪80年代初、中期相比有了很大的提高。但从党的教育方针及教学大纲的要求来看，义务教育阶段学生的学习质量还存在着较大的差距。要提高教育质量，应该着重解决好以下几个问题：

树立质量意识，注重提高义务教育阶段的教育质量。前面提到的对全国11个省、自治区、直辖市进行的小学、初中学生的测试是水平测试，不是选拔性测试。它是以国家教委指定的现行的教育目标和教学大纲的要求为基准，以测试学生毕业时达到的实际水平，即必须达到的最基本要求。但测试结果离要达到的基本要求还有一定差距，小学语文、数学两科都合格的约为80%，四门课全部合格的为60%，还有很大一部分学生达不到要求。初中的情况更令人忧虑，除数学外，其余学科（不含行为评价和劳技）及格率均在70%以下，大约有1/3的学生达不到基本要求。其中语文、数学、英语都合格的仅占34.3%，而在40分以下则分别占7.70%，9.14%，10.28%，离教学要求有很大距离。音乐、美术两科测试的平均水平都达不到及格的水平。这次参加测试的东部地区比例大，包括京、津、沪、穗等大城市，由此可以推断全国的实际状况还会更低。

在普及义务教育的过程中，通过多种形式、多种途径来改善教学条件，提高入学率和巩固率，并且成为政府的责任和自觉行动，这当然是必须做的。但相比之下，义务教育的质量问题还应引起足够的重视。由于抓质量不像抓入学率那么成效明显，还有质量评价方法上的诸多困难，使得提高质量工作难以落实。其实即使有了很高的入学率，学生也都能毕业，但达不到应有的质量标准，也会直接影响到普及义务教育的社会效益。对教育资源还十分紧缺的国家来说更是十分不利的。所以，在普及九年义务教育的过程中应当牢固树立质量意识。

在《国家教育委员会关于印发〈全国教育事业十年规划和“八五”计划要点〉的通知》中指出：“把提高教育质量放在突出地位，协调稳定地发展教育事业，保证教育更有效地为社会主义现代化建设服务。今后十年，要采取得力措施，把全面提高教育质量作为整个教育工作的重点，力争上一个新台阶。发展教育事业要正确处理数量与质量的关系，坚持在保证数量的前提下有步骤地发展。”

注重提高师资水平，改善教师待遇。师资水平是影响教育质量的关键因素。通常人们总是通过分析某一地区或某校师资的学历达标率、职称配比率和年龄结构来判断教师队伍的质量水平。这和教育质量是否有较高的相关性还需作进一步的分析，但从这次测试结果看，小学成绩较好。1992 年全国专任教师学历达标率小学为 82.7%，初中为 55.6%，小学师资学历达标率明显高于初中师资学历达标率。从不同学科的师资情况看，语、数、外等学科配备的均为学历达标、职称高的教师，而音、美、劳技等学科多数是学历未达标或兼职的教师。这也是出现学科成绩偏差的重要原因。

教师队伍的质量不高不仅表现在学历上，还表现在教师队伍的职业化程度低、业务上缺乏严格的专业训练、教育科学素养缺乏等方面。与教师质量有关的另一个问题是中小学教师待遇低，教师队伍不稳定。在实行义务教育后的几年里，中小学教师的待遇有了一定的变化，但有关研究表明，当时一些中小学教师家庭平均经济收入低于其他行业的平均水平。此外，教师在住房待遇、公费医疗等方面也存在着许多困难。教师队伍经济待遇低直接导致了教师职业的离心力增强，教师队伍的流动性增大。据对 9 省市 191 名小学校长和 561 名小学毕业班教师的问卷调查统计，认为经济收入处于当地中下水平的占被调查校长的 52.36%，占被调查教师的 68.27%，他们反映强烈的首先是收入问题，其次是住房问题。有近半数的校长对当校长不持积极的态度，想转行的教师占被调查教师的 22.64%，抱无所谓态度的教师占被调查教师的 14.37%。① 其实，各地的情况是不一样的。相对来说，农村的公办教师收入在当地还算是稳定的，达到中等以上水平。困难的是民办教师，他们的收入低加上工资拖欠等问题，极大地损害了他们的工作积极性。这支队伍不稳定，极大地影响了小学的正常教学秩序。在城市、在市场经济较发达的地区，教师跳槽的情况较多。导致教师队伍不稳定的主要原因并不是大批教师的流失，而是教师的心态不平衡。教师对自己始终处于较低的社会地位和经济待遇不甘心，进而不安心工作，这是对教育教学构成危害的重要

① 谢安邦，谈松华．全国义务教育学生质量调查与研究［M］．上海：华东师范大学出版社，1997：44．

因素。

树立科学的教育价值观，端正办学方向。教育指导思想，包括教育的方针、政策，对教育的发展起着引导作用，制约着教育的质量。但政府制定的方针政策条文和在实际贯彻中的情况并非完全一致，因为存在于教师、学生、家长中的教育思想观念会形成一定的气候，对学校的教育会产生更为直接的作用。这次测试中所反映出的学科成绩偏差和学生在掌握知识与能力上的偏差，充分表明了“应试教育”、“片面追求升学率”对义务教育的影响仍然很严重。学校教育中普遍存在着重语、数、外、理、化等升学考试科目，轻音、体、美等非升学考试科目，教学中重视应付升学考试的需要，重知识灌输，轻能力培养的不良倾向。

片面追求升学率是深化基础教育改革和全面提高教育质量的拦路虎。在我国学校教育系统中，学生已达到2.18亿人。其中接受中等教育的学生为2.14亿人，他们中有80%在农村。这就决定了我国普及教育的大头在农村，难点也在农村。长期以来，在教育工作的指导思想上，我们没有重视研究教育与经济的关系。在经济建设的方针上，对经济建设必须依靠科技进步和提高劳动者素质问题长期认识不足。这种状况影响了教育事业的发展，而在农村教育中表现得尤为突出。所以，必须转变农村学校的办学方向，这就是农村教育要着重为本地培养人才。从长远看，这是以经济为中心的各项建设的需要，也是发展教育的根本措施。社会需要是教育发展和改革的根本动力，农村社会生产力的发展对农村教育的推动，是不以人的意志为转移的。在这种形势下，农村逐渐出现了教育综合改革的趋向。从已有的经验看，使农村教育转向为给当地培养人才和提高劳动者素质服务，会大大缓解片面追求升学率的倾向。

同农村教育一样，城市学生升入大学的毕竟也是少数，我国城市教育改革也要从就业角度考虑。城市的中等以下教育中，普及九年义务教育容易实现，高中阶段职业技术教育的比重也比县、镇和农村大，但是城市的办学条件仍亟待改善。城市中小学由于升学压力大，学校教育被扭曲的现象比较严重。除了一些重点高中外，一些非重点高中因为升学率低，报考人数大幅度下降，学生厌学情绪有所滋长。要解决这一系列矛盾，就必须对城市的中等以下教育进行总体改革，使城市建设转移到依靠科技进步和提高劳动者素质的轨道上来。

三、高等教育的改革

随着国家以经济建设为中心战略决策的实施，就必然把教育作为实现现代化的战略重点之一。为使这一战略决策得以落实，必须采取有力措施尽快扭转教育与国民经济和社会发展不相适应的局面。这就迫切要求加速发展高等教育，为国家建设培养和输送数量较多、质量较高的各类专门人才。这一阶段高等教育的发展有几个特点：第一，党和国家从思想上高度重视高素质人才的培养。确定发展高等教育的建设投资，像抓经济建设重点项目那样抓好教育。第二，采取多层次、多种规格和多种形式加快高等教育的发展。第三，注重高等教育内部的比例关系，多办专科，注重发展一些经济建设所急需的短线专业。第四，充分挖掘学校的办学潜力，切实保证办学条件。

（一）改革开放初期的高等教育改革

实行统一领导、分级管理的领导体制。1979 年 8 月 10 日，中共中央、国务院重新颁发《关于加强高等学校统一领导、分级管理的决定》，指出：

为了加强对高等学校的领导和管理，中共中央和国务院决定对高等学校实行中央统一领导，中央和省、市、自治区两级管理的制度。

在高等教育工作中，各地区、各部门、各学校都要贯彻执行中央统一的方针政策；都要遵守中央统一规定的教学制度和其他重要的规章制度；都要按照全国统一的高等教育事业规划和计划办事。

在中共中央和国务院的统一领导下，中华人民共和国教育部、国务院其他各部、委和省、市、自治区人民委员会，对高等学校的管理工作进行适当的分工，共同办好高等学校。各省、市、自治区党委应该加强对本地区高等学校的领导，引导学校把工作重点切实转移到教学和科研工作上来。要协同中央教育部和中央各业务部门，把办好全国重点高等学校作为高等教育中的首要任务。①

① 国家教育委员会政策法规司编. 十一届三中全会以来重要教育文献选编［C］. 北京：教育科学出版社，1992：30.

中央、省（自治区、直辖市）、中心城市三级办学的体制。1985年颁布的《中共中央关于教育体制改革的决定》对于高等教育的管理体制又进行了调整，实行中央、省（自治区、直辖市）、中心城市三级办学的体制。中央部门和地方办的高等学校，要优先满足主办部门和地方培养人才的需要，同时发挥潜力，接受委托，为其他部门和单位培养学生，积极倡导部门、地方之间联合办学。

加速发展高等教育。改革开放之初，社会各领域和各个地区深感人才匮乏，迫切要求教育先行，为国家早出人才，多出人才。因此，加速发展高等教育事业，已成为刻不容缓的大事。高等教育既要克服困难加速发展，又要注意实际可能；要采取多种办学形式，开辟新的门路，调动各方面的积极性；调整改革高等教育内部结构，增加专科和短线专业的比重；要分层次规定不同的质量要求，同时抓紧重点大学和重点专业的建设；把下一个阶段（4~5年）高等教育的发展，加以统筹规划，全面安排，使招生人数持续上升，防止大起大落，造成困难和浪费。

扩大招生。根据加速发展高等教育的要求，1983年到1987年高等教育事业的发展计划和设想如下：五年内全日制高等学校年度招生人数，由1982年的31.5万人，增加到1987年的55万人，增长75%；1987年的在校学生数增加到176万人，比1982年的115.3万人增长53%，平均每年增加在校生12.1万人。1983年的招生人数拟安排36万人，比1982年增加4.5万人，增长14%。在实际执行中，还应力争多招一些。实际情况确实如此，到1987年，在校学生数已经达到195.8万人，比原计划的在校生人数增加19万人（这些数字都是普通高校的学生数，不包括成人高校）。

经费保障。在1982年高教事业费约22亿元的基础上，“六五”后三年（即1983年、1984年、1985年）在原定“六五”计划的基础上共追加3亿元。高教基建投资在1982年9.5亿元的基础上，每年平均增加2.5亿元，五年共计增加12.5亿元。实际“六五”后三年在原定“六五”计划的基础上共追加6亿元。

关于中央部门的院校所需经费和投资，由国家计委、财政部负责安排，地方院校所需经费和投资，由省、自治区、直辖市统筹解决，并注意不影响普教和职业教育的发展。

（二）高等学校实行委托培养学生的办法

为了适应社会主义建设的需要，高等教育事业要加速发展，培养数量较多、质量较高、多种规格的各类专门人才，按现行管理体制，高等学校在保证完成国家下达的指令性招生计划的前提下，实行委托培养学生的办法以充分发挥高等学校的办学潜力。委托培养学生是指省、自治区、直辖市，中央、国务院部门，全民所有制和城乡集体所有制企事业单位及个体户，均可通过协商，签订合同，委托高等学校培养本、专科学生和研究生。委托培养的本、专科学生和研究生，必须参加全国统一招生考试，德、智、体全面考核，择优录取。其中，省、自治区、直辖市和中央、国务院部门及全民所有制企事业单位委托高等学校培养的学生，必须在全国统一招生时一并录取新生；农业、石油、地质、煤炭等全民所有制企事业单位和山区、边疆、少数民族聚居区及城乡集体所有制企事业单位、个体户委托培养的学生，由委托单位推荐学生参加全国统一考试，报考的学生，必须达到录取标准才能被录取。

根据谁委托培养谁负责解决经费的原则，委托单位（包括城乡集体所有制企事业单位和个体户）要负担为其培养的学生所需的基本建设投资和经常费。承担委托培养学生任务的高等学校，对委托培养的学生，要切实保证教学质量，执行教育部统一制定的学籍管理办法，培养出合格的毕业生。实行委托培养学生的目的，在于开辟高等学校的经费来源，加强学校和用人单位的联系与合作，打通高等学校为城乡集体所有制单位及个体户培养专门人才的路子，推动高等教育的改革，达到增加培养数量，提高教育质量，更好地适应经济建设和社会发展对专门人才的实际需要。同时要求接受委托培养本、专科学生和研究生的学校，必须首先保证完成指令性计划，不得冲击指令性的年度计划和中、长期计划。

（三）高等学校的招生及毕业生分配制度的改革

在 1985 年《中共中央关于教育体制改革的决定》中，对高等学校的招生制度和毕业生分配制度进行了改革。改变高等学校全部按国家计划统一招生，毕业生全部由国家包下来分配的办法，实行以下三种办法：

国家计划招生。高校在招生工作中，要做好总体规划和人才需求的中长期预测，努力克服招生计划同国家远期和近期需要脱节的状况。对于国家计划内招收的学生，其毕业分配实行在国家计划指导下，由本人选报志愿、学校推荐、用人单位择优录用的制度。为了保证边远地区及工作环境比较艰苦的行业能分配到一定数量的毕业生，应按国家招生计划的一定比例实行定向招生，到这些地方工作的毕业生待遇从优。为保证国防的需要，要为人民解放军培养一定数量的毕业生。

用人单位委托招生。为了鼓励学校充分挖掘潜力多招学生来更好地满足社会对人才的需求，实行用人单位委托高校培养学生的制度，并使此制度成为国家招生计划的重要补充。委托单位要按议定的合同向学校交纳一定数量的培养费，毕业生应按合同规定到委托单位工作。

在国家计划外招收少量自费生。这类学生在学习期间应缴纳一定数量的培养费，毕业后可以由学校推荐就业，也可以自谋职业。

上述三类学生，不论哪一类，都必须经过国家考试合格，由学校录取。

（四）扩大高等学校的办学自主权

高等学校担负着培养高级专门人才和发展科学技术文化的重大任务。《中共中央关于教育体制改革的决定》指出：我国高等教育发展的战略目标是：到20世纪末，建成科类齐全，层次、比例合理的体系，总规模达到与我国经济实力相当的水平；高级专门人才的培养基本立足国内；能为自主地进行科学技术开发和解决社会主义现代化建设中的重大理论问题和实际问题做出较大贡献。为了实现这个目标，高等教育体制改革的关键，就是改变政府对高等学校统得过多的管理体制，在国家统一的教育方针和计划的指导下，扩大高等学校的办学自主权，加强高等学校同生产、科研和社会其他各方面的联系，使高等学校具有主动适应经济和社会发展需要的积极性和能力。

《决定》指出：在教育事业管理权限的划分上，政府有关部门对学校主要是对高等学校统得过死，使学校缺乏应有的活力；而政府应该加以管理的事情，又没有很好地管起来。所以，中央认为，要从根本上改变这种状况，必须从教育体制入手，有系统地进行改革。改革管理体制，在加强宏观管理的同时，坚决实行简政放权，扩大学校的办学自主权。这次对高等学校进行扩大办学自主权改革的具体措施如下：在执行国家的政策、法令、计划的前提下，高等学校有权在计划外接受委托培养学生和招收自费生；有权调整专业的服务方向，制订教学计划和教学大纲，编写和选用教材；有权接受委托或与外单位合作，进行科学研究和技术开发，建立教学、科研、生产联合体；有权提名任免副校长和任免其他各级干部；有权具体安排国家拨发的基建投资和经费；有权利用自筹资金，开展国际的教育和学术交流。对不同的高等学校，国家还可以根据情况，赋予其他的权利。与此同时，国家及其教育管理部门要加强对高等教育的宏观指导和管理。教育管理部门还要组织教育界、知识界和用人部门定期对高等学校的办学水平进行评估，对成绩卓著的学校给予荣誉和物质上的重点支持，办得不好的学校要整顿以至停办。

（五）高等教育结构的调整

《中共中央关于教育体制改革的决定》指出："高等教育的结构，要根据经济建设、社会发展和科技进步的需要进行调整和改革。改变高等教育科类比例不合理的状况，加快财经、政法、管理等类薄弱系科和专业的发展，扶持新兴、边缘学科的成长。改变专科、本科比例不合理的状况，着重加快高等专科教育的发展。大学本科主要通过改革、扩建和各种形式的联合，充分发挥潜力，近期内一般不建新校。"

高等教育层次结构的改革。高等教育层次结构的改革是指对构成高等教育的各个水平层次（即教育程度）的改革，主要包括专科教育、本科教育、研究生教育以及它们之间的比例关系等方面。这次高等教育结构的改革是针对"文化大革命"期间所造成的结构不合理而进行的。在"文化大革命"期间，研究生停招，本、专科生也一度停止招生。1970 年试点大学开始恢复招生（招收工农兵大学生），但学生入学水平一般为初中毕业，学习年限三年，毕业水平不足专科。

为了解决高等教育层次结构单一的问题，1980 年制定了《中华人民共和国学位条例》。《条例》第三条中规定学位分学士、硕士、博士三级，并且对获取学位的条件进行了规定。虽然《条例》中没有对专科教育做出说明，但在改革开放之初，深感人才匮乏，迫切要求教育先行，加速发展高等教育事业，因此特别强调要增加专科和短线专业的比重。经过几年调整，专科教育有了一定的发展。1982 年本、专科在校生比例为 1∶0.24，1986 年上升到 1∶0.86，到 1991 年，专科招生数已有较大幅度的增长，研究生、本科生、专科生在校学生比例为9：100：60，这就基本上改变了专科教育比例过低的状况，研究生教育也获得迅速发展。[①] 但与世界高等教育层次结构调整的普遍发展趋势相比，这两级的比重仍然太低，整个高等教育结构仍然是两头小中间大的橄榄球形，与当今社会的人才需求结构仍有一定的距离。

表2-14　1977~1992年普通高等教育层次结构发展情况

年份	学校数（所）	在校学生人数（人）			在校生比重（%）			研究生：本科生：专科生
		研究生	本科生	专科生	研究生	本科生	专科生	
1977	404	—	608 376	16 943	0	97.3	2.7	0：100：3
1978	598	10 934	458 548	39 7774	1.3	52.9	45.9	2：100：87
1979	633	18 830	671 474	348 476	1.8	64.6	33.5	3：100：52
1980	675	21 604	861 926	281 786	1.9	74.0	24.2	3：100：33
1981	704	18 848	1 060 645	218 827	1.5	81.7	16.9	2：100：21
1982	715	25 847	928 901	225 053	2.2	78.7	19.1	3：100：24
1983	805	37 166	929 319	277 504	3.0	74.7	22.3	4：100：30
1984	902	57 566	1 007 721	387 935	4.0	69.3	26.7	6：100：39
1985	1016	87 331	1 122 643	580 472	4.9	62.7	32.4	8：100：52
1986	1054	115 000	1 203 800	674 500	5.8	60.4	33.8	9.6：100：56
1992	1053	94 164	1 329 427	854 949	4.1	58.3	37.5	7：100：64

资料来源：廖其发：《当代中国重大教育改革事件专题研究》，第229页。缺1987~1991年数据。

从表2-14可以看出，在校研究生从1978年的10 934人上升到1986年的115 000人，也就是仅在八年的时间里在校研究生人数就增加了十倍多。在校专科生从1977年的16 943人增加到1992年的854 949人，增加了50多倍。这样快速发展的研究生和专科生教育对调整当时高等教育的层次结构起到了至关重要的作用。虽然专科生、本科生和研究生之间的比例做到了重大的调整，但在当时高等学校的招生数和在校生数中，本科生最多的是工科，其次是师范；专科生最多的是师范，其次是工科，第三是财经，与之相比，本科生分布较少的是林、政法、农等专业；专科生分布较少的是林、理、政

① 廖其发．新中国教育改革研究［M］．重庆：重庆出版社，1996：125.

法、农等专业。因此，高等教育层次结构的改革调整仍然是1992年后我国高等教育改革中的一项重要任务。高等教育在这一时期虽然发展很快，但也存在急于求成的问题，仅1985年普通高等学校的数量就猛增114所，其中不少学校办学条件比较差，办学质量难以保证。

学科专业结构的调整。“文化大革命”期间，在学科结构上，不少理科专业、政治专业被撤销，文科专科或者被撤销，或者搞所谓的“三合一”、“五合一”，形式结构向单一化倒退，导致整个高等教育结构的变化极不正常。“文化大革命”结束后，高校总结了以往的经验，对高等教育结构进行了调整。专业设置上，本着“基础要厚些，专业要宽些，适应性要强些”的精神，对专业设置进行了初步的调整。在学科结构的调整中，工、农、医在校学生的比重均有所下降，林、文、理、师范、体育、艺术基本稳定不变，财经和政治则得到迅速发展。有的学科内还增设了不少新专业，边缘学科、新兴学科、交叉学科也开始获得发展。某些专业口径过窄的问题也在一定程度上得到了解决。可以说，我国高等教育学科结构正向合理化方向发展。但仍存在不少问题：各学科内部专业结构不尽合理，文科、应用学科的比重太低，不少学科的专业划分过细等，这些问题都有待于进一步解决。

20世纪80年代前后，我国高等教育在专业结构方面进行了三次较大规模的调整。第一次始于1978年。1978年4月，教育部草拟了《关于高等学校专业设置与改造工作的意见》，并同国家计委一起下达了关于高等院校专业调整的通知。6月，教育部在武汉召开了全国高等学校文科教学工作座谈会，对文科专业调整提出了如下意见：文科一般按学科设置专业，要适当放宽专业口径；有些缺门专业要增设；对即将“断线”而又需要的专业采取有效措施予以“挽救”。1979年6~7月，教育部相继召开了部属综合大学理科专业调整会议和部属工科院校专业调整会议，提出专业调整必须积极、慎重、有步骤地进行。要在原有基础上做适当调整，克服专业范围划分过窄、基础建设较弱、专业名称和目录比较杂乱等缺点，同时增设一些急需的新专业。全国高校按照上述原则进行了系科、专业的调整。到1980年，全国高校共设专业1039种。

第二次专业调整始于1982年。由于国民经济高速发展和对专门人才的迫切需求，我国高等教育在专业结构上与社会发展不相适应的状况又露端倪，要求必须继续调整高等教育专业结构。1983年，教育部发出《关于做好修订高等学校专业目录工作的通知》。《通知》指出：为了开创社会主义教育事业新局面的需要和加强对专业设置的科学管理，需要重新修订高等工业院校专业目录。1984 年，我国高等工业院校本科专业目录的初步修订工作基本结束。此时，我国高等工业院校本科专业数为 362 种，其中包括 32 种试办专业。

第三次专业调整始于 1985 年。1985 年 5 月，《中共中央关于教育体制改革的决定》颁发。《决定》指出："高等教育内部的科系、层次比例失调。"为此，国家教委有组织、有针对性地对部分本科专业范围过窄、专业设置不规范等现象进行了修订。修订后的专业数目为 800 余种。

表 2-15　1978~1990 年我国高等教育专业设置的发展变化情况

年份	工	农	林	医	师范	文	理	财经	政法	体育	艺术	合计
1978	396	49	16	47	41	35	126	44	3	7	55	819
1980	537	60	22	29	40	60	158	54	8	8	63	1039
1981	382	49	16	23	41	53	153	37	7	9	62	832
1982	366	46	16	22	40	54	139	37	7	9	58	794
1983	389	50	16	24	43	59	146	43	10	12	63	855
1984	362	51	14	22	43	58	124	42	10	11	60	797
1985	368	53	16	22	46	62	125	45	11	12	63	823
1986	367	53	16	25	43	65	129	43	11	12	62	826
1987	372	53	16	24	44	69	133	45	12	14	68	850
1988	378	53	17	25	47	75	129	48	16	14	68	870
1989	378	53	17	25	47	75	129	48	16	14	68	870
1990	364	53	17	26	43	70	130	46	12	13	67	841

资料来源：廖其发：《当代中国重大教育改革事件专题研究》，第 231 页。缺 1979 年数据。

从表 2-15 可以看出，各个科类的设置都进行了不同程度的调整，变化最大的是文科，由 1978 年的 35 种扩大到 1990 年的 70 种，政法也由 3 个专业扩大到 12 个专业，医科由 47 个专业减少到 26 个专业。

第三章

教育发展战略地位的确立

1982 年，党的十二大确定了我国至 20 世纪末经济建设“翻两番”的总目标，并明确要把教育和科学作为经济发展的战略重点之一。1987 年党的十三大又提出把发展科技和教育事业放在首要位置，使经济建设转移到依靠科技进步和提高劳动者素质的轨道上来的发展战略。这是继全党工作重点转移到经济建设之后第二次具有广泛而深刻变革意义的转移。

一、教育发展战略

教育发展战略是经济和社会发展战略的一个重要组成部分，是指一个国家在一个较长的历史时期内，教育发展全局的总目标和总任务。一个完整的教育发展战略，包括教育发展的战略目标、战略重点、战略步骤和重大政策等。其中最重要的是战略目标，战略重点、战略步骤及政策都是为实现战略目标服务的。教育战略目标的选择，是整个教育发展战略的中心。教育战略目标的选择是否正确，是整个教育发展战略正确与否的主要标志。

教育发展战略的研究，对教育的发展具有重大意义。战略研究是探索未来、面向未来、展望未来的，它要解决较长时期内教育发展的目标、任务等问题。只有当长远的目标、任务确定下来了，才能确定教育发展各个阶段上的目标和任务，才能指导当前教育的发展，才能提高当前工作的自觉性，减少盲目性。

教育发展战略的研究，对促进教育和经济的协调发展也十分重要。教育是经济、科技和社会发展的重要条件，教育的社会效益怎样，要以其对经济和社会发展的贡献来衡量。由于教育的效益具有长期性等特点，教育发展战略正确与否，关系着未来经济和社会发展的好坏。如果教育发展战略出现重大失误，其后果是全局性的、永久的、难以弥补的。

（一）教育发展战略的基本内容

教育发展战略包括目标、重点与步骤、措施等。

教育发展战略目标。这是教育发展战略中的首要问题。教育是一个包括各级各类教育在内的大系统，各级各类教育之间，既互相联系，互相依赖，又相互区别，具有相对独立性。这里，我们把教育限定为学校教育，教育发展目标应包括各级各类学校教育的发展目标。

——初等教育。初等教育是全部教育的基础，它关系着高一级学校生源的数量与质量，也关系着一个民族的文化素质。教育的普及是按教育级别依次提高的，普及了初等教育，才能普及中等教育和高等教育。因此，普及初等教育应该成为一国教育发展的首要目标。我国已经普及了初等教育，但普及的质量应成为初等教育发展的关键。由于我国国情复杂，地区之间、城乡之间、同一地区的不同群体之间，经济发展各不相同，甚至差别较大，这就决定了教育资源分配的不平等，从而造成初等教育发展的不平衡。这是我们必须面对和需要解决的问题。

——中等教育和中等职业技术教育。中等教育是包括普通中学、中等专业学校、中等技术学校和中等职业学校等在内的教育。它的基本任务一方面是为高等教育输送学生，另一方面是为社会输送后备劳动力。它的发展，一方面关系着中等教育的普及程度，关系着高等教育生源的数量与质量；另一方面关系着普通劳动力的素质，从而影响着经济社会的发展。

中等教育的发展目标，除了数量和质量目标外，还应有结构目标，即在一定的中等教育总量目标中，普通中学与中专、中技、职业中学的比例目标。

——高等教育。高等教育是培养各种专门人才的教育，包括为低一级教育培养师资和管理人员。因此，它关系着一国的科学技术和经济发展水平，也关系着初等和中等教育的数量和质量。

高等教育发展目标应包括：一定时期内的总量目标；层次结构目标，即大专、本科、研究生在高等教育总量中的比例；专业结构目标，即各种专业教育在总量中的比例；质量目标，这是衡量高校效益的重要尺度。

总之，教育是国家发展的基石，要坚持把教育放在优先发展的战略地位，加快各级各类教育的发展。

教育发展的战略重点与步骤。在教育投入资源有限、教育需求与供给不平衡的条件下，对各级各类教育不能平均使用资源。为此，必须确定一定时期的教育发展的重点。发展重点，一般也就是投资重点。教育发展重点的选择，一般是根据未来时期内各级各类教育的供求状况。未来时期内，最急需而又最短缺的某级某类教育应成为教育发展的战略重点。由于教育内部的连续性，在尚未普及初等和中等教育的国家，普及初等教育进而普及中等教育应成为教育发展的战略重点。非普及性教育中，只能是将某一层次或级别、某种专业教育作为发展的重点。战略步骤是为实现战略目标而确定的各时期各阶段的任务或目标。对于像我国这样一个大国来说，由于地区间经济、教育发展的严重不平衡，实现教育发展目标的战略重点和战略步骤应有区别，因地制宜，不能“一刀切”。

教育发展的战略措施。为实现教育发展目标，政府应采取相应措施，以保证战略目标的实现。对于我国来说，战略措施中最重要的是教育体制改革、教育投资和教育政策。

教育投资是教育事业发展的物质基础，没有相应的教育投资作保证，再好的教育发展计划也不可能实现。过去我们常常是教育事业计划和教育投资计划两不相干，由政府两个职能部门制订，而又互不衔接和协调，结果造成教育发展目标不能实现。因此，在教育发展规划中，必须有教育投资的内容。在教育投资计划中，最重要的是按在校生计算的各级各类教育生均教育投资数和增长率。

教育体制是实现教育发展目标的制度条件和保证。教育体制中重要的问题是处理好计划和市场的关系。教育的需求，尤其职业技术教育和高等教育的需求是变化较快的，它是由科学技术、经济发展、经济结构的迅速变化所决定的。由于教育周期长，劳动力和专门人才的培养都需要较长的时间，因而教育的供给变化是较慢的。实现劳动力数量、结构上的供求相对平衡，即实现教育供求的相对平衡，单纯靠计划或市场调节都是难以奏效的，应把两种调节手段有机地结合起来。

（二）我国确立教育优先发展战略的依据

把教育摆在优先发展的战略地位，是从我国国情出发，充分发挥我国巨大人力资源的优势，是社会主义现代化建设的必然选择。改革开放后，我国经济建设和科技进步取得了巨大成就。但是必须清醒地看到，我们的劳动力素质和科技创新能力还不高，沉重的人口负担还没有转化为人力资源的优势，这已经成为制约我国经济发展和国际竞争力增强的一个主要因素。要把这个制约因素转变为发展优势，必须切实地把教育摆在优先发展的战略地位。能不能大力发展教育，能不能源源不断地培养出同现代化要求相适应的数以亿计的高素质劳动者、数以千万计的专门人才和一大批拔尖创新人才，发挥我国巨大人力资源的优势，关系到中国特色社会主义事业的大局，关系到全面建设小康社会、加快推进社会主义现代化建设的大局。

把教育摆在优先发展的战略地位是加快我国生产力发展的根本保证。社会主义的根本任务是发展生产力，科学技术是第一生产力，科学技术突飞猛进地发展，给世界生产力和人类经济社会的发展带来了极大的推动。我们要始终注意把社会主义制度的优越性，同掌握、运用和发展先进的科学技术紧密结合起来，大力推动科技创新和进步，努力实现我国生产力发展的跨越。掌握、运用和发展先进的科学技术，基础在于发展教育。只有大力发展教育，提高全民族的科学文化素质，为现代化建设提供人才和智力储备，我们的科技进步和经济发展才有坚实的基础，才有强大的后劲，才能为加快我国生产力的发展提供根本保证。我们实行科教兴国战略，坚持把教育摆在优先发展的战略地位，把经济建设转移到依靠科技进步和提高劳动者素质的轨道上来，就是要以科学技术实力和国民教育水平这两个不可缺少的飞轮，使我们的国家走向繁荣昌盛。

把教育摆在优先发展的战略地位，对于我们紧跟时代潮流，在日趋激烈的综合国力竞争中取得战略主动地位，抓住机遇，加快发展，具有决定性的意义。教育是增强我国综合国力和国际竞争力的根本大计，在现代化建设中具有先导性、全局性作用。

世界经济发展的趋势表明，科技进步和创新越来越成为经济发展的决定性因素。发展科技创新能力的关键在人才，人才的成长靠教育。一个国家在综合国力竞争中的兴衰成败，越来越明显地取决于它所拥有的高新技术创新人才的数量和质量，归根到底取决于它的教育普及程度和发展水平。我国是世界上最大的发展中国家，科技教育水平还比较落后。我们必须以高度的历史责任感和时代紧迫感，切实把教育摆在优先发展的战略地位，从根本上增强我国的综合国力。如果我们现在不是这样来认识教育问题，不下决心把教育搞上去，就会贻误时机，就会犯历史性的错误。

二、“教育先行”与教育的优先发展

“教育先行”是指教育在一个国家的社会经济发展中居优先发展地位的观念、理论和主张，以此区别于人类历史上长期把教育视为经济发展之后的消费性、福利性事业的观念、理论和主张。较早提出“教育先行”问题的是联合国教科文组织国际教育发展委员会编著的《学会生存——教育世界的今天和明天》一书。该书在第一部分“研究的结果”的第一章“教育问题”中，论述到“当代的特征”时指出：有三种新的现象，第一就是“教育先行”。书中指出：“第一点所要讲的，多少世纪以来，特别在发动产业革命的欧洲国家，教育的发展一般是在经济发展增长之后发生的。现在，教育在全世界的发展正倾向先于经济的发展，这在人类历史上大概还是第一次。这种倾向首先大胆地和成功地出现在诸如日本、苏联和美国这些国家。许多别的国家，特别是发展中国家，在过去几年中，不顾由此带来的沉重牺牲和一切困难，也选择了这条道路。”①

① 联合国教科文组织国际教育发展委员会．学会生存——教育世界的今天和明天［M］．北京：教育科学出版社，1996：35～36.

（一）“教育先行”观念的确立

对于“教育先行”问题，在粉碎江青反革命集团后的十余年，我国对其进行了较为明确的阐述。我们党和国家最早提出这个问题的是邓小平同志。他在1977年8月召开的科学和教育工作座谈会上说：“我国要跟上世界先进水平，从何着手呢？我想，要从科学和教育着手。”① 继而，他又于1978年4月在全国教育工作会议上说：“四个现代化，关键是科学技术现代化。”“科学技术人才的培养，基础在教育。”② 邓小平同志经过对“文化大革命”时期教育的反思，首先冲破教育是消费性事业的陈旧观念，看到教育的生产性，即教育对培养生产力发展所需人才的作用，提出首先发展教育的思想。

我国学术界关于“教育先行”问题的论述从1980年起陆续见诸报端，著名经济学家于光远教授于1983年在《北京师范大学学报（社会科学版）》第1期发表了《教育要力争走在前面》一文。该文指出：“世界经济比较发达的国家都十分重视教育，他们把教育和科学的投资称之为智力投资，这种投资从开始到发挥作用，需要少则七八年，多到十年以上时间。因此，教育要力争走在前面。……我们要实现四个现代化，教育事业首先要得到发展。”③ 另外两篇系统论证“教育先行”的文章是1983年北京师范学院院长仓孝和的《教育必须走在前面》和《科学是生产力》。他说：“科学要走在工业发展前面的话，那么，教育不但要走在科学的前面，而且要走在整个社会的前面。那些生产本来比较落后的国家要赶上去，需要一个较高的技术起点，从而才可以得到较高的发展速度而赶上生产较为先进的国家。要做到这一点，更得靠教育，即教育要在更大的程度上走在科学和社会的前面。所谓走在前面，就是要优先安排教育，教育绝不仅是消费，而是影响更为深远，从长远看收益更大的投资。19世纪的历史证明了这一点，20世纪的历史将进一步证明这一点，忽视或摧残教育，而想得到工业速度并有效地发展，是

① 国家教育委员会政策法规司编．十一届三中全会以来重要教育文献选编［C］．北京：教育科学出版社，1992：2.

② 教育改革重要文献选编［C］．北京：人民教育出版社，1988：170.

③ 今日中国教育改革探索课题组．今日中国教育改革探索［M］，北京：北京教育出版社，1990：185.

根本不可能的，这是现代社会铁的规律。”①

（二）教育优先发展战略地位的确立

教育是一个民族最根本的事业。“文化大革命”结束后，经过拨乱反正，国家经济建设全面展开。1977 年中央决定恢复高考制度无疑是在中国大地上炸响了第一声春雷，1978 年召开的全国科学大会更是给中国教育的发展增添了无限的生机和活力。针对“两个凡是”的影响，1978 年开展的关于真理标准问题的大讨论，引发了教育界对教育本质和功能问题的热烈讨论，这一讨论至少解决了认识上的两大障碍，思想上有了突破：一是摒弃了教育是上层建筑和教育是阶级斗争的工具的片面认识；二是吹响了教育在现代化建设中战略地位的前奏，为后来教育战略地位的确立奠定了理论基础。

1978 年年底召开的党的十一届三中全会，形成了以邓小平同志为核心的第二代党中央领导集体，从根本上扭转了全党和全国人民工作的重点，以经济建设为中心从此取代了以阶级斗争为中心，教育的服务对象随之发生根本性的变化，地位和作用日显重要。1981 年的《中共中央关于建国以来党的若干历史问题的决议》和 1982 年的《中华人民共和国宪法》，提出了“教育为社会主义现代化建设服务”的新认识，从而为中国教育在更为广阔的天地发挥作用提供了理论先导。

1982 年党的十二大把教育确立为经济建设的战略重点之一，表明中央看到了教育在提高国民素质和开发人力资源中的重要作用，对教育促进经济发展的作用有了新的认识，思想上有新飞跃，中国教育从此在改革开放事业和现代化建设大局中占据了重要地位。

在 1984 年启动经济体制、科技体制改革之后，中央又不失时机地启动了教育体制改革，以与经济体制和科技体制改革相配套。1985 年 5 月，改革开放后的第一次教育工作会议在北京召开，并颁布了《中共中央关于教育体制改革的决定》。《决定》首次明确提出：“党的十二届三中全会关于经济体制改革的决定，为我国社会生产力的大发展，为我国社会主义物质文明和精神文明的大提高，开辟了广阔的道路。今后事情成败的一个重要关键在于人

---

① 今日中国教育改革探索课题组．今日中国教育改革探索［M］，北京：北京教育出版社，1990：185.

才，而要解决人才问题，就必须使教育事业在经济发展的基础上有一个大的发展。”“教育必须为社会主义建设服务，社会主义建设必须依靠教育。社会主义现代化建设的宏伟任务，要求我们不但必须放手使用和努力提高现有的人才，而且必须极大地提高全党对教育工作的认识，面向现代化、面向世界、面向未来，为九十年代以至下世纪初叶我国经济和社会的发展，大规模地准备新的能够坚持社会主义方向的各级各类合格人才。要造就数以亿计的工业、农业、商业等各行各业有文化、懂技术、业务熟练的劳动者。要造就数以千万计的具有现代科学技术和经营管理知识，具有开拓能力的厂长、经理、工程师、农艺师、经济师、会计师、统计师和其他经济、技术工作人员。还要造就数以千万计的能够适应现代科学文化发展和新技术革命要求的教育工作者、科学工作者、医务工作者、理论工作者、文化工作者、新闻和编辑出版工作者、法律工作者、外事工作者、军事工作者和各方面党政工作者。”可以说，这个认识也是一个飞跃，它已经把教育培养的人才放到了若干个“重要关键”之一的位置上，教育已经被提到一个很高的位置。

特别引人注意的是，邓小平同志在这次会上深刻指出：“我们的国家，国力的强弱，经济发展后劲的大小，越来越取决于劳动者的素质，取决于知识分子的数量和质量。一个十亿人口的大国，教育搞上去了，人才资源的巨大优势是任何国家比不了的……中央提出要以极大的努力抓教育，并且从中小学抓起，这是有战略眼光的一着。如果现在不向全党提出这样的任务，就会误大事，就要负历史的责任。”① 1987 年，党的十三大报告指出：“把发展科学技术和教育事业放在首要位置，使经济建设转到依靠科技进步和提高劳动者素质的轨道上来。”“从根本上说，科技的进步，经济的振兴，乃至整个社会的进步，都取决于劳动者素质的提高和大量合格人才的培养。百年大计，教育为本。必须坚持把发展教育事业放在突出的战略位置，加强智力开发。随着经济的发展，国家要逐年增加教育经费，同时继续鼓励社会各方面力量集资办学。”

党的十三大提出“百年大计，教育为本”，对教育战略意义的认识又前进了一大步。教育是促进经济发展的基础，不再是经济或政治的附属物，中

① 国家教育委员会政策法规司编．十一届三中全会以来重要教育文献选编［C］．北京：教育科学出版社，1992：180．

国教育从此不仅有了与经济社会并行的相对独立的地位，而且是关系社会主义国家和中华民族前途命运的根本事业，这标志着教育在国家经济社会发展中的战略地位有了明显的提高。

1988年3月25日，第七届全国人民代表大会第一次会议的《政府工作报告》中进一步强调了教育的战略地位。《报告》指出："实现四个现代化，科技是关键，教育是基础。我国生产力的发展，经济效益的提高，以至整个社会的进步，都离不开科学技术和教育事业的发展。因此，促进科技进步，加强智力开发，决不仅仅是科技界、教育界的事情，而是全社会的一件大事。各级政府、各地方各部门和各行各业，都必须坚持把发展科学技术和教育事业放在首要位置上，以极大的热情，采取正确的政策措施，努力办好这件大事。""各级政府要更加关心和重视教育事业，像抓经济工作那样抓好教育工作。教育发展规划应当成为经济和社会发展总体规划的重要组成部分。随着经济的发展，国家和地方都要逐步增加教育经费，提倡和鼓励社会力量集资办学、捐资办学，以加快我国教育事业的发展。"

（三）全面落实教育优先发展的战略思想

教育是文化传播、创新和运用的最有效方式，落实教育优先发展战略思想，对中国先进文化广泛而迅速地传播、创新和运用必然产生重要的现实意义。

落实教育优先发展战略，要求各级党委领导真正重视教育，要像抓经济工作那样抓好教育工作，少说空话，多干实事。要认真学习邓小平同志的教育理论思想，学习江泽民同志有关教育问题的重要讲话，牢固树立"百年大计，教育为本"的思想。邓小平同志以自己为例说明领导如何抓教育工作。他指出："什么叫领导，领导就是服务。几年前，我曾说过，愿意给教育、科技部门的同志当后勤部长。今天，我还是这个态度。领导者必须多干实事。那种只靠发指示、说空话过日子的坏作风，一定要转变过来。各个部门和地方，特别是主要负责同志都要注意这个问题。"因此，各级党委领导抓教育工作，就是做好教育的后勤工作、服务工作，加强对教育工作的具体指导，依法加大教育投入，努力为教育办实事，帮助教师排忧解难。

实践证明，只要各级党委领导高度重视教育，就能形成上下左右齐心协力抓教育的局面，为推进教育事业的发展提供政治上、组织上的保证，必然带来教育工作的显著成效。正如江泽民同志所指出的：“十一届三中全会以来，在各级党委和政府的领导下，经过广大教育工作者的辛勤努力，我国教育事业得到了迅速发展，教育改革逐步展开，教育工作取得显著成绩，提高了国民素质，培养了大量人才，对国家的经济建设、科技进步和社会发展做出了重大贡献。”

落实教育优先发展战略，要求全社会大力支持教育事业。在我们这样一个人口众多、经济不发达的国家办教育，不可能也不应该什么事情都由政府包下来，必须依靠全社会的共同努力，发挥各方面的积极性。在以政府办学为主的同时，积极提倡和鼓励企事业单位、社会团体、社会组织以及公民集体或个人举办各类学校，多渠道筹集教育资金。江泽民同志在第三次全国教育工作会议上的讲话中指出：“国运兴衰，系于教育；教育振兴，全民有责。全党同志和全国各族人民都要从实现祖国富强和民族振兴的高度，继续关心和支持我国教育的发展。在国家办好教育事业的同时，还要调动社会各方面的力量来兴办和扶持教育事业，特别是各级各类职业技术教育。总之，要把落实教育优先发展的战略地位，真正化为全民族的广泛共识和全社会的实际行动，为繁荣我国教育事业提供深厚的群众基础和社会合力。”

教育好下一代，是学校、社会及家庭共同的责任。新闻出版、广播影视、文学艺术等部门，要为青少年提供有益的精神食粮，为他们健康成长创造良好的社会环境。家长有责任有义务确保子女完成九年义务教育。社会各界人士要积极支持“希望工程”。要完善国家资助贫困学生的政策和制度。所有这些政策和措施，都应得到全社会的大力支持，为我国教育事业的发展和中国先进文化建设的繁荣提供强有力的外部条件。实践证明，改革开放以来，由于全社会对教育事业的关心和支持，我国教育事业发生了显著变化，受高等教育的人数逐年增长，特别是博士生、硕士生的比例在这几年增长更为迅速。文盲率下降很快，九年义务教育完成较好。其他的如成人教育、职业教育等都得到了很大的发展。同样，我国社会主义文化建设也取得了丰硕成果。

落实教育优先发展战略，要加大教育改革力度。深入推进教育体制改革，建立与社会主义市场经济体制相适应的新型教育体制，是教育工作一项重大而紧迫的任务。在我国社会主义初级阶段，教育作为经济、政治、文化建设的基础工程，不仅要为现代化建设提供人才和智力储备，而且要直接参与各方面的建设事业，为推动各项建设事业做出贡献。我国过去“象牙塔”式的教育，不能适应当今时代的需要，更不适合我国各方面建设事业的需要。这就要求必须改革脱离社会实际的教育思想和教育模式，通过经济体制、科技体制和教育体制的配套改革，尽快建立教育与经济、科技密切结合的新体制。

要深化中等及中等以下教育体制改革，加快基础教育由“应试教育”向素质教育的重大转变，完善分级办学和分级管理体制。要继续推进高等教育体制改革，健全政府管理、学校面向社会自主办学的体制；逐步改变高等学校条块分割、小而全、低水平重复建设等问题，优化高等教育的结构与布局，提高办学效益。重视教育体制改革，为我国教育事业的发展和中国先进文化建设提供制度保证，保证教育事业发展和先进文化建设沿着正确的方向前进。

落实教育优先发展战略，要充分发挥教师的积极性。振兴民族的希望在教育，振兴教育的希望在教师。教育质量的高低，最终取决于教师工作质量的高低。我国在教师方面的工作有经验和教训可以借鉴，要充分发挥教师的工作积极性。首先要使他们能安心从事教育事业。在市场经济的社会环境中，要解决好教师的利益诉求，尤其是长时间、大面积的拖欠教师工资问题，不但在一定程度上挫伤了教师的工作积极性，使他们的利益受到损失，而且会造成社会的不良影响。其次，在现有的教育体制内，要充分发扬教育民主，真正使教师有充分参与学校建设的权利，而不只是校长一个人说了算，造成实际工作中的瞎指挥。要群策群力，发挥广大教育工作者的热情和创造力，按照党的教育方针、政策，努力提高教育质量。只有教师的积极性调动起来了，教育工作才能够真正做好。

三、教育投资体制的改革

（一）教育经费不足——困扰教育发展的瓶颈

教育经费是指国家投入教育的各种费用的总和。它既包括预算内教育投资，也包括预算外教育投资；既包括各级政府的公共教育投资，也包括企业事业单位、社会团体和个人的教育投资；既包括教育事业投资，也包括教育基本建设投资。

在党的十一届三中全会以后的十余年间，我国政府采取了一系列政策措施来加大对教育的投入，加快教育事业的发展步伐，并且在政府的重要文件和法律条文中表现出了对教育事业的关注和解决教育投入不足的决心。但是，教育经费匮乏依然是困扰教育部门、阻碍教育事业发展的主要问题。

全国各级各类学校，特别是中小学，用于教职工的开支所占比例非常庞大，挤占了大部分教育公用经费，致使学校运转困难重重。据调查，1986 年我国中学生平均每人每年只有 5 元钱的办公经费，小学生则只有 1.8 元。① 用如此少的经费来维持教育的运转，其困难可想而知。从 1978 年到 1988 年，在这十年中，国家多次调整教职工的工资，同时又新增加了许多经费开支项目，其中包括 100 多万离退休人员的工资、独生子女补贴、班主任津贴、教龄津贴、粮食和副食品补贴等。1987 年仅用于新开支项目的经费就达 35 亿元，相当于全部国拨经费的 13%。另外，尚有由教育经费支付工资的其他人员（包括县乡教育干部、教研人员、仪器供应站人员）35 万人，经费约 4 亿元。1987 年，全国大、中、小学教育事业费中人员经费所占比例分别为 41.9%，72.2%，83.2%。在所剩无几的教育公用经费中，59% ~60% 还要用于房屋修缮，从而真正用于教学的经费便少之又少。

由于经费来源不稳和分配不当等原因，造成教育经费的严重不足。在经费来源方面存在的问题主要表现在以下几个方面：

（1）教育投入少。众所周知，教育投资是教育事业发展的前提，教育投资的多少直接影响到教育的发展规模和速度。当前，世界各国都很重视教育投资，而我国在这方面却有很大差距。

---

① 今日中国教育改革探索课题组. 今日中国教育改革探索［M］. 北京：北京教育出版社，1990：61.

表3-1 我国教育支出占国民生产总值（GNP）、国民收入和财政总支出的比例

（单位:%）

年　份	占国民生产总值	占国民收入	占财政支出
1976	—	2.55	7.68
1977	—	2.45	7.67
1978	2.26	2.70	7.31
1979	2.54	3.03	7.96
1980	2.80	3.40	10.33
1981	2.83	3.43	12.14
1982	2.91	3.55	13.12
1983	2.95	3.62	13.26
1984	2.89	3.56	13.01
1985	2.97	3.62	13.79
1986	3.15	3.89	13.10
1987	2.84	3.45	13.11
1988	2.75	3.30	14.32
1989	2.81	3.41	14.79
1990	2.86	3.52	14.65

资料来源：肖宗六、贺乐凡主编：《中国教育行政学》，人民教育出版社1996年版，第226页。

表3-1列出的教育支出不仅包括了预算内教育支出（即包含列入国家预算的教育事业费、教育基建投资和各部门事业费中用于教育的支出），而且包括了预算外教育支出（即包含企业营业外用于教育的支出和城乡教育费附加）。如果将预算外教育支出扣除，或者再将教育基本建设投资扣除，只计算掌握在教育部门手中用以维持各级各类教育正常运转的教育事业费，那么所占的比例将会更低。以1986年为例，当年这项指标的世界平均水平是5.5%，其中发达国家平均为5.8%，发展中国家平均为4.2%，而我国则是3.15%，大大低于同年同类指标的国际平均水平。从表3-1和表3-2可以看出，我国教育经费在国民生产总值中的比例不仅与发达国家差距较大，而且与亚洲和发展中国家的平均水平之间差距也是很大的。按照国内教育经济学家依据我国国力和教育的实际需要所作的估计，我国的教育投资至少要达到占国民生产总值的4%才较为合理。

表3-2 世界一些国家和地区教育公共支出占国民生产总值（GNP）的比例

（单位:%）

国家、主要地区及不同发展水平的国家分组	教育公共支出占国民生产总值的比例				
	1970年	1975年	1980年	1985年	1986年
世界总水平	5.2	5.5	5.5	5.6	5.5
发达国家	5.6	6.0	6.0	6.0	5.8
发展中国家	3.0	3.6	3.9	4.1	4.2
非洲	3.9	4.5	5.3	6.0	6.1
拉丁美洲和加勒比海地区	3.4	3.6	4.0	3.9	4.1
北美洲	6.5	6.4	6.9	6.7	6.4
亚洲	3.1	4.4	4.5	4.5	4.6
欧洲	5.0	5.7	5.5	5.5	5.4
大洋洲	4.3	6.0	5.6	5.5	5.5
阿拉伯国家	4.8	6.0	4.5	6.6	6.8

资料来源：肖宗六、贺乐凡主编：《中国教育行政学》，人民教育出版社1996年版，第227页。

由于教育经费占GNP和财政总支出的比例太低，加之政府财政行为不规范，使得来源于主渠道——国家财政拨款的教育经费经常处于波动之中。这就使得我国这样一个长期靠国家拨款支撑教育发展的国家的教育发展陷入重重困境而不能自拔。

与此同时，我们应该看到，在这种数据背后的中国教育发展的原有基础、地区间的极不平衡的客观实际，以及正在或将要面临的教育发展任务等多方面因素交织而成的复杂的教育发展背景，其中特别是因实行九年义务教育制度和受教育人口的规模所带来的教育有效需求膨胀与原有薄弱的基础教育设施之间的尖锐矛盾对教育公共支出增长的渴望。只有在具体的现实背景下来衡量教育经费在国民生产总值和财政总支出中的比例是否适当才有价值。如果这样来考虑教育投资，以我国教育经费所占比例的现状而言，政府加大对教育的投入，就显得更为迫切。

（2）教育经费来源渠道单一，预算外教育经费的来源及数额极不稳定。新中国建立后直到改革开放前长达近三十年的时间里，我国教育经费的90%以上都来自国家财政拨款。改革开放后，我国政府积极采取措施，改变由国家包揽一切教育经费的体制。经过各级政府和社会各界的积极努力，已初步改变了过去那种单靠国家拨付教育经费的状况。尤其是鼓励社会力量办学的政策、对非义务教育阶段教育收取学费、对高等学校学生实行缴费入学的办法、在农村和城市开征教育费附加、大力开展集资办学、建立人民教育基金及其他教育基金制度、促进高等教育产学合作和校企联姻、大力开展勤工俭学和发展校办产业、希望工程等措施，使得我国财政拨款以外的教育经费渠道得到了不断扩展，预算外教育经费占教育总支出的比例逐年有所提高。但总体而言，教育经费来源渠道单一的状况并没有从根本上改变。这也是束缚教育事业发展的根本因素之一。以 1986 年和 1987 年为例，这两年的预算外资金收入总额分别达到了 89. 11 亿元和 105. 41 亿元，占该年教育事业费支出 214. 32 亿元和 226. 66 亿元的 41. 58% 和 46. 51%。就此比例看，教育部门的预算外资金收入在其所能支配的资金总额中所占份额已经不低。

表 3 - 3　教育总经费中预算内、外教育经费所占比例（平均值）的变动

（单位:%）

年度 地区	1987		1988		1989		1990		1991	
	内	外	内	外	内	外	内	外	内	外
直辖市	78. 15	21. 85	76. 12	23. 88	75. 36	24. 64	78. 10	21. 90	74. 98	25. 02
高类地区	71. 47	28. 53	70. 64	29. 36	65. 88	34. 12	66. 34	33. 66	58. 90	41. 10
中类地区	72. 79	27. 21	71. 11	28. 89	66. 68	33. 32	67. 96	32. 04	61. 65	38. 35
低类地区	87. 02	12. 98	82. 10	17. 90	76. 11	23. 89	84. 37	15. 63	77. 56	22. 44

资料来源：肖宗六、贺乐凡主编：《中国教育行政学》，人民教育出版社 1996 年版，第 229 页。引用时对数据略有修正。

表 3 - 3 清楚地表明了 1987 年至 1991 年间预算内、外教育经费的比例变动情况，从表中可以看出，直辖市的预算外教育经费所占比例不断增长（1990 年除外），从 1987 年的 21. 85% 增加到 1991 年的 25. 02%。到 1991 年，高类地区占到 41. 10%，可以说几乎占到了一半。中类地区到 1991 年也达到了 38. 35%。

表 3-4　1987~1991 年预算外教育经费所占比例　　　（单位:%）

地区	年平均值	五年的波动区间	增长率
直辖市	23.46	21.85~25.02	14.51
高类地区	33.35	28.53~41.10	44.06
中类地区	31.96	27.21~38.35	40.94
低类地区	18.57	12.98~23.89	84.05

资料来源：肖宗六、贺乐凡主编：《中国教育行政学》，人民教育出版社 1996 年版，第 229 页。引用时对数据略有修正。

虽然教育经费的增长是明显的，但是，由于整个预算内教育经费占 GNP 和财政总支出的比例还比较低，因而预算外教育经费的增长，并没有从根本上缓解和消除我国教育经费供需极度紧张的状况。

（3）教育经费来源受干扰太多，对发展教育不利。我国教育经费，无论是预算内教育经费还是预算外教育经费，都受着诸多因素的干扰而呈现出波动。这种波动除随经济增长情况而正常波动外，许多人为因素导致了教育经费来源及数量的非正常波动。这种情况对我国教育事业的发展产生了极为不利的影响。

在教育经费的分配中存在的问题有：

（1）高等教育经费在财政性教育经费支出中所占的比例偏高。我国是一个教育普及化程度相对较低的国家，普及九年制义务教育仍然是摆在我们面前的重大历史性战略任务。然而，在教育经费的分配中，我国用于中等以下教育的比重还比较低，而高等教育经费所占的比重依然偏高。到 1989 年，高等教育经费占到 18.78%，中学占 28.05%，小学占 30.98%。单就比例来讲，高等教育占 20% 左右并不算高，但如果考虑到我国教育发展的战略重点及高等教育实行交费入学制度以后的经费来源变化的情况，这个比例就有些偏高了。

（2）教育事业费分配中人员经费所占比例偏高。教育事业费是维持各级各类教育机构正常运转的经常性费用，也是目前教育部门独立支配的教育预算经费。在教育事业费中，人员经费所占比例偏高并且呈现逐渐上升趋势，这严重影响了各级各类教育机构各项业务活动的正常开展。

表3-5 大、中、小学人员经费、公用经费所占比例 (单位:%)

年度	大学		中学		小学	
	人员经费	公用经费	人员经费	公用经费	人员经费	公用经费
1980	43.04	56.96	66.92	33.08	77.93	22.07
1981	41.21	58.79	66.82	33.18	76.94	23.06
1982	41.28	58.72	68.85	31.15	78.72	21.28
1983	42.56	57.44	65.86	34.14	75.91	24.09
1984	38.15	61.85	64.69	35.31	75.27	24.73
1985	37.83	62.17	68.38	31.62	80.89	19.11
1986	39.53	60.47	68.82	31.18	81.07	18.93
1987	41.85	58.15	72.24	27.76	83.25	16.75
1988	45.60	54.40	76.50	23.50	85.10	14.90
1989	46.55	53.45	75.60	24.40	83.51	16.49

资料来源：肖宗六、贺乐凡主编：《中国教育行政学》，人民教育出版社1996年版，第236页。

(3) 在教育经费的使用方面，还存在挪用教育经费情况严重等问题。由于各种制度漏洞和教育经费的管理不善，造成众多截留和挪用教育经费的问题。仅1986年，查处的挪用教育经费金额就高达4亿多元，占当年国家教育投资的3.3%，与当年城镇征收的教育费附加4.4亿元大体相当。

(二) 多渠道筹措教育经费体制的确立

在我国这样一个人口众多，经济基础还比较薄弱的发展中国家，普及九年义务教育所面临的严重困难之一就是资金短缺。为了筹措义务教育的经费，确保实施九年义务教育必备的办学条件，《义务教育法》分别就义务教育经费的来源、筹措方式以及管理使用等问题作了明确规定。

筹措义务教育经费的基本原则：

(1) 中央和地方各级人民政府负责筹措义务教育经费。《中共中央关于教育体制改革的决定》中指出："为了保证地方发展教育事业，除了国家拨款以外，地方机动财力中应有适当比例用于教育，乡财政收入应主要用于教育。地方可以征收教育费附加，此项收入首先用于改善基础教育的教学设施，不得挪作他用。地方要鼓励和指导国营企业、社会团体和个人办学，并在自愿的基础上，鼓励单位、集体和个人捐资助学，但不得强迫摊派。”要求通过改革来更好地调动各级政府、广大师生员工和社会各方面的积极性，多想办法，发挥各方面的潜力，使教育事业一年比一年更好地向前发展。这就为改革单一的投资体制，实现教育投资的多元化指明了方向。

《中华人民共和国义务教育法》第12条第1款规定：“实施义务教育所需事业费和基本建设投资，由国务院和地方各级人民政府负责筹措，予以保证。”第28条明确规定：“地方各级人民政府设置的实施义务教育学校的事业费和基本建设投资，由地方各级人民政府负责筹措。”“中央和地方财政视具体情况，对经济困难地区和少数民族聚居地区实施义务教育给予适当补助。”

发展教育是一个国家、一个民族兴旺发达的重要条件，是国家长远利益的根本所在。党中央、国务院一再强调，社会主义现代化建设必须依靠教育、科技，要把教育放在优先发展的战略地位上。普及九年义务教育，解决义务教育的经费问题，国家和地方各级人民政府负有义不容辞的责任。尤其是随着我国经济体制和财政体制的改革，基础教育经费管理体制发生了根本的变化。从1980年起，国家财政实行中央、地方“分灶吃饭”，基础教育经费改为由地方财政切块安排，中央财政给予专项补助的管理体制。《中共中央关于教育体制改革的决定》明确提出实行基础教育由地方负责、分级管理的原则，把基础教育的管理权交给地方。因此，地方各级人民政府是筹措义务教育经费的直接责任者。

（2）采取多渠道筹措义务教育经费。我国筹措义务教育经费的一个主要特点就是多渠道。我国是一个发展中的人口大国，各地经济社会发展还很不平衡，国家财力有限，而教育事业规模庞大，仅仅依靠各级财政拨款显然是不够的，必须采取多种渠道筹措，这也是由中国的国情所决定的。新中国建立后到20世纪70年代末，我国发展基础教育事业基本上是走依靠国家办学的路子，基础教育经费以中央和地方各级财政负担为主，厂矿企业、农村社队负担为辅，来源渠道比较单一。基础教育经费投入较少，办学条件困难。党的十一届三中全会以后，由于政策导向和人们对教育战略地位、作用的认识逐步提高，教育被看做全民的事业。发展基础教育，普及九年义务教育成为国家、社会和群众个人共同的责任。除国家办学外，出现了较为广泛的社会集资、捐资办学的新局面，社会各界和群众个人对教育的投入逐年增加，义务教育经费来源渠道多元化了。

在《义务教育法》中，除了对财政拨款做了规定外，还对征收城乡教育事业费附加，鼓励厂矿企业、事业单位办学，社会集资、捐资等都做了规定，明确了我国义务教育经费以国家财政拨款为主，多渠道筹措的原则。

筹措义务教育经费的主要渠道：

(1) 国家财政拨款。国家财政拨款是我国义务教育经费来源的主渠道。根据1990年教育经费统计，国家财政拨款约占义务教育经费总支出的70%左右。因此，如何确保国拨教育经费的稳定来源和增长，是筹措义务教育经费的关键。

发展教育事业不增加投资不行。我国从“二五”计划开始一段较长的时期内，财政支出的教育经费太少。财政预算内教育经费所占比例一直在7%左右徘徊，有些年份甚至下降，影响了教育事业的健康发展。正如邓小平同志1980年1月在《目前的形势与任务》的讲话中所指出：“经济发展与科学文化发展比例失调，教科文卫费用太少，不成比例。”党的十一届三中全会以来，党和国家重视发展教育事业，努力增加对教育的投入，财政对教育的拨款有了较大幅度的增长。但是，教育投入仍然不足。为此，1985年《中共中央关于教育体制改革的决定》首次提出：“在今后一定时期内，中央和地方政府的教育拨款的增长要高于财政经常性收入的增长，并使按在校学生人数平均的教育费用逐步增长。”这是对我国社会主义建设中处理教育与经济关系的历史经验总结，体现了党和国家对教育的重视和对教育经费优先安排的原则。《义务教育法》又从法律上对义务教育经费的增长原则做了规定，促使各级政府在对教育拨款时必须依法行事，确保国拨义务教育经费的稳定来源和增长。同时，有了这一规定也为监督检查各级领导是否重视义务教育，依法增加对教育的投入提供了法律依据。

“七五”时期，各级政府认真贯彻《中共中央关于教育体制改革的决定》和《义务教育法》提出的“两个增长”原则，在财力比较困难的情况下，努力增加财政对教育的拨款。1985年我国财政预算内教育经费为224.89亿元，占财政支出比例为12.19%，1990年财政预算内教育经费达416.19亿元，占财政支出比例为12.26%，年平均递增13.10%，高于财政经常性收入年平均递增12.98%的比例。中小学生人均教育事业费，中学由1985年的128元提高到1990年的248元；小学由1985年的47元提高到

1990 年的 108 元，均达到《义务教育法》所规定的“两个增长”的要求。①根据 1989 年底国家教委对 26 个省、自治区、直辖市中小学教育情况的五项督导检查，大多数省（自治区、直辖市）基本上做到了“两个增长”。北京市不仅做到“两个增长”，而且做到中小学生人均公用经费逐年增长。

（2）城乡教育事业费附加。1984 年国务院颁布的《关于筹措农村办学经费的通知》指出：“开辟多种渠道筹措农村学校办学经费。除国家拨给的教育事业费外，乡人民政府可以征收教育事业费附加，并鼓励社会各方面和个人自愿投资在农村办学。”并规定：“乡人民政府征收教育事业费附加，对农业、乡镇企业都要征收，可以按销售收入或其他适当办法计征，但不要按人头、地亩计征。附加率可高可低，贫困地区可以免征。由于各地经济发展不平衡，教育事业发展也不平衡，因此，各地教育事业费附加率和计征办法，不强求统一，可由乡人民政府每年按本乡经济状况、群众承受能力和发展教育事业的需要提出意见，报请乡人民代表大会讨论通过后，报上一级人民政府批准执行。这项附加收入要取之于乡，用之于乡。”

在农村征收教育事业费附加的基础上，为了进一步解决义务教育经费短缺的矛盾，1986 年，国务院又发布了《征收教育费附加的暂行规定》。其中第 8 条规定：“地方征收的教育费附加，按专项资金管理，由教育部门统筹安排，提出分配方案，经同级财政部门同意后，用于改善中小学教学设施和办学条件，不得用于职工福利和发放奖金。”

开征城乡教育事业费附加，是一条解决义务教育经费短缺的可行渠道。所以，《义务教育法》第 12 条第 3 款规定：“地方各级人民政府按照国务院的规定，在城乡征收教育事业费附加，主要用于实施义务教育。”这就从法律上对征收城乡教育事业费附加做了规定，并明确了这项附加收入的使用方向，即主要用于义务教育。

城乡教育事业费附加已成为我国义务教育经费的一项重要来源。1986 年城乡教育事业费附加为 17. 15 亿元，1987 年为 26. 40 亿元，1988 年为 34. 49 亿元，1989 年为 54. 64 亿元，1990 年达到 56. 03 亿元，年平均递增 34. 44% 。

---

① 陈德珍. 中华人民共和国义务教育法讲话［M］. 北京：法律出版社，1993：165.

（3）社会集资、捐资。国家历来强调发展义务教育要坚持“两条腿走路”的方针，提倡或鼓励厂矿企业、行政事业单位、社会团体、农村经济组织和社会各界人士集资办学和捐资助学。《义务教育法》规定：“国家鼓励企业、事业单位和其他社会力量，在当地人民政府的统一管理下，按照国家规定的基本要求，举办本法规定的各类学校。”“国家鼓励各种社会力量以及个人自愿捐资助学。”

党的十一届三中全会以来，教育在社会主义精神文明建设和物质文明建设中的地位日益受到重视，社会集资办学、群众捐资助学的热情日益高涨，特别是以消除中小学危房，改善办学条件为中心的集资办学工作取得了突出成绩。据统计，从1981年到1989年，全国各地动员社会各方面力量，依靠人民群众，共筹措维修改造中小学危房资金350亿元，维修改造危房2.98亿平方米。全国中小学危房比例，由1978年的17%下降到1990年的3.07%。实践证明，坚持“两条腿走路”的方针，实行分级办学管理，充分调动社会各方面的积极性，依靠人民群众，多渠道筹措教育经费，改善办学条件，是符合我国国情和经济发展水平的有效措施。

（4）学校勤工俭学收入。提倡有条件的中小学校，在保证完成正常教学任务的前提下，建立校产，开展勤工俭学，是教育与生产劳动相结合的重要途径之一，也是多渠道筹措教育经费的有效途径之一。1989年国务院转发了国家教委、财政部、人事部、国家税务局《关于进一步发展中小学勤工俭学若干问题的意见》，进一步明确了开展勤工俭学的指导方针、政策和措施。“中小学教育经费主要依靠各级人民政府拨款和多渠道社会集资解决。中小学开展勤工俭学的根本目的是发展基础教育事业，培养有理想、有道德、有文化、有纪律的一代新人。所得经济收益，除留一部分用于发展生产外，其余用于补充教育经费，改善办学条件，增加师生集体福利和个人奖励。”“中小学开展勤工俭学应采取多种形式。可以举办各类进修班、培训班等；可以组织以对学生进行劳动教育为主并按照教学计划安排的生产经营活动；也可以由学校抽调少数人员，兴办以专业人员劳动为主并按市场需求经营的校办企业。”“各级人民政府和有关部门应制定优惠政策和采取具体措施，帮助中小学办好一批勤工俭学基地，并将其生产经营活动纳入有关经济部门的管理范畴，在人财物、产供销等方面统筹安排，予以解决。可通过调借教育事业费、勤工俭学统筹资金等方式，帮助中小学解决勤工俭学所需的资金；也可由有关专业银行根据信贷原则，在当年信贷计划内择优扶持，解决所需资金。有条件的地区，经学校申请，当地人民政府可以根据实际情况划拨一部分土地（包括山村、水塘、牧场等）作各学校的生产经营基地。”“中小学开展勤工俭学举办的各类企业，除按照原有规定免征校办工业、农业的所得税和能源交通重点建设基金外……在税收上要给予优惠。”

根据这些政策及优惠措施，各地学校开展了形式多样的勤工俭学活动。据统计，1989 年全国有 80% 左右的中小学开展了有组织的勤工俭学活动，建立了 50 多万个劳动基地，除西藏外，全国中小学有校办工厂 78 244 个，第三产业网点 81 727 个，农牧副渔业基地 40 万个；勤工俭学总产值 193 亿元，总收入 35 亿元，其中 50% 用来补充了学校经费不足。① 这些经费主要用于维修校舍，购置教学仪器设备，减免学生书杂费和提高教师福利待遇。

（5）免收学费和收取杂费。《义务教育法》第 10 条规定：“国家对接受义务教育的学生免收学费。国家设立助学金，帮助困难学生就学。”《实施细则》第 17 条规定：“实施义务教育的学校可收取杂费。收取杂费的标准和具体办法，由省级教育、物价、财政部门提出方案，报省级人民政府批准。已规定免收杂费的，其规定可以继续执行。对家庭经济困难的学生，应当酌情减免杂费。其他行政机关和学校不得违反国家有关规定，自行制定收费的项目及标准；不得向学生乱收费用。”

免收学费是实施义务教育的一项重要措施，世界各国特别是经济发达国家对于义务教育阶段的学生一般都免收学费。我国对实施义务教育阶段的学生也采取免收学费的政策，并且对有困难的少数民族地区和边远贫困地区的学生实行助学金制度。此外也规定，对义务教育阶段的学生可收取少量的杂费，主要用于弥补学校的公用经费不足。由于我国经济发展水平还比较低，完全依靠财政预算内的教育事业费解决义务教育经费有较大困难，所以，根据社会和群众的承受能力，收取少量的杂费是有必要的，也是可行的。目的是为了增加社会和个人对义务教育的投入，改善办学条件，提高教育质量。为了防止学校擅自提高标准，乱收费，影响学生入学，还规定了杂费的收费标准和办法由省一级有关部门制定，并规定对家庭困难的学生予以减免。

---

① 陈德珍. 中华人民共和国义务教育法讲话［M］. 北京：法律出版社，1993：171.

从20世纪80年代中期到90年代，逐步形成了我国教育经费来源的六条主要渠道，即以财政拨款为主，辅之以征收用于教育的税（费）、对非义务教育阶段学生收取学费和对义务教育阶段学生收取杂费、发展校办产业、支持集资办学和捐资助学、建立教育基金（简称为“财、税、费、产、社、基”）的新路子。多渠道筹措教育经费使我国教育经费投入总量迅速增加，大大改善了教育的物质条件。需要指出的是，在当时国家投入无法满足教育快速发展的需求的情况下，多渠道筹措教育经费的方式极大地缓解了教育发展所需经费的压力，但在一定程度上加重了社会各方面的负担。随着我国国力的逐步增强，普及义务教育的经费有了较大的增加，减免了义务教育阶段学生的学杂费和部分地区学生的书本费，并且还有一定的生活补贴，这就使贫困地区的义务教育有了更大的制度和体制保障。

中篇 20世纪90年代的市场经济发展与教育改革

>> 20世纪90年代的中国教育改革，是在确立和发展社会主义市场经济体制的过程中展开的。1993年开启的市场经济与教育发展关系的大讨论，成为新一轮教育改革的理论先导。在今天看来，那场讨论中所形成的20世纪90年代教育改革的若干理论如“教育产业化”、“教育市场化”等，对于教育特别是基础教育的公共性、公益性有所忽略，对教育与市场关系的认识有明显的偏颇之处。然而，用发展的眼光来看，改变计划经济体制下的教育理念和办学方式，建立与市场经济体制相适应的教育体系，的确是中国教育改革所面临的新挑战和新任务，它因而也为教育改革注入了新的动力。

>> “知识经济”观念的确立和普及，是联结市场经济体系和教育体系的思想纽带。“素质教育”的实施，已经超越了20世纪80年代“科学技术是第一生产力”的观点，开始把全面提高国民素质视为中国参与国际竞争的根本前提和基础。市场机制的引入，不仅促进了民办教育的发展，也改变了学校、国家和受教育者三方面的关系，在空前提高中国高等教育专业化和学术化水平的同时，也提高了高等院校的自主发展和社会适应能力。

>> 到了世纪之交，随着教育领域局部出现的一些市场化倾向，以及所带来的弊端暴露出来，导致了人们对于市场、政府和学校关系的重新反思。教育发展过程中出现的问题，只能通过进一步的发展来解决。

第四章

社会主义市场经济与教育改革

一、市场经济与教育市场化、产业化大讨论

1978年改革开放以来，中国经济步入了稳定迅速发展的改革时期。1978年至2008年三十年间，我国的经济改革大致可以划分为三个阶段：1978~1987年为改革初期，主题是从农村经济调整发展到工业乃至国民经济的全面改革；1988~1992年为治理整顿时期；1993年至今为社会主义市场经济逐步建立发展时期。可见，进入20世纪90年代，市场经济体制的确立并逐渐走向成熟，是我国经济改革的突出特点。

与经济改革相对应，90年代的教育改革也开始进入深化和不断完善时期，各项教育改革也深深地刻下了市场经济的烙印。程少波先生认为，1993年是中国教育理论界最为热闹的一年。因为，随着社会主义市场经济体制的确立，教育与市场经济之间的关系迅速地成为人们议论的热点话题。据不完全统计，1993年全国各报刊（包括公开和非公开出版的）上发表的涉及“市场经济与教育改革”的文章有600余篇，全国性的学术研讨会多达20余次；发表文章和参加会议讨论的人，有政府官员，也有普通百姓，有造诣高深的专家，也有普通教师。这场大讨论超过了以往任何一次关于教育的本质、教育的起源、教育方针等教育话题的讨论，成为20世纪90年代教育研

究领域的一件盛事。①

（一）市场经济：20世纪90年代我国经济改革的主旋律

到20世纪90年代初期，我国经济体制改革的大致路径表现为：（1）经济体制的转换。党的十一届三中全会以来，我国经济体制改革经历了由农村到城市逐步推进、全面展开的历史进程。从20世纪70年代末开始，率先进行的农村经济改革实现了以家庭联产承包为核心、以市场价格为导向的农业经济新体制，伴随着农村剩余劳动力转移而蓬勃兴起的农村经济改变了国民经济的格局，到1983年，农、轻、重的比例已由1978年的25∶32∶43调整为30∶34∶36。20世纪80年代迅猛发展的特区经济以及相继确立的沿海开放城市和沿海经济开发区，以市场经济为重要基础的沿海地区对内对外全方位的开放格局，有力地推动了城市经济体制的转换，以公有制为主体的多种经济成分给社会主义经济注入了勃勃生机，明显增强了我国的经济实力。1991年我国的国民生产总值达19 855亿元，是1978年的5.5倍。（2）消费市场基本形成。1991年底，全国城乡集贸市场已经发展到7万多个，比1978年增长1倍，成交额超过2600亿元，增长21倍，占当年全国商品零售总额的1/4。农产品已逐步放开，各种工业消费品供销市场迅速发展，个体工商户商品成交额由1978年的0.1%上升到1991年的20%，促进了市场价格机制的形成。（3）生产资料市场逐步得到发展。1991年底，全国已建成综合性生产资料市场2000多个，销售网点4万多个，打破了生产资料由国家物资部门统配的格局，国家统配的物资种数由1979年的256种减至1991年的19种，从而使生产资料市场调节比例由1979年的1%上升到1991年的50%左右。（4）生产要素市场兴起。到1990年底，全国通过银行和其他金融机构发行的各种长期债券以及企业发行的债券和股票累计超过2000亿元，以同业拆借市场为代表的短期资金市场1988年即融通资金5000多亿元，从而成为国家基本建设、产业扩展和调整的重要基础。（5）多种形式的劳动力市场初步形成。1990年，671万城镇个体劳动者和164万其他所有制职工，其就业方向基本由市场调节。42 010万乡镇劳动者的劳动，特别是务农之外

---

① 程少波. 关于“市场经济与教育改革”讨论的思考［J］. 江西教育科研，1994（5）.

所从事的副业生产，基本由市场调节。在城镇从事各种临时性工作的流动人口约2135万人，其劳动完全由市场调节。同期，全民所有制和集体所有制企业职工中，合同制职工为1700多万人，约占全民所有制和集体所有制企业职工总数的10%，这部分职工的就业，也具有市场调节的成分。(6)技术市场发展迅速。1985年，全国各类技术交易机构有5000多个，技术合同成交额23亿元。到1990年底，机构数增至2万多个，交易额超过75亿元。科技成果转化为生产力的比例由改革前的25%提高到70%。(7)企业产权交易市场开始出现。到1990年，约7000家企业兼并了近8500家企业，初步体现了市场机制在企业结构调整中的作用。(8)房地产市场初步形成。到1990年，我国城市和一半以上的县初步形成房地产交易市场，累计交易额超过100亿元。

至20世纪90年代初，社会主义市场经济体制已经初步显示出应有的作用。在整个90年代，随着市场经济体制的确立，我国的社会经济和整个社会发展正式步入社会主义市场经济发展轨道。

社会主义市场经济的基本特征。改革开放以来，经济领域的改革一直是改革的主旋律，在20世纪90年代，我国经济改革的主要特征就是确立了市场经济的主体地位。市场经济主体地位的确立，也引起了社会其他领域的相应改革，自然，教育改革也是其中重要的内容。在社会主义初级阶段，“市场经济”的存在不但可能，而且是必需的。这就是社会主义制度下的市场经济，或者叫做“社会主义市场经济”。社会主义市场经济有其自身的基本特征，它是公有制经济主导下的市场经济。公有制经济占主体地位，市场经济是社会主义经济的组成部分。

建立完善的社会主义市场经济体制是实现经济发展战略目标的体制保证，也是全面建设小康社会所要达到的重要目标。全面建设小康社会和实现现代化，内在地包含着制度文明建设的任务。经济体制改革是制度文明建设的重要组成部分，也是整个制度文明建设的基础。

我国经济改革的成功经验。中国体制改革研究会副会长杨启先教授认为，中国经济改革的成功经验主要表现在：一是较好地处理了经济改革与政治改革的关系，在坚持社会主义方向的前提下进行经济改革，经济改革的目的是为了更好地发展社会主义。二是较好地处理了计划经济与市场经济的关系，循序渐进地发展和推进市场经济改革。他指出：“如果在改革开放的初期，就提出要搞市场经济，哪怕只提要搞商品经济，不仅在绝大多数人的观念上通不过，而且在实际工作中难度也很大，肯定行不通。为此，我们在处理计划经济与市场经济的关系问题上，无论理论和实践都明显采取了一种逐步前进的办法。如在理论表述上，从1979年改革开始时的回避‘市场’两字，只是笼统地提出了一个含义十分广泛而又非常灵活的‘对内搞活经济、对外实行开放’的重要方针，发展到1982年的‘以计划经济为主，市场调节为辅’，再发展到1984年的‘有计划的商品经济’，1987年的‘国家调节市场、市场引导企业’，一直到1992年明确提出要建立‘社会主义市场经济体制’。在实践上，也从1979年以前的排斥甚至取消市场，发展到改革初期的逐步开放和扩大商品市场，再发展到1985年起不仅要求建立商品市场，而且要求建立包括资金、劳务和技术等要素市场在内的社会主义市场体系，一直到1992年明确提出要让市场在国家宏观调控下对资源配置起基础性的作用。特别是在80年代末90年代初，改革的市场取向面临一些人的猛烈批评期间，不少地区仍然有意识地扩大和发展市场，取得了经济继续较快较好发展的效果，使要不要充分发挥市场机制的作用，明显成了反映不同地区经济成果大小的重要标志。到目前为止，我国的商品市场已经形成，各种要素市场也正在蓬勃发展，市场经济体制将取代计划经济体制，从而不仅使我国经济呈现出了一种空前繁荣的良好格局，而且也使我国的经济改革取得了其他原来实行计划经济国家的改革至今尚未取得的成功。”三是较好地处理了市场发展与所有制结构调整的关系。党的十五大进一步明确：我国社会主义初级阶段的基本经济制度是公有制为主体、多种所有制经济共同发展，非公有制经济是我国社会主义市场经济的重要组成部分。在这一精神的指引下，可以预期，我国的市场发展与企业经营机制和所有制结构的改革，将会进一步相得益彰，互相促进，取得更大的成就。四是较好地处理了借鉴外国经验与从本国国情出发的关系，因地制宜地进行社会主义市场经济改革。

（二）关于教育市场与“教育市场化”的争论

市场经济体制的确立，自然会影响到教育领域的改革。综观20世纪90年代，关于“商品经济与教育改革”、“市场经济与教育改革”的研讨会、争论文章频繁出现，成为这一时期影响我国教育改革的有力因素。

邓小平南方谈话和中共十四大以后，人们在政治上和理论上对社会主义市场经济有了更明确的认识，关于教育市场和“教育市场化”的讨论便日渐丰富起来。关于教育市场与“教育市场化”的争论，主要有两种观点：一种观点主张教育应该走向市场，建立教育市场，并采用“市场化”的方式来办教育；另一种观点则完全相反，认为教育与市场的价值追求不同，学校不同于企业，教育不能市场化。

主张教育市场化的观点对教育市场的认识主要有以下几种：(1)“交换关系”说：认为教育市场是教育商品交换关系的总和，其中，有人认为是国家、集体、个人及受教育者等多主体间的交换关系；有人认为是学校与学生之间的交换关系；也有人认为教育市场是教育产品、教育劳务和学校及其总体育人能力等教育商品交换关系的总和。(2)“交换场所”说：认为教育市场是进行教育劳动及其产品交换的场所，对交换内容的认识有所拓展，突破了学校与用人单位之间进行交换的原有认识。(3)“过程”说：认为教育市场的内涵就是教育运行过程或生产状态，是建立在交换价值基础上的生产。(4)“广义—狭义”说：认为教育市场有广义、狭义之分，广义的教育市场是教育产品生产者与需求者之间一切交换关系的总和；狭义的教育市场是教育产品生产者与需求者之间进行商品交换的场所或领域。

对于“教育市场化”，有论者认为，教育市场化就是将教育看成商品，把学校推向市场，把教育事业看成以质量求生存的自负盈亏的一种有偿服务。也有论者认为，作为一种产业的教育，有必要也有可能进入市场，而且，随着教育参与市场机制的不断深入，教育领域及其与外界的交换关系就会走向市场，按照投资—补偿、成本—效益原则，在教育各领域、各利益主体间实现公平等价交换，充分体现教育的价值。还有论者从教育服务的角度理解“教育市场化”，认为教育市场化就是在确认教育是产业、教育服务是产品、教育服务具有商品性的前提下，通过市场形成实现教育产品与其他产品等价交换。

教育非市场化的观点。与上述主张完全不同，不少人对教育市场化提出了质疑和反对意见，认为教育不能市场化。有的研究者认为，“教育市场”概念本身就不科学，“教育市场化”的口号并不能准确反映市场经济与教育的关系，也未准确表达教育在多大范围、多大程度上由市场调节，“教育市场化”等概念是不周延的。大多数研究者是从教育与市场经济之间所存在的矛盾分析入手，反对教育市场化观点的。他们认为，教育运行与市场经济运行具有不同的规律，教育与市场的价值追求不同，教育活动与一般的商品活动过程具有本质的区别，学校与企业的目标、经营权利等都具有本质的差异。如果简单地把教育与市场对接，推行教育市场化，可能会带来严重后果，如政府对基础教育管理职能和责任下滑、投资减少；使没有能力支付学费的孩子失去受教育机会，造成教育机会的严重不平等；使教育变成商业市场，不利于青少年树立崇高的理想与价值观等等。

（三）关于教育产业与教育产业化的争论

关于教育产业与教育产业化的研究，在20世纪80年代后期就已有人进行。但是，大量的研究出现在90年代，主要是由于1992年6月，中共中央、国务院颁发了《关于加快发展第三产业的决定》，明确提出教育是“对国民经济发展具有全局性、先导性影响的基础产业”。之后，随着我国市场经济体制的确立，市场因素逐渐在社会各个领域中彰显出其巨大的影响与作用。在教育领域，这种影响集中体现在从1993年开始的关于教育产业化的全国性的大讨论。在这场论争中，论证的双方针锋相对，观点鲜明：一方主张教育应当适应市场经济的背景，走产业化道路；另一方则认为教育是社会公共事业，应当恪守教育的公益性原则，不能产业化。

对教育产业与教育产业化的认识。持教育是一种产业观点的人认为，教育是生产劳动能力的产业，教育可以将一般的简单的劳动力转化为特殊的复杂的劳动力，可以将经验型的劳动力转化为科学知识型的劳动力，劳动者通过接受教育提高自身素质，从而促进生产率的增殖和生产力的提高。一些研究者把教育作为第三产业，认为教育具有第三产业所具备的一些性质，如专业性、生产性、消耗性和可经营性。一般认为，教育产业化是指产业化的经营思想和市场导向与市场交换的运作方式在教育中的应用。教育产业化就是教育的市场化，即通过市场实现教育资源的合理配置，要求教育活动市场化、教育机构企业化、学生受教育投资化，在具体操作上强调“谁受教育谁出钱”的原则。教育产业化论者大都认为，教育产业化是包括教育的科研、教研和各级学校的开办、投入与产出一整套的教育生产流程；在社会主义市场经济条件下，教育是一种具有生产性的事业，要按照经济、社会和科技发展的要求，生产专门的劳动力，以满足社会劳动力市场的需要，从而为社会、集体和个人带来一定的物质利益和精神利益。

教育非产业化观点。强烈反对教育产业化的一方认为，教育事业是社会的公共事业，接受教育是社会每个人的权利和义务，也是一种社会福利。如果教育以营利为目的，则背离了教育的本质，不仅会激起人民群众的强烈不满，也会给社会带来严重的危害，是市场经济发展过程中个别人对教育的错误认识。有的论者从对产业的一般属性的认识出发，认为教育事业本身不是产业，教育不是以营利为特征的经济活动，不具有产业的特征。有的论者认为，现实教育实践中既存的产业化行为既不是摆脱教育困境唯一和普遍的途径，也不能表明由此教育便“化”为了产业；教育具有生产性和经济功能，但不能因此就必然地“化”为了产业；现代化社会大生产确实对教育提出了新的要求，但并非产业化的要求。在市场经济条件下，学校与企业之间在任务、价值取向、生产过程、生产对象等方面都具有不同特点，在这个意义上，学校（教育）不能产业化。

金平一先生认为，教育产业化背离了教育的本质，以营利为办学目的、变相出售公共产品、追求利益最大化的教育产业化倾向与行为，混淆了教育与经济、学校与一般企业的根本区别，背离了教育的公益性原则，必将带来教育资源分配不公，甚至引发一系列的矛盾。由于受教育产业化的误导，出现了一些优质公办小学、初中或高中，以种种借口收取借读费、择校费、赞助费等，把政府应该负担的部分教育经费，转嫁给了社会和学生家庭，引起了人民群众的强烈不满。教育产业化的失范行为败坏了教育的崇高社会形象，扭曲了个别学校办学的价值取向，导致教育领域的逐利，既让人们心目中圣洁的殿堂沾染了铜臭，也使得作为人类灵魂工程师的教师职业为之蒙羞。作为直接后果，受到影响的还远远不仅是教育的声誉和学校本身的健康发展，同时招致考问和摇撼的还有教育的社会功能、学校的天职和教育工作者的社会良知。①

《决策导刊》2006 年第 5 期未署名文章《“教育产业化”是对教育改革方向的误导》认为，教育产业化对我国的教育发展乃至整个经济社会发展产生的危害不可低估。教育产业化的直接后果主要有：一是明显减缓了政府对教育投入的增加，严重制约了教育的健康发展。1993 年颁布实施的《中国教育改革和发展纲要》提出了到 20 世纪末国家财政性教育支出占国内生产

① 金平一．“教育产业化”背离教育的本质［J］．校长阅刊，2007（1~2）．

总值的4%这一工作目标，就是这4%也不是一个高的标准，只不过是世界上发展中国家当时的平均水平。1986年我国的这一比重就已达到了3.43%。遗憾的是，此后的多年间，这一比重一直没有大的提升。1995年甚至降到了2.41%，此后虽然缓慢回升，但1999年达到2.79%，2002年达到3.32%，2003年微降到3.28%，2004年全国国内生产总值调整后，这一比重又回到了1999年的2.79%的水平。这一问题长期得不到解决，根本原因之一就在于教育产业化的恶劣影响。二是出现了种种教育乱象，部分抵消了教育改革发展的成果：一些人高举教育产业化的旗帜堂而皇之地将教育变成商品来谋取利润；一些地方在教育产业化的旗号下不仅仅将高中、技校这种非义务教育阶段的国有教育资源出让给民营资本，甚至把优质的初中、小学以“改制”的名义卖掉；在财政拨款不到位的情况下，教育产业化也是一些学校乱收费、高收费的“理论依据”，甚至成为教育领域极少数人“寻租”活动的挡箭牌；教育产业化论者还片面夸大教育拉动消费、刺激经济增长的所谓经济功能。所有类似这样的教育乱象，不仅是对教育功能和性质的扭曲和异化，也坑害了广大老百姓和学校的教职员工，成为引发社会矛盾的因素。三是导致教育的社会形象和公信力受到影响。在受到教育产业化思潮影响严重的一些地方、一些学校，教育价值失衡，教育行为失措，学校功能变异，学术精神沦丧。这是对教育的根本性伤害。

（四）对教育市场化、教育产业化争论的认识

教育市场化、教育产业化讨论的实质，是在建立社会主义市场经济过程中，教育，主要是教育体制应当如何改革，改革的方向和目标是否应当市场化这一根本问题。

王善迈先生认为，界定教育应否市场化、产业化，有一个方法论问题。就事论事，从拉动经济增长、解决教育经费短缺出发，不可能找到科学的答案。教育是一个复杂的社会现象，具有经济、政治、文化、科学等多种功能，需要运用多种学科，从多重视角进行探讨。①

教育应否市场化、产业化，首先是一个经济学问题，可以运用经济学主

---

① 王善迈．关于教育产业化的讨论［J］．北京师范大学学报：人文社会科学版，2000（1）．

要是公共经济学作为分析工具。公共经济学认为，市场经济的作用范围并不是无限的，市场经济也有缺陷，它不能解决经济的外部性，不能有效地提供公共产品，不能解决收入分配不公平，不能保持完全充分的竞争，也难以实现宏观经济的稳定持续发展。这就需要政府的调节和维护作用。

教育是具有外部性的公共产品，在市场经济中，私人产品可以通过市场由企业和居民提供，而公共产品和具有外部性的产品则需要政府提供。根本原因在于，由企业和居民提供的公共产品和具有外部性的产品，成本得不到补偿，由政府提供的公共产品和服务，一般不由消费者付费，而是通过税收支付，税收可以视为政府提供公共产品和服务的成本。因此，要回答教育是否市场化、产业化的问题，就应首先界定清楚教育产品的性质，即教育属于公共产品还是私人产品或准公共产品。教育产品的性质界定清楚了，对这一问题也就可以做出明确的回答了。

左成颐认为，正确认识社会主义市场经济与教育改革的关系，需要明确以下几个问题：第一，市场经济与社会主义市场经济不是一回事。市场经济是适应社会化大生产和市场国际化需要的，以市场配置资源的经济运行形式和方法。在不同社会制度下，市场经济有它的共性，也有其个性，社会主义市场经济就是社会主义制度下的市场经济，具有其独具的特点。第二，经济、市场、教育是几个不同的概念，都有其自身发展的规律。不能把教育与经济这两个关系密切但性质不同的概念混为一谈，学校只能按教育规律办学，不能按经济规律办学。第三，市场经济好比一把双刃剑，它对教育的冲击一开始就具有积极和消极的二重性。因此，要正确认识市场经济与教育的关系，不能简单地提教育市场化或教育产业化。①

二、市场经济对教育发展的影响

由计划经济体制转向社会主义市场经济体制，是我国经济领域一场深刻

① 左成颐. 关于社会主义市场经济与教育改革的思考［J］. 湖南教育学院学报，1994（3）.

的社会变革。市场经济体制的确立，不仅对我国的社会经济发展、社会进步带来巨大的影响，而且会深刻地影响到我国的教育发展。

从教育的特点以及教育在国民经济中的地位来看，教育是一种基础性的、先导型的产业，在市场经济体制下，教育受到的冲击与压力比其他产业要大得多。社会主义市场经济体制客观上要求确立相应的教育运行机制，这是由教育与经济的关系、教育在国民经济和社会生活中的地位所决定的。

（一）社会主义市场经济对教育发展的影响

社会主义市场经济突破了我国原有的高度集中的计划经济体制，从而也对教育提出了全面的挑战。在计划经济时代，我国的教育运行模式如图4－1。

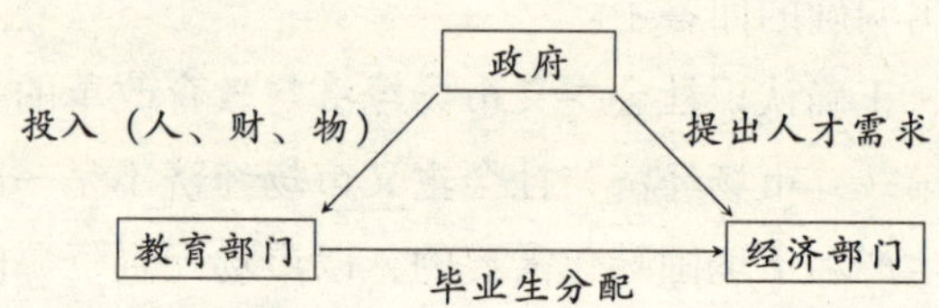

图4－1　高度集中的计划经济体制下教育的运行模式

在社会主义市场经济体制下，教育的运行模式必将发生深刻的变化。20世纪90年代，不断扩大的教育系统内部改革，已经表现出了市场经济对教育影响的某些印记，如教师资源可以在经济部门和教育部门之间、在教育系统内部流动；学校通过兴办校办产业、科研和科技开发面向经济建设主战场，参与市场竞争；通过毕业生双向选择，把毕业生推向专门人才的劳动力市场；通过招收自费生，逐步扩大学生自费比重与各种收费的短期培训课程，开放了满足个人选择性需求的教育市场；学校内部管理出现了按社会经济部门对专门人才的需求和劳动力市场的信息调整专业及课程革新的动态机制；以权力下放为中心的学校管理体制改革，逐步增强了学校在计划、财政、人事与工资等方面的自主权，按社会需要和市场动态调节的范围与比例有所提高。教育作为一种产业，以占用相当规模的人力、物力、财力等经济资源为条件，这些经济资源的配置以及在教育与其他产业部门之间的流动，在市场经济体制下受价值规律的制约，而各教育单位之间的资源配置也遵循同样的规律，从而实现资源的最优配置。

教育的内容与方法必须反映以社会主义市场经济为基础的社会生活，即使在基础教育阶段，也有必要将市场经济的概念与方法引入教学内容，如成本、价格、收益、利息等，使学生能有效地适应不断变化的市场经济社会。

对教育观念和管理思想的影响。市场经济体制下，各级各类学校的办学观念和管理思想都会有相应的调整和改变，要有市场意识，不能脱离市场经济办教育，而应当确立为社会主义市场经济发展培养人才的现代教育观念。同时，必须树立竞争观念，举办多种形式的教育。此外，还要树立质量观念、效益观念、开放意识、创新意识等，使学校教育与社会发展一体化，让学校更好地参与社会，参与市场经济，并在其中发挥应有的作用。

促进教育体制改革。《中国教育改革和发展纲要》指出："在90年代，随着经济体制、政治体制和科技体制改革的深化，教育体制改革要采取综合配套、分步推进的方针，加快步伐，改革包得过多、统得过死的体制，初步树立起与社会主义市场经济体制和政治体制、科技体制改革相适应的教育新体制。只有这样，才能增强主动适应经济和社会发展的活力，走出教育发展的新路子，为建立具有中国特色的社会主义教育体系奠定基础。""政府要转变职能，由对学校的直接行政管理，转变为运用立法、拨款、规划、信息服务、政策指导和必要的行政手段，进行宏观管理。"

引入竞争机制，给学校发展带来生机与活力。把单纯的行政管理机制变为激励管理，体现按劳取酬的市场原则，打破平均主义和大锅饭；变教育的无偿服务为一定范围内和一定程度上的有偿服务；收取学费和人才培养使用费，分配上由国家统包统分逐步达到双向选择等。这些竞争机制给学校带来生机与活力，有效地促进了教育质量的提高。

人们受教育的要求增长。市场经济对各种人才的需求激增，市场竞争也迫切要求提高劳动者的素质，这必然要求教育内容、教育规格、教育方法等作出相应的改革，以适应人们日益增长的受教育要求。

（二）充分发挥教育特有的功能，积极促进社会主义市场经济发展

教育要主动适应社会主义市场经济的全面挑战，充分发挥自身特有的功能，积极促进社会主义市场经济发展。

现代教育是现代化生产和经营的必备条件。从与现代市场经济相联系的现代化生产来看，现代化生产的生产资料越来越多的是科学知识的"物化物”，生产工具越来越机械化、自动化；劳动对象的种类由于科学技术的运用趋于多样化。这一切都使得人这个生产力中最活跃的因素必须具备先进的科学技术知识。而且，为了更好地经营，各市场主体都在力求提高决策的科学性和合理性，采用各种先进的科学竞争手段，使自己的经济活动更接近市场的要求。劳动者只有具备较高的科学文化水平，丰富的生产经验，先进的劳动技能，才能在现代化的生产中发挥更大的作用。在市场经济的这些需求面前，教育的作用是显而易见的。只有通过教育，才能使科学技术知识为劳动者所掌握，从而在生产中不断改进技术，进行发明创造；也才能使经营者具有科学的头脑和管理水平，使市场主体在竞争中立于不败之地。

现代教育成为提高劳动生产率的主要因素，能够帮助市场经济产生更大的效益。市场经济在实现利润的内在动力和竞争的外在压力驱动下，必然要求千方百计地改进商品生产的技术，降低成本，提高劳动生产率。这些都与教育密切相关。中国机械行业一次对工人工时效率的调查表明，工人受教育的水平由初中达到高中，平均工时效率提高 20%；技术比较复杂的机械钳工工人，每提高一个教育等级，工时效率可提高 9%；由初级职业教育提高到中级职业教育，工时效率可提高 19%；中等职业教育比普通高中教育，工时效率高出 17%。现代教育正是通过这种作用不断推动着市场经济的发展与前进。

教育为知识密集型产业提供必要的保障。现代市场经济是知识密集型经济，知识密集型生产在市场经济激烈的竞争中占有明显的优势。这就要求市场主体必须不断提高自身的知识水平和技术优势，重视智力投资。现代教育已经不只是通过培养人才实现科学知识的增值，而且可以直接和科学知识增值过程凝为一体，参与知识密集型生产和开发活动。

（三）适应社会主义市场经济体制的教育改革对策

适应社会主义市场经济体制的要求，20 世纪 90 年代我国的教育改革有如下应对措施：

确立教育优先发展的战略地位。中国共产党第十四次全国代表大会在建设中国特色社会主义理论的指导下，确定了 20 世纪 90 年代我国改革和建设的主要任务，明确提出：“必须把教育摆在优先发展的战略地位，努力提高全民族的思想道德和科学文化水平，这是实现我国现代化的根本大计。”《中国教育改革与发展纲要》指出，在90年代，我国教育工作的任务是：遵循党的十四大精神，以建设中国特色社会主义理论为指导，坚持党的基本路线，全面贯彻教育方针，面向现代化，面向世界，面向未来，加快教育的改革和发展，进一步提高劳动者素质，培养大批人才，建立适应社会主义市场经济体制和政治、科技体制改革需要的教育体制，更好地为社会主义现代化建设服务。

20世纪90年代教育改革的具体目标。为了实现教育优先发展，90年代，在保证必要的教育投入和办学条件的前提下，各级各类教育发展应当实现以下具体目标：(1) 全国基本普及九年义务教育（包括初中阶段的职业技术教育)；大城市市区和沿海经济发达地区积极普及高中阶段教育。大中城市基本满足幼儿接受教育的要求，广大农村积极发展学前一年教育。(2) 高中阶段职业技术学校在校学生人数有较大幅度的增加，未升学的初中和高中毕业生普遍接受不同年限的职业技术培训，使城乡新增劳动力上岗前都能得到必要的职业技术训练。(3) 高等学校培养的专门人才适应经济、科技和社会发展的需求，集中力量办好一批重点大学和重点学科，高层次专门人才的培养基本上立足于国内，教育质量、科学技术水平和办学效益有明显提高。(4) 全国基本扫除青壮年文盲，使青壮年中的文盲率降到5%以下。通过岗位培训、继续教育和在职学历教育，提高广大从业人员的思想文化素质和职业技能。

各地区、各部门根据实际情况，制定本地区本行业的分阶段教育发展目标和任务。

为了实现上述目标，应采取深化教育改革，坚持协调发展，增加教育投入，提高教师素质，提高教育质量，注重办学效益，实行分区规划，加强社会参与的战略。

——在教育事业发展上，不仅教育的规模要有较大发展，而且要把教育质量和办学效益提高到一个新的水平。

——在结构选择上，以九年义务教育为基础，大力加强基础教育，积极发展职业技术教育、成人教育和高等教育，把提高劳动者素质，培养初、中级人才摆到突出的位置。

——在地区发展格局上，从各地经济、文化发展不平衡的实际出发，因地制宜，分类指导。鼓励经济、文化发达地区率先达到中等发达国家20世纪80年代末的教育发展水平，积极支持贫困地区和民族地区发展教育。

建立与社会主义市场经济相适应的教育体制。《中国教育改革与发展纲要》明确指出："在90年代，随着经济体制、政治体制和科技体制改革的深化，教育体制改革要采取综合配套、分步推进的方针，加快步伐，改革包得过多、统得过死的体制，初步建立起与社会主义市场经济体制和政治体制、科技体制改革相适应的教育新体制。只有这样，才能增强主动适应经济和社会发展的活力，走出教育发展的新路子，为建立具有中国特色的社会主义教育体系奠定基础。"

在20世纪90年代，国家采取了几项促进教育事业发展的重大改革措施：调整教育结构，把提高劳动者素质，大力发展职业教育摆在突出的位置；逐步建立了以政府办学为主体，社会各界多方筹集资金办学的体制；按照各级各类教育的特点，理顺政府、社会和学校的关系，建立科学的管理体制；改革普通高等学校、中等及中等以上各类职业学校招生、收费和毕业生就业制度等。随着这些措施的贯彻实施，适应社会主义市场经济体制要求的教育结构和体制逐步建立起来，有效地促进了我国教育事业的改革与发展。

改革办学体制。改变政府包揽办学的格局，逐步建立以政府办学为主体、社会各界共同办学的体制。在20世纪90年代，基础教育应以地方政府办学为主；高等教育要逐步形成以中央、省（自治区、直辖市）两级政府办学为主、社会各界参与办学的新格局；职业技术教育和成人教育主要依靠行业、企业、事业单位办学和社会各方面联合办学。

深化中等以下教育体制改革，继续完善分级办学、分级管理的体制。

深化高等教育体制改革，主要解决政府与高等学校、中央与地方、国家教委与中央各业务部门之间的关系，逐步建立政府宏观管理、学校面向社会自主办学的体制。

在政府与学校的关系上，要按照政事分开的原则，通过立法，明确高等学校的权利和义务，使高等学校真正成为面向社会自主办学的法人实体。

在中央与地方的关系上，进一步确立中央与省（自治区、直辖市）分级管理、分级负责的教育管理体制。中央直接管理一部分关系国家经济、社会发展全局并在高等教育中起示范作用的骨干学校和少数行业性强、地方不便管理的学校。在中央大政方针和宏观规划指导下，对地方举办的高等教育的领导和管理，责任和权力都交给省（自治区、直辖市）。

改革高等学校的招生和毕业生就业制度。

——改变全部按国家统一计划招生的体制，实行国家任务计划和调节性计划相结合。

——改革学生上大学由国家包下来的做法，逐步实行收费制度。

——改革高等学校毕业生“统包统分”和“包当干部”的就业制度，实行少数毕业生由国家安排就业，多数由学生自主择业的就业制度。

进一步提高教育质量。提高教育质量是教育改革的根本目的，教育改革的任何战略、任何措施，无论多么宏伟，多么具体，其最终目的都是为了提高教育质量。在20世纪90年代，我国的教育改革一直围绕着提高教育质量进行，主要措施如下：(1) 树立质量意识，把提高教育质量放在教育改革的重要位置。《中国教育改革和发展纲要》指出，教育改革和发展的根本目的是提高民族素质，多出人才，出好人才。各级各类学校要认真贯彻“教育必须为社会主义现代化建设服务，必须与生产劳动相结合，培养德、智、体全面发展的建设者和接班人”的方针，努力使教育质量在90年代上一个新台阶。(2) 强化德育工作，用马列主义、毛泽东思想和建设中国特色社会主义理论教育学生，把坚定正确的政治方向摆在首位，培养有理想、有道德、有文化、有纪律的社会主义新人。(3) 重视和加强德育队伍的建设。全体教师应当把德育贯穿和渗透到教育教学的全过程中，并以自己的楷模作用，促进学生的全面成长。(4) 完善政策导向，加强学校管理。在招生、毕业生就业、评奖评优、教师职务评聘、工资晋级和出国留学等方面，坚持德才兼备的原则。教师从事德育工作和参加社会实践的成绩，应与其他工作成绩同等对待。(5) 进一步转变教育思想，改革教学内容和教学方法，克服学校教育不同程度存在的脱离经济建设和社会发展需要的现象。要按照现代科学技术文化发展的新成果和社会主义现代化建设的实际需要，更新教学内容，调整课程结构。加强基本知识、基础理论和基本技能的培养和训练，重视培养学生分析问题和解决问题的能力，注意发现和培养有特长的学生。(6) 建立各级各类教育的质量标准和评估指标体系。各地教育部门要把检查评估学校教育质量作为一项经常性的任务。(7) 坚持党对学校的领导，加强学校党的建设，是全面贯彻教育方针，加快教育改革和发展，全面提高教育质量的根本保证。

加强教师队伍建设。教师队伍是教育事业存在和发展的保障。高素质的教师队伍是教育改革成功的关键。在20世纪90年代，加强教师队伍建设是教育改革的重要内容。为此，国家采取了一系列重大政策和措施，提高教师的社会地位，大力改善教师的工作、学习和生活条件，努力使教师成为最受人尊重的职业。

进一步加强师资培养培训工作。师范教育是培养中小学师资的工作母机，各级政府要努力增加投入，大力办好师范教育，鼓励优秀中学毕业生报考师范院校。进一步扩大师范院校定向招生的比例，建立师范毕业生服务期制度，保证毕业生到中小学任教。其他高等院校也要积极承担培养中小学和职业技术学校师资的任务。要制订教师培训计划，促进教师特别是中青年教师不断进修提高，使绝大多数中小学教师更好地胜任教育教学工作。

改革教育系统工资制度，提高教师工资待遇，逐步使教师的工资水平与全民所有制企业同类人员大体持平。同时，建立符合教育特点的工资制度和正常的工资增长机制，切实保证教师的工资水平随国民收入的增长逐步提高。在住房和其他社会福利方面实行优待教师的政策，逐步建立医疗、退休保险等方面的教师保障制度。对优秀教师和教育工作者，进行精神和物质的奖励，对有突出贡献的教师要给予特殊津贴或奖励，并形成制度。

不断加大教育经费投入。保障足够的教育经费，是教育改革顺利进行的关键。在我国这样一个穷国办大教育的背景下，教育经费的足额供给一直是个难题。但是，为了保障教育改革必须的经费投入，20世纪90年代，国家积极采取措施，广泛筹措教育经费，不断加大对教育的投入。

改革和完善教育投资体制，增加教育经费，逐步建立起以国家财政拨款为主，辅之以征收用于教育的税费、收取非义务教育阶段学生学杂费、校办产业收入、社会捐资集资和设立教育基金等多种渠道筹措教育经费的体制，保证教育经费的稳定来源和增长。

20世纪90年代国家筹措教育经费的主要措施有：

——逐步提高国家财政性教育经费支出（包括各级财政对教育的拨款、城乡教育费附加、企业用于举办中小学的经费、校办产业减免税部分）占国民生产总值的比例，90年代末达到4%。

——各级政府必须认真贯彻《中共中央关于教育体制改革的决定》所规定的“中央和地方政府教育拨款的增长要高于财政经常性收入的增长，并使按在校学生人数平均的教育费用逐步增长”的原则，切实保证教师工资和生均公用经费逐年有所增长；提高各级财政支出中教育经费所占的比例。

——进一步完善城乡教育费附加征收办法。凡缴纳产品税、增值税、营业税的单位和个人，按“三税”的2%~3%计征城市教育费附加。

——提高非义务教育阶段学生学费标准，同时按不同情况确定义务教育阶段学校杂费收费标准。

——继续大力发展校办产业和社会服务，逐步建立支持教育改革和发展的服务体系，各级政府和有关部门要给予优惠政策。

——鼓励和提倡厂矿企业、事业单位、社会团体和个人根据自愿、量力原则捐资助学、集资办学，不计征税。欢迎港澳台同胞、海外侨胞、外籍团体和友好人士对教育提供资助和捐赠。各级政府要加强对集资工作的统筹管理。

——运用金融、信贷手段，融通教育资金，支持校办产业、高新科技企业以及勤工俭学的发展，开办教育储蓄和贷学金等业务。

重视解决各级各类学校，特别是中小学、职业技术学校仪器设备、教科书和图书资料短缺的问题，增加用于购置仪器设备和图书资料的资金。

努力提高教育经费的使用效益，避免结构性浪费；各级财政和审计部门要加强财务监督和审计，共同把教育经费管好用好。

三、知识经济与当代教育改革

20世纪80年代以来，当西方主要发达国家凭借高科技优势推动经济迅速发展时，一些经济学家就已经注意到科技进步引发经济增长的新现象和新特点，一些未来学家和经济学家先后提出“后工业经济”、“信息经济”、“技术经济”等概念。这些概念集中表明了以信息科技领头的知识创新和科技创新成为影响经济增长方式和综合国力的主要力量。特别是一些发达国家知识创新对经济增长的贡献率先后超过了其他生产要素的贡献率，知识经济的形态特点得到更广泛的认识。

进入90年代，我国市场经济体制改革不断深入，人们对经济的认识和理解也在不断深入，尤其对于经济与知识、经济与教育之间的关系的认识，逐渐达到了较高的水平，认识到教育、知识在经济发展中的重要作用和价值。随着知识、教育在经济生活中的作用日益凸显，“知识经济”的概念开始出现在人们的视野中，并日益成为人们谈论的热点话题。与此同时，人们更加关注经济与教育的关系，尤其是知识经济与现代教育的关系，表现在理论研究上就是引发了一场关于知识经济与教育的讨论热潮。

（一）知识经济的特征

从字面意义上来理解，知识经济就是依赖于知识的经济，或者说是以知识为主要生产资料或资源的经济。之所以提及知识经济，之所以有人用“知识经济”代替“工业经济”来指称这个时代或者即将到来的时代，是因为知识已经在某些国家的某些地方取代了原材料、资本等占据了经济发展的最重要位置。它和工业经济的区别就是工业经济依赖于物质资源，而知识经济依赖于资源中的科学知识。

1990 年联合国有关文件中出现了“知识经济”的提法。1996 年，国际经济合作与发展组织在专门文件中把知识经济定义为建立在知识和信息的生产、分配和使用基础上的经济。这一定义已经被许多国家在官方和各种学术团体的文件中引用。不管学术界和理论界对知识经济存在怎样的见解，从政界到企业界都承认一个基本事实，就是当代人类社会的经济活动和社会活动已经在越来越大的程度上与信息和知识活动密不可分。就其完全意义来说，知识经济是建立在以高新技术为主旋律的知识和人的创新能力的基础上的经济。这个反映现代世界科技和经济发展走向的浪潮一经出现于历史舞台，便在世界范围内引起各方的高度重视。它将从根本上改变人们的思维方式、学习方式、工作方式、生活方式、社会生产和消费方式以及教育模式。

杜也力先生总括众多学者的观点，从不同方面总结了知识经济的特征。①

杜也力先生认为，与传统的农业经济、工业经济相比，知识经济具有如下特征：（1）知识成为最基本的生产要素。在传统经济中，土地、劳动、资本是最基本的生产要素，而在知识经济中，知识成为最基本的、第一位的生产要素，其他生产要素也依靠知识来更新和装备，知识的经济功能得到最充

① 杜也力．“知识经济”探讨综述［J］．河北师范大学学报：哲学社会科学版，1998（4）．

分的体现，在产品的价值构成中知识创造的价值占最大比重。(2) 产业结构的高级化。传统工业经济是以石油、钢铁、汽车等产业为支撑，而知识经济则是以高新科技产业为支柱，高新科技产业群的迅速形成和崛起，带动其他知识密集型产业的发展，从而推动整个知识产业规模的扩张，并进而推动整个产业结构的优化。(3) 资产投入无形化。传统的经济形态中，自然资源、资金设备等有形资产是投资的主要内容；知识经济的突出特点是把知识作为资本，其中人的智力、科学技术、知识产权以及专利、商标等无形资产的投入起决定作用。(4) 产值轻型化。传统经济中物质产品比重大，而知识经济中由于知识含量增大，产品附加值成倍提高，软产品的份额增加，产值也趋于轻型化。(5) 管理决策科学化。传统经济的管理决策主要凭借领导者的素质和经验，而知识经济中信息技术高度发达，信息网络系统便于各种信息的搜集、处理、传递，促使以知识为基础的科学管理和决策成为必然趋势。(6) 经济发展的可持续化。传统经济的发展都是靠尽可能多地利用自然资源，以获取最大利润，而知识经济则是科学、合理、综合、高效地利用现有资源，并开发尚未利用的自然资源取代已近耗竭的稀缺自然资源，促进人与自然的协调，促进经济的可持续发展。

从知识在经济发展中的作用及二者之间的关系来看，知识经济的特征主要有：(1) 知识与经济的相容性。在知识经济体系中，知识与经济相互渗透、促进、交融、包含，知识物化并全方位进入经济系统之内，成为这个系统的关键生产要素，同时经济活动也越来越多地融入知识体系中，形成知识与经济一体化。(2) 知识经济增长的无限性。知识资源是无限的，在知识的使用过程中，知识不但不会减少，反而会不断地更新，会源源不断地生产出新的知识。知识生产的加速、知识更新换代的加速和知识生产的永恒性，必然带来知识增长的连续性和无限性。(3) 知识经济增长的经济性。知识经济创造着前所未有的资源消耗最低、投入最少而生产率最高的经济增长局面。往往一项技术发明、技术革新或技术改造，便能节约大量资金和时间，从而大幅度提高产品质量和企业经济效益。(4) 促进世界经济一体化。知识是无国界的，任何一个国家都可以充分利用自己的智力资源，有所作为，在世界大市场中占有一席之地，并通过互联网络等媒介表达、传输、交流和共享知识产品，加快整个社会经济乃至世界经济一体化的进程。

（二）知识经济给教育带来的挑战

从某种意义上说，任何社会都是一定程度的知识社会，关键在于是什么样的知识以及知识起什么样的作用。在当今社会，知识在经济领域中的地位和作用日益突出，知识经济日益成为当下和今后相当长的时期内社会经济生活的主要特征。这种经济形态的转移必然促成人们现实生活的巨大改变。因此，目前社会的强势群体为了在新的经济形态中保全自己的利益，弱势群体为了获取新的利益，都必须对知识经济做出回应。做出回应未必能够带来生活的幸福，但是，无动于衷却必然导致生活的困境。总之，人们需要采取应对措施。教育作为人们改变自身社会地位的一种重要手段，在此刻受到了超乎以往的重视，表现在理论研究上就是引发了一场关于知识经济与教育的讨论热潮；在实践中，知识经济给教育带来的挑战以及由此引起的教育改革已经现实地摆在了人们的面前。

许广敏在《关于知识经济与教育关系的分析与思考》一文①中，认为知识经济对当代教育的挑战主要表现在以下几个方面：

（1）知识经济对教育，尤其是学校教育的知识传承功能的挑战——学会学习。知识经济时代对劳动力的需求发生了重大变化，对人才素质提出了新的需求。因此，教育在面对人才素质的知识方面的要求时，必须做出自己富有建设性的应对。比如，知识传播应该具有更高的效率。面对知识快速更新的现实，面对社会对个人综合素质的逐步提高的要求，人们需要掌握尽可能多的知识，只有如此方能应对时代的挑战。因此，需要从学校教育的一切方面入手，尽可能提升知识传播的效率。提升知识传播效率的有效途径就是教学生学会学习——掌握知识和学会生活。

（2）知识经济对教育，尤其是学校教育的创新功能的挑战。在知识经济时代，尤其在知识产权法的保护下，知识的发明者一般都是经济发展的领跑者。因此，在极力强调知识价值的这样一个时代，创新功能越来越受到重视，并日益成为知识经济发展不可或缺的构成要素。创新是教育的内在属性之一。教育改革和创新不是一个外在于教育和教学的不可企及的事情，它本

① 许广敏．关于知识经济与教育关系的分析与思考［J］．河北大学成人教育学院学报，2004（1）．

身就孕育在日常的教育环境和教育教学过程之中。所以教育中文化的改造与创新就是引导学生汲取“过去”而不是简单抛弃“过去”、改造“过去”而不是简单接受“过去”来处理新问题，并在这一过程中实现文化创新的过程。学生以及教师发展的意识、文化改造与创新的能力，就在亲身参与的文化的发展、改造与创新过程中逐步提高。具体而言，包括评价、课程、教学方法、教师等方面的改变，尤其需要注意的是教育评价的改变、文凭至上观念的扭转等。

（3）知识经济对教育，尤其是学校道德教育功能的挑战。论者认为，与其他经济形态一样，知识经济对教育提出的最大课题不是什么人才结构问题，而是人的尊严问题。知识经济无论多发达，毕竟还是经济，不是精神。在工业时代人们已经被严重异化了，虽然有人认为今后人们的闲暇时间会更多，人们可以给自己相当多的补偿和进修机会。但是，如果丧失了幸福，只是为了所谓的知识进行学习，那么，人们的异化只会更加严重。所以，在知识经济时代，我们还没有任何证据可以确认知识经济比工业经济更能促进人们的发展，教育的最大挑战还是那个多年来的挑战：教育是为了人的发展还是为了其他什么的发展问题。知识经济对人的尊严更容易造成侵蚀，因为知识经济作为一种经济形态，有可能把市场经济的获利原则发挥到一个无以复加的地步。因此，应当从根本上对教育的本质进行确认，让教育真正成为教育。只有每个人的充分发展才能带来整个社会的充分发展，我们在讨论知识经济与教育关系的时候，更需要尊重教育的本质特征——培养人。这才是我们应对知识经济挑战的正确态度。

（三）应对知识经济的教育措施

张传燧先生在《知识经济与教育创新》一文①中，提出了教育应对知识经济的措施和策略。

第一，培养高科技专门人才及高素质劳动者。在知识经济时代，无论知识的创新还是知识的应用都离不开人才。为了把现代科技知识变成直接生产力，不仅需要大批能够推动科技进步的创新型科技专门人才，更需要大批把科技成果应用于生产过程中，转化成直接生产力，从而创造巨大经济效益的

---

① 张传燧．知识经济与教育创新［J］．湖南师范大学社会科学学报，2000（1）．

应用型技术人才和熟练劳动者。这两种人才都十分重要，而这些人才的培养都离不开教育。马克思早在一百多年前就精辟地指出：要使人由一般的可能的劳动力转变成专门的现实的劳动力，即由非熟练劳动力变成熟练劳动力，必须依靠教育训练。我国目前面临着既要完成工业化又要追踪信息化的双重任务。在产业发展上，既要发展新兴产业和高科技产业，推进国民经济信息化，又不能放松农业和传统产业、加工工业等劳动密集型产业。与之相适应，开发人力资源，培养与经济信息化相适应的高科技专门人才与提高劳动者的素质是教育面临的具有同等重要意义的两项战略任务。

第二，加快发展步伐，构建教育创新体系。知识经济对教育的要求是全方位的，表现在教育目标（培养什么样的人）、教育内容（传授什么样的知识，什么知识最有价值，开设哪些课程）、教育方法（怎样传授和掌握知识、培养人才）、教育形式（通过哪些途径，采用什么手段）、教育结构（培养哪些类型人才）、教育体系（各级教育的地位与功能）、教育决策（教育在社会发展中应居于什么样的地位，确立什么样的教育发展战略）等方面。知识经济的“创新”本质，尤其要求更新教育观念，树立“教育创新”的意识。为了迎接知识经济的挑战，教育必须加大改革力度，加快发展步伐，建立创新教育体系，才能为我国经济起飞和民族复兴提供人才支持和知识贡献。为此，要确立教育优先发展的战略，加大教育投入，为教育的优先发展创造良好的环境；重塑教育培养目标，培养全面发展的创新型人才；构建新的人才培养模式和教育创新体系，培养能够促进知识经济发展的适用人才。

吴敏生认为[①]，应对知识经济的发展，要求教育在观念革新与机制创新方面进行改革。具体而言，主要包括以下内容：（1）重视人才综合素质，促进培养模式的多样性；（2）重视知识与信息传播的有效性；（3）重视学生基本能力，训练其对社会变革的适应性；（4）重视教育管理思想革新和管理体制创新；（5）重视学校对社会和世界的开放性。

李江源认为[②]，知识经济对教育的直接影响是要求教育肩负起为现代化建设提供各类人才支持和知识贡献的双重历史使命。在当今时代，应对知识经济发展的教育措施主要体现在以下几方面：

---

① 吴敏生．知识经济与教育创新［J］．清华大学教育研究，1999（1）．

② 李江源．知识经济与教育的改革和发展［J］．教育与现代化，1999（2）．

(1) 素质教育。知识经济要求教育所培养的人才具有宽厚的知识基础，丰富的文化底蕴，孜孜以求的科学精神，以使学生走出校门以后，能够适应知识经济发展的需要，能够接受更多的教育，进行自我教育而实现终身教育，从而获得全面发展、终身发展。尽管素质教育这一当前基础教育改革的主旋律是为了克服“应试教育”给学生造成沉重的负担、造成学生片面发展等弊病而提出的，但从更宏观的背景来看，素质教育也正是知识经济发展对学校教育的要求。

(2) 主体性教育。知识经济要求教育应是弘扬人的主体价值的教育。过去，教育理论研究中过多地强调教育的工作价值，强调从社会需要出发培养学生应有的素质，从而不同程度地忽略了人（学生）自身的存在价值，特别是人的主体价值。知识经济发展观念在强调通过个体的实践为知识经济的发展做出贡献的同时，更强调人在社会实践中的主体性、能动性的发挥。教育的任务是全面发展受教育者的整体素质。在教育活动中，要培养学生独立、创造、进取、自由、平等、民主的品质，培养学生的主体意识和批判精神，形成学生自我教育的能力，从而为其终身发展自己、完善自己打下良好的基础。

(3) 创造教育。创造教育是以全面、充分发展学生的创造力为核心的教育，是适应知识化社会发展的新的教育思想，反映出人们对全面发展教育的本质认识的深化。创造教育作为一种教育思想的提出，旨在克服扼杀学生创造性的现行教育的种种弊端，着重培养学生学习的能力，获取知识和信息的能力，思考问题、分析问题和解决问题的能力。这些能力不仅是学生必备的基本素质，也是现代教育适应知识经济发展必须培养的学生的基本能力。

(4) 全民教育。长期以来，人人受教育一直是人们追求的目标，20 世纪六七十年代还被当做在社会政治意义上追求“教育民主化”的目标之一，并且“教育民主化是全世界所有国家和所有与教育问题有关的人最关心的问题。这是一个在无数关于教育的言论和出版物中可以反复见到的主题”①。时至 20 世纪 90 年代，人们不再局限于从社会政治的视野来认识这一问题，而是从人类知识经济的发展上来认识这一问题，进而提出了“全民教育”。

---

① 今日的教育为了明日的世界——为国际教育局写的研究报告［R］. 王静等，译. 北京：中国对外翻译出版公司，1983：68.

1990 年 3 月，世界全民教育大会确立全民教育的最终目标在于“满足全体儿童、青年和成人的基本学习需要”①。从根本上讲，知识经济的发展，有赖于全民教育目标的实现。为了迎接知识经济的挑战，增强我国的综合国力，我国政府根据国家发展的现状及实际需要，提出了普及九年义务教育这一历史任务。在这种形势下，精英主义的教育思想至少在九年义务教育阶段必须退出主导地位，全民教育理应成为我们普及义务教育的战略方向。

（5）个性教育。个性教育是着力于人的个性充分自由、和谐发展而实施的教育。它针对人的个性差异，通过合理的教育训练和培养，使其得到充分的发展。个性教育具有主体性、创造性、针对性、系统性、未来性和活动性等特性。在当今社会，解放思想，发展知识经济，如果不允许学生张扬自己的个性，充分发展自己的个性，那么，思想是不可能得到真正解放的，知识经济是不可能得到大发展的。

刘宗武认为②，适应知识经济发展，教育应当承担起如下使命：

第一，重新审视教育的本质，担负起先导性产业的使命。在知识经济崛起的今天，我们必须重新审视教育的本质，充分发挥其知识生产、创新和运用的先导性产业的功能，把教育产业转变为决定一个国家经济增长的战略性先导产业，充分发挥教育在知识经济发展中的基础推动作用。

第二，全面实施素质教育，担负起提高人的素质的使命。教育是生产知识的产业，但不同的教育其效果是不一样的。为了迎接知识经济的挑战，采取崭新的、不主要以旧工厂模式为基础的教育方式，是完全必要的。联合国经合组织在 1988 年就提出一个人走向社会需要有三张教育通行证的看法。这三张教育通行证，一张是学术性的，一张是职业性的，一张是证明他有事业心和开拓精神的。1996 年由雅克·德洛尔任主席的国际 21 世纪教育委员会向联合国教科文组织提交了一份报告，题为《教育——财富蕴藏其中》。这份报告的序言首次提出了教育的四大支柱：（1）学会认知。必须把相当广泛的常识与对少量问题进行深入研究的可能性结合起来。这种常识是接受终身教育的许可证，它使人对终身学习产生兴趣并为其奠定基础。（2）学会做

① 赵中建．教育的使命——面向二十一世纪的教育宣言和行动纲领［M］．北京：教育科学出版社，1996：27．

② 刘宗武．知识经济与教育的使命［J］．教育与经济，1999（3）．

事。必须获得一种能力，能够应付各种情况，能促进集体劳动。(3) 学会生存。21 世纪要求人人都有较强的自主能力和判断能力，要求加强每个人在实现集体命运过程中的责任。这些能力包括记忆、推理、想象、体力、审美观、与他人交流的能力以及领导者的天然气质等。(4) 学会共同生活。即通过增进对他人及其历史、传统和价值的了解，共同生活。由此表明，现代教育的基本要求，就是素质教育，其目的则是全面提高人的综合素质。这既是世界教育改革和发展的共同趋势，也是我国教育回应知识经济挑战的战略抉择。

第三，启动教育现代化工程，担负起知识创新的使命。知识经济时代的基本特征表明，社会现代化的核心是人的现代化，而教育现代化则是实现人的现代化的根本途径。教育现代化的内容很多，包括教育思想、教育内容、教育制度、教育管理、教育手段、教学体系等的现代化，而它的最终目的是要把人的创造能力提高到空前的高度，构建知识创新的崭新体系。知识经济的生命线是知识和技术的不断创新。科学研究证明，人类最近三十年所获得的知识约等于过去两千年之总和，而未来若干年内科技和知识还会在许多领域出现更为惊人的突破。知识的极大膨胀和快捷更新，要求对学习和教育的观念和模式进行全面变革。那种以继承为主的教育观念和模式，已经不太符合未来时代的需要，代之而起的则是以实现人的现代化为出发点和归宿点的现代化的教育模式。它特别注重学习活动的创造性和终身学习，着力培养知识创新和技术创新能力，培养研究新情况、解决新问题、开创新局面的能力。这也正是知识经济发展所必需的基本能力。

第四，完善教育结构体系，担负营造学习社会的使命。所谓学习社会，就是学习意识普遍化和学习行为社会化的社会。人类将由此跨入知识普及和创新的时代，学习和掌握知识将成为社会进步的主要推动力和生活的第一需要。在学习社会，人们现今习以为常的学校教育将为终身教育所代替；学校教育将仅仅是终身教育的起始阶段，“活到老、学到老”，“生活即学习”，“社会即学校”，将真正成为社会的基本生存状态和运行准则。这里，基础教育对终身教育又起着极其重要的作用，对每个人来说是终身学习的关键阶段。因此，1999 年全国教育工作会议要求，必须站在增强经济实力、国防实力和民族凝聚力的高度，努力培养青少年的创新精神和终身学习的综合素质，以迎接知识经济时代的挑战。

田建国认为[①]，在知识经济时代，应当确立如下现代教育观念：

第一，树立教育战略产业观念。知识经济不仅改变着世界经济结构，也改变着传统观念。在“财富源于人力资源”的知识经济时代，树立人才资源是第一资源，教育是战略产业的观念，是教育适应知识经济的必然趋势。教育培养的有科技文化知识的人才是最重要的生产要素。人是生产力中最活跃的因素，也是决定性的因素。在知识经济时代，最大的资源是智力，最大的财富是智慧。从事人才、知识的生产和再生产的教育，则将成为决定未来经济增长的最重要的产业。对教育的投入就是对国家未来竞争力的投入，也就是对国家未来的生存和前途的投入。如果说工业时代基础设施是能源、交通等，那么知识经济时代最重要的基础设施是高质量的教育体系。我们要切实把教育作为基础性、先导性、全局性的战略产业，把人力资源开发作为整个社会的基础工程来建设。

第二，树立教育为经济服务观念。教育为经济服务，根据自身特色与优势走产学研结合之路，是现代教育的本质规律。知识经济的发展特点表明，一个国家要想跟上世界经济发展主流，并保持国际竞争能力，不仅需要一个在技术上和运作模式上同国际经济发展主流接轨的产业体系，而且需要形成教学科研生产三位一体、产学研结合的有效机制。为此，我们要重视知识经济的开发，把丰富的人才、知识和科技资源引导到经济建设主战场上去，集中力量建成若干个重点产学研工程中心。

第三，树立素质教育观念。知识经济对人才素质提出新的更高要求，更加强调知识创新。知识创新将成为未来社会文化的基础和核心，创新人才将成为决定国家竞争力的关键。世界发达国家从学历社会、文凭社会迈向能力社会，这与市场经济发展是相适应的。国家创新能力的基础在于创新人才。传播知识、造就创新人才的途径是教育与训练。培养和造就大批具有创新意识和创新能力的高素质科技人才，对提高国家知识创新和技术创新能力至关重要。知识经济时代的教育，不仅要使学生有知识，而且要学会做事，更重要的是学会做人。要把学生培养成有社会责任感和事业心的人，有科学文化知识和开拓能力的人，有志、有为、德才兼备的人。

第四，树立教育多元化观念。经济成分的多元、所有制的多元、利益主

① 田建国．知识经济与现代教育观念［J］．中国高教研究，1998（5）．

体的多元从根本上要求我们必须突破单一国办教育模式，鼓励社会各方面力量和公民个人投资办学、集资办学、合作办学，以形成办学主体多元化，投资多渠道，管理多样化，以国家办学为主体，社会各界共同办学的办学模式。多元化办学模式必然推动教育共同投资体制的建立，形成国家、集体和个人共同参与教育投资，共同承担教育经费，共同分享教育投资利益的多主体、多层次教育投资格局。

第五，树立教育国际化观念。当今世界经济正向全球化、知识化方向转移，经济全球化和金融国际化对教育提出了具有国际性的挑战。知识经济的本质是国际性的。知识信息全球范围的广泛传播与应用，人才全球范围的流动与竞争，知识化产品全球性的合作生产与竞争，经济、科技与文化全球化的交流与合作，必然要求教育从体制到内容都更加开放，更加国际化，更具有前瞻性，必须反映持续发展的人类文明和知识的进展。因此，摆脱封闭模式，增强全球意识，大胆吸收当代世界文明成果，进一步扩大教育对外开放，加强国际教育交流与合作，开展与国外学校或专家联合培养人才，联合进行科学研究，是教育适应知识经济的有效发展途径。

第五章 基础教育改革的扩大与深化

一、深化改革，实施素质教育

（一）素质教育产生的时代背景

我国的素质教育发轫于1985年左右，形成一定的影响在1990年以后，1995年后出现了素质教育的热潮。作为一个新生事物，人们对它的理解尚未一致，对它的内涵也很难有一个明确的界定，至今还是仁者见仁、智者见智。但是，无论如何，更多的人把素质教育的出现看成我国教育发展史上的一次历史性变革。任何新事物的出现，都有其特定的社会历史背景。素质教育的提出和实行，也是有着深刻的社会历史背景和时代思想基础的。为了全面准确地理解素质教育和实施素质教育，有必要对其产生的社会历史背景进行一番考察和审视。

国际背景。为了使学校教育培养出来的学生更好地适应未来社会发展的需要，世界各国在20世纪80年代掀起了教育改革的浪潮。这次改革也是世界各国为了适应新的国内和国际政治、经济、文化与科学技术发展的需要，提高综合国力，增强在世界市场上的竞争力而发起的。改革的主要内容包括制定新的教育方针，设置新的教育课程，实行新的教育方法，改革不适应新型人才培养和选拔的教育体制等。作为这一改革的重要组成部分，基础教育的改革日益受到世界各国和国际社会的广泛关注。

美国自20世纪80年代以来，认识到提高基础教育的质量对于美国长远利益的重要性，更加重视基础教育的改革。美国促进科学协会在1989年发表《普及科学——美国2061计划》，提出“教育要面向不断变化的未来”，把“科学、数学和技术”作为“教育今日儿童面对明日世界的基础”。而且，在如何掌握这些知识和技能的方式方法上，计划强调要打破僵化的科目界限，在科学事业与社会价值方面建立起更广泛的联系，弱化现成答案的传递，着力培养学生的科学兴趣、科学思维能力以及正确的科学价值观。美国的一些教育者们认为，21世纪的竞争将不仅仅是资源、市场、资金的竞争，更重要的是新思想的竞争。为了适应这种全新的形势，美国的基础教育改革目标“必须是充分发挥个人的才能”。

与此同时，进入20世纪80年代，日本为了为经济和社会发展提供一个牢固的教育基础，克服基础教育界存在的“刻板划一”和“考试中心主义”等问题，在首相府成立了临时教育审议会，旨在探讨面向21世纪日本教育改革的基本方针和新教育的基本模式。临时审议会在大量调查研究的基础上先后于1985年6月、1986年4月、1987年4月和1987年8月颁布了四次审议报告，阐明了教育改革特别是基础教育改革的必要性，确立了教育改革的基本原则，明确了面向21世纪基础教育改革的主要目标，推进了新的教育体制的建立。就教育目标而言，临时审议会认为，面向21世纪的日本教育应该培养“心胸宽广、体魄健全、富有创造力的人”，“具有自由、自律和为公共利益服务的精神的人”，“面向世界的日本人”。为此，日本基础教育要重视学生的个性，适应国际化和信息时代的要求，要全面修改教育大纲，建立新的教科书制度，建立新教师进修制度和在职教师进修制度等，以保证新教育的顺利实施。

法国在20世纪80年代也进行了其战后涉及面最广、内容最深刻的一场教育改革。改革持续进行了10年，对当前和未来法国的教育实践有着直接的影响。改革的根本目的在于重振法国在国际事务中的大国地位，使法国社会更好地迎接未来国际竞争的挑战。在基础教育改革中，主要是转变教育观念，革新教育教学内容和方法，实施个别化教育，加强信息科学教育，改革中等教育结构，提高教师素质等。

之所以在世界范围掀起如此大规模的教育改革，是因为各国逐渐认识到教育事业在国家社会发展中的战略地位日益突出，教育改革已成为世界各国的共同趋势。在基础教育领域中，儿童多方面素质的培养已成为教育教学的主要目标，成为不可逆转的国家社会基础教育改革主流。获取知识的能力比知识本身更重要，继续教育的能力比教育每一阶段所达到的某种水平更重要。这种为国际社会普遍认同的新的教育观念尽管没有被冠以“素质教育”之名，但其精神实质也就是现在所倡导的素质教育思想。

国内背景。20 世纪 80 年代以后，我国的政治、经济、文化科学及教育等各项事业发生了很大的变化，为实施素质教育提供了一个合适的社会环境。

在政治上，确立了以经济建设为中心的总任务；在思想上，进行了彻底的拨乱反正，既反对“左”，又防止右，不断克服“左”倾思想对改革开放的影响，制定了正确的政治路线和组织路线，形成了中国特色社会主义理论，这就为社会各个领域的改革和发展提供了坚强的政治保障。要加快社会主义民主和法制建设，加快社会主义物质文明和精神文明建设，实现预定的社会发展目标，就必须极大地提高全民族的政治思想和文化素质。这样，教育的战略地位就非确立不可。

在经济方面，由单一的计划经济逐渐过渡到商品经济再到初步建立中国特色社会主义市场经济新体系，打破了长期以来人们在“市场”和“计划”关系问题上的形而上学的、僵化的理解。与此同时进行的农村改革、城市改革以及现代企业制度的建立都使得整个经济领域充满了活力，为整个社会各项事业的改革提供了一个较好的经济基础。经济体制改革的过程同时也是一个要求人的素质不断提高的过程。和单一僵化的计划经济相比，市场经济是充满竞争的，市场经济的主体要求有强烈的进取精神、创造精神和高度的责任意识、风险意识，这就对人的素质提出了更高的要求。只有具备高素质的人才能适应复杂多变的国内和国际竞争，在竞争中把握机会，学习他人的优点，来更好地发展自己。

文化上，随着社会进行的各项改革事业的深入，文化事业出现了新的局面。人们的物质生活和文化生活发生了很大变化。涌现出了一大批具有时代精神同时又体现传统美德的先进人物，进步的社会观念深入人心。但是，文化生活中也出现了负面现象。这些都需要加强文化建设，提高人的思想道德素质。

教育方面，20 世纪 80 年代，国家提出“百年大计，教育为本”的思想，确立了教育在社会发展中优先发展的战略地位。党的十二大把教育确定为“经济发展的战略重点之一”，党的十三大提出“百年大计，教育为本”的指导方针。国家制定了一系列有力措施，包括政策、法规等，来推动教育事业的发展，尤其为实现基础教育向素质教育转变，全面实施素质教育提供了法律上的保障和政策上的支持。

在世纪之交进行的基础教育改革，注重学生素质的培养，对于全面提高基础教育的质量，切实提高整个民族的素质，都是必然的和必要的，反映了时代发展的客观需要。随着社会的发展，国民素质在社会发展中的作用日益重要。我国进行教育改革，把实施素质教育放在突出位置上，不仅符合时代发展的需要，也是社会建设的重要一环。新中国建立以来，国家都把全面提高教育教学质量，促进学生全面发展作为教育事业的指导思想。国家明确表示支持素质教育的决定，指出国家的建设必须以大规模实施素质教育为基础。

1985 年《中共中央关于教育体制改革的决定》，1993 年中共中央国务院正式印发的《中国教育改革和发展纲要》，历次党的代表大会报告，特别是党的十五次代表大会报告，以及各种教育法规，都一致明确地指出，教育改革和发展的根本目的，是提高民族素质，多出人才，出好人才。简单地说，“教育的目的或全部工作，就在于提高受教育者的素质”①。

（二）素质教育的产生过程

素质教育的产生和发展演变过程可以分为三个阶段。

1. 确立阶段

重视民族素质的提高。“素质”一词被广泛地运用于教育领域始于 1985 年。1985 年 5 月 19 日，邓小平在全国教育工作会议上作了《把教育工作认真地抓起来》的讲话，指出：“我们国家，国力的强弱，经济发展后劲的大小，越来越取决于劳动者素质，取决于知识分子的数量和质量。”同年 5 月 27 日，《中共中央关于教育体制改革的决定》中指出：“在整个教育体制改

① 王策三．教育论集［C］．北京：人民教育出版社，2002：419．

革过程中，必须牢牢记住改革的根本目的是提高民族素质，多出人才、出好人才。”讲话和文件着重指出了劳动者素质的重要性，把提高劳动者素质或民族素质提高到战略位置来对待，更有力地推动了我国对素质问题的研究。此后，在《中华人民共和国义务教育法》、《中共中央关于社会主义精神文明建设指导方针的决议》和党的十三大报告中，都提到了素质问题。与此同时，学术界对素质问题的研究也日益增多。

素质教育地位的最终确立。《教育研究》杂志从 1986 年第 4 期至 1987 年第 4 期，专门开辟了“端正教育思想，明确培养目标”的专栏讨论。在讨论中出现了“升学教育”一词，并对片面追求升学率现象、升学教育的诸多弊端作了一些分析批评。提出中小学要由升学教育转到以提高素质为核心的国民基础教育的轨道上来。但当时还未提出“素质教育”这个词。需要说明的是，“升学教育”一词易生歧义，也欠贴切。因此后来研究者们似更倾向于使用“应试教育”一词，因为升学教育在一定意义上与就业教育相对。而应试教育有特定的含义，指那种脱离人的发展和社会发展的实际需要，单纯为应付考试争取高分和追求升学率的教育。与此同时，我国基础教育界在 20 世纪 80 年代进行了教育整体改革的探索。这些实验推动了整体改革的理论发展，同时又为素质教育的提出奠定了实践基础。

升学教育的提法受到理论界的批评，关于素质教育的实验探索全面展开。在这种情况下，素质教育一词呼之欲出。1987 年，国家教委副主任柳斌在《努力提高基础教育的质量》一文中，就使用了“素质教育”一词。《上海教育（中学版）》1988 年第 11 期发表了署名“言实”的题为《素质教育是初中教育的新目标》的文章。1990 年以后关于素质教育的文章越来越多。

1990 年，《江苏省教育委员会关于当前小学教育改革的意见（试行）》中指出：“实施以提高素质为核心的教育，关键是转变教育思想，树立国民素质教育的观念。各级教育行政部门要组织学校和教师学习教育科学理论，开展素质教育的研究和讨论，并扩展到家庭和社会，唤起为中华民族的未来而全面提高学生素质的公众教育意识，形成强大的舆论力量和良好的改革环境，推进小学素质教育的全面实施。”这是较早以政府文件的方式明确使用“素质教育”一词和确立素质教育的地位。1991 年，江苏省又率先召开素质教育研讨会。

1994 年，改革开放后的第二次全国教育工作会议召开。在会议上，李岚清副总理在全国教育工作会议上的总结讲话中提出："基础教育必须从'应试教育'转到素质教育的轨道上来，全面贯彻教育方针，全面提高教育质量。"至此，素质教育从理论向实践转变。

2. 实验推广阶段

湖南省汨罗市的素质教育改革实验。1996 年 2 月，《人民教育》、《湖南教育》联合推出长篇报道，报道了湖南省汨罗市大面积推行素质教育的经验。这是在素质教育实践过程中，使改革实验从学校扩展为区域性实践，为在全国实施素质教育奠定了广泛的群众基础，掀起了素质教育实践的区域性高潮。全国首批建立了 10 个素质教育实验区。一些省市也建立了省级素质教育实验区。中国教育学会 1996 年以素质教育为主题在长沙召开了学术年会。

汨罗教育改革的本质归结起来就是两个字——"两全"，即全面贯彻党的教育方针，全面提高教育质量。汨罗不是改善办学条件或学科教育改革等的先进典型，它是农村教育综合改革，将"两基"（基本普及九年义务教育、基本扫除青壮年文盲）、"两全"目标有机结合起来并同步实现这一目标的先进典型。汨罗实施素质教育的目标，概括起来就是"四个面向"：一是面向每一类教育。就是在确保"两基"的前提下，实现基础教育、职业教育、成人教育的相互沟通和协调发展。特点就是办好职业技术教育。1983 年汨罗就把当时条件最好的一所普通高中改成了职业高中，1997 年全市有 5 所普通高中，4 所职业中专，职高与普高的招生人数之比达到 6∶4。二是面向每一所学校。在汨罗，没有重点校、重点班，没有薄弱学校，每一所学校都比较好。全市 5 所普通高中实行了生源兼顾、师资兼顾和经费兼顾，在历届高考中没有"剃光头"的学校。这样，既保证了学校间改革与发展的公正与和谐竞争，又保护了每一所学校办学的积极性。三是面向每一个学生。汨罗提出的目标是使每一个学生进得来，留得住，学得好。全市小学教育的入学率为 100%，巩固率为 99.98%，合格率为 98.5%，比全省平均水平高出好几个百分点。初中教育，适龄少年进初中比例达 96.3%，巩固率为 97.5%，三年直升率为 89.5%，也大大高于全省平均水平。普通高中的巩固率为 96%，合格率为 99.5%。按全市总人口计算，20 世纪 90 年代每年上大学人数的比例超过万分之十六，是全省平均水平的一倍多。四是面向学生的每一个方面。就是要让学生在德、智、体、美、劳等方面实现全面发展，充分发挥其个性特长。长期以来，他们在切实加强德育工作的同时，严格按照国家规定的课程计划开课，体育、音乐、美术、劳技的开课率达100%，并且制定了特长生标准，鼓励每个学生发展个性特长。把素质教育的要求落实到了课堂，以课堂为开展素质教育的主渠道。推广以良好的心理素质为基础的协同教学，以分层目标教学为中心的成功教育，以实践和科技活动为主体的创造教育。在课堂教学中突出“学”字，让学生从“学会”转到“会学”上来；突出“乐”字，让学生从“要我学”转到“我要学”上来；突出“思”字，让学生从“学答”转到“学问”上来。

山东省烟台市的素质教育探索。早在1984年，烟台市就建立了教育改革实验区。1990年，国家教委将烟台市列为全国城市教育综合改革试点市。他们的措施是：首先从调控升学指标入手，抓好评估指标的制定，遏制追求升学率的势头。其次是进行考试改革。在小学，取消百分制，实行“等级+特长+评语”的评分方式。在初中，进行“分类指导，分流施教”，即针对差异，因材施教：对一部分学生加强学科教学，对一部分学生加强职业教育，对一部分学生加强艺体美训练。“分类”是针对非毕业班学生进行分类教学，“分流”是针对毕业班学生分班级进行教学。第三，加强和改革德育工作。第四，开齐开足课程，以教学为中心，向课堂要素质。第五，加强教学改革，进行“大量读写，双轨运行”和“单元目标教学”。第六，加强教师队伍建设。

1996年，八届全国人大四次会议通过了《中华人民共和国国民经济和社会发展“九五”计划和2010年远景目标纲要》，该文件明确提出，要“改革人才培养模式，由‘应试教育’向全面素质教育转变”。这就以法律文件的方式，确立了我国教育特别是基础教育向素质教育转变的方向。

1997年9月，国家教育委员会在山东省烟台市召开了全国中小学素质教育经验交流会。会议进一步总结了汨罗、烟台等地大面积推进素质教育的经验，对实施素质教育作了全面部署，素质教育在国家教育主管部门的领导下在全国全面推开。所以，从根本上讲，素质教育虽发轫于20世纪80年代初、中期的教育改革，但真正成为国家的教育政策进而在全国推广实是由上而下，从国家的层面来全面推进展开的。

1997年10月，国家教委颁发《关于当前积极推进中小学实施素质教育的若干意见》。此后，教育部把素质教育作为热点问题进行研究，1998年发表了《面向21世纪的基础教育改革：素质教育》的专题文章。在国家的重大决策和文件中，多次提到素质教育的问题。在党的十五大报告中指出："我国现代化建设的进程，在很大程度上取决于国民素质的提高和人才资源的开发。""培养同现代化要求相适应的数以亿计高素质的劳动者和数以千万计的专门人才，发挥我国巨大人力资源的优势，关系21世纪社会主义事业的全局。"在九届人大一次会议的《政府工作报告》中也明确提出："实施全面素质教育，加强思想道德教育和美育，改革教学内容、课程体系和教学方法，以适应社会对各类人才的需要。"紧接着在九届人大二次会议的《政府工作报告》中提出："大力推进素质教育，注重创新精神和实践能力的培养，使学生在德、智、体、美等方面全面发展。"

1998年教育部制订了《面向21世纪教育振兴行动计划》，1999年经国务院正式批转实施。《行动计划》明确提出实施"跨世纪素质教育工程"，要求素质教育从以典型示范为主转向以整体推进和制度创新为主，即主要通过课程教材革新、评价制度改革和师资队伍建设，全面贯彻教育方针，建设高质量教育。

3. 深化改革阶段

1999年以来，素质教育的发展进入了一个新的阶段，即深化改革阶段。其标志就是第三次全国教育工作会议的召开。在此之前，虽然许多地方、许多学校进行了素质教育的改革实验，并取得了较好的成效，但也不排除有些地方存在虚假甚至是两面做法的现象，就是所谓的"素质教育轰轰烈烈，应试教育扎扎实实"的问题。1999年以后，情况发生了变化。首先是国务院正式批转实施教育部制订的《面向21世纪教育振兴行动计划》，紧接着是第三次全国教育工作会议的召开和《中共中央国务院关于深化教育改革全面推进素质教育的决定》的颁布，随后就是采取具体的行动，即新课程改革。由此，素质教育进入了微观的课程领域。这一深化，可谓抓住了问题的实质，因为不进行课程改革，素质教育就难以真正进行。

1999年6月，在北京召开改革开放以来的第三次全国教育工作会议，会议以素质教育为主题。会议的主要文件《中共中央国务院关于深化教育改革全面推进素质教育的决定》指出："教育在综合国力的形成中处于基础地位，国力的强弱越来越取决于劳动者的素质，取决于各类人才的质量和数量，这对于培养和造就我国21世纪的一代新人提出了更加迫切的要求。""全党、全社会必须从我国社会主义事业兴旺发达和中华民族伟大复兴的大局出发，以邓小平理论为指导，全面贯彻落实党的十五大精神，深化教育改革，全面推进素质教育，构建一个充满生机的有中国特色的社会主义教育体系，为实施科教兴国战略奠定坚实的人才和知识基础。”

第三次全国教育工作会议的召开和《中共中央国务院关于深化教育改革全面推进素质教育的决定》在实施素质教育的认识和政策方面有重大创新：实施素质教育，不仅是教育战线跨世纪的重点工作，更重要的是党和政府的重要职责，是提高国民素质的必由之路，也是关系社会主义事业兴旺发达和中华民族伟大复兴全局的大事；实施素质教育，不仅是基础教育阶段的任务，而且要使素质教育贯穿于幼儿教育、中小学教育、职业教育、成人教育、高等教育等各个阶段，努力使德、智、体、美等方面教育成为不可分割的整体，促进学生的全面发展和健康成长；实施素质教育，不仅在考试评价、课程教材等教学领域改革方面要有大的突破，而且需要在改革教育体制、调整教育结构、优化教师队伍等方面与之配套；实施素质教育，不仅是学校教育的任务，而且是家庭教育、社会教育的共同任务，是我国教育事业的一场深刻变革，也是一项关系全局和涉及社会各方面的系统工程。

（三）素质教育的内涵及其特征

素质教育的内涵。目前对素质教育的内涵存在着各种不同的理解，有的直接用领导人的讲话或国家有关文件对素质教育的描述来定义，有的从“应试教育”与素质教育的关系来定义，也有人认为对素质教育的认识是一个逐步深入的过程，应在实践中加以深化或系统化。可见，现在还没有形成一个关于素质教育的权威性的概念。

在认识素质教育的内涵之前，先来了解“素质”一词的含义。“素质”一词一般有两种解释：一种是指个人先天具有的解剖生理特点，包括神经系统、感觉运动器官、大脑的特点，这些特点是通过遗传获得的，因而也叫遗传素质或先天禀赋。这种遗传素质对人的能力的形成和发展产生重大影响。另一种是指公民或某种专门人才的基本品质，是个人在后天环境或教育的影响下形成的。当然这种说法更模糊或有更多的不确定性，因为人的品质有很多，而究竟哪些是基本品质，是难以说清楚的。

素质教育是面向全体学生的教育，这有别于只是面向少数尖子学生的选拔教育。素质教育应关注每一个学生的成长，让学生在德、智、体等方面都得到发展。素质教育的核心内涵就是要提高全体国民的素质，学会做人是公民素质的最集中体现，因而也是实施素质教育的重要任务。总之，素质教育是以提高全体国民的素质为目标，以促进学生的全面发展为宗旨，以育人为根本，是一种根据人的发展和社会发展的实际需要，以全面提高学生的基本素质为根本目的，以尊重发扬学生主体和主动精神、充分开发人的潜能以及注重形成健全个性为根本特征的教育。

素质教育的几个特征。这里所谓的特征，也是针对实施素质教育的内在要求而言的。实施素质教育，要求贯彻以下几个方面的特征：

（1）面向全体学生。素质教育是面向全体学生的教育，要保障儿童和青少年学习发展的基本权利，努力挖掘每个学生的特长和潜能，改变那种只重视升学有望的学生的片面做法。众所周知，由于受先天遗传、家庭教育以及学校条件等因素的影响，在学生中间出现较大的学习成绩差别是难以避免的，并且随着年级的升高，这种差别会越来越明显。在追求升学率的情况下，很难照顾到学习落后学生的发展，而只是重点培养升学有望的那部分学生。这种做法就是英才教育，教育只是在培养社会的“精英”，而忽视大多数学生的发展。当然，素质教育并不排斥英才教育，但反对所有教育都采用英才教育的模式。

义务教育必须是面向全体学生的教育。在义务教育阶段，应该强化普及意识，淡化选拔意识。政府和教育部门应该为所有接受义务教育的学生提供平等的受教育条件和受教育机会。学校和教师要努力使每个班和每个学生都得到平等发展的机会。

素质教育就是一种使每一个学生都得到发展的教育。每个人都在他原有的基础上有所发展，在他天赋的智力水平上得以充分发展。实际上，素质教育也是差异性教育，它承认学生的天赋能力是有差异的，学生的发展水平不可能完全划一。所谓面向每个学生，就是面向每个有差异的学生。由于先天禀赋以及后天环境的影响，使每一个人都表现出与他人不同的素质结构，因而其逐渐形成的自我意识与兴趣、爱好、个性特长也有区别。每个人的发展方向、发展速度乃至最终能达到的发展水平都会是不同的。教育者应该尊重这种差别，应基于个体素质结构的不同施以不同的影响。针对差异进行工作，就是说，差异既是教育的出发点，又是教育的最终结果，不应该也不能够用同一的模式要求所有的受教育者。在实施素质教育时，既注重培养个体的全面素质，又注重学生的个别差异，这就要求教育的目的、内容、方法、组织形式等既要有统一的要求，又要注重多样性、灵活性。

（2）促进学生全面发展。素质教育是促进学生全面发展的教育。全面发展的主要意思，就是要求教育与生产劳动、社会实践相结合，使劳动者学习和掌握科学文化，在精神（智力、道德、审美……）方面也获得发展，成为全面发展的人。[①] 现代社会发展不仅仅需要一般的劳动力，更需要全面发展的、精神丰富的人。这就要求现代教育是人的全面发展的教育。人的全面发展的教育是指把教育作为促进人的德、智、体等素质全面发展的活动。这是人类教育的理想，现代国家的教育改革实质上都是围绕着人的全面发展进行的。所以，教育促进人的全面发展是我国教育发展的指导思想。

马克思主义关于人的全面发展学说的内涵包含三个层次：首先是指人的身体和精神的全面发展；其次是指人的活动能力的多方面的发展；再次是指人的身体和精神的充分而自由的发展。

基础教育是提高和发展学生的生理素质、心理素质和文化素质三位一体的整体素质的过程。生理素质是人发展的前提，心理素质是人发展的基础，文化素质是人发展的核心。人的生理素质发展符合生物学规律，教育主要是帮助学生得到健康发展，身体健康对人的心理素质和文化素质的发展具有积极作用。人的心理素质主要是由知、情、意构成的，是这三者的有机整体。心理素质也是需要发展和提高的，健康的心理素质对人的身体健康和社会文化素质的发展具有重要意义。文化素质是社会人的本质体现，是个体以生理素质为前提，以心理素质为基础和动力，通过对社会文化的学习内化而形成的德、智、美等个性品质和良好的生活方式。所以，从素质的结构来说，素质教育就是使人的生理素质、心理素质、文化素质得到系统全面发展。从这个意义上来讲，素质教育是人的全面发展教育思想的具体化和现实化。

促进学生的全面发展，还要处理好全面发展与因材施教的关系。素质教育中的全面发展，就个体而言，指的是“一般发展”与“特殊发展”的统一；就群体而言，指的是“共同发展”与“差别发展”的统一。在教学中，要把群体培养的目标与个体发展目标统一起来，把培养优秀人才的任务与提

① 王策三．教育论集［C］．北京：人民教育出版社，2002：469．

高劳动者素质的任务统一起来。全面发展的实质是最优发展，面向全体、全面发展不是平均发展，不是齐步走。

(3) 重视学生创新精神和实践能力的培养。素质教育要完成培育民族创新精神和培养创造性人才的任务，优秀的高层次创造性人才是建立在普遍的人的创造性的基础之上的。因此，一方面，需要在基础教育阶段，面向全体学生，因材施教，培养每个人的创造性。另一方面，要为培养能够攀登科学高峰的高层次创造性人才打下基础。每个学校，每个教师，都要爱护和培养学生的好奇心、求知欲，帮助学生自主学习、独立思考，保护学生的探索精神、创造性思维，营造崇尚真知、追求真理的氛围，为学生的禀赋和潜能的充分开发创造一种宽松的环境。为此，要改革人才培养的模式，积极贯彻启发式教育教学的指导思想，让学生感受求知的艰辛，培养学生的科学精神。

高等学校要重视培养大学生的创新能力，普遍提高大学生的人文素养和科学素质。要在培养大批各类专业人才的同时，努力为优秀人才的脱颖而出创造条件。高等学校实施素质教育的重点就是培养创新人才和为经济社会发展服务。

素质教育要以培养学生的创新精神和实践能力为重点。在重视培养学生创新精神的同时，改变那种只重书本知识、忽视实践能力培养的现象。要改变过分强调学科体系，脱离时代和社会发展以及学生实际的状况，加强课程的综合性和实践性，重视实验课教学，培养学生的动手操作能力。

教育与生产劳动相结合是培养全面发展人才的重要途径。各级各类学校在加强学科教学中实践环节的同时，要从实际出发，加强和改进对学生的生产劳动和实践教育，使其接触自然、了解社会，培养实践能力，培养学生热爱劳动的习惯和艰苦奋斗的精神。中小学要鼓励学生积极参加形式多样的课外实践活动，培养动手能力；职业学校要实行产教结合，鼓励学生在实践中掌握职业技能；高等学校要加强社会实践，组织学生参加科学研究、技术开发和推广活动，以及社会服务活动。

(4) 发展学生的主动精神，注重学生个性的健康发展。素质教育强调学生创新精神的培养。创造性的培养是以学生的主动精神和个性的健康发展为基础的。素质教育是弘扬人的个性和主体性的教育。素质教育强调教育要尊重和发展学生的主体意识和主动精神，培养和形成学生的健全个性和精神力量，使学生生动活泼地成长。

从促进学生主动精神和个性健康发展出发，素质教育不是把学生看做知识的接受器，而是把学生看做知识的主人。不仅仅把学生作为认知体，更重要、更本质的是把学生作为包含认知方面和非认知方面的完整的生命体。它指导学生怎样做人，要形成学生的人格力量和精神风貌。

（四）实施素质教育的问题及对策

实施素质教育的关键在于基础教育。只有在基础教育中建立起素质教育的运行机制，才能逐步建立起全方位的素质教育运行机制。从这个意义上说，基础教育是实施素质教育的起点。在基础教育阶段实施素质教育，需要处理好两个问题。

（1）正确认识现行教育。现行教育不等于“应试教育”。“应试教育”虽然不是一个科学的概念，但为论述的方便，暂且使用这一名称。“应试教育”最早又被称为“应试教学”。“应试教学”一词据现在掌握的资料，它最早出现于《中国教育报》1984年8月7日的《“应试教学”不利于培养人才》一文。[①] 但是，“应试教育”不是我国基础教育的全部。从20世纪50年代至“文化大革命”前夕，我国教育领域贯彻的是全面发展的方针。在这个方针的指导下，我国基础教育的成绩是主要的：既为高一级学校输送了合格的学生，也为社会各行业培养了劳动者，基本上满足了社会主义建设的需要。但由于对教育认识的偏颇，在一定程度上影响了党的教育方针的全面贯彻。特别是“文化大革命”十年，教育受到很大的冲击，造成了无法弥补的重大损失。进入20世纪80年代以后，世界新技术革命和教育改革的浪潮对我国的社会产生了较大影响。我国教育的现状同社会经济发展和世界形势的不适应日益明显，促使人们对教育进行重新认识。于是，教育界展开了“应试教育”与素质教育的大讨论。在此，“应试教育”一词被加上引号，作为一个贬义词来使用，指偏离了人的发展和社会发展的实际需要，单纯为应付考试、争取高分和片面追求升学率的一种教育倾向。

实施素质教育，批评“应试教育”，不是否定过去和现行的教育。“应试教育”不是对我国现行教育的定性，而是对我国现行教育中存在着的以

① 廖其发．当代中国重大教育改革实践专题研究［M］．重庆：重庆出版社，2007：395.

“应考”为目的而产生诸多弊端的一种教育现象的认识。现行教育是一个完整的现实存在，它有成就的一面（无疑这是主要的和第一位的），也有问题的一面；有积极的因素，也有消极的因素。“应试教育”则是对现行教育这一现实中存在的若干问题、弊端的概括与抽象。事实上，新中国建立五十多年来，经过社会各界和广大教育工作者的努力，我国教育取得了很大的进步，为国家培养了大批建设人才，这是有目共睹的教育事实。

教育发展不仅表现在数量上，还表现在质量和效益方面。我国中小学生对基础知识、基本技能的掌握是较扎实的，在现行教育中有很多优良的传统，为社会的建设做出了很大的贡献。同时，广大教育工作者积极探索新的教育改革经验，涌现出“愉快教育”、“成功教育”、“和谐教育”、“创造教育”、“情境教育”、“主题教育”等一系列体现素质教育思想的教育模式和学科教学整体改革经验，一些地区还积极开展了区域性实施素质教育的改革实验，取得了重要经验。这些改革在深度和广度上一直在持续，为进一步全面推进素质教育奠定了基础。由“应试教育”向素质教育转变，没有否定广大教育工作者的劳动，没有否定过去的成就。正是在过去成就和各项改革探索的基础上，才提出了实施素质教育的问题。

在充分肯定现行教育所取得成绩的同时，应当承认，现行教育中也确实相当普遍地存在着“应试教育”的倾向，在一些地方甚至较为严重。“应试教育”倾向体现出的是以考试为手段，以分数为评价标准，以选拔尖子学生为目的的教育模式。它违背了《教育法》和《义务教育法》的原则，影响了国家全面发展教育方针的贯彻，产生了诸多危害。学生是直接受害者，他们有着切肤之痛。“应试教育”只是关注少数尖子学生，不仅造成教育资源的巨大浪费，同时也损害了学生的身心健康。即使是少数尖子学生，他们的主动性也得不到充分发挥，创造性和个性爱好得不到发展，最终成为片面发展的受害者。

（2）建立科学的评价体系。以往对教育教学工作的评价，是以考试分数为标准的。只要考试分数高了，老师就是好老师，学生就是好学生。当然，考试分数的高低与很多因素有关，但这些因素往往在评价的时候被忽视。现在实施素质教育，是不是就不要考试了，这是一个问题的两个方面。素质教育也需要考试，素质教育不是以降低教学质量为代价，因为实施素质教育的主渠道还是课堂教学。这就意味着课堂教学在实施素质教育中的决定性作用，要向课堂要质量，要效率。素质教育否定“应试教育”倾向，并不是不加区别地取消一切考试，而是要改革考试的目的、内容和方法，健全和完善教育评价制度。

目前我国学校的考试制度，是“文化大革命”结束后以恢复高考为核心建立起来的，其显著特点是选拔性。高考作为选拔考试不同于形成性或终结性的水平考试，它具有为高校选拔优秀生源的选拔功能。中考也含有选拔的成分，其竞争的激烈程度不亚于高考。高考、中考同学校教育连成一体，对学校教育有重要的影响，具有导向的作用。因此，学校的各类考试都围绕着选拔的需要，层层选拔。这种选拔考试导致学生之间、教师之间、学校之间、地区之间都在进行激烈的竞争，造成整个基础教育都严重存在应试化的倾向。这种倾向的恶果就是校长、学生、教师甚至家长长期心力交瘁，疲于奔命应付考试。特别是试行标准化考试之后，各类学校都掀起了题海战术，各种试题训练成为学校教育的重要内容，使得学生的学业负担和经济负担越来越重。当然，也危害了学生的身心健康，使学生学习的主动性、积极性得不到发挥，只是被动地应付来自各个方面的各种压力。这样的教育不符合当今社会发展对人才的需要。在 21 世纪，科学技术革命必将继续和加速向广度和深度发展，知识经济必将成为主导型的经济形态。世界经济的全球化和科学技术的迅猛发展，正日益深刻地改变着人类的生活方式和生产方式。这使得知识和人才、民族素质和创新能力越来越成为综合国力的重要标志，成为推动或制约经济增长和社会发展的关键因素。谁能抓住历史机遇，加快培养高素质劳动者和创新性人才，提高全体人民的素质和国家创新能力，谁就能在未来激烈的国际竞争中赢得主动权，抢占制高点。这就要求基础教育在知识传播、创新和应用中发挥关键作用，更在提高全体国民的素质和培育民族创新精神，培养创新人才方面发挥更大的作用。这是“应试教育”做不到的，所以要实施素质教育。

课程改革的一个倾向就是删减教学内容、降低课程难度。有人会产生疑问，认为这样做就会降低教育质量。其实，这是一个质量观的问题。为了适应当代科学技术飞速发展的需要，适应学习型社会的要求，在基础教育阶段，就要教给学生最具基础价值和发展价值的内容，而不是教得越多越好，更不是灌得越多越好，无须要求学校讲授越来越多的内容，教学的重点应集中在最基本的科学基础知识上，并且要有效地把它教好。中小学要改变必修课门类过多，选修课过窄，教学内容较难的现状。解决过于偏重分科的学科体系、忽视综合性和应用性内容的问题，扭转不同程度地存在的脱离学生生活实际、忽视实践的现状，以解决由此带来的学生沉重的课业负担等问题。

要建立对学生素质进行评价的指标体系，建立从教书育人方面对教师进行全面评价的指标体系。从办学方向、管理体制和领导班子、教师管理、教育教学工作、行政工作及办学条件等方面对学校进行综合评价。有教育就需要有教育评价，素质教育的评价要依据为实现教育方针所提出来的素质教育目标来进行。重视改进和完善教育评价制度，包括改革和完善考试制度。

二、九年义务教育的普及

（一）普及九年义务教育成为教育优先发展的战略重点

从1986年《中华人民共和国义务教育法》实施以后，党和政府始终把教育摆在优先发展的战略地位，把“普及九年义务教育”放在重中之重的位置。为了全面落实《义务教育法》，克服义务教育普及过程中出现的偏差和困难，进入20世纪90年代后，从中央到地方，都制定了一系列的法律法规和政策，并采取了相应的措施，使义务教育经历了从快速发展到巩固、提高的过程。

1992年10月，党的十四大将“到本世纪末，基本普及九年义务教育，基本扫除青壮年文盲”作为90年代我国教育事业发展的重要目标。为了实现这一目标，中共中央、国务院于1993年2月印发了《中国教育改革和发展纲要》，正式将“两基”作为我国90年代的奋斗目标。同年3月，中国全民教育国家级大会通过了《中国全民教育行动纲要》，重申到2000年我国“普九”的目标，并提出了完成这一目标的具体措施。同时，国家教委还积极组织人力编写适合不同类型地区需要的九年义务教育教材，变“一纲一本”为“一纲多本”，经过试验，效果良好，1993年正式推出供各地选用。

1994年6月，第二次全国教育工作会议确定了“两基”为我国教育事业发展的“重中之重”，进一步明确提出了90年代教育事业发展的目标、任务、战略、指导思想和实施步骤，并具体动员和部署了各地的“两基”任务。7月，国务院发布《关于〈中国教育改革和发展纲要〉的实施意见》，继续强调到2000年全国基本普及九年制义务教育（包括初中阶段的职业教育），即在占全国总人口85%的地区实现“普九”，初中阶段的入学率达到85%左右，小学阶段入学率达到99%以上。为此，国家教委针对各地经济社会及教育发展的不平衡状况，适时提出了“分区规划、分类指导、分步实施”的指导思想，确定了在不同地区以县为单位的“两基”覆盖不同人口比例的大体步骤，即1996年在40%～45%人口地区“普九”（城市和经济发展较快的农村），1998年在60%～65%人口地区“普九”（经济发展中等地区），到2000年在85%人口地区“普九”（经济发展中等地区和少部分贫困地区）。余下的15%人口地区，10%“普五”或“普六”，5%“普三”或“普四”。

在实施“两基”的过程中，为了促进义务教育工作的规范化、制度化，并形成有效的执法监督机制，教育部建立了“普九”督导评估验收和表彰奖励制度，并于1994年颁布了《普及义务教育评估验收暂行规定》，规定每年在县级人民政府进行自查的基础上，由省级人民政府进行验收，国家教委进行抽查。

1997年9月，党的十五大再次提出要“发挥各方面的积极性，大力普及九年义务教育，扫除青壮年文盲”，从而使实施“两基”的目标写进了党的文件和国家的法律法规，成为全党、全国关注的大事。在中央“普九”政策、法规的指导下，各地结合本地实际，制定了一系列“普九”的地方性法规、政策，并采取了相应的措施。

（二）“普九”的成绩及存在的主要问题

“普九”的成绩。通过深入贯彻普及九年义务教育的政策、法规，使九年义务教育取得了明显的进步，主要表现在：

如期实现“普九”目标，“普九”地区的人口覆盖率明显上升，义务教育的普及率显著提高。党的十四大提出的“到本世纪末基本普及九年义务教育”的目标如期实现，“普九”人口覆盖率继续提高。到2000年年底，全国普及九年义务教育的地区人口覆盖率达到85%，“普九”验收的县（市、区）总数达到2541个（含其他县级行政区划单位156个），11个省市已按要求实现“普九”。

由于学校布局调整和学龄人口的逐渐减少，小学校数、招生数及在校生数均有不同程度的减少，但小学入学率继续提高，男女入学性别差异缩小。到2000年，全国有小学55.36万所，比上年减少2.87万所；招生1946.47万人，比上年减少83.06万人；在校生13 013.25万人，比上年减少534.71万人；小学适龄儿童入学率（按各地相应学龄、学制计算）达到99.1%，比上年提高0.01个百分点，其中男女童入学率分别是99.14%和99.07%，性别差由上年的0.1个百分点下降到0.07个百分点；小学生辍学率0.55%，比上年下降0.35个百分点；小学五年巩固率94.54%，其中女童五年巩固率为94.48%，分别比上年提高2.06和1.86个百分点；小学毕业生升学率94.89%，比上年提高0.52个百分点。

由于学校布局结构调整，初中学校数略有减少，但随着学龄人口高峰段上移，初中招生数和在校生数有所增加，辍学率降低。2000年，全国初中学校6.39万所，比上年减少0.05万所；招生2295.57万人，比上年增加112.13万人；在校生6256.29万人，比上年增加444.64万人；毕业生1633.45万人，比上年增加19.51万人；初中阶段毛入学率88.6%，与上年持平；初中辍学率3.21%，比上年下降0.07个百分点；初中毕业生升学率51.1%，比上年提高1.17个百分点。

教师队伍建设取得明显进步。据统计，全国小学、初中、高中教师具有《教师法》规定的合格学历的比例从1978年的47.1%，49.8%和45.9%分别提高到2001年的96.81%，88.72%和70.71%。同时，教师队伍的职务、年龄结构逐步趋向合理，教师队伍进一步年轻化，中青年教师成为中小学教师队伍的主要力量。

小学教师学历合格率继续提高，民办教师人数大幅度减少。到2000年年底，全国小学教职工645.49万人，比上年减少1.63万人。其中专任教师586.03万人，与上年基本持平。专任教师中，民办教师27.72万人，减少21.94万人，民办教师占教师总数的比重为4.73%，比上年下降3.74个百分点。全国初中专任教师328.69万人，比上年增加9.94万人。专任教师中民办教师2.49万人，比上年减少1.66万人。

义务教育经费投入大幅度增加，普通中小学校办学条件进一步改善。国家对义务教育的投入大幅度增加，基本上形成了以财政拨款为主、多渠道筹措教育经费的投入机制。财政性教育经费走出20世纪90年代中期的低谷，呈现逐年上升的良好态势。特别是从1998年开始连续五年，中央本级财政支出中教育经费所占比例每年提高一个百分点，地方财政也相应地加大了教育投入力度。教育经费占GDP的比例从20世纪90年代的2.5%左右提高到2001年的3.19%。

从1995年到2001年，为支持贫困地区和少数民族地区普及义务教育，国家实施了“贫困地区义务教育工程”，国家专项经费连同各省配套资金共计投入116亿元。这是有史以来国家对发展基础教育投入最大的专项资金。广大干部、群众，特别是农村群众踊跃集资、捐资，投工献料，也为实现“两基”做出了巨大的贡献。据统计，从1990年至1999年10年间，人民群众上缴的教育税费达1717亿元，社会捐集资1394亿元，其中大部分用于义务教育。2001年全国教育经费总投入3849.08亿元，比1995年的1877.95亿元增长了1.05倍。财政性预算内教育拨款2085.68亿元，比1995年的1193.8亿元增长了0.75倍。

到2000年，全国普通中小学校舍建筑面积113 402万平方米，比上年增加9332万平方米。普通初中理科实验设备、教学分组实验和图书达标学校占初中总校数的比例分别是：72.74%，69.65%和75.15%，分别比上年提高1.24，1.35和1.77个百分点。小学理科实验设备、教学分组实验和图书达标学校占小学总校数的比例分别是：45.13%，39.93%和65.22%，分别比上年提高0.73，1.33和2.22个百分点。①

存在的主要问题有：

部分地区存在拖欠教师工资现象，对教育教学质量造成一定的影响。中国现行的义务教育公共投资体制属于低重心的分权型体制，使行使义务教育公共投资的责任绝大部分交给了市县级及以下基层地方政府，义务教育的公共经费也绝大部分来自基层地方财政。在广大农村地区，义务教育的经费负担责任主要在县、乡镇、村三级。但是村一级没有财政，只是提取农民的教育费附加。乡镇一级财政不但要负担教师的工资，而且要负担本地公职人员的工资。而乡镇一级财政是各级财政中最薄弱的一级，其支撑经济社会发展的能力以及调动和运用资金的能力都很弱，许多地区本身并没有独立的财政

① 中国教育和科研计算机网提供的全国基础教育发展统计公报（2000）.

收入来源。至于县级财政，全国相当一部分以农业为主的县缺乏足够的财政收入来源，财政不能自给。地处边远、偏僻、自然地理环境恶劣区域的贫困县财政更为困难。在我国现行财政体制中，虽然中央和省级政府财政能力较强，但其承担义务教育经费的责任却微乎其微，由此导致许多农村地区的义务教育困难很多。主要表现在两个方面：一是拖欠教师工资现象；二是学校运营困难，部分学校负债较多。

中小学教师工资是其全部收入，工资发放的不及时及拖欠现象，严重影响到教师工作的积极性。很多教师无心教学，忙着转行或寻求其他出路，教育教学质量受到影响。据教育部统计，截至2002年底，各地累计拖欠中小学教职工国家规定标准工资共134.41亿元，当年新欠中小学教职工国家规定标准工资共22.06亿元，涉及15个省、317个县。

义务教育经费投入不足。现行义务教育财政投入机制存在三大问题：教育经费投入总量严重不足，投入责任承担主体分工不明确，资源分配机制非均衡发展问题突出。尽管我国财政性教育经费占GDP的比例在2001年走出2.4%左右的低谷，上升为3.19%，我国在不断增加政府投资的同时，还采取多渠道筹措教育经费的体制，非政府性投入占教育总经费的比例已从1990年的25.7%上升到2000年的38.4%，但公共教育经费占GDP的比例，与世界平均水平差距仍然甚大。20世纪末，世界这一指标的平均水平为4.8%，发达国家基本稳定在5%~6%，而发展中国家也平均超过了4%。

“两基”工作取得了历史性进展，但同时也面临一些严重问题。到2000年，我国还有520多个县未“普九”，其中未“普六”的县有100个，全国尚有8500万成人文盲，其中青壮年文盲还有2000多万。这种情况大部分集中在边远贫困地区、少数民族地区，“两基”工作进入愈加艰苦的攻坚阶段。同时，农村初中辍学率居高不下，再加上初中学龄人口高峰的到来，使教育需求与供给的矛盾更加尖锐。农村义务教育长期以来实际上主要是县乡和农民的责任，相当一部分贫困地区由于乡镇财力薄弱，难于承担当地义务教育发展的责任。义务教育经费严重短缺，农村学校公用经费严重不足，中小学危房面积大且呈上升势头，不少已“普九”地区学校办学条件滑坡严重。2000年6月，国务院发出《关于基础教育改革与发展的决定》，提出实施“以县为主”的农村义务教育管理的新体制，强化县级政府的管理责任，同时加大中央和省级政府对困难地区财政转移的支付力度，使上述问题有所缓解。但“两基”仍旧是今后相当长一段时期教育工作的“重中之重”，必须常抓不懈。

城乡、地区、学校之间在基本办学条件上存在较大差距。生均拨款水平，中西部地区过低，与东部地区的差距进一步拉大。2004 年，初中生均预算内事业费东部地区平均为 1874 元，西部地区为 1017 元，东、西部地区之比为 1.8∶1。初中生均预算内公用经费东部地区平均为 304 元，西部地区为 121 元，东、西部地区之比为 2.5∶1。与 2000 年相比，初中生均拨款东、西部地区之比均有所扩大，小学情况也与之类似。全国尚有 113 个县（区）的小学、142 个县（区）的初中生均预算内公用经费为零，其中 85% 以上集中在中西部地区。①

生均教育经费，城乡差距显著，县际差距依然存在。据 2001 年全国教育经费执行情况统计公告显示：当年城市普通初中、小学生均预算内教育事业经费支出分别为 817.02 元和 645.28 元，而农村却分别只有 656.28 元和 550.96 元，远远低于城市平均水平。

表 5－1　2003 年城乡中小学生均教育经费差别　　（单位：元）

学校类别	城市普通初中	农村普通初中	城市普通小学	农村普通小学
生均教育经费	1668.74	1210.75	1295.66	1058.25
生均预算内经费	1097.25	889.69	952.56	823.22

数据来源：《中国教育经费统计年鉴（2004）》。

我国不仅在各省之间教育投入差异较大，东部与中西部地区差异十分明显，而且中西部省份的省内各县之间生均财政教育经费投入差异更大。2001 年，我国小学生均预算内教育经费最高的直辖市（3634 元）是最低省份（356 元）的 10 倍；初中生均预算内教育经费最高的直辖市（3438 元）是最低省份（518 元）的 7 倍。

农村中小学生均公用经费明显低于城市。2001 年，农村小学生均预算内公用经费为城市平均水平的 29%；农村初中生均预算内公用经费为城市平均水平的 31%，全国 30% 左右的县初中生均预算内公用经费不足 15 元。中西

① 朱小蔓．对策与建议：2006～2007 年度教育热点、难点问题分析［M］．北京：教育科学出版社，2007：134.

部地区的农村小学生均预算内公用经费仅为东部地区农村小学的21%和36%，中西部地区的农村初中生均预算内公用经费仅为东部农村初中的18%和30%，个别地区甚至为零。

三、中小学课程与教材改革

1981年至1985年制定的拨乱反正后的第二套教学计划，是对“文化大革命”前形成的全国统一课程决策机制的恢复和巩固。随着我国改革开放的不断深入和经济建设的迅速发展，社会对人才规格的要求也在随之发生变化。要快速地建设中国特色社会主义，所需要的不是只懂书本知识，只会解题运算的单一型人才，而是掌握一定的科学文化知识技能并且具有独立的创造精神、良好的心理素质、较强的社会适应能力、全面发展的综合型人才。但在我国的中小学课程设置上，仍然存在着不能适应社会主义现代化建设需要的地方，由此新一轮的课程教材改革势在必行。

（一）1988年的义务教育教学计划

早在1986年，国家教委公布了《义务教育全日制小学、初级中学教学计划（初稿）》。这是有关部门和专家在对全国不同类型的经济、文化、教育发展状况和现行的教学计划、教学大纲、教材以及教学现状进行了深入调研，并广泛听取意见的基础上修改而成的。在此基础上，1988年又制订了《义务教育全日制小学、初级中学教学计划（试行草案）》。这个教学计划以“五四”学制和“六三”学制为主要学制，规定小学开设思想品德、语文、数学、自然、社会、音乐、美术、体育、劳动教育等9科，初中开设思想品德、语文、数学、英语、俄语、日语、物理、化学、生物、历史、地理、音乐、美术、体育和劳动技术等15科。这个教学计划根据当时全国同时存在五年制和六年制两种小学学制的实际，制订了五年制、六年制两个小学教学计划。其特点是：打破了过去单一的学科课程结构，把活动课引入学校，并开设了部分综合课，如以社会课取代历史课和地理课；减少了语文、数学两门课程的课时，音乐、体育、美术和劳动技术这几门课的总课时比例由原来的21%增加到25.5%，有利于培养德、智、体、美、劳全面发展的人才。但在加强德育，坚持坚定正确的政治方向，在面向广大农村，在适应基础教育内部向职业教育分流的需要，因地制宜地增加职业技术教育内容等方面也存在明显不足。

（二）1992年的义务教育课程计划

一方面，以经济建设为中心的社会主义建设向中小学教育提出了许多新问题和新要求，如要求加强人口、环境、国防、统计等方面的教育；另一方面，教育理论研究和教改实验取得的一些新成果也需要总结落实到新的教学计划中来，所以有必要对1988年的教学计划做进一步的修改，由此1992年《九年义务教育全日制小学、初级中学课程计划（试行）》就应运而生了。从概念上来看，这次将教学计划改为课程计划主要考虑到两个方面的因素：一是这一课程计划与以往的教学计划相比，在培养目标、课程结构、课时比例、灵活性方面有很大不同，突出了课程的核心地位，体现了新的改革思想，而原教学计划仅限于课程设置和结构，不能包容这些新的变化；二是避免了与教师自己安排实施的日常教学计划相混淆。

这个课程计划与1988年的教学计划比较，主要的变化体现在：（1）明确提出了小学和初中的培养目标，充分注意了小学和初中要求的统一性和连贯性，克服了过去小学与初级中学之间相互脱节的问题，在课程的纵向结构上实现了小学与初级中学的一体化。（2）完善了课程结构，将课程分为国家和地方两个层次，第一次规定了地方课程。国家课程体现了义务教育的基本要求，以保证义务教育的质量；地方课程则由各地根据本地经济、文化发展的不同需要和适应学生发展的不同需要自行安排，增加了课程的灵活性和多样性。由于当时对校本课程还没有较为明确而清晰的统一认识，故在课程计划中没有规定学校课程。（3）加强了德育，在小学、初中都对学生政治思想品德教育方面提出了明确具体的要求。（4）优化课程结构成为核心问题。将活动纳入课程，改变了过去单一的以学科类课程为主的课程结构模式。（5）适当调整了各类学科所占的课时比例。新课程设置特别注意加强学校的美育、体育、劳动教育等薄弱环节，适当调整了语文、数学、外语等学科比例，充分发挥课程的整体功能。（6）对考试考查作了明确的规定。

课程计划坚持知识与能力并重、动脑与动手并举，逐渐确立了以“提高素质”为核心的课程目标体系，实现了课程改革重点向素质教育方向的战略转移。特别是课程计划中注重学生个性的健康发展，体现了从关注知识向关注人这一课程价值观的转变。课程计划更加强调知识来源于生活和社会的实际需要，进一步删减那些在社会生活中用处不大同时偏难或偏易的学习内容，进一步加强了STS（科学—技术—社会）课程设计思想，强调从生活环境中引出所要学习的内容。

（三）义务教育阶段编写教材实行“一纲多本”

1986年以后，我国小学、初中教材为适应九年义务教育的实施进行了重大改革，由全日制中小学教材变为九年制义务教育教材。根据国家的有关规定，人民教育出版社编写了义务教育“六三”制和“五四”制两套教材。1990年秋季从小学、初中一年级开始，陆续供全国各省市部分学校试用，经过三年的实验研究，1993年在全国发行正式通用本。全套教材包括小学8个学科，初中12个学科。这两套义务教育教材形成了以教科书为基础的系列教材，除教科书外还有教师用书、挂图、幻灯片、录像带、录音带、练习册、课外读物、课外习题等。这样设计有两个目的：一是力求体现全国统一的教学要求，有利于学生打下共同的、必要的、扎实的基础；二是力求适应不同地区和学校师资、学生基础、办学条件的不同以及学生的天赋和爱好的不同，有利于因地、因校制宜和因材施教。

这一时期的教材改革有两个方面的创新：一是实行“一纲多本”。我国地域辽阔，人口众多，经济文化的发展极不平衡，以前国家整齐划一、全国一纲一本的教材局面不能适应我国的国情。因此，在国家统一基本要求、统一审定的基础上，逐步实现教材多样化，以适应不同地区和学校的需要。在“一纲多本”、“多样化”精神的指导下，国家教委有计划地组织各地自编教材，于是全国出现了八套九年义务教育教材和一套小学复式班教材。多套义务教育教材在全国中小学试用，在很大程度上弥补了统编教材的不足，在不同地区、不同学校发挥了重要作用。二是实行教材审定与编写分开。新中国建立以来，我国实行的是课程的中央管理和教材国定制，即由国家统一制订教学计划、大纲，统一编写教材，全国使用统编教材。随着改革开放的深入和教育的进一步发展，这种高度集中的课程教材模式越来越不适应实际需要。1985年1月，教育部颁布《全国中小学教材审定委员会工作条例（试行)》，规定把中小学教材的编写和审查分开，人民教育出版社负责编写教材，各地省级教育部门、学校、教师和专家也都可以编写，由全国中小学教材审定委员会负责审定，审定后的教材由教育部推荐，供各地使用。1986 年 9 月，全国中小学教材审定委员会和各学科教材审定委员会正式成立，标志着我国中小学教材由国定制向审定制的转变，这是我国教材建设史上的重大变革。所有按照国家课程规定科目编写的中小学教材必须经过全国中小学教材审定委员会审定，符合要求后才能使用，地方规定的教材必须经过省级教材审定委员会审查，符合条件后使用，并坚持编写和审定、审查分开的原则。这是改革开放以后，我国教材建设的重大变化之一。

第六章 民办教育的改革与发展

一、民办教育发展概况

我国民办教育在不同的历史时期具有不同的表现形式和生存发展状况。新中国建立以后，国家对私立学校进行了接管和改造调整，使其全部转为公办学校。改革开放以后，由于人民群众对教育的需求加大，民办教育兴起，并且不断壮大，成为我国教育事业的一部分。

（一）新中国建立初期对私立学校的接管与改制

新中国建立前，我国教育中的私立学校不仅数量很大，而且情况复杂。在许多地方，私立学校的数量相当庞大，甚至多于公立学校。据 1949 年统计：全国注册的中学 4045 所，在校学生 103.9 万人。其中公办的 1778 所，占中学总校数的 44%，在校学生 63.62 万人，占在校生总数的 61.2%；民办的 2267 所，占中学总校数的 56%，在校学生 40.28 万人，占在校生总数的 38.8%。全国共有高等学校 205 所，其中公办的 121 所，占高校总数的 59%，在校学生占大学生总数的 73.1%；民办的 84 所，占高校总数的 41%，在校学生占大学生总数的26.9%。[1] 这些私立学校的大量存在，本身就成为教育系统中的重要组成部分。就其性质而言，私立学校是一种民办教育。新中国建立前，私立学校的举办者主要是官僚资产阶级、地主、民族资产阶级、爱国民主人士和会馆、同乡会等社会团体。这些私立学校的存在，在一定程度上满足了人民接受教育的需要，但由于其举办者、资金来源等不同，办学质量差别很大，因此，如何处理私立学校，对私立学校采取什么政策，是关系教育发展的重要问题。

1949年12月，教育部在北京召开第一次全国教育工作会议，确定了全国教育的总方针。会议首次明确提出："对中国人办的私立学校，一般采取保护维持、加强领导、逐步改造的方针。"由于政策明确，措施得当，私立学校，特别是私立中小学，在新中国建立初仍然保持着一定规模。

与此同时，我国进行生产资料的社会主义改造，使我国的所有制经济结构发生了变化，从而引起了办学体制的改变。从1951年起，我国从接收外国教会办的学校开始，着手政府接办，将其改为公立学校的工作。根据收回教育主权的政策，1952年我国政府全部接收了接受外国津贴的教会大学，教会高校全部改为国办，其他私立大学也全部改为公立院校。1952年下半年至1956年，全国私立中小学校全部由政府接办，一律改为公立。至此，中国大陆私立教育体系不复存在。

（二）改革开放后民办教育的恢复（1978~1992年）

改革开放后，我国经济体制发生了新的变化，实行公有制为主体、多种所有制经济共同发展的基本经济制度，个体、私营等非公有制经济发展，非公有制经济成分在生产力水平上不断提高；与此同时，经济的发展，人民群众的生活水平不断提高，导致人们对教育的需求更加迫切。然而，公办学校不能满足广大人民群众对教育的需求。因此，民办教育有了其恢复和发展的社会、文化和经济基础。

从1978年底党的十一届三中全会以后到1992年春邓小平南方谈话之前，是我国民办教育的恢复起步阶段。民办教育在20世纪70年代后期开始

① 中华人民共和国教育部编．共和国教育50年［M］．北京：北京师范大学出版社，1999：571~572．

复兴，具有历史发展的必然性。当时与经济体制的状况相似，我国教育所面临的迫切问题是如何改变国家对教育事业管得过多，统得过死的现状。党的十一届三中全会做出了把党的工作重点转移到以经济建设为中心上来的战略决策，开始大规模地进行现代化建设。经济的快速发展导致对各级各类不同层次人才的需求数量不断增加，而当时的教育体制无法迅速做出调整，无法完成培养急需人才的任务。其存在的弊端日益显现，在人才需求与人才供给出现矛盾的时候，民办教育又重新出现，以其灵活的适应性和独特的市场意识找到了发展的新机遇。

国家对民办教育的再次出现采取了宽容与鼓励的政策。1980 年 12 月 3 日，中共中央、国务院在《关于普及小学教育若干问题的决定》中指出："在我们这样一个人口众多、经济不发达的大国，普及小学教育，不可能完全由国家包下来，必须坚持'两条腿走路'的方针，以国家办学为主体，充分调动社队集体、厂矿企业等各方面办学的积极性。还要鼓励群众自筹经费办学。"1981 年 1 月，国务院批准了教育部《关于高等教育自学考试试行办法的报告》，建立了个人自学、社会助学和国家考试三者有机结合的新型教育形式。同年 9 月，教育部提出，允许私人和社团根据当地需要和各自特长，举办补习班和补习学校。这些政策和法规的出台，是对民办教育的充分肯定，对民办教育的成长有重要促进作用。

1982 年，五届全国人大通过的《中华人民共和国宪法》第 19 条规定："国家鼓励集体经济组织、国家企业事业组织和其他社会力量依照法律规定举办各种教育事业。"这可以作为恢复民办教育的真正起点，也是我国第一次将社会力量办学作为教育事业的组成部分所做出的原则性规定。它给予民办教育完全的法律地位，为以后民办教育事业的发展奠定了最为基本的法律基础。同时也可以看出，国家已经注意到民办教育的巨大能量，态度鲜明地肯定了民办教育的存在价值，开始着手将民办教育纳入国家教育事业的发展规划中。开放教育领域，允许社会资本对教育的投入，鼓励并支持民办教育的兴办。从国家政策的层面来大力提倡社会力量办学，为民办教育的恢复和发展提供了宽松的政策平台。在这种鼓励发展民办教育的背景下，我国民办教育得到迅速恢复和发展。在较短的时间内，有几千所民办学校和民办教育机构在我国各地兴办起来。

1984 年 10 月至 1985 年 5 月，中共中央又相继做出《关于经济体制改革的决定》、《关于科学技术体制改革的决定》和《关于教育体制改革的决定》三个文件，其目的在于改革不利于或制约经济发展、科学技术发展和教育发展的体制问题。其中《关于教育体制改革的决定》中指出："地方要鼓励和指导国营企业、社会团体和个人办学，并在自愿的基础上，鼓励单位、集体和个人捐资助学，但不得强迫摊派。"1986 年颁布的《义务教育法》第九条规定："国家鼓励企业、事业单位和其他社会力量，在当地人民政府统一管理下，按照国家规定的基本要求，举办本法规定的各类学校。"这表明改革开放和现代化建设，急需提高劳动者素质和培养各种专门人才，迫切要求大力发展教育。但由于政府财力有限，尽管政府年年增加投入发展公办教育，仍不能满足社会对教育的需求。正是有了政策支持，人们办教育的热情才得以高涨。但是政府对民办教育缺乏足够的了解，没有现成的经验和模式可供借鉴，相关的法律法规建设严重滞后，加之民办教育自身也处于初步的探索之中，因而各种不规范的操作及其他问题层出不穷。

为了鼓励和支持民办教育，加强宏观管理，促进其健康发展，使之走向依法治教、依法办学的轨道，我国政府及相关部委相继发布通知、规定等，规范民办教育的发展。1986 年初，中宣部、国家教委发布了《关于不得乱刊登办学招生广告的通知》，着重强调对民办教育招生工作的规范管理。1987 年 7 月，国家教委针对民办教育在恢复起步过程中管理和办学方面出现的问题，颁布了《关于社会力量办学的若干暂行规定》。其中明确了"社会力量"的定义，即具有法人资格的国家企业事业组织、民主党派、人民团体、集体经济组织、社会团体、学术团体，以及经国家批准的私人办学者。《暂行规定》要求各省、自治区、直辖市教育行政部门要进一步加强对社会力量办学的领导和管理，对本地区民办学校进行一次认真的清理，已达到肯定成绩，总结经验，理顺关系，促进社会力量办学健康发展的目的。据此，各省（自治区、直辖市）政府及其教育行政部门也制定了相应的行政规章和办法，采取必要措施，加强了对民办教育的领导和管理，撤销了一批不合格的民办学校。同年 12 月，国家教委和财政部发布了《社会力量办学财务管理暂行规定》，对民办学校的财务问题进行了相应的指导。1988 年 10 月，《关于社会力量办学几个问题的通知》针对当时社会力量办学过程中存在的较为严重的问题，如管理体制、跨省（直辖市）设立分校、学历文凭等做出了明确的规定。同月，国家教委发布了《社会力量办学教学管理暂行规定》，对民办学校教学的有关方面做出了规定性的要求。1991 年 3 月，国家教委发布了《不得擅自颁发毕业证书的通知》，重申未经国家教委批准的学校，一律不得擅自颁发高等教育毕业证书。

这一时期，民办教育的发展处于自发性阶段。对于民办教育面临的诸多问题，如招生、教学、学校管理、财务管理、教师聘任、收费、毕业生的出路、毕业证发放等，人们都在努力地探索和尝试，在此过程中出现的诸多违规现象不可避免，因为是教育的实践走在了理论的前头，这种教育实践缺乏具体的理论指导和法律法规的约束与规范。因此有学者称之为“民办教育的原罪”。由于长期在公有制下，特别是教育在国家大包大揽的制度下，很多地方领导及教育主管部门的领导思想没有及时转变，对民办教育不敢轻举妄动。在政策上、经济上、管理上重公办轻民办。从家长、教师、学生的角度看，进公办学校比进民办学校更有踏实感、安全感、信任感。加之公办学校具有先天的优势，国家的支撑，很多人往往对民办教育另眼相看。虽然国家对民办教育实行鼓励政策，但是教育主管部门却往往因为各方面的考虑，很难做到对民办学校与公办学校一视同仁。又由于民办教育原有的诸多缺陷，社会各界对民办教育存在的不规范现象争议颇多。面对问题和社会的偏见，民办教育还是初步成长起来。与强大的公办教育相比，它无法撼动公办教育在国家中的地位，更不能说形成挑战。但是，民办教育正因其新而给中国教育带来了一股活力。全新的办学理念、不同的教育定位、迥异的管理机制已经给人们一种与众不同的感受，它对教育体制的改革起到的积极示范和推动作用是不可替代的。总之，在这一时期，民办教育在政策的支持与社会的偏见中步履维艰地行进，不断开辟属于自己的道路。

（三）民办教育的快速发展时期（1992～1997 年）

从 1992 年春邓小平南方谈话后到 1997 年 9 月党的十五大召开前，是我国民办教育快速发展的时期。1992 年春，邓小平南方谈话澄清并解决了社会主义若干理论问题，强调“发展才是硬道理”，提倡“不争论，大胆地试，大胆地闯”的精神，打破了人们多年的思想枷锁，我国各项事业加快发展，民办教育也进入了快速发展的时期。据统计，1996 年各级各类民办学校（机构）拥有资产 1463 亿元（相当于前几年一年的国家财政性教育经费的总额），其中，创办者投入的资金约 120 亿元，学校办学积累的资金约 334 亿元，接受的捐赠约9亿元。1997年创办者投入资金达124亿元，接受捐赠6.4亿元，合计约130亿元。[①] 事实证明，民办教育在开发和利用社会资源方面，潜力巨大，作用显著。截至1997年底，全国各级各类民办教育机构发展到5万多所，在校生总计为1066万人，在职教职工52万人。[②]

1992年，国家教委颁布的《全国教育事业十年规划和“八五”计划要点》指出：“为满足社会日益增长的需求，要逐步建立以政府办学为主的社会各界共同办学的体制。”这种办学体制大体设想为：学前教育以社会各界办学为主，中小学教育以地方政府办学为主；职业技术教育和成人教育，除部分骨干学校由政府办学外，在当地政府统筹和支持下，城市主要由行业、企业、事业单位办学和各方面联合办学，农村由多方集资办学；高等教育以中央和省（自治区、直辖市）两级政府办学为主。随后，国内媒体极大地关注民办教育的发展。一方面，为民办教育营造发展的舆论环境；另一方面，大胆揭露民办教育发展中的不规范问题，为依法治理民办教育提供科学的决策依据。同时，一些教育理论工作者、实践工作者也非常重视民办教育，他们积极地进行调查研究，探讨民办教育的现状与问题，提出一些科学的发展思路。

与此同时，穷国办大教育的现实引起了人们的反思，政府包揽办学的局限性问题日益突出。为了解决这个矛盾，1993年2月颁布的《中国教育改革和发展纲要》指出：“改变政府包揽办学的格局，逐步建立以政府办学为主体、社会各界共同办学的体制。”首次提出：“国家对社会团体和公民个人依法办学，采取积极鼓励、大力支持、正确引导、加强管理的方针。”在这种新形势下，各级政府、教育行政部门和民办教育工作者，进一步解放思想，积极贯彻执行“积极鼓励、大力支持、正确引导、加强管理”的“十六字方针”，社会办学力量进一步加强。

1994年6月，改革开放后的第二次全国教育工作会议召开。李岚清副总理在会议总结报告中指出：民办教育是我国社会主义教育事业的组成部分，发展民办教育，是当前教育体制改革的重要内容。目前，民办教育正处于发展阶段，在办学和管理方面还存在着一些需要研究的问题，国务院正在研究

① 顾美玲. 中国民办教育探索［M］. 成都：四川教育出版社，1999：45.
② 顾美玲. 中国民办教育探索［M］. 成都：四川教育出版社，1999：47.

制定《民办学校条例》，各地要在鼓励和支持发展民办教育的同时，加强引导和管理，使其健康发展。11 月 1 日，国家教委发布《关于民办学校向社会筹集资金问题的通知》，要求各地区、各主管部门对那些以办学为名谋取高利者进行清理，妥善处理。1995 年 1 月，《中外合作办学暂行规定》颁布。

由于民办教育存在收费不规范、不透明，某些办学者在办学过程中使用各种不正当手段谋取利益，1995 年 3 月八届全国人大三次会议通过的《中华人民共和国教育法》第 25 条规定：国家鼓励企业事业组织、社会团体、其他社会组织及公民个人依法举办学校及其他教育机构。任何组织和个人不得以营利为目的举办学校及其他教育机构。可见，《教育法》明确规定民办学校不得以营利为目的，是有针对性的。因为有些社会资本投入办教育，看到的就是教育中的丰厚利润。如果教育真的以营利为目的，就真正很难确保教育的质量。《中国教育年鉴（1995）》中《民办教育的形成、发展与现状》一文对当时民办教育的状况进行了分析，指出了民办教育存在的问题，列举了各省市对民办教育加强管理的措施。1996 年 3 月，国家教育委员会发布《关于加强社会力量办学管理工作的通知》。《通知》提出：各级教育行政部门要提高认识，加强领导和管理；建立健全社会力量办学的审批制度；继续抓紧做好规范学校名称的工作；加强对招生广告（简章）的审核和监督；在近期开展一次对社会力量办学的全面检查。事实上，民办教育从一开始就存在各种问题，只不过处在起步阶段，国家一直实行支持和鼓励的政策，没有较多地去关注问题的存在。当越来越多的民办学校出现后，问题明显地凸现出来，就有进一步规范发展的必要了。

这一时期的民办高等教育处于稳步而缓慢发展的状态。由于改革开放的深入发展，人们的思想观念发生了很大的变化。同时经济发展和人民群众的生活水平不断提高，社会对人才的需求更加迫切，人们上大学的愿望就更加强烈。1992 年春，邓小平南方谈话进一步解放了人们的思想，鼓舞了社会各界投资高等教育的热情，事业单位和个人出资举办民办高等教育一度掀起了热潮，民办高等教育机构大量增加。为了确保民办高等教育的质量和加强学校管理，1993 年国家在部分省、直辖市、自治区开展了高等教育学历文凭考试试点工作。民办高校按所在省、直辖市、自治区教育行政部门规定的录取标准和招生计划（稍后大大放宽了入学条件和招生数的限制）招收学生，按照高等教育自学考试的相关专业教学计划组织教学，规定课程的 70% 由考试机构组织考试，30%的课程及实验课、实践教学环节由学校组织考试。毕业生考核合格，颁发省级高等教育自学考试委员会和主办院校盖章的毕业证书，国家承认其学历。这一举措，使得民办高校的办学标准有章可循，办学开始规范化。由于政策的导向作用，学校数量增加很快。至 1998 年，各类民办高等教育机构已经达到 1200 所，其中高等教育学历文凭考试学校 300 所，在校生 120.4 万人。①

这一时期，民办普通高校由于准入门槛较高，国家控制非常严格，发展速度非常缓慢。1993 年国家教委正式颁布了《民办高等学校设置暂行规定》，明确了民办普通高校的设置条件和程序，突破了民办高等教育无章可循的状态，为规范民办高校发展提供了依据和可能。当年 10 月国家教委受理民办普通高校办学申请，根据办学条件批准 4 所，另有 2 所第二年完善条件后审批。同时，国家对 1984 年以来各省、直辖市、自治区自行批准符合条件的民办普通高校实行备案制，使得部分民办普通高校的办学合法化。虽然获批数量很少，但对发展中的民办高校鼓舞很大。1997 年国务院颁发了《社会力量办学条例》，在明确“国家对社会力量办学实行积极鼓励、大力支持、正确引导、加强管理的方针”的同时，提出“国家严格控制社会力量举办高等教育机构”的条文，给社会举办民办普通高校的办学热情降温，以规范、引导民办学校健康发展。

（四）依法规范发展阶段（1997 年至今）

1997 年 7 月 31 日，国务院发布了《社会力量办学条例》。《条例》针对民办教育机构的设立、教学和行政管理、财产与财务管理、教育机构的变更解散、保障与扶持、法律责任等做出了明确的规定。《条例》指出：社会力量应当以举办实施职业教育、成人教育、高级中等教育和学前教育机构为重点。国家鼓励社会力量举办实施义务教育的教育机构作为国家实施义务教育的补充。国家严格控制社会力量举办高等教育机构。《条例》确定了民办教育的法律地位，是我国关于民办教育的第一个行政性法规。《条例》的颁布，标志着我国民办教育开始进入依法办学、依法管理、依法行政的新阶段。

---

① 教育部发展规划司. 2002 年中国民办教育绿皮书［M］，上海：上海教育出版社，2003：248.

《条例》发布后，各级教育行政部门着力抓了贯彻《条例》、完善法规和规范办学三个方面的工作。在贯彻《条例》方面，各地以召开会议或举办培训班、研修班等方式，讲明《条例》对政府管理部门、学校举办者及学校校长、教师职工规定的职责、权利和义务，以及各自的行为规范，要求务必认真学习、宣传，努力贯彻落实。在完善法规方面，针对各地制定的民办教育地方法规、行政规章和办法不够完善、力度不够的情况，认真组织力量进行修改，加以完善，并规划在几年内需要出台的新政策、新制度和新法规，经过努力逐步做到有法可依、违法必究。1998 年，浙江省人民政府下发《关于鼓励社会力量参与办学的若干规定》，在学校建设、征用土地和投资办学等方面确定了几项有力的政策，加大政策力度，创设良好的发展空间，不仅极大地推进了本地区民办教育的发展，成为浙江教育新的增长点，而且对全国各地民办教育完善法规，加大扶持力度，起到了良好的作用。

在规范办学方面，当民办教育有一定程度的发展之后，可能良莠不齐，问题很多，这个时候需要加大管理力度，依法规范办学。为贯彻《条例》第 18 条规定，国家对社会力量办学实行办学许可证制度。教育部和劳动部联合印发了《关于实行社会力量办学许可证制度有关问题的通知》，《通知》指出：办学许可证为教育机构办学的合法凭证。办学许可证自 1998 年 5 月 1 日起启用。许可证制度的实施体现了政府规范民办教育的基本工作思路，加强了对民办教育的监督和管理力度。各级教育行政部门、劳动行政部门要按照规定的职责完善教育机构的审批、备案制度，并要求发换证工作于 1998 年 6 月 30 日前完成。在贯彻执行《条例》的过程中，各地抓住有利时机，对民办学校和民办教育机构的办学行为依法进行规范，把社会力量办学纳入法治的轨道。

1998 年 6 月，教育部发布《关于义务教育阶段办学体制改革实验工作的若干意见》。《意见》肯定了各地“公办民助”、“民办公助”等不同形式的办学体制改革实验，同时指出了一些值得注意的倾向和问题，并提出了改进措施。对民办高等教育的政策，也由严格控制转向了鼓励与支持。1998 年 8 月颁布的《中华人民共和国高等教育法》第六条规定：“国家鼓励企业事业组织、社会团体及其他社会组织和公民等社会力量依法举办高等学校，参与和支持高等教育事业的改革和发展。”

国家对扰乱社会力量办学、加重其经济负担的各种所谓的“评优”、

"评奖"等活动加以关注，教育部发布了《关于严格控制社会力量办学评比活动的通知》，对此类行为进行了严格规范，有效地改善了社会力量办学事业的宏观环境。在《关于深化教育改革全面推进素质教育的决定》中指出：鼓励社会力量以各种方式举办高中阶段和高等职业教育，经国家教育行政部门批准，可以举办民办普通高校。

2001年10月，教育部在国家高级教育行政学院举办了"全国民办教育培训研讨班"，全国30个省（自治区、直辖市）教育行政部门分管民办教育的负责同志和地（市）级教育行政部门负责民办教育的同志，及部分民办学校校长参加了培训研讨班。10月19日，民政部与教育部联合印发了《教育类民办非企业单位登记办法（试行）》，其中明确规定：国务院教育行政部门对社会力量办学工作统筹规划，综合协调，宏观管理。县级以上各级教育行政部门根据省、自治区、直辖市人民政府规定的职责，负责有关社会力量办学工作。各省（自治区、直辖市）教育行政部门按照《登记办法》的要求，根据各地民办教育的实际情况，制定具体实施办法，开展民办学校（教育机构）的登记工作。

2002年6月24日，九届人大第28次会议在人民大会堂举行，《民办教育促进法（草案）》首次被提请常委会会议审议。在随后召开的九届全国人大第29次会议上，"民办学校举办者能否取得合理回报"成为人们关注和争论的焦点。12月28日，九届全国人大常委会第31次会议通过了《中华人民共和国民办教育促进法》，于2003年9月1日起施行，并废止了《社会力量办学条例》。《民办教育促进法》的通过是民办教育发展史上的一件大事，在这部法律中确定了"民办教育"和"民办学校"这两个概念，在我国所有法律中都是第一次使用这两个概念，包括在以前的国家级政府行政规章中也极少使用这两个概念，过去基本上是使用"社会力量办学"和"社会力量办学机构"概念。这两个概念的确立，一方面是统一了非政府办学的称谓，更重要的是确认了民办教育在我国社会主义教育事业中的地位，也反映了国家教育观的真正转变，即在国家法律层面上确认了我国社会主义教育事业包括"公办教育"和"民办教育"两个部分。在《民办教育促进法》第三条中，明确规定："民办教育事业属于公益性事业，是社会主义教育事业的组成部分。"十分明确地确立了民办教育的社会主义教育事业组成部分的地位和公益性事业的性质。作为《中华人民共和国教育法》的下位法和配套法律，《民办教育促进法》主要是根据民办教育的特点做出相应的规定，来调整有关法律中对民办教育没有规范和解决的问题。同时，还由于民办教育在我国教育体系中的比重偏小，需要采取积极政策和措施来推动它的发展，所以把重点放在促进民办教育的发展上。

《民办教育促进法》对我国民办教育发展的“十六字方针”做了适当调整，由“积极鼓励、大力支持、正确引导、加强管理”调整为“积极鼓励、大力支持、正确引导、依法管理”，“加强”变为“依法”，两个字的变化，充分反映出我国教育行政职能的转变和政府依法行政的进程，也体现了国家对各级教育行政部门管理民办教育工作的基本要求，有助于实现各地对民办教育发展政策的基本一致性，减少政府管理行为的随意性。《民办教育促进法》提出出资人可以从办学节余中取得合理回报，这是国家对民办学校出资人的一种鼓励、奖励措施。当然，按照规定，出资人要取得回报是有条件和有度的。

2003 年，我国民办教育发展步伐加快，更注重开拓创新，提高质量，办出特色，朝着规范化的方向发展。同年 3 月，国务院颁布了《中外合作办学条例》，其中规定：国家对中外合作办学实行扩大开放、规范办学、依法管理、促进发展的方针。国家鼓励引进外国优质教育资源的中外合作办学。国家鼓励在高等教育、职业技术教育领域开展中外合作办学，鼓励中国高等教育机构与外国知名的高等教育机构合作办学。此条例对中外合作办学的学校设立、组织与管理、教育教学、资产财务、变更与终止、法律责任等方面做出了明确的规定。此条例的颁布意味着我国教育事业在吸收国外社会资源方面迈出了一大步，有利于借鉴国外民办教育丰富的办学经验，促进我国民办教育的发展。

2004 年 3 月，国务院颁布《中华人民共和国民办教育促进法实施条例》。《条例》积极营造促进民办教育进一步发展的社会氛围，做到依法行政，把法律法规中关于扶持民办教育发展的规定落到实处，同时将有关规范管理的要求依法落实，结合各地实际制定配套制度。《民办教育促进法》及《民办教育促进法实施条例》的颁布实施，标志着我国民办教育的法律体系基本建立。

这一时期的民办高等教育发展较快。1999 年 6 月召开的第三次全国教育工作会议做出了加快发展高等教育，实施高校扩招的决策。配合高等教育的发展，为解决高等教育资源不足的问题，会议明确提出要“进一步解放思想、转变观念，积极鼓励和支持社会力量以多种形式办学，满足人民群众日益增长的教育需求，形成以政府办学为主体、公办学校与民办学校共同发展的格局。凡符合国家法律法规的办学形式，均可大胆实验。在发展民办教育方面迈出更大的步伐。鼓励社会力量以各种形式举办高中阶段和高等职业教育。经国家教育行政主管部门批准，可以举办民办普通高等学校”①。可以看出，第三次全国教育工作会议标志着国家在发展民办高等教育的指导思想上发生了根本性的转变，从“严格控制”到“鼓励举办”，在发展民办普通高等教育方面，有了明确的鼓励态度，预示着民办高等教育发展机遇的到来。

我国高等教育的扩招是在资源准备不足的情况下起步的，发展过程中急需体制外资源的有效补充，这就为民办高校的发展提供了机会和空间，从而成为民办高等教育快速发展的转折点。随后颁布的《民办教育促进法》和《民办教育促进法实施条例》，进一步确立了民办教育的法律地位，激发了社会投资民办高等教育的热情。国家下放了大专层次民办普通高校的审批权限，进一步简化了审批程序，政策优惠和监管进一步得到落实，民办高等教育开始规范化发展。

在这一时期，我国的民办教育仍然是社会争论的焦点，教育行政部门还在不断地探索对民办教育管理的政府角色定位，民办学校在办学中积极寻求自身发展壮大的道路。尽管社会舆论对民办教育褒贬不一，但自改革开放以来，在国家“积极鼓励、大力支持、正确引导、依法管理”的方针指导下，不少民办学校在各地政府的扶持下，通过办学者的努力，有了较好的发展。从整体上来看，民办教育已经从数量的扩张转向质量的提高，社会效益的提升受到重视，依法办学成为共识，学校短期利益让位于长远利益，内涵的发展成为学校提升自身社会地位的关键。

（五）民办学校的办学类型

从民办学校的办学主体看，有“公”亦有“民”。从地方政府（主要是地方教育部门）、公办学校（特别是公办重点学校和示范校）和国有企事业

① 中华人民共和国教育部．深化教学改革　全面推进素质教育［M］．北京：高等教育出版社，1999：7.

单位，到私营企业和个人，成分多种多样。在“公”与“民”之间，又存在多种“合资”或“合作”方式。因此，单就民办学校资产来源看，其形式（或种类）繁多。从办学主体看，民办学校有下列几种类型：

非政府民间机构或公民个人集资或投资举办的学校。按照《民办教育促进法》的规定，民办学校应由非政府机构和公民个人举办。这里的非政府机构是指立法、司法、行政系统（包括中共的党委系统）以外的组织机构。当然，在我国还有相当数量的非政府机构是直接或间接由财政拨付经费的，如民主党派、群众团体、事业单位等，国有企业税前列支的经费支出也包含财政经费的部分，这些机构如果用其与财政拨款相关的经费举办学校，不符合举办者资格；如果用非财政性经费（包括银行贷款、收取学费、社会捐赠等）举办学校，则应属于民办教育举办者范围。可见对于民办学校举办者资格的认定，在区别机构和个人身份的政府与非政府性质的同时，还需要界定其办学资金来源的财政性与非财政性。

非政府民间机构或公民个人集资举办的学校是我国民办教育的主体，多出现在经济特别是私营经济比较发达的地区，其办学者有私营企业组织、社会团体、公民个人或其他社会组织。学校在创办时，私营企业或个人投资的量不大，主要依靠向家长收取高额学费、赞助费、建校费或储备金等，或者通过向银行借贷，积累滚动发展。有的学校逐步壮大后，又吸纳民间资金。

“国有民办”的公办转制学校。转制学校最先出现于20世纪90年代初的上海，本意是通过将公办薄弱学校交由民间承办，引入市场机制，提高学校办学质量。此种做法在全国引起强烈反响，不少地方起而仿效。通常的做法是地方教育部门逐年减少给学校的拨款，直至三年后完全停止拨款，学校的教育事业费和日常运行费由承办者筹集，学校可向学生收费。按规定，学校原有资产及增值资产属国家所有，承办者享有民间办学的政策优惠和自主权。事实上，这类学校已成为民办中小学和幼儿园最重要的类型，且发展势头很猛。到1997年底，上海转制试点学校已达23所，约占上海市民办中小学总数的21%。这些学校在政校分开、自主管理方面进行了有益的尝试。北京十一学校率先于1995年5月进行了公立学校的转制试点，1996年初，北京25中又成为北京市全日制普通中学“国有民办”的试点学校。其特点是：国有学校享有民办政策，扩大办学自主权；改国家全额拨款为学校自筹资金；改就近招生为面向全市招生；学生入学要按教育成本交纳一定费用。

实行国有学校转制改革的关键在于实行“两权分离”，即在保持学校所有制性质不变的前提下，把学校的所有权和办学权分离，将政府或部门所办的学校交给个人或团体去办学和管理，参照民办学校的机制营运。这是一种“政府办教育、校长办学校”的模式。学校的所有权，包括教育固定资产归政府所有，学校的法人代表（即校长）对学校财产拥有教育、教学工作范围内的调配使用权，对人事安排、经费的筹集与使用、招生管理有自主权。学校成为独立的办学实体，政府只是宏观调控而已。这样既可减轻政府财政负担，又可调动学校办学积极性，从而走出一条不依赖政府拨款和国家包办的搞好公立学校的新路子。

转制学校的出发点在于：一是通过社会投入和市场机制来改造公办薄弱学校；二是在教育资源相对丰富的地区，将闲置的公办学校校舍、师资等，交给民间管理，提高资源利用效率；三是于新建小区内，通过这类学校来满足居民的教育需求。转制学校出现的一些问题应引起注意。如城市新建小区内的转制学校，多由房地产商投资建造，产权归教育局所有。其实房地产商在卖房时，已将建校成本打入房价，但业主子女入读这些学校时，还需交纳高于普通公办学校的学费。

公办学校在转制的过程中，会出现很多值得关注的问题。最为突出的是重点学校和质量较好的学校的转制，其目的是想运用市场机制来进一步提高学校的办学质量，但这类学校明显存在浓厚的公办学校背景。它有传统的办学优势，良好的社会声誉，加之收取可观的学费，即便国家不再给予教育事业费，依然有着占有资源的先天优势。这类学校不论在招生、教学质量、谋取资源方面都对其他民办学校造成很大的冲击。本来民办学校与转制学校相比，就有很多先天劣势，又不在同一起跑线上竞争，使得真正的民办学校办学艰难，危机四伏。其次，许多地方，公办学校转制三年后，需每年向政府上缴一定比例的办学结余，该比例有时竟高达70%。政府利用其中的一部分，改善其他公办学校的办学条件，剩余部分则为“财政分成”。一些研究将此种现象作为政府“增收节支”的典范。再次，一些地区将公办学校超量转制，使得义务教育阶段的学生无法就近入学；一些地区随意缩小好学校的招生区域，或将好学校转制。这样做，非但没有增加好学校的数量，而且使差学校变得更差。此外，转制学校的校长多由政府委任，与公办学校的区别似乎并不大。

联办学校。这类学校办学形式较多，有的是公办学校和企业联合举办的，有的是由地方教育部门和街道社区共同举办的。其中，公办学校和企业联合办的学校多为示范校和重点校，企业可以是民营的，也可以是国有的。这种联合办学，是由企业筹集一部分教育资金，公办学校负责学校的具体运营，两者共享办学盈余。由地方教育部门和街道社区共同举办的学校，街道每年拨出一定额度的财政经费资助学校，用于改善办学条件，提高教师待遇。同时，发动街道内企事业单位共同集资，出资单位可选派代表加入学校董事会，并可优先将子女送入学校。

公立学校设立的按民办机制运作的分校或二级学院。公办学校利用办学结余，并通过社会集资，举办民办学校，校产属公办学校所有。绝大多数为重点校或示范校，如重点高中兼并一所薄弱学校，将其出租举办初中，并收取租金。

近年来，我国高等教育出现了一种新的办学形式，即在一些国有高校中出现了一些民办机制的二级学院（简称二级学院)。这种新型的办学形式，具体表现为依附于母体校，但又具有不同于母体校的筹资体制、管理体制和运行机制等。二级学院的建设资金来源主要集中于母体高校、省和地方政府、社会力量（企业、个人等）和外资等四方面，形成四类所有制形式：一是以二级学院的母体高校为主，通过贷款或社会集资方式筹建。这些学校在建校过程中多数得到地方政府的支持，支持的方式一般包括土地无偿或低价出让、其他教育资源转让、资金直接投入、贷款贴息或政策许可等。这种二级学院多是国有民办，一般不具有独立法人资格。二是基本上由国内外个人或企业集团投资建设，这类学院多是股份合作制，多具有独立法人资格。三是由二级学院的母体高校与国外高校合作办学。四是由地方政府直接投资兴办。前两类占大多数，且数量相当，后两类所占比例很小。

在投资渠道明确的前提下，二级学院与母体高校的合作基本是：在教学过程和品牌宣传上依附母体校；二级学院通过收费维持日常的运营。二级学院的办学有以下几个特点：（1）二级学院的母体校多数是省属重点高校，少部分是教育部属高校。(2）在领导体制上，由母体校或政府投资的二级学院基本由母体校派出，社会投资的学校基本由董事会产生，也有少数二级学院由自己选举产生。(3）招生方面，多数二级学院的招生信息在招生专刊与母体学校单列，注明了是收费的二级学院，但往往在宣传上宣称其毕业资格与母体学校相同。在招生区域上，多数二级学院在本省招生，少数二级学院也招收外省学生。在收费上，发达地区高于中西部地区，同时学费还与专业的社会需求有关，专业越热，收费越高。(4) 在校舍和师资方面，多数二级学院有独立修建的校舍，少数与母体校公用部分校舍，极少数没有独立校舍。教师基本上由二级学院自主聘任，有专职教师队伍的二级学院很少。聘任的教师有来自于母体校的，也有向社会聘任的，两者比例各校有所不同，但一般情况是，基础课教师多向社会聘任，专业课教师多向母体校聘任。(5) 在教学管理和学生管理上，半数二级学院的教学计划和监督委托母体校，半数自我管理；半数二级学院的学生管理由母体校统管，半数自我管理。毕业证基本上是由母体校发放，而且多数希望与母体校学生发放一样的文凭（即不注明是××学院)，但后来教育部学生司下发文件，规定二级学院学生的毕业证必须注明是××大学××学院××专业毕业。(6) 在专业设置上，多数二级学院的专业数在一个以上。专业多集中在热门短线专业，如信息类、计算机类和办学成本较低的文科、财会专业等。也有一些学校根据自身的特点以及社会需要设置了一些特殊的专业，如针灸等。

二、民办教育问题分析

无论在中国或世界教育发展史上，公办学校和民办学校都呈现出十分复杂的形态。这里探讨的公办学校与民办学校，并非传统意义上的官学与私学，而是与现代社会两大资源配置机制——政府与市场机制有关的办学体制。现代市场机制是在 18 世纪末 19 世纪初随着产业革命逐步完善起来的。历史经验表明，运用单一的资源配置方式虽然可能在一定时期内取得较快的发展，但是很少不遇到发展的巨大障碍。我国自党的十一届三中全会后，开始从计划经济向市场经济转变，越来越重视合理运用国家机制和市场机制，不断探索符合国情的国家机制和市场机制相互协调配置资源的最佳点。随着政府和市场关于资源配置方式关系的显著变化，以往在较大程度上依赖于公共财政支持的教育体制也在发生深刻的变化。民办教育的恢复与发展就是一个较为显著的实例。

（一）关于“社会力量办学”和“民办教育”的内涵

国际上通常从办学主体和经费角度界定“私立学校”，即私立学校的办学主体为非政府，办学经费主要来自非政府渠道。国内提法多种多样，有人从历史的角度称“私学”，依从国际通用的提法，认为时下的“民办学校”就是“私立学校”。从法规看，有人认为应当与法规文件一致，称为“社会力量办学”，当然这是在《民办教育促进法》颁布之前的观点，因为《民办教育促进法》已将其称为“民办教育”和“民办学校”。从所有制性质看，有人认为“民办学校”与“私立学校”无论在内涵还是在外延方面都应有所区别，从国情出发，称“民办学校”最合适妥当。争论的焦点集中在“社会力量办学”和“民办教育”上，这两种提法虽已约定俗成，但含义多有变化。

我国从1957年开始意识到“国家包揽办学”不符合“穷国办大教育”的国情，积极鼓励和支持机关、团体、集体经济组织集资办学。20世纪80年代以来，更是大力提倡“社会力量办学”。“社会力量办学”原属“教育投资体系”问题，本质上为捐资助学，由此举办的学校也多为公办学校。后来为激发社会各界将更多资金用于教育，允许并鼓励社会力量投资举办民办学校。由此，“社会力量办学”逐步成为“民办学校”的同义语。属于“教育投资体系”的“社会力量办学”与属于“办学体制”的“社会力量办学”的主要区别在于：前者不计社会力量向什么性质的学校捐款，不计集资举办的是公立学校还是民办学校，这样，对各种“社会力量”也无区分的必要；后者则必须承认“社会力量”是办学主体，所举办的学校是具有独立法人资格的民办学校。由于涉及学校产权问题，又须对投资来源加以区别，看其中是否包含财政性教育经费，是否吸引国有教育资产，同时也因为作为一个独立的民主党派、社会团体或者企业，同一个人、几个人的区别甚大，因此对作为办学主体的“社会力量”也须加以区别。

“民办教育”在我国教育史上曾经有其特定的内涵。20世纪40年代到70年代，民办学校是同公立学校、私立学校并列的概念。其中，40年代后期指农民集资举办的学校（实属捐资助学）；50年代到70年代专指城乡集体经济组织举办的学校；80年代，民办学校成为同公办学校并列的概念，除真正“私立”的学校外，还包括国有企业事业组织，甚至政府机关、军队举办的“面向社会”的学校；90年代后期，它虽然仍为与公办学校并列的概念，但是不仅把国有企业事业组织、群众团体“面向社会”举办的学校基本排斥在外，甚至不计原先最有资格称为“民办学校”的村民自治组织举办的学校。可见，“民办教育”的内涵和外延几经变化，已经成为多义词。如今，将社会团体（工会、妇女联合会、共青团等）排除在“民办学校”的办学主体之外，又把村民自治组织举办的学校归为公办学校，“民办学校”中“民”的成分已经变得很少了。

（二）民办教育产权问题研究

《民办教育促进法》对民办学校产权的界定。为了解决因产权关系不明晰带来的民办学校办学中的问题，《民办教育促进法》对民办学校的产权做出明确的规定：“民办学校对举办者投入民办学校的资产、国有资产、受赠的财产以及办学积累，享有法人财产权。”（第35条）“民办学校存续期间，所有资产由民办学校依法管理和使用，任何组织和个人不得侵占。”（第36条）也就是说，政府投入的归政府，社会捐赠的属于学校。如果学校解散，这部分校产由教育行政部门用于教育公益事业。按照《民办教育促进法》第59条规定，“民办学校清偿上述债务后的剩余财产，按照有关法律、行政法规的规定处理”，举办者投入的部分在投资终止时可按法律收回本金；校产增值部分在扣除了举办者回报以外的部分应该归学校所有。

“法人财产权”概念的提出以及对民办学校资产的管理使用权的规定明确了以下几个重要原则：第一，法人财产权不同于个人财产权，产权认定应有所区别；民办学校的出资人只享有其投入资产的所有权，而不是法人全部资产的所有权；出资人的个人财产应当与学校的法人财产相分离，扣除合理回报以后增值的财产归社会所有；第二，作为公益性民办学校的资产属于非经营性资产，不同于企业的经营性资产，它只能用于办学的目的，而不能用于经营性活动，不得将学校财产转让、抵押；第三，在学校存续期间，出资者对资产的所有权是与管理、处置权相分离的，任何组织和个人，包括出资人不能随意撤回资产或改变资产用途，学校享有对全部校产的使用权和管理权。

《民办教育促进法》上述关于“法人财产权”和资产管理与使用的有关规定，体现了坚持民办学校的公益性与政策的灵活性相结合，个人利益与社会利益兼顾的原则，对于规范民办学校的资产归属、使用和管理提供了明确的法律依据，对于促进民办学校的健康发展具有重要意义。但是，现实的产权情况要比《民办教育促进法》中规定的复杂得多，现在出现的教育集团、股份制办学等新的模式，教育集团下的民办学校在经费投入上也并不独立，而是由集团划拨，还有的民办学校与举办者之间形成租赁关系，对于这些特点目前也都没有明确的规范。

民办教育组织产权界定的一般原则。现阶段我国民办教育总体上来讲主要有两种形式：捐资办学和投资办学。捐资办学形成的民办教育组织一般属于非营利性民办学校。社会力量投资举办的教育组织一般又包括准营利性民办学校和营利性民办教育机构。民办教育组织的资金来源及其性质不同，其产权界定也大不相同，因此在民办教育的政策法规上应区分非营利性民办学校、准营利性民办学校和营利性民办教育机构三种不同性质的民办教育组织，分别加以界定。

（1）非营利性民办学校的产权界定。改革开放以来，我国民办教育政策法规一直将民办教育组织统一界定为非营利性民办学校，并对这类民办学校的产权作了明确的界定，初步形成了我国非营利性质民办学校的产权制度。其核心内容为：①民办学校的财产应当与举办者的财产相分离。在民办学校存续期间，民办学校的财产归民办学校所有，民办学校的财产由学校管理、支配和使用，不得转让或用于担保，任何组织和个人不得侵占民办学校的财产。②民办学校的资产积累只能用于增加教育投入和改善办学条件，不得用于分配，不得用于校外投资。③民办学校解散时应依法进行财产清算，财产清算后的剩余财产，返还或者折价返还举办者的投入后，其余部分由审批机关统筹安排，用于发展社会力量办学事业。④民办学校取得办学许可证后，按照有关的法律、行政法规进行登记，方可开展教育教学活动。

从总体上来看，上述规定基本符合财团法人举办的非营利性学校的公益性。但从我国法人举办的民办学校的产权制度的实际运行情况看，仍存在一些问题需要进一步规范和完善：应明确规定财团法人举办非营利性民办学校属捐资办学。由于民间办学有捐资办学和投资办学两种形式，两者办学的性质是不同的，举办者与民办学校的关系也不相同。我国现行民办教育政策法规虽然将民办学校界定为非营利性学校，但并未明确规定社会力量举办非营利性学校的行为属捐资办学行为，这不利于明确非营利性民办学校的举办者与民办学校的关系，致使许多民办学校的举办者以投资办学的心态来看待非营利性民办学校，并对相关政策法规提出异议。

健全非营利性民办学校的学校法人制度。所谓法人是指具有民事权利能力和民事行为能力，依法独立享有民事权利和承担民事义务的组织。我国《民法通则》根据法人所从事的业务活动，将法人分为企业法人和非企业法人。非企业法人是主要从事非经营性活动，不以营利为目的的法人。依据《民法通则》和《教育法》的有关规定，民办学校应当是独立法人。根据《民办教育促进法》以及《民办非企业单位登记管理暂行条例》的有关规定，我国非营利性民办学校法人应当属于民办非企业法人，应按照《民办非企业单位登记管理暂行条例》的有关规定对非营利性民办学校的法人制度进一步加以规范。

由于非营利性民办学校是通过社会力量捐资举办的学校，学校是以财产的集合为基础而成立的法人，因此，非营利性民办学校法人在性质上类似于西方国家民法中的财团法人。西方法律按照法人成立的基础，一般将法人划分为社团法人和财团法人。社团法人是以人的集合为基础而成立的法人；财团法人是以财产的集合为基础而成立的法人，各种基金会、慈善组织等都是典型的财团法人。财团法人以捐助财产为成立的基础，设立人（可以是一人，也可以是数人）并非法人的成员，财团法人设立完毕、捐助财产转移给财团法人后，设立人即与法人脱离关系，法人按照设立人所确定的章程或者遗嘱独立运作。从法理上看，《民办非企业单位登记管理暂行条例》对民办非企业单位的法人制度的规定与国外财团法人制度的规定基本相同。例如，根据《民办非企业单位登记管理暂行条例》的有关规定，举办者一旦将财产投入民办非企业单位后，财产便转归法人所有，举办者不能分配利润，法人终止时无权获得剩余财产，也就是在财产上脱离关系。

完善非营利性民办学校法人内部治理机制，保证学校法人财产权的有效运行。虽然非营利性民办学校的财产归学校法人所有，学校法人对它所拥有的财产依法享有独立运用和支配的权利，但学校法人本身无法行使财产权利，必须通过一定的法人组织结构来行使，即通过董事会、监事会等相互分离又相互制衡的机构来行使。因此，学校法人组织的健全和完善对保证学校法人产权的有效运行有重要意义。在民办学校的组织机构方面，《民办教育促进法》第 19 条规定："民办学校应当设立学校理事会、董事会或者其他形式的决策机构。”第20条规定：“学校理事会或者董事会由举办者或者其代表、校长、教职工代表等人员组成。其中三分之一以上的理事或者董事应当具有五年以上教育教学经验。学校理事会或者董事会由五人以上组成，设理事长或者董事长一人。理事长、理事或者董事长、董事名单报审批机关备案。”第21条规定：“学校理事会或者董事会行使下列职权：聘任和解聘校长；修改学校章程和制定学校的规章制度；制定发展规划，批准年度工作计划；筹集办学经费，审核预算、决算；决定教职工的编制定额和工资标准；决定学校的分立、合并、终止；决定其他重大事项。”

在我国民办学校办学实践中，有许多民办学校的组织机构及其运作就如同私营企业一般，学校的决策、执行和监督集于举办者一身，无法保证民办学校的公益性。由于非营利性民办学校是以捐资为基础成立的，类似于财团法人，学校法人本身无法行使财产权利，必须通过一定的法人组织机构来行使，所以应规定非营利性民办学校必须成立董事会。

另外，还应建立起对董事会进行有效监督的机制。如成立监事会作为民办学校法人的监督机关，监察学校的财产状况和董事的工作状况；成立由民办学校校长、教师及其他经捐助行为聘任的人员组成的评议会作为咨询审议机构，有关民办学校法人的重要事务，应要求董事长事先征询评议会的意见，对于章程中未规定的重要事项，应交由评议会决定。

民办学校停办清算后，剩余财产的处理办法需要改进。《民办教育促进法》第59条规定：“对民办学校的财产按照下列顺序清偿：应退受教育者学费、杂费和其他费用；应发教职工的工资及应缴纳的社会保险费用；偿还其他债务。民办学校清偿上述债务后的剩余财产，按照有关法律、行政法规的规定处理。”这样的规定是较为模糊的，由此可能引发很多麻烦。

（2）准营利性民办学校和营利性教育机构的产权界定。从我国现阶段民办教育的实际运行模式来看，准营利性民办学校和营利性民办教育机构占绝大多数，这些民办教育组织与企业的边界较为模糊，因此，这两类民办教育组织应成为民办教育立法的重要方面。

准营利性民办学校是指由非营利性的社团法人，而不是财团法人以投资形式举办的民办学校。这种民办学校既具有公益性又具有产业性，它既面向社会提供公共产品性质的教育服务（如面向农村的低收费民办学校），又面向教育服务市场，以教育服务为中介，通过向市场提供教育服务来维持学校运转并获取投资收益。准营利性民办学校不同于一般营利性民办教育机构，它们的区别在于：准营利性民办学校财产的所有权既归举办学校的社团法人所有，又归学校法人所有，举办者只能在确保学校公益性的前提下适度分配学校盈余；营利性民办教育机构的财产只归投资举办者个人或企业所有，举办者可以获得机构财产经营的全部利润或盈余。

尽管我国现行教育政策法规中不允许营利性民办教育机构的存在，但在实际的办学中，具有营利色彩的民办学校的存在是一种很普遍的现象。对营利性民办教育组织，政府基本上按照管理企业的办法对其进行管理，这类教育组织照章纳税。应对营利性民办教育机构的产权界定做出如下规定：投资举办营利性民办教育机构的举办者拥有民办教育组织财产的所有权、使用权、收益权和处置权；举办者可以将民办教育财产的经营使用权通过委托—代理方式交给非财产拥有者行使，但举办者始终拥有教育机构财产的所有权和收益权，可以获得基于财产所有权的投资回报。

（三）“合理回报”问题

为体现重在促进的立法主旨，《民办教育促进法》规定了一些《社会力量办学条例》中没有的“扶持与奖励”民办学校的措施。《民办教育促进法》第51条规定：“民办学校在扣除办学成本、预留发展基金以及按照国家有关规定提取其他的必需的费用后，出资人可以从办学结余中取得合理回报。取得合理回报的具体办法由国务院规定。”这是与《社会力量办学条例》最大的不同点。“回报”问题是民办教育立法过程中最大的争议点。争议的焦点在于：允许民办学校出资者获得“回报”是否与《教育法》第25条第2款关于“任何组织和个人不得以营利为目的举办学校及其他教育机构”的规定，以及《民办教育促进法》关于民办教育属于公益性事业的规定相抵触；允许取得“回报”是否影响民办学校作为非企业或非营利事业机构的性质，其是否仍应享受对非企业或非营利机构的政策优惠。

在立法讨论和审议过程中，一种观点认为，《教育法》明确规定，“任何组织和个人不得以营利为目的举办学校及其他教育机构”，但《民办教育促进法》又规定民办学校举办者可以取得合理回报，实际上是肯定民办学校的营利性质，这与《教育法》有关规定相抵触。从国际上通行的做法看，一般将民办学校分为营利性和非营利性两种。非营利性民办学校可以在接受社会捐赠的同时享受税务上的优惠，但投资者不能取得任何现金回报。营利性民办学校不能接受社会捐赠，不享受税务上的优惠，但投资者可以取得回报。规定民办学校可以享受各种优惠，同时又规定其举办者可以取得合理回报，这是互相矛盾的。

从国外教育法律来看，都明确规定公立教育为社会公益性事业，按照对社会公益性机构的规定，不能举办与公益性目的不相符的活动，尤其是不能举办营利性教育活动，对财政预算拨款和法定社会收费项目，均实行严格监管并向公众公开。至于民间（或私人）办学，一般都要严格区分非营利性与营利性两大类。再从国际非营利性组织标准来看，非营利机构可分为自给自足、部分收费和无偿提供三类，而且允许营利性运作，但是，对于所得利润或者盈余，有三条基本的限定，也是判断是否成为非营利机构的通用标准：一是必须服务于组织的基本使命（或向社会的基本承诺）；二是用于扩大向社会所提供服务的数量和质量（滚动发展）；三是不能进入举办者、经营者和管理者的腰包（无人取得回报）。所以，对于允许有任何形式回报的机构，按国际通则是无法将其视为非营利机构的，在税收等优惠政策方面，不可能享有与非营利性机构同等的待遇。《民办教育促进法》有关允许“合理回报”的条款，在法律界引发的最大争议就在于此。

相比之下，我国也有与国际相似的法规。例如，从事非学历文化和技术培训的经营性民办机构是由工商行政管理部门注册监管的（包括依法纳税），《民办教育促进法》第66条规定：“在工商行政管理部门登记注册的经营性的民办培训机构的管理办法，由国务院另行规定。”这就为规范该类办学行为留出了立法空间。但是，我国尚未形成鼓励和扶持非营利性组织发展的产权和税收抵扣等法律政策体系，而且，目前我国民办教育的资金来源，除大部分来自学生缴纳的学杂费外，在举办者的投入当中，有相当大的部分来自商业性资本，这些投资的动力是出自对资本增值的经济利益的追求。

根据全国人大教科文卫委员会的调查，民办高校的私人或私法人投入中，仅有10%是出于非营利性的、公益性的目的，而90%是要营利与回报的。[①] 实际上，随着近年教育中出现的日益浓厚的“产业化”、“商业化”、“市场化”倾向，民办学校（中外合作办学，还包括一些公办学校）的营利

① 石慧霞．民办高校的投入机制和形成初探［J］．民办教育研究，2003（3）．

与回报问题早已成为公开的秘密。近几年，各地教育投资公司的大量出现，也从一个侧面反映出教育是有利可图的领域。商业性资本把教育行业看做利润丰厚、回报率高的“朝阳产业”或者“最后的原始股”，有人甚至认为，“教育是一个暴利行业”。而有些地方的税务部门将民办学校列为征税对象，很大程度上也是由于一些学校的营利行为。抽样调查民办学校的出资意图显示，10.8%是捐赠，23%是借贷，66.2%是投资，多半要求回报。有的地方政府已明确规定出资者可从办学结余中获得高达40%的“回报”，有些民办学校已经在短短几年内收回了前期投资；也有个别地区出现了校长卷款潜逃和收取入学高额储备金难以返还等案件，使当地社会对民办教育产生了一定程度的信用危机。此外，中外合作办学大都靠高收费运作，外方虽未投入资金，协议中却有结余分红的条款，澳大利亚和新加坡一些营利性公司来华办学还享有免税待遇。由于上述营利性办学行为缺乏合法性，只能在暗箱中操作，而且由于民办学校在法律上属于非企业机构，对于其获得的“回报”征税无明确的法律依据，也造成了国家税收的流失。

在《民办教育促进法》立法讨论和审议过程中的另一种观点认为，民办学校的办学结果可能会有盈余，但不能因此认为民办学校是属于营利性的。从我国的实际情况看，捐资办学的情况很少，大多数人是投资办学，投资必然希望得到回报。允许举办者从办学结余中得到一定的回报，有利于调动办学者的积极性，有利于吸引更多的社会资金来举办民办学校。况且，加入世贸组织后，我国已对外国教育机构在我国的“商业存在”做出承诺，即将出现的这类教育机构有相当部分是营利性的。因此，国内立法要考虑到今后可能出现的新情况，避免法理与法律的不协调。这种观点的基本出发点是，既然不用政府的钱，民办学校投资者承担着办学风险，获取合理回报是拥有财产的公民或法人理应享有的权利。

根据全国人大教科文委有关人士的解释，允许民办学校举办者获得合理回报，与作为上位法的《教育法》关于不得以营利为目的的办学的规定并不矛盾，其意图是在保证民办学校公益性的前提下，把允许民办学校举办者获得合理回报作为一种优惠政策，一种奖励措施，以吸引和鼓励社会对民办学校的资金投入。但合理回报是有条件的、有限制的，允许取得合理回报，并不意味着民办学校可以营利为目的办学。[1] 由此可见，关于合理回报的规定是针对我国具体国情的一种变通，是在回避了与“不以营利为目的”条款冲突的前提下，确认了“合理回报”的法律地位，以调动民间投资和出资办学者的积极性，这在各国教育法律中可能是唯一的，体现了中国特色。因此，《民办教育促进法》允许合理回报的规定，实际上是在“合理”的范围内，承认“回报”（有专家认为实际上就是营利）的合法性。《民办教育促进法》关于合理回报的规定，包括第51条关于“取得合理回报的具体办法由国务院规定”和第37条关于收费报批、备案和公示的条款。如果能使“营利”行为从不合法的暗箱操作变为正当的、有节制的“阳光下”的行为，则对民办教育的发展未尝不是一件好事。

三、民办中小学办学中存在的主要问题及其应对策略

（一）民办中小学在办学过程中存在的主要问题

虽然民办学校在数量和学生人数上增长的趋势是明显的，但在办学的过程中存在着许多严重的问题，影响到学校和社会的许多方面。

（1）对民办中小学地位的认识问题。民办中小学为受教育者提供了除公立教育之外的多元化的教育选择机会，同时也形成了教育领域中真正的竞争机制，使教育事业和教育服务能够在市场经济条件下与社会学习需求相适应。从举办教育方和受教育者两方面的权利角度看，这都是人的一种基本权利的实现。但是，由于受长期以来我国教育高度一体化体制的影响，民办教育并没有享受到与公立教育同等的地位，民办教育的独特价值并未引起社会的普遍重视。在一些地区，政府和社会并没有把民办教育作为教育事业的重要组成部分，也没有把民办教育的发展纳入社会经济发展的总体规划中，缺乏对民办教育的中长期统筹规划和积极引导。此外，社会上对民办学校的偏见、误解甚至歧视还大量存在，这些都在很大程度上限制了民办教育的

① 侯小娟. 中国民办教育立法问题［J］. 民办教育研究，2003（2）.

发展。

如何协调政府与民办学校之间的关系；如何明确民办学校的办学自主权（包括所有权、管理权等），使民办学校既能有效自主办学，又能使办学受到有效监督；如何探索多元办学主体和谐发展的道路，使中小学实现办学形式的多样化，并积极总结出股份制办学、集团办学、个人办学等办学形式的经验等，都成为民办教育发展中亟待解决的重要问题。

（2）相关政策和法律的完善问题。2002 年颁布的《民办教育促进法》虽然从法律上解决了民办教育在国家教育体系中的地位问题，但是人们在实践中逐渐发现了《民办教育促进法》及其实施细则还有一些不尽如人意的地方，还需要不断明确和完善。2004 年 3 月《中华人民共和国民办教育促进法实施条例》的出台，仍有许多令人困惑和失望之处。

首先，对产权关系并未进一步明确说明。产权关系一般是指财产所有权以及与财产所有权有关的经营权、使用权等。《民办教育促进法》第 35 条规定，民办学校对相关资产以及办学积累，享有法人财产权。但该法对民办学校的财产所有权并未做出明确的规定，也就是说，民办学校的办学结余财产的最终归属，法律并未做出明确的规定。如此，在司法实践中就难以对民办教育机构的产权做出准确的界定，宽一点可能民办学校的资金被抽走，严一点则一些正常的教育支出和市场运作行为都会被视为违法，在具体的操作和法律判断中伸缩性很大，给人为限制民办教育发展的行为留下很大的空间，这些问题都令民办学校的主办者心有余悸。

其次，《民办教育促进法》与企业、金融、保险等法律的关系还存在着一些不能协调的问题。《民办教育促进法》规定，国家鼓励金融机构运用信贷手段支持民办教育事业的发展，但目前根据《担保法》的相应规定，很难发挥金融机构对民办学校的信贷支持作用。

最后，《民办教育促进法》对捐资举办的民办学校和出资人都规定了可以享受税收优惠，但对于出资人要求取得合理回报的民办学校享受的税收优惠政策并没有做出具体的规定，而是期待由国务院财政部门、税务主管部门会同国务院有关行政部门另行制定。因此，出现了一些民办学校在学校性质确定方面的疑惑。

《民办教育促进法》和《民办教育促进法实施条例》相继颁布以来，民办学校的反响是多方面的，民办学校普遍感觉相关法律对民办学校的发展多元化模式限制较大、对民办学校的基本权益规定比较空泛、在民办和公办学校之间还留有较大的灰色空间。对民办学校来说，还有许多环境因素和限制条件具有不公正性，须做认真的调整和改变。民办学校和公办学校的同等法律地位问题，《民办教育促进法》虽然做了明确的规定，但是在实际操作中，政府与各相关部门和行业对此并没有相应的具体措施和制度保障，一些扶持性的政策由于没有配套措施也迟迟得不到落实。

（3）在民办中小学管理制度建设中存在的问题。对于民办教育这一类似老树新枝的“新生事物”来说，政府和民办学校自身教育管理制度建设的现状落后于和不适应于民办学校自身的发展。其主要表现为：制度资源明显不足，从中央到地方，在宏观管理体制和微观管理方式等方面，思路都未理顺，既缺乏统一的发展规划，也未出台配套性扶持政策；全国范围内仍然没有统一的民办教育管理机构，各地管理部门和机构设置也没有形成系统，管理权限没有明确界定，管理责任没有真正落实，在管理实施方面存在较大的随意性和人为因素；在各级教育主管部门中，涉及民办教育的部门一般都附属于相关教育管理部门，且人员极少，管理者对民办学校的实际了解也很有限，难以做到对民办学校发展提供及时有效的服务，许多急需解决的问题无法落实。

部分政府及其主管部门在民办教育管理中的缺位和越位现象比较严重，对民办教育的宏观指导、扶持和规范严重不足。一方面，在民办学校教育的管理中存在很多空白地带，一些地区还没有确定民办学校设置的标准、教师聘任规定、教学管理要求、督导评估办法和国有资产管理等方面的制度，难以有效规范和约束民办学校的办学行为。另一方面，政府参照公办学校的标准和模式，以强势方意志去直接干预民办学校的内部管理，未经调研就制定一些不符合民办学校实际的硬性规定，使民办学校无法按照自身的机制去运作，管理过于僵化和集中。

（4）民办学校自身存在的问题。不可否认，民办中小学自身整体素质的问题也是影响其持续健康发展的一个关键性因素。在现实中，还存在着一些民办中小学办学制度不健全、办学行为不规范等问题。在学校管理方面，由于民办中小学的办学资金由办学者筹措，追求经济效益是一般办学者最直接的目的之一，没有经济效益，办学行为难以为继。由于民办学校在办学过程中必须克服公办学校“大锅饭”分配制度和低效率工作作风带来的弊端，所以大多数学校制定了比较苛刻的管理条例，主要表现为：一定程度的重管制轻理解，主客体对立多于融洽，人治重于德治、法治，学生家长的主体地位高于教师的主体地位，一些学校人际关系紧张、不够和谐。

（5）教师问题也是民办中小学发展中不可忽视的问题。

第一，教师来源广泛，但稳定性差。主要来源是离退休教师、公办学校辞职教师、社会招聘人员、少量教育部门分配人员。从城市、县镇和农村的总体情况看，尽管公办学校辞职教师和离退休教师仍然是民办中小学的最主要来源，但新毕业学生加入民办中小学教师队伍的比例在不断提高，已经占到30%左右，这是一个值得关注的趋势。

第二，部分学校师资结构不合理，年龄老化问题突出。离退休教师较为稳定，而社会招聘的年轻教师流动性大，既有一定教学经验又富有朝气的中青年教师就职渠道宽泛，人才流失的可能性也比较大。与公办学校相比，民办学校教师流动有其特殊的原因。一方面，由于民办中小学体制较为灵活，决定了教师拥有最充分的自由选择权，教师的流动不会遭遇任何体制上的障碍；另一方面，由于民办中小学教师保障机制不完善，教师对今后生活的忧虑，容易使他们产生流动的想法，有的教师干脆重新向公办体制的学校回归。

关于民办中小学教师的年龄结构，据调查①，在城市的民办中小学校，60岁以上的教师的比例最大，约占58%，年龄老化的问题十分明显。在县镇和农村的民办中小学中，40岁以下教师的比例较大，都各占69%。与城市学校相比，县镇和农村民办中小学教师的年龄结构有明显优势。不论是城市、县镇还是农村，40~49岁年龄段的教师比例普遍偏低，中年教师的数量较少。由此看，民办中小学教师的年龄结构仍不尽如人意。

第三，雇佣性质的师资管理，导致部分教师缺乏责任心。民办中小学的教师编制主要有：公办编制，与公办学校教师享受同样的待遇，这部分编制的教师人数很少；挂靠编制，或挂靠在当地教育行政主管部门，或挂靠在学校主办单位（如企业、事业单位），或挂靠在教育行政部门下设的教师交流中心，或挂靠在当地的人才交流中心等；无编制，这类教师比例大，管理和

---

① 国家教育发展研究中心编著. 2001年中国教育绿皮书［M］，北京：教育科学出版社：127.

稳定有难度，流动性也较大。有的学校为了减少支出，聘请大量的兼职教师，与学校没有人事管理关系，相互之间没有权利与义务的约束，难以保证教学质量。

第四，教师压力过重，有法难依，导致积极性不高。一方面，办学者为了节约成本，加大教师劳动强度，延长工作时间或是增加基本工作量；另一方面，由于大多数民办中小学教师的人事关系没有被纳入国家的教师管理体系之中，因而，在职称评定、业务培训、社会活动、质量评价等方面没有与公办学校教师享受同等的权益，尤其在劳动福利和社会保障方面，待遇往往随学校经济状况而定，不如公办学校教师稳定，容易挫伤教师的积极性。

第五，缺乏就职后的继续教育培训，知识结构更新机会少，可持续发展条件不足。与公办学校相比，民办学校的优势在于办学的多元化、个性化和精品化，它可以满足不同类型群体的教育需求。但是这一特色在部分民办学校并未体现出来，许多民办学校仍然没有摆脱公办学校管理模式的影响，管理观念落后，缺乏办学特色，单纯依靠与公办学校比升学率来谋求发展，在品牌和特色建设上缺乏深刻的文化内涵。有的学校即便是有所谓的办学特色，实际上也缺少实际的内容。可见，民办学校虽然是新生事物，但在内部管理和发展思路等方面同样需要改革和创新，既要争取自身依法发展的权利，也要有自强意识和危机意识，更要有自身的“核心竞争力”。“以质量求生存，用特色谋发展，向管理要效益”是不少办学成功的民办学校的经验之谈，也是这些学校在争取公平竞争权利和发展空间的同时首先要做好的基础性工作。

（6）民办中小学教育的招生状况问题。民办中小学的招生录取方式，主要有以下几种：教育行政主管部门统一安排；考试录取；只要报名就录取。从调查问卷看①，在几种录取方式中，只要报名就录取的学校比重最大，城市、县镇、农村分别占33.7%，40.5%，40.5%。可见，在民办中小学数量增加的同时，民办学校与公办学校之间、民办学校与民办学校之间的生源竞争仍很激烈，生源紧张的状况依然存在。

生源质量是民办中小学办学成功与否的重要因素，而生源的数量与质量

---

① 国家教育发展研究中心编著．2001年中国教育绿皮书［M］，北京：教育科学出版社，2002：128.

常常是一对矛盾。对于开办初期的民办学校而言，为了追求学校的规模效益，往往只重数量，不顾质量，许多学校是只要报名就录取，来者不拒，导致了民办中小学生源质量较差。民办中小学的在读学生中，聚集了许多家长期望值较高，而自身学习基础较差，难以进入公办重点学校的学生。生源质量的差异，决定了民办学校与公办学校在教育教学质量的竞争中明显处于劣势。

（二）民办中小学走出困境的对策

民办教育的发展需要社会的理解和政府的支持，当民办教育在办学过程中遇到困难与问题时，更需要社会各方的共同努力。国情要求国家改变由政府包办所有学校的办学体制，以适应社会对教育的多类型、多层次和多元化的要求。要使民办学校健康发展，这其中既有政府的责任、社会的责任，也有民办学校自己的责任。面对困难，提出以下建议，以期对民办学校的发展有所裨益。

提高对民办学校重要性的认识，是政府及其主管部门的首要任务之一。改革开放后，我国发展民办教育已有三十年的历史，在这一时期中，国家对民办教育的政策是支持和鼓励的。国家认识到教育全部由政府包办，既无财力，也不可能全部办好。于是，把一部分发展教育的机会交由民间，这是符合国情的务实之举。但事实证明，民办教育在发展的过程中，一波三折，跌宕起伏，原因固然很多，但与社会密切相关。民办教育事业的健康发展离不开社会各方面的共同努力，首先是全社会认识到民办教育在国家社会发展中的重要作用，它不应当是多余的，而应当是公立教育的重要补充，它与公立学校的关系是平等的、共同发展的，而不应当是公立学校的对立面。

社会和政府应当采取坚决措施，营造公私立学校教育共同和谐发展的良好环境，并提供多方面的服务。各级政府应当加强对民办学校的管理，将民办教育纳入教育事业发展规划、纳入经济和社会发展的整体规划，根据本地经济状况确定公办、民办学校的比例，促进民办教育的发展。政府应继续修改完善有关民办教育的政策法律，使法律能够更好地规范民办学校的办学行为。《民办教育促进法实施条例》中还有不少模糊和引起争议的地方，其操作性有待在实践中进一步检验。例如关于“合理回报”的规定，合理回报的比例、办学人的回报、允许有多少结余、投资人和办学人之间如何分配等问题依然不明确，这令不少民办学校深感困惑。同时，地方政府还可以会同地方人大和政协，在《宪法》、《教育法》和《民办教育促进法》等法律规定的框架内，推动地方教育立法，为本地民办学校教育的发展提供更为良好的发展空间。

完善规章制度，加强管理工作。《民办教育促进法》及其实施细则是现实中推进社会力量办学及对民办学校实行管理的法律依据，必须严格执行。在此基础上，进一步完善规章制度，特别是建立健全教育督导和等级评估制度，通过检查评估促进社会办学的规范化、法制化和管理的科学化。政府职能部门要严把教育机构的审批关，严肃查处违规行为。

此外，还应在宏观、中观和微观等层面帮助民办学校理顺关系，帮助其在依法办学的基础上拓展发展空间。对义务教育阶段的公办优秀学校不再进行改制，对已改制的学校要尽快完成体制改革，明晰产权和学校的性质，规范收费，真正按民营机制运营，限期实现“三独立”，以保证公办和民办学校的发展不再受到“灰色部分”的不良干扰和影响。

加强民办学校自身建设。世界各国的私立学校有个共同的特点，就是一向以特色为生命，以质量为第一。世界各国的公立教育由于受自身性质的制约，往往共同性色彩比较强，而特色不突出，这与21世纪知识经济时代强调培养具有个性化人才的趋势很不适应。相比较而言，私立学校由于拥有更大的自主权，因此更易于办出特色。当然，是否真正能够形成特色，还要看办学者的观念及其教育行为。未来的教育竞争，必将是特色的竞争和质量的竞争。

民办学校要更好地立足于社会，获得较快的发展，理应建立一个高素质的决策组织，建立一支高素质的并且能够适应新形势的管理队伍和教师队伍。要能够依据教育教学发展的趋势，及时调整学校的制度与发展思路，在竞争中不断成熟和完善。在发挥人才优势、完善用人机制方面，民办学校应该珍惜自己的优势。充分发挥自身的用人自主权，从实际出发，不拘一格用人才。不仅以优厚的待遇吸引人才，还应为师生创造良好的工作环境和生活学习环境。不仅为教师解决生活的后顾之忧，还应为教师取得优异的成绩提供现代化的教学设施和及时的培训。当然，有些问题还需社会各方面的努力，例如为教师解决后顾之忧，就需要政府各部门的配合与支持，使他们与公办教师一样享有社会保险、医疗保险等待遇。

要真正意识到“力创办学特色，以质量取胜”的重要性。民办学校应当确立办学特色，而不是效法和追随所谓的“公办名校”。要利用自身优势、特色和信誉来吸引学生，使教育消费者真正受益，以满足人们不同的和高质量的学习需求。

第七章
高等教育的改革与发展

20 世纪 90 年代，我国高等学校的改革与发展进入了一个新的阶段，并表现出新的特征。从总体来看，除了继续调整和改革学校的内部治理结构外，高校合并与扩招是 90 年代我国高校改革与快速发展的两大主要特征。

一、高等学校的调整与发展

我国在 20 世纪 90 年代实行的高等教育管理体制改革，与随着市场经济改革大潮产生的迅速的社会变革息息相关。高等教育管理体制改革以“共建、调整、合作、合并”为行动指针，以调整、合并为实质内容。1992 年至 2001 年间，共有 597 所高校合并组建为 267 所高校，净减 330 所。

（一）高等学校的合并与调整

高校合并办学有其必然性，表现在：

（1）高校合并的国际潮流。高校合并与规模的不断扩大，是现代高校发展的普遍现象。西方国家的高等学校在 20 世纪 80 年代左右甚至更早就完成了扩大规模进行重组的变革。第二次世界大战以后，在新的政治、经济、人口形势下，西方发达国家的高等教育已经越来越不适应经济社会发展的需要，高等教育民主化、大众化的浪潮此起彼伏。20 世纪 60 年代，美国、日本通过发展“巨型大学”来缓解国内经济发展带来的对高级科技人才的需求；60 年代末，联邦德国提出了以合并和联合为核心的高等教育一体化改革方案，组建了一批区别于“洪堡大学”的新型综合性高等学校。

（2）我国高校合并的社会背景。1992 年 5 月，6 所省属院校合并成立扬州大学，揭开了我国高校合并的序幕。1993 年，江西大学与江西工业大学合并组建南昌大学。此后，四川大学与成都科技大学合并组成新的四川大学，浙江大学、杭州大学、浙江农业大学、浙江医科大学合并组建新浙江大学，清华大学与中央工艺美术学院合并组建新清华大学，北京大学与北京医科大学合并组建新北京大学，复旦大学与上海医科大学合并组建新复旦大学，武汉大学与武汉水利电力大学、武汉测绘科技大学、湖北医科大学合并组建新武汉大学，吉林大学与吉林工业大学、白求恩医科大学、长春科技大学、长春邮电学院合并组建新吉林大学……在短短的几年内，我国高校的合并大潮成为那一时期高校发展的主旋律。

截至 2000 年 10 月 31 日，国家教育部宣布高等教育管理体制改革取得突破性全面进展，布局结构调整基本完成，全国有 556 所高校（其中普通高校 387 所，成人高校 169 所）经合并调整为 232 所（其中普通高校 212 所，成人高校 20 所），净减 324 所；全国普通高校数量从 1994 年最多时的 1080 所减少到 1018 所，成人高校从 1990 年最多时的 1321 所减少到 811 所。2001 年以后，局部性的高校合并仍在继续之中，据统计，有 150 多所高校经合并调整为 72 所。

反观我国 90 年代的高校合并，有其深刻的社会背景。

第一，我国原有高校结构、布局方面存在的弊端。受计划经济体制的影响，我国的高等学校在结构、布局方面，条块分割现象明显，各部门、各地区为适应本部门或地区需要而设立自成体系的高校及专业，学校和专业重复设置、小而全，形成自我封闭的高校布局和结构，致使院校、专业重复设置，相互交叉、封闭。由此造成教育资源的极大浪费，不利于提高有限教育经费的投资效益；不利于科研与教学合作，不利于科技进步。改革开放以来，一些单科性院校设置较多，且多采用外延扩张、增加弱势学科等方式大规模扩张，造成新一轮大量专业低水平的重复设置、重复建设，使原本有限的教育资源更分散，无法优化布局结构、充分利用教学资源。分散和封闭的教育格局亦使我国缺乏世界一流大学参与国际交流、合作与竞争，不利于吸收外来资源，不利于中国科技发展、进步。原体制已不能适应市场经济的发展需要，高校联合办学或许是使高等教育走出困境的一种有益探索。

第二，社会主义市场经济体制对高等教育发展提出的客观要求。进入90年代，随着我国社会主义市场经济体制的确立，市场经济对高等教育的发展提出了新的更高的要求。于是，高等教育改革被历史性地提到了我国教育改革的议事日程上。在改革高教结构方面，教育专家提出一体化改革模式，即把各类型高教机构合并或联合在一起。综合性高等学校组建多为如下形式：各类高校完全组合在一起，形成一种新型机构，参加联合成员可为综合大学、师范学院、高等专科学校或其他学术性院校。合并的核心目标是为了提高教学质量和办学效益，发挥学科互补优势和规模效益。大学合并后有利于文、理、工、医交叉、渗透和结合，有利于培养复合型人才，有利于新型学科、边缘学科的产生和发展，专业强弱互补。不同学科类型的学校合并，由于不同教育思想的碰撞、不同教育观念的交融、不同思维方式的影响，将打破人才培养旧模式，带来前所未有的机遇。

在市场经济体制下，高等学校的活动或多或少要与劳动力市场、知识市场建立关系，并受到市场活动的直接调节，面对市场竞争的压力。高等学校首先要成为一个相对独立的经营实体，生产特殊的“产品”——人才和知识，然后才能开展公平竞争，形成自己的特色。在市场竞争的压力下，高校将面临生存问题，而一些大的高等院校也会积极地谋求自身的发展，形成持久的竞争优势，高校的合并为这些学校发展战略的实现提供了有利的途径。

第三，政治体制改革的相应调整。为了适应我国社会主义市场经济的需要，改革原有政治体制中机构臃肿、人浮于事等弊端，日益成为我国改革开放的迫切需要。1998年我国撤销了电力工业部、煤炭工业部、冶金工业部等15个部委。这样，这些部委所属的高校应何去何从就不仅是高校自身考虑的问题，也是国家行政改革要考虑的问题。即使是保留下来的部委也要转变职能、政企分开。这样它们对高校的管理方式也必然要从直接调控转为间接调控。除了教育部保留部分直属高校外，其他部委直属的高校都下放到属地管理，或与属地共建。在这种情况下，把部委直属高校与地方结构雷同、专业相近的高校合并，就成为一种自然的选择。

第四，现代科学技术发展对高等教育的挑战。知识经济时代，科学技术的高度综合和高度分化，促进了许多新兴学科、交叉学科兴起。学科体系的分化与综合也深刻影响着高等学校专业的设置和科学研究，从而进一步制约着专业化学校的生存和发展能力。高校要能适应科学技术的迅猛发展，提高学术水平和人才培养质量，需要理工科和人文、社会科学的共同支撑。合并是高校迅速进入其他学科领域，实现综合学科研究、复合型人才培养的重要途径之一。

高校合并的类型。刘继荣将20世纪90年代我国高校的合并类型作了如下区分：

第一种：按管理体制变动情况分五类：同一主管部门的学校间的合并，学校合并后不引发管理体制变动，如南昌大学等；中央部委所属院校划转地方后与地方院校合并，归地方管理，如湛江海洋大学；不同主管部门的院校合并后划归一个部门管理，如天津对外贸易学院并入南开大学；中央部委所属院校和地方院校合并后由省、部共建共管，如太原理工大学；一所中央部委所属院校划转地方后与地方院校及另一所中央部委所属院校合并，合并后由省、部共建共管，如同济大学。

第二种：按合并学校的学科类型可分两类：科类相同院校的合并，如师范类院校之间的合并或经贸类院校之间的合并等；科类不同院校的合并，如扬州大学、延边大学。前者称同类型合并（少数），后者称互补型合并（多数）。

第三种：按合并学校办学层次分三类：同是本科院校间的相互合并；本专科院校间的相互合并；专科院校间的相互合并。本科院校间的合并占绝大多数，专科院校间的合并和本科与专科院校间的合并占少数。

第四种：按合并学校的办学类型分为三类：普通高校间的相互合并；成人高校并入普通高校；分校、办学点参与合并，如天津市将三所分校并入天津理工学院。

第五种：按参与合并高校的办学综合实力分为三类：强—强合并型；强—弱合并型；弱—弱合并型。

我国高校合并重组的历程。进入20世纪90年代以后，我国高校合并重组，其实是我国高等教育体制改革的有机组成部分，是以“共建、调整、合并、合作”为指导方针，以合并为终极方式而进行的。整个改革过程可以分为三个阶段：

（1）酝酿阶段（1985～1992 年）。1985 年以后，随着我国各项改革事业的相继展开，高等教育管理体制改革日益引起人们的关注，继科技体制改革之后，在《中共中央关于教育体制改革的决定》中首先提出了高等教育体制改革的命题。随后，一些零星的、具有导向性质的改革试验开始进行，但没有取得实质性的进展。直到进入 90 年代以后，高等教育大规模改革才进入了实施阶段。

（2）探索阶段（1992～1997 年）。进入 90 年代后，社会主义市场经济体制的确立，世界范围内风起云涌的科学技术革命，给中国高等教育带来了巨大的挑战。为了适应新形势的需求，从 1992 年开始，我国对特殊历史条件下形成的适应计划经济体制需求的高等教育管理体制及其运行体制、思想观念和人才培养模式开始大刀阔斧地改革。

1992 年全国高等教育工作会议以后，《中国教育改革和发展纲要》的发表，标志着我国高等教育管理体制改革的正式开始。

——1992 年，国家教委首先打破高校单一的隶属关系，从加强地方对高等教育的统筹入手，积极促成了广东省人民政府与国家教委共建中山大学和华南理工大学。

——1992 年 5 月，江苏农学院、扬州师范学院、扬州工学院、扬州医学院、江苏水利工程专科学校、江苏商业专科学校等 6 所院校以及国家税务总局扬州培训中心合并组成新的扬州大学。合并组建前的这 7 家单位，分别由江苏省教委、省水利厅、省商业厅、国家税务总局等 4 个主管部门管辖。由此扬州大学覆盖了一个很宽的学科范围，成为当时最具综合性的大学。

——1993 年初，江西省委、省政府审时度势，做出了将江西大学和江西工业大学两所省属重点大学合并组建南昌大学的重大决策，明确提出要举"全省之力"把南昌大学建成全国重点大学，改变江西省长期没有一所全国重点大学，没有博士点，研究生教育薄弱的局面。这一决策得到了国家教委的积极支持，于 1993 年 3 月 1 日批准成立南昌大学，并于 1993 年 5 月 4 日正式挂牌成立。新合并组建的南昌大学当年就被国务院学位办批准为博士学位授予点，结束了江西没有博士学位授予权的历史。

——1993 年，国家教委确定了广东省、上海市、机械工业部为高教管理体制改革的试点单位。

——1994 年 4 月，四川大学和成都科技大学在全国率先“强强合并”为四川联合大学，然而这场合并却备受折磨。由于并校改革起步较早，缺乏经验，在前期的操作过程中过多地考虑了各方的格局、利益和情绪，没有一步到位实现实质性的合并。

——1995 年，国家教委组织专家对前几年批准实行合并的学校进行了抽查，认为一部分高校实行合并后工作平稳，进展较快，学校面貌有较大的变化，但也有相当一部分学校实行合并后关系不顺，困难较多，甚至处于联而不合状态，预期效果未能体现出来。随后，国家教委起草了《全国高等学校布局结构调整研究报告》，对全国高等学校布局结构调整工作提出了指导性意见。在此基础上，进一步引导各省、自治区、直辖市和国务院各部委对所属高校和省区内（包括中央部委）高等学校的设置情况进行调查分析，提出省区内高校布局结构调整方案。

——1996 年 8 月，经国务院同意，国家教委在北戴河召开了高教管理体制改革工作座谈会，会议交流了上海会议后高教管理体制改革的新情况和新经验，研究了改革过程中存在的困难和问题，讨论了进一步推动高教管理体制改革扎实深入开展的相应措施。会议强调，合并的学校要真正进行实质性的合并，“独联体式”合并不可取；要积极推动改革，但又不搞“一哄而起”、“一刀切”；还要注意避免层次相差很多的学校以及距离相隔很远的学校进行合并。

（3）全面推进阶段（1998 ~ 2000 年）。

——1997 年党的十五大召开。根据党的十五大精神，中央国家机关的机构改革迈出了实质性步伐，一批工业部门被撤并，被撤并部委所属高校归属问题，很现实地提上日程。

——1998 年 1 月，在扬州召开高教管理体制改革经验交流会，国务院副总理李岚清提出“共建、调整、合作、合并”的八字方针，部署了加大改革力度、加快改革步伐、全面推进改革的任务。

——1998 年 7 月，国务院办公厅召开撤并部门所属学校管理体制调整工作会议，明确以撤并部委所属 91 所普通高校、72 所成人高校管理体制调整为契机，用两三年时间，有计划地分期分批地解决部委所属高校管理体制问题。此后，高校合并开始提速并全面展开。

——1998 年 5 月，江泽民总书记在北京大学百年校庆大会上提出，我国

21 世纪要建设若干所世界一流大学。在这一思想的指导下，高校合并出现了“强强合并”的特点。

1998 年 9 月，同根同源的原浙江大学、杭州大学、浙江医科大学、浙江农业大学合并组建新的浙江大学。中国教育界的第一艘巨型“航空母舰”开始浮出水面，标志着我国层次高、规模大、学科齐全的真正综合性大学的诞生。

——1999 年底，清华大学与中央工艺美术学院合并组建新的清华大学。

——2000 年 4 月 3 日，北京大学和北京医科大学合并组建新的北京大学。

——2000 年 4 月 17 日，西安交通大学与西安医科大学、陕西财经学院合并组建新的西安交通大学。

——2000 年 5 月 26 日，华中理工大学、同济医科大学、武汉城市建设学院、武汉科技职工大学四校合并组建华中科技大学。

——2000 年 6 月 5 日，上海复旦大学与上海医科大学合并组建新的复旦大学。

——2000 年 6 月 12 日，吉林大学、吉林工业大学、白求恩医科大学、长春科技大学和长春邮电学院合并组建新的吉林大学，其规模超过了先前合并的浙江大学而成为全国最大的大学。

——2000 年 8 月 2 日，原武汉大学、武汉水利电力大学、武汉测绘科技大学、湖北医科大学四校合并组建新的武汉大学。武汉大学的合并完成标志着国务院提出的 2000 年改革任务的完成。

2000 年 10 月 31 日，教育部在部分高校合并工作座谈会上宣布：通过合并调整，中国高校八年净减 324 所，高教管理体制改革取得了突破性的全面进展，高校合并工作取得了阶段性成果；国务院部门（单位）所属院校管理体制和布局结构调整基本完成，我国原有高校管理体制已发生了历史性的深刻变化，那种在特定历史条件下形成并长期存在的与计划经济体制相适应的部门办学体制基本结束；通过改革基本形成了中央和省两级管理、以省级政府管理为主的新体制；1992 年以来，全国共有 31 个省（自治区、直辖市）60 多个国务院部门（单位）参与了改革，涉及高校 900 余所。高教管理体制和布局结构调整基本完成之后，在 2001 年、2002 年仍有 150 多所高校继续完成了合并。

对高校合并与调整的认识。

（1）对20世纪90年代我国高等教育管理体制改革的目的和意义的认识。纪宝成先生认为，90年代我国高等教育管理体制改革的目的和意义可归纳为四个方面：与社会主义市场经济体制相适应；迎接新的科学技术革命和经济竞争的挑战；提升我国教育的现代化、国际化水平；提高教育质量和办学效益。

（2）高校合并的直接动因来自于管理体制的变革。长期以来，我国的高校结构和布局呈现出条块分割的局面，现代化建设最需要的优势高校、名牌大学没有很好地建立起来，而一般性的、规模很小的学校甚至于不太需要的学校却一个接一个地成立起来。这显然不能满足社会主义现代化建设和市场经济发展的需要。因此高教管理体制改革的取向是尽快结束我国特定历史条件下形成并长期存在的、与计划经济体制相适应的部门办学体制，加强省级政府对于高等教育的统筹决策权，与国际上高等教育地方化的发展趋势相一致，有重点、讲效益地发展我国的高等教育。因此，必须合并集中多所高校的优势，创建综合性大学，形成优势和名牌效应，才能更好地充分发挥高校在现代化建设中的应有作用。

（3）对高校合并改革的目标与功能的认识。对于新一轮高校合并改革的目标，多数研究者的观点是基本一致的。他们都认为高校合并举措对于构建我国21世纪高等教育新框架意义重大、影响深远，高教管理体制的改革客观上要求与高等教育布局结构调整相结合。然而，对高校合并的功能是有不同看法的。最主要的观点是认为高校的规模与效益、质量之间不能画等号。并校有利于资源共享，提高资源的使用效率，但并校并不能直接降低生均成本并带来规模效益，更不能直接带来质量效益（张彤，2001）；高校合并仅为提高办学规模效益和教育质量提供了必要条件，但非充分条件（封超年，1999）；学校合并不等于学科融合，关键要找出学科之间的“融合点”（庞青山、曾岭，1999）。

（4）对政府干预行为的认识。在高校合并过程中，政府的意志和行为起了主导作用。一些研究者论述了政府干预行为的必要性。霍沛军（1999）认为，政府干预的理由主要是，合并涉及高教宏观布局和结构的调整，处于体制转轨的特殊时期，不可能通过充分竞争和市场选择的途径来实现，政府起着不可替代的特殊作用；高校习惯于找政府主管部门解决问题，在这种情况下，希望学校主动地独立自主地处理好合并这类重大问题是不现实的；合并必定使一些人利益受损，许多人特别是一些校领导出于自身利益考虑不愿意寻求合并，虽然有些师生员工没有利益方面的顾虑，但由于对学校积累了深厚的感情，也不会推动合并。崔东方（1999）认为，高校合并中的政府行为在当前是必不可少的，只有政府的行政干预才能打破条块分割，当然，政府行为也产生了一些负面影响。还有研究者认为，中国高校的举办者是政府，高校合并的动力理所当然主要来自于政府而非高校自身（秦红、王欣，1999）。更有研究者认为，高等教育不是商品，高等教育的发展及其资源的配置不可能是市场行为（金中，1998）。车海云（2001）认为，政府部门对高校合并过强的行政干预，使高校师生产生了逆反心理。他认为，主要的问题是政府行为在合并中定位不清。

（5）对合并程度的认识。研究者比较一致的看法是，实质性合并是学校合并成功的唯一途径，实质性合并是收效最大、成本最低的管理体制改革措施。早期“独联体式”的合并虽考虑减少震荡，但因为过分迁就合并各校、各小集团利益，极容易在原建制基础上形成不同的利益集团，导致学校内部长期内耗，给学校的发展带来隐患。许许多多研究文章指出了合并过程中的种种不协调现象。例如，对于合并不能达成共识，各方从自身利益角度考虑问题，没有理想的合并氛围；合并后新的同事关系不容易在短时间融洽，难以形成合力；教职工各方利益不能很快调整好，不利于调动积极性；干部任用不当容易造成不稳定因素；合并后隶属关系发生改变，个别学校经费得不到保障等等。

（6）对高校合并风险的认识。高校合并具有一定的风险性。刘在洲（1998）认为，我国高校众多、情况各异，加之高校社会功能的多样性、组织的复杂性，决定了通过促进高校合并来解决高等教育存在的问题，不一定完全适合和奏效，合并不是灵丹妙药，有可能在少数地方有效，而在大部分地方不一定适用，实现高校合并预期目标客观上受许多因素制约。针对种种合并过程中产生的问题和矛盾，许多研究者分析了合并后高校资源整合中存在的障碍因素，主要为：教育组织变革的钳制性、人事协调的复杂性、原物质资源归属关系的固有性和学科融合的艰巨性（封超年，1999）。睦依凡（1998）指出，合并要取得成功存在三方面的困难：一是办学思想融合的困难；二是人事融合的困难；三是管理融合的困难。正因为合并过程中诸要素融合极为复杂和困难，合并的实际功能往往与预期目标并不吻合，合并功能是有限的。徐少亚（2001）将合并后整合管理界面分列为：办学思想的整合、大学文化的整合、学科专业的整合、组织制度的整合。庞青山等人（1999）进一步指出，学科融合是高校合并的高层目标，是合并办学的出发点和深度融合的标志。李卫中、刘朝晖（2001）认为，合并高校教职工的心理失衡表现可以归结为怀旧情结、独立倾向和抵触情绪三个方面，并且指出导致教职工心理失衡的因素是管理体制与组织文化。合并过程中“人”的因素复杂多变，直接影响合并的效果和进程。许多研究者认为要努力营造良好的心理环境，重视与加强政治思想工作（李宣祥，1998；余远富，1999）。也有人认为，合并高校必须致力于凝聚力的提高，凝聚力是一种由认识、情感和意志凝结而成的内在力量，是推进高校实质性合并的内在力量，如果没有凝聚力，学校的合并肯定只是形式上的合并，因此凝聚力应当作为评价合并成败得失的标准（刘绍怀，1999）。高校在合并之前都已形成各自的文化，有共同点，但实质决不相同（李湘沅，2001）。新旧学校人文环境的不同，产生了“兼容性”的问题，加大了内部成本（周莉、黄华，2000）。为使合并后办学资源朝着最有利的方向流动，以充分发挥大学合并后的整体协同效应，研究者认为应重视管理文化的融合（陈士衡，1998）。带着各自的历史传统和不同的学科背景文化走到一起来的学校，在校园文化和校园精神的融合上应当有“海纳百川，有容乃大”的气度，对于每一所学校的优良传统和学术文化都应给予尊重，并使其融入新的校园文化之中（冯向东，2001）。

（7）对高校合并的制度经济学认识。对高校合并改革进行制度经济学角度的分析，最早的文献可能是发表于《上海高教研究》1998 年第 10 期的周箴的《高校合并的经济学分析》。文章认为，只有人获益而无人受损的改革是没有阻力的。改革能否顺利实施的关键在于如何在改革中尽可能地使受益人数及受益程度最大化，而使利益受损的人数及受损程度最小化。高校合并的利益矛盾主要体现在“精神”和“物质”受损两方面。高校合并难以做到“帕累托改进”。以后也有一些研究者试图探讨高校合并重组的教育经济意义，但由于高等教育领域问题的复杂性，研究并没有获得多少有实质意义的结论。

（二）“211 工程”

“211 工程”即面向21 世纪，重点建设100 所左右的高等学校和一批重点学科。这是我国为落实科教兴国战略而实施的一项跨世纪的战略工程，也是新中国建立以来在高等教育领域进行的规模最大的重点建设项目。“211 工程”自“九五”期间立项建设，中央和地方共投入资金180 亿元，建设了一批高等院校和重点学科，改善了一批高等学校的教学和科研条件，一批重点学科已成为国家科技创新和高层次人才培养的重要基地。

“211 工程”自1990 年开始酝酿。1990 年6 月，国家教委在制订全国教育事业十年规划和“八五”计划时，即研究了在“八五”期间集中力量办好一批重点高校的问题。当时提出在二到三个五年计划内，有计划地重点投资建成30 所左右的重点大学。后考虑到要形成一批行业带头学校，经过多次研究，确定了到2000 年前后，重点建设的高等学校为100 所左右，并要求将此事当做面向21 世纪的大事来抓。这项发展高等教育的重要措施开始被简称为“211 计划”，后来确定为“211 工程”。

1991 年4 月，重点办好一批大学和一批重点学科点被列入七届人大四次会议批准的《国民经济和社会发展十年规划和第八个五年计划纲要》。

1991 年12 月，国家教委会同有关部门就“211 工程”问题向国务院和有关领导作了专门报告。1992 年8 月26 日，国务院第111 次常务会议纪要明确提出：“会议原则同意教委和有关部门提出的要面向21 世纪，重点办好一批（100 所）高等院校的‘211 工程’规划意见。”

1992 年10 月29 日，中央政治局常委会议讨论了《中国教育发展与改革纲要（草案）》。常委们认为，《纲要》提出要办好100 所重点大学，这很重要，把这些学校办好可以把整个高等学校带动起来。

1993 年1 月，国务院批转了国家教委《关于改革和积极发展普通高等教育的意见》，文件中明确了“211 工程”的建设目标。

1993 年2 月13 日，党中央、国务院正式发布《中国教育改革和发展纲要》，其中明确指出：“要集中中央和地方等各方面的力量办好100 所左右重点大学和一批重点学科、专业。”

1993 年7 月，国家教委发出《关于重点建设一批高等学校和重点学科点的若干意见》，决定设置“211 工程”重点建设项目，即面向21 世纪，重点建设100所左右高等学校和一批重点学科点，1994年5月开始启动部门预审。

设置“211工程”的指导思想。一是面向21世纪，为我国第二、第三步战略目标的实现培养、输送和积聚骨干人才；二是面向经济建设主战场，加强高等教育同经济建设的联系，努力解决国民经济建设和社会发展中的重大科技问题，满足我国社会主义现代化建设对高级专门人才的需要；三是集中有限资金，重点建设一批基础条件较好的学校和重点学科，提高资金使用效益；四是通过重点建设一批高等学校和重点学科点，带动其他学校，从而提高我国高等教育的教育质量、科研水平和办学效益，促进高等教育的改革和发展，使我国的高等教育在国际上占有一定位置，并探索出一条建设社会主义新型大学的新路子。

“211工程”建设的目的。“211工程”是我国为了实施科教兴国战略，迎接世界新技术革命的挑战而实施的。它是我国推进高等教育发展所采取的重要举措，是促进高等教育与经济建设、社会发展相适应的一项重要措施，是为实现我国经济和社会发展战略准备高层次人才的重要决策。这一工程的实施对提高我国高等教育水平，加快国家经济建设，促进科学技术和文化发展，增强综合国力和国际竞争能力，实现立足国内培养高层次人才，都具有极为重要的意义。

“211工程”建设的目标。面向21世纪，在“九五”期间，重点建设一批高等学校和重点学科，并在此基础上经过若干年的努力，使100所左右的高等学校以及一批重点学科在教育质量、科学研究、管理水平和办学效益等方面有较大提高，在高等教育改革特别是管理体制改革方面有明显进展，成为立足国内培养高层次人才、解决经济建设和社会发展重大问题的基地。其中，一部分重点高等学校和一部分重点学科，接近或达到国际同类学校和学科的先进水平，大部分学校的办学条件得到明显改善，在人才培养、科学研究上取得较大成绩，适应地区和行业发展，总体处于国内先进水平，起到骨干和示范作用。

“211工程”的主要内容。

（1）学校整体条件建设。造就一大批学术造诣较深、在国内外有一定影响的学术带头人和骨干教师，特别应加速青年学术带头人的培养，保持一支政治业务素质优良、结构合理、人员精干、相对稳定的教师队伍和管理干部队伍；深入进行教育、教学改革，优化学科（专业）结构，促进学生德智体全面发展，确保教育质量有较大的提高；加强教学、科研必需的基础设施建设、实验室建设和公共设施建设，为培养及吸引优秀人才创造必需的生活、工作条件；提高办学规模效益；加强科学研究工作，努力实现科研成果产业化，加快科学技术转化为现实生产力的步伐；推进办学体制改革，深化学校内部管理体制的改革；增强国际交流与合作，扩大我国高等教育在国际上的影响。

（2）重点学科建设。主要是增强科技前沿领域高层次人才培养的能力。在部分有条件的学校中选择一些对国家的经济建设、科技进步、社会发展和国防建设等领域产生重大影响，能够解决本领域的重大科技问题，并有望取得突破性成果的重点研究基地，加强培养人才的实验条件，拓宽学科面，形成一批学科基础相关、内在联系紧密、资源共享、具有特色和优势的学科群、学科基地，以持续培养本领域高水平的骨干人才。要努力形成覆盖我国经济建设和社会发展主要行业和领域、带动学科和科技发展、分工合理、相互配套的重点学科体系。在已经评定的416个重点学科点、国家级重点实验室和工程研究中心的基础上，形成一批具有优势的学科群体。

（3）高等教育公共服务体系建设。主要包括中国教育和科研计算机网、图书文献保障系统、现代化仪器设备共享系统等建设内容。中国教育和科研计算机网将连接全国主要高等学校，并与国际网络联网，为我国教育、科技和社会各界提供信息服务。图书文献保障系统以中国教育和科研计算机网为依托，设立全国综合文献中心和一批学科文献中心，与国内外文献系统广泛联网，建立文献信息子网。根据地区优势，在全国高等学校比较集中的中心城市，结合高等学校重点学科的建设，设立现代化仪器设备共享服务中心，提高设备的使用效率。

“211工程”的具体建设方式。原则上将主要在拟确定的重点建设大学和要提高、改善的大学中进行，以体现资金的有效使用和发挥高等学校的综合效益，少数重点学科及其他建设项目可安排在另外一部分高等学校中进行。

（1）工程建设资金。“211工程”所需建设资金，采取国家、部门、地方和高等学校共同筹集的方式解决。按现行高等教育管理体制，建设资金主要由学校所属的部门和地方政府筹措安排。中央安排一定的专项资金给予支持，以对工程建设起推动、指导和调控作用。

部门和地方政府的专项资金，要优先保证国家重点学科、高等教育公共服务体系建设的需要，适当安排有关高等学校上水平所必需的基础设施建设。中央专项资金主要用于补助国家重点学科和高等教育公共服务体系的建设，补助少数高等学校整体水平提高所需基础设施的建设。

（2）建设程序与组织管理。“211 工程”作为国家重点建设项目列入国民经济和社会发展中长期规划和第九个五年计划，从 1995 年起实施。国务院成立“211 工程”部际协调小组，协调决定工程建设中的重大方针政策问题。协调小组由国务院、国家计委、国家教委和财政部的主管领导组成。协调小组下设办公室，具体负责“211 工程”建设项目的实施管理和检查评估工作。办公室由国家教委、国家计委和财政部的有关同志组成，地点设在国家教委。

（3）“211 工程”按国家基建程序进行审批和管理。中央行业主管部门和省（自治区、直辖市）人民政府，商国家教委对申请进入“211 工程”的备选院校和学科点进行预审。预审通过后，有关主管部门需向国家教委报送预备立项备案材料。根据“211 工程”总体进度要求和国家财力可能，由国家教委会同有关主管部门，向国家计委报送项目可行性研究报告。国家计委根据建设项目的具体目标和标准，部门、地方和院校自筹资金落实情况，以及中央专项资金的安排，进行综合平衡和审核，条件成熟一所，批准一所。经审定批准进入“211 工程”的项目，由国家计委商财政部和国家教委在年度计划中滚动安排中央补助投资并付诸实施。对符合“211 工程”建设要求、与国民经济发展重点密切相关、自筹资金落实不需要中央专项支持的高等学校，也可列入重点建设计划并享受相应的优惠政策。

（4）“211 工程”建设项目实行项目法人责任制管理。各项目主管部门按照工程建设总体规划和实施进展要求，具体负责本部门和本地区“211 工程”建设项目的管理工作，认真抓好所属建设项目的各项工作，确保按期保质完成。

“211 工程”建设成效。“211 工程”是在“九五”、“十五”期间经过国务院批准，由国家发改委、教育部、财政部共同组织实施的国家重点建设项目，也是“九五”、“十五”期间教育领域唯一的国家重点建设工程。1995 年，经国务院批准，“211 工程”正式启动建设。

“九五”期间，“211 工程”在 99 所高校中实施建设，主要安排了 602 个重点学科和两个全国高等教育公共服务体系建设项目。“九五”建设资金为 186.3 亿元，其中中央安排专项资金 27.5 亿元，部门和地方配套 103.2 亿元，学校自筹 55.6 亿元。用于重点学科建设 64.7 亿元，学校和全国的公共服务体系建设 36.1 亿元，基础设施建设等 85.5 亿元。

“十五”期间，“211 工程”在 107 所大学中实施建设，主要安排了 821 个重点学科和三个全国高等教育公共服务体系建设项目，并加强了师资队伍建设。“十五”建设资金为 187.5 亿元，其中中央安排专项资金 60 亿元，部门和地方配套 59.7 亿元，学校自筹 67.8 亿元。用于重点学科建设 97.9 亿元，公共服务体系建设 37.1 亿元，师资队伍建设 22.2 亿元，基础设施建设等 30.4 亿元。

“211 工程”的实施在国内外引起了较大反响，并在长期建设中形成了许多独有的鲜明特色，被普遍认为是投资效益良好、工程管理规范的国家重点建设项目，为我国建设若干所世界一流大学和一批世界一流学科发挥了重要作用，有力推动了我国高等教育的发展。

经过“九五”、“十五”十年建设，“211 工程”建设取得的主要成效表现在：

（1）“211 工程”学校整体实力得到较大提高。经过十年建设，“211 工程”学校人才培养、科学研究、社会服务能力都有了很大提高，其中研究生培养能力提高了 5 倍，科研经费增长了 7 倍，SCI 论文发表数增长了近 7 倍，具有博士学位的教师增加了近 5 倍，仪器设备总值增长了 4 倍。一批高水平大学与世界一流大学的差距明显缩小。1995 年全国高校被 SCI 收录的论文数总和，还不及美国哈佛大学和麻省理工学院两所学校同期被 SCI 收录的论文数。我国早期设置研究生院的 28 所“211 工程”大学，与国际公认的美国最好的 61 所大学（美国高校联盟 AAU）的 SCI 论文发表和被引用次数平均值之比，从 1995 年的 1∶15.1 和 1∶51.7，缩小到 2005 年的 1∶3.6 和 1∶6.2。清华大学在上述两个重要指标上，已经与美国麻省理工学院十分接近。“211 工程”成功探索了发展中国家如何从国情出发，集中力量，重点建设高水平大学之路。

（2）学科建设取得重大成效，少数学科接近国际先进水平。“211 工程”确立了以重点学科建设为核心的指导思想，紧扣国家经济社会发展重点领域，统筹规划，重点建设了一批基础学科、应用学科和哲学社会科学学科。同时，“211 工程”注重创新学科建设模式，以项目建设促进学科交叉融合，支持了一批新兴交叉学科，调整优化了学科布局结构，初步形成了适应国家发展需要的重点学科体系。通过重点建设，高等学校学科水平得到较大提高，一批重点学科实力明显增强，成为解决国家重大科技问题和培养高层次人才的基地。按国际可比指标 SCI 论文发表数统计，有 40 多个学科已接近国际先进水平。其中 2005 年，清华大学材料科学学科 SCI 论文发表数排在世界大学第 2 位，SCI 论文被引用次数列世界大学第 14 位；北京大学化学学科 SCI 论文发表数及论文被引用次数也进入了世界前列。

（3）初步建成了高效快捷的高等教育公共服务体系。“211 工程”立足国情，从实现资源共享，带动高等教育整体发展的思路出发，通过十年建设，从无到有，初步构建了中国独有的高等教育公共服务体系，为及时了解世界学术信息，共享学术资源，促进高等教育可持续发展提供了有力的支撑。“中国教育和科研计算机网”已覆盖全国，联网的大学、教育机构和科研单位达 1500 个，是目前世界上最大的国家学术互联网，组网水平和管理运行达到国际先进水平，其中“211 工程”重点建设了中国教育和科研计算机网高速地区主干网和重点学科信息系统；“中国高等教育文献保障体系”建成了由全国中心、地区中心和高校图书馆组成的三级保障体系，形成了多层次全方位的文献服务系统，极大地提高了文献保障能力，数字化了百万册图书，其数字图书馆接近国际先进水平；“仪器设备和优质资源共享系统”初步建立了资源共享系统服务与管理体系框架，有效提高了首批入网的 138 台大型仪器设备的对外服务能力和使用率，促进了高等学校转变资源建设观念。

（4）提升了高等学校的创新能力，产生了一大批标志性成果。通过重点建设，“211 工程”学校在学科水平显著提升的同时，学校的创新能力和社会服务能力也明显增强，产生了一大批标志性成果，为国家和区域经济社会发展做出了重要贡献。在科学研究方面，“211 工程”学校承担了全国 1/2 的国家自然科学基金项目和“973”项目，1/3 的“863”项目。十年来，“211 工程”学校产出了一大批具有重大影响的科研成果，获得国家自然科学奖、技术发明奖和科技进步奖一、二等奖的数量占全国的 1/3。“211 工程”持续重点支持的中南大学“先进有色、稀有金属与粉末冶金材料”学科和西北工业大学“航空航天结构功能材料”学科取得的重大成果，2004年各获得一项国家技术发明一等奖，打破了该奖项连续六年空缺的局面。“211工程”学校承担和完成了国家大部分的哲学社会科学领域的重大项目，针对现代化建设中的重大理论和实践问题，为各级政府部门提供了一大批有重要价值的决策咨询报告。在社会服务方面，“211工程”学校按照国家的要求，积极主动地以各种方式，服务国家和区域经济建设、国家安全和社会发展，为各行各业的发展提供了有力的技术支撑和智力支持。

（5）提高了中国高等教育的国际影响力。随着在学科建设上取得的显著进展，越来越多的发达国家高校和研究机构纷纷与“211工程”学校建立联合科研机构，加强学术和技术合作，提升了合作、交流的深度和层次，使“211工程”学校成为中国高等教育开展国际合作与交流的主要渠道。“211工程”是国际高等教育界认可的中国高等教育优质品牌，对提高我国高等教育的国际地位和影响力产生了重要作用。目前，已有英国、法国等24个国家与我国签订了相互承认学历和学位的政府间协议。“211工程”的建设思路和成功经验已引起了国际高等教育界的普遍关注，近年来，一些国家纷纷推出了与“211工程”类似的建设高水平大学的专项计划。

十年来，“211工程”学校累计培养本科生242万人、硕士生50万人、博士生12万人、留学生11万人，为加快培养创新型人才做出了应有贡献。我国现有普通高等学校1700多所，“211工程”学校仅占其中的6%，却承担了全国4/5的博士生、2/3的硕士生、1/2的留学生和1/3的本科生的培养任务，拥有85%的国家重点学科和96%的国家重点实验室，占有70%科研经费。可以说，“211工程”学校在我国高等教育中具有举足轻重的作用，建设好这一批学校就能够把握住我国高等教育事业发展的方向和未来，对建设创新型国家具有十分重要的意义。

表7-1 “211工程”学校名单

北京大学	中国人民大学	清华大学	北京交通大学
北京工业大学	北京航空航天大学	北京理工大学	北京科技大学
北京化工大学	北京邮电大学	中国农业大学	北京林业大学
北京中医药大学	北京师范大学	北京外国语大学	中国传媒大学
对外经济贸易大学	中央音乐学院	中央民族大学	中央财经大学

续表

北京体育大学	中国政法大学	华北电力大学	南开大学
天津大学	天津医科大学	河北工业大学	太原理工大学
内蒙古大学	辽宁大学	大连理工大学	东北大学
大连海事大学	吉林大学	延边大学	东北师范大学
哈尔滨工业大学	哈尔滨工程大学	东北农业大学	东北林业大学
复旦大学	同济大学	上海交通大学	华东理工大学
东华大学	华东师范大学	上海外国语大学	上海财经大学
上海大学	第二军医大学	南京大学	苏州大学
东南大学	南京航空航天大学	南京理工大学	中国矿业大学
河海大学	江南大学	南京农业大学	中国药科大学
南京师范大学	浙江大学	安徽大学	中国科技大学
合肥工业大学	厦门大学	福州大学	南昌大学
山东大学	中国海洋大学	中国石油大学	郑州大学
武汉大学	华中科技大学	中国地质大学	武汉理工大学
华中农业大学	华中师范大学	中南财经政法大学	湖南大学
中南大学	湖南师范大学	国防科技大学	中山大学
暨南大学	华南师范大学	华南理工大学	广西大学
四川大学	西南交通大学	电子科技大学	四川农业大学
西南财经大学	重庆大学	西南大学	云南大学
贵州大学	西北大学	西安电子科技大学	西北工业大学
西安交通大学	长安大学	第四军医大学	西北农林科技大学
陕西师范大学	兰州大学	新疆大学	

（三）“985 工程”

邓小平同志提出的重点大学建设新思维。1977 年 7 月 29 日，刚刚复出并自告奋勇抓教育与科技的邓小平同志，在听取教育部工作汇报时提出：“要抓一批重点大学。重点大学既是办教育的中心，又是办科研的中心。”从培养和造就一流的科学家与工程技术人才，加速科技事业发展，迎接科技革命挑战，建设四个现代化的高度，强调“要抓一批重点大学”，形成了我国重点大学建设的新思路。

1983年6月，教育部在武汉东湖召开高教工作会议，南京大学名誉校长匡亚明，天津大学名誉校长李曙森，大连理工大学名誉校长屈伯川，浙江大学名誉校长刘丹，联名向中央提出《关于将50所左右高等学校列为国家重大建设项目的建议》，主要内容是建议国家拿出50个亿，重点资助50所高校，使这些学校到90年代，在仪器设备上达到国际先进水平。这一建议受到邓小平同志及其他中央领导的高度重视。不久，国家拿出5个亿，给了清华、北大、复旦、上海交大、西安交大等5所学校，作为国家"七五"、"八五"重点投资的学校。这几所学校10年中各拿了2个亿，成为委属36所高校的重中之重。

《中国教育改革和发展纲要》和"211工程"建设。20世纪90年代初期，国家教委即提出"211工程"的设想。1994年，这一设想写入《中国教育改革和发展纲要》。国务院关于《中国教育改革和发展纲要》的实施意见指出："211工程"要争取有若干所高校在21世纪初接近或达到国际一流大学的学术水平。"九五"期间"211工程"全面启动，并取得了较为理想的成绩。

江泽民同志在北京大学建校100周年庆祝大会上的讲话和《面向21世纪教育振兴行动计划》。1998年5月，北京大学建校100周年，5月2日，李岚清副总理在世界大学校长论坛开幕式上的讲话中指出："在下一个世纪，我们要力争有一批大学跻身世界一流大学的行列。"5月4日，江泽民总书记出席北京大学建校100周年庆祝大会，并在大会讲话中指出："为了实现现代化，我国要有若干所具有世界先进水平的一流大学。"他说："这样的大学，应该是培养和造就高素质的创造性人才的摇篮，应该是认识未知世界、探求客观真理、为人类解决面临的重大课题提供科学依据的前沿，应该是知识创新、推动科学技术成果向现实生产力转化的重要力量，应该是民族优秀文化与世界先进文明成果交流借鉴的桥梁。"

1998年12月24日，教育部制订《面向21世纪教育振兴行动计划》，明确提出要"创建若干所具有世界先进水平的一流大学和一批一流学科"，简称"985工程"。

实施"985工程"的重要意义。2004年《教育部、财政部关于继续实施"985工程"建设项目的意见》明确指出，实施"985工程"具有以下重要意义：

（1）世界一流大学是一个国家科学文化和教育发展水平的标志。中国要实现现代化、增强国际竞争力，就必须建设世界一流大学和一批国际知名的高水平研究型大学。建设世界一流大学，也是振奋民族精神和提高民族凝聚力的需要。党和政府高瞻远瞩，从民族伟大复兴的高度，做出了我国要建设若干所世界一流大学的英明决策，这对实现我国现代化建设目标和提高国际竞争力具有重要的历史意义和现实意义。

（2）建设世界一流大学，是推动我国高等教育整体水平跃升，实现跨越式发展的重要举措，是实施科教兴国战略和人才强国战略的重要组成部分。建设世界一流大学，对于认识世界、探求真理、解决人类面临的重大课题，对于我国培养和造就高层次创造性人才，构筑国家创新体系，促进中华民族优秀文化与世界先进文明成果的相互交流和借鉴，实现全面建设小康社会的宏伟目标，把我国建成现代化强国，实现中华民族的伟大复兴，具有不可替代的重要作用。

“985 工程”一期建设成效显著，调整和优化了学校的学科结构和学科方向，快速集聚了一批优秀人才充实了师资队伍，提高了高层次创造性人才的培养质量，取得了一批接近或达到世界先进水平的研究成果，增强了所建高等学校的整体实力，带动了高等教育整体水平的提高，为在中国建设世界一流大学积累了一定经验，奠定了较好的基础，为国家的经济、社会、文化建设做出了重要贡献。

国外实践证明，建设世界一流大学需要良好的基础和较长时间的建设与积累。虽然经过多年建设，我国高等学校与世界一流大学的差距正在缩小，但是建设若干所世界一流大学是一个长期而艰巨的任务，需要不懈努力。与世界一流大学相比，我国在高等学校管理和运行机制、科技创新能力、人才队伍建设等方面仍存在较大的差距。因此，要继续实施“985 工程”，加大改革和投入力度，努力实现在我国建成若干所世界一流大学和一批国际知名的高水平研究型大学的目标。

“985 工程”建设的总体思路是：以建设若干所世界一流大学和一批国际知名的高水平研究型大学为目标，建立高等学校新的管理体制和运行机制，牢牢抓住 21 世纪头 20 年的重要战略机遇期，集中资源，突出重点，体现特色，发挥优势，坚持跨越式发展，走中国特色的建设世界一流大学之路。应着重贯彻以下原则：

（1）坚持以国家目标为导向。瞄准世界先进水平和国家重大需求，增进国家核心竞争力，解决国家建设的重大问题。通过“985 工程”的建设，为全面建设小康社会做出重大贡献。

（2）坚持改革和创新。深化高等学校内部管理体制和运行机制改革，为“985 工程”建设的各项任务提供体制和机制的保障。

（3）坚持重点建设与整体统筹相结合。遵循科学的发展观，要统筹和协调长远目标与近期任务、人才培养与科学研究、学科建设与平台构筑等关系，综合推进建设世界一流大学和一批国际知名的高水平研究型大学的进程。

建设目标。在“985 工程”二期（2004 ~ 2007 年）建设中，巩固一期建设成果，为创建世界一流大学和一批国际知名的高水平研究型大学进一步奠定坚实基础，使一批学科达到或接近国际一流学科水平，经过更长时间的努力，建成若干所世界一流大学。通过管理体制创新，运行机制创新，积极探索世界一流大学建设的新机制。造就和引进一批具有世界一流水平的学术带头人和学术团队。结合国家创新体系建设，重点建设一批“985 工程”科技创新平台和“985 工程”哲学社会科学创新基地，促进一批世界一流学科的形成和推动学科建设。

建设任务。按照世界一流大学建设的要求，改革现行的管理体制和运行机制，以适应世界一流大学建设的需要。加快人事制度改革，建立以竞争、流动为核心的人事管理机制、人才评价机制和科学合理的分配激励机制，形成有利于优秀人才脱颖而出，吸引和稳定拔尖人才，充分发挥聪明才智的氛围。突破以传统学科界限为基础的科研管理与学科组织模式，建立有利于创新、交叉、开放和共享的运行机制，以适应现代科学发展的综合化趋势。建立以投资效益为核心的公开、公平、公正的绩效考核和评价机制。

队伍建设。提供优越的研究条件和配套保障条件，面向国内外招聘具有国际先进水平的学术带头人、优秀学术骨干和大学高级管理人才，重视有潜力的中青年骨干的培养和深造，通过提高水平、营造氛围、严格培养等多种途径吸引优秀青年人才，形成一支以博士生和博士后为生力军的创新力量，加快建设一支具有世界一流大学水平的教师队伍、管理队伍和技术支撑队伍。

平台建设。以国际科技前沿和国家现代化建设重大需求为导向，以学科建设规划为指导，围绕国家重大基础研究、战略高技术研究和重大科技计划，整合、建设一批高水平的“985 工程”科技创新平台，与国家实验室、国家重点实验室、国家工程研究中心、国家工程技术研究中心等国家创新平台建设计划有机衔接。在平台建设中，要加大学科结构调整力度，拓展学科发展空间，促进学科交叉，推进资源共享，组建高水平学术团队，建立开放、共享、竞争、高效的管理和运行机制，建设、改善平台的教学、科研条件和基础设施。通过平台建设，大力提高所建高校的创新能力和解决国民经济建设中的重大科技问题的能力，增强承担国家重大任务、开展高水平国际合作的竞争实力，促进学科优化和交叉，形成一批重大科技成果和世界一流学科，在国家创新体系建设中发挥重要作用。

围绕国家、区域社会发展、经济建设中的重大问题，建设一批跨学科、具有创新性、交叉性、开放性的“985 工程”哲学社会科学创新基地。推动人文社会科学与自然科学、工程技术等的交叉、互渗与融合，孕育和催生新的学科研究领域和研究方法，形成一批能够解决具有全局性、战略性、前瞻性的重大理论及现实问题，为党和政府决策咨询服务，为社会主义现代化建设服务，为建设社会主义物质文明、政治文明和精神文明服务的国家级哲学社会科学中心。

条件支撑。加快建设公共资源与仪器设备共享平台，建设配置合理、设施完备的教学科研用房。加强教学科研信息化、数字化环境建设，构建基于现代教育理论和教育技术的教学科研环境，使所建高校的图书馆、电子资源库和自动化程度在整体上接近或达到国际先进水平。继续改善所建高校的教学科研基础设施。

国际交流与合作。建设有利于国际学术交流与合作研究的环境，聘请世界著名学者来校讲学、合作研究，与世界一流水平的大学或学术机构开展实质性合作，建立高层次人才联合培养及研究基地，开展高水平的国际合作科研项目，召开高水平的国际学术会议，加大吸引外国留学生来华留学的力度，推动我国高等教育国际化进程。

建设资金与组织管理。2001 年 11 月 20 日，财政部、教育部下发了《面向 21 世纪教育振兴行动计划专项资金管理办法》，明确该项“行动计划”（“985 工程”建设包括在其中）的中央财政专项资金、地方财政专项资金、部门配套资金以及其他自筹资金，专项用于实施“行动计划”。专项资金的支持方向包括“为创建世界一流大学、高水平大学、一流学科等特殊专项的支出”。其中“支持创建一流大学、高水平大学和一流学科（特殊专项）支出，主要用于高等学校学科建设、队伍建设、改善办学条件、基础设施建设、提高学生综合素质等方面的支出”。“行动计划”专项资金年度项目预算由财政部负责审核、批复，教育部负责制订“行动计划”专项资金的总体规划和所属项目单位“行动计划”项目的实施和资金核算管理工作等。其他有关主管部门负责审核、汇总、编制本部门“行动计划”专项资金年度项目预算，报财政部，并抄送教育部，以及负责本部门“行动计划”项目的实施和资金管理工作。

“985 工程”（二期）建设资金由多方共同筹集，积极鼓励有条件的部门、地方和企业筹集资金共建“985 工程”学校。其中中央专项资金重点用于“985 工程”科技创新平台和“985 工程”哲学社会科学创新基地和队伍建设，其他资金可根据学校“985 工程”建设规划进行安排。“985 工程”专项资金的分配、使用和管理，按照财政部、教育部的相关规定执行。

加强“985 工程”建设的组织管理。教育部、财政部成立“985 工程”领导小组和工作小组，协商决定工程建设中的重大方针政策问题和总体规划。领导小组和工作小组下设办公室，具体负责“985 工程”建设的日常工作。有关高等学校成立相应的组织机构，统筹负责本校“985 工程”的规划和实施。

“985 工程”领导小组和工作小组根据“985 工程”建设目标和任务，从学科水平与覆盖面、高水平科学研究、高层次人才培养等方面，提出进入“985 工程”建设学校的基本条件。这个基本条件就是，学校在优势领域的数量和水平等方面居于全国前列。

各相关高等学校按照统一部署，根据“985 工程”的总体目标和任务，结合学校的发展战略规划、学科建设和师资队伍建设规划、校园建设规划，编制学校“985 工程”建设可行性研究报告和“985 工程”科技创新平台、“985 工程”哲学社会科学创新基地建设项目论证报告；“985 工程”领导小组和工作小组办公室按照统一规划和布局，组织有关战略和学科专家对学校申报的“985 工程”科技创新平台和“985 工程”哲学社会科学创新基地进行审核，通过公平竞争，确定建设项目。在此基础上，对学校“985 工程”

建设可行性研究报告进行专家论证；学校根据专家意见修改可行性研究报告，完善后报教育部、财政部审批；教育部、财政部批复立项后安排建设。

教育部、财政部将加强对“985 工程”建设项目的检查、审计和绩效评估，并根据检查、审计、评估的结果，对有关高等学校的项目和资金进行调整。建设项目完成后，教育部、财政部组织专家会同相关部门组织验收。

表 7-2 “985 工程”高校名单

一期名单（34 所）	清华大学、北京大学、中国科技大学、南京大学、复旦大学、上海交通大学、西安交通大学、浙江大学、哈尔滨工业大学、南开大学、天津大学、东南大学、华中科技大学、武汉大学、厦门大学、山东大学、湖南大学、中国海洋大学、中南大学、吉林大学、北京理工大学、大连理工大学、北京航空航天大学、重庆大学、电子科技大学、四川大学、华南理工大学、中山大学、兰州大学、东北大学、西北工业大学、同济大学、北京师范大学、中国人民大学
二期名单（5 所）	中国农业大学、国防科技大学、中央民族大学、西北农林科技大学、华东师范大学
三期名单（5 所）	中国石油大学（山东）、西南交通大学（四川）、北京科技大学（北京）、中国石油大学（北京）、中国矿业大学（江苏）

二、高等学校的大扩招

20 世纪 90 年代以来，我国高等教育事业有了很大的发展，不仅进行了新中国建立以来的第二次高校合并与调整，优化了高等教育的结构和布局，而且招生规模不断扩大，在短短的几年内，我国高校的招生数量、在校生人数大幅度增长，高等教育大众化步伐明显加快。

（一）高校扩招的时代背景

自 20 世纪 90 年代我国明确提出实行社会主义市场经济体制之后，高等教育体制改革的进程越来越快，在投资体制、招生就业体制、办学体制方面都有明显改变。这一切所带来的直接后果，就是高等教育招生人数的大幅增加。20 世纪 90 年代初、中期，我国高等教育基本上呈现比较缓慢的发展态势，1990~1998 年间，全国普通高校和成人高校本专科在校生总规模从 372.9 万人增加到 623.1 万人，年增长率为 6.6%。1999 年高等教育扩大招生的幅度明显加大，普通高校招生规模从 1998 年的 108.36 万人扩大到 156 万人，增长率达 44%，普通高校和成人高校本专科合计招生超过 275 万人。从此，我国高等教育逐步走上了大众化发展的道路。1999 年全国高校在校生总数 800 万人，2002 年，高等学校在校生人数近 1800 万人，毛入学率为 14%。截至 2004 年底，我国高等教育在校学生总人数达 2000 多万人，其中普通本专科在校生 1333.5 万人、在校研究生 82 万人，分别是 2000 年的 2.4 倍和 2.7 倍。高等教育毛入学率达到 19% 以上。按照美国学者马丁·特罗（Matin. Trow）1973 年提出的高等教育大众化理论，可以说，我国的高等教育已经进入了大众化发展阶段。

20 世纪 90 年代以来，我国的高等教育走的是一条逐步大众化的发展道路，尤其是从 1999 年到 2004 年的短短五六年内，高等学校的大规模扩招，构成这一时期我国高校发展的显著特色。始于 90 年代的我国高校扩招现象，有其深刻的时代背景。

（1）政治经济发展的必然要求。随着我国经济体制、政治体制、科技体制改革的不断深化和改革成果的不断积累，我国经济以较快的速度增长，综合国力显著增强，人民的生活水平有了极大的提高。2000 年，我国国内生产总值达到 89 404 亿元，成为同期世界各国中经济增长最快的国家，实现了国民经济总量和人均水平翻两番的战略目标，跻身于世界经济大国之列。

经济的快速发展和人民生活水平的极大提高，必然要求教育的大规模发展。在普及九年义务教育和高中阶段教育大发展的基础上，广大人民群众对接受高等教育的愿望和要求日益高涨，经济的快速发展也客观地需要大批高素质人才；同时，随着我国政治体制改革的不断深入，人们的政治意识、民主意识和政治素养不断提高。这些都不断刺激着人们接受高等教育的需要，也在客观上为高等教育的大发展奠定了坚实的基础。

（2）迎接知识经济挑战的必然选择。20 世纪中期开始，世界范围内科学技术迅猛发展，知识经济已露端倪，国际竞争日趋激烈。为了应对知识经济的挑战，我国适时确立了“科教兴国”宏伟战略。在知识经济时代，人类仅仅依靠自然资源和大量的活劳动投入追求经济增长的时代已成为历史，依靠科技进步和劳动者素质的提高促进经济和社会发展成为历史发展的必然。

世纪之交，构建我国国家创新体系，发展知识经济，需要培养一大批高层次的创新人才；经济转型和产业结构、技术结构的调整更新，要求迅速培养大批具有良好素质和专业知识、技能，善于决策和经营管理的各类专业人才。增强国力、培养人才、发展科学技术，是历史赋予高等教育的特殊使命；扩大高等教育规模，尽快实现高等教育大众化，是我国社会经济发展的内在要求，也是迎接知识经济挑战的必然选择。

（3）符合经济转型和产业结构演进的趋势，是经济转型和产业结构调整的客观要求。扩大高等教育规模，实现高等教育大众化，将从根本上促进劳动力市场供求平衡，有利于扩大就业，促进就业问题的解决。在计划经济条件下，人力资源配置靠指令性计划，对学生包分配包就业，毕业生既没有选择权，也没有主动性，既无压力又无动力；在市场经济条件下，人力资源的配置靠政府宏观调控和市场机制，双向选择，平等竞争。接受过高等教育的人创业能力和适应性更强，在竞争中处于有利地位。高等教育在通过人才培养和知识创新为社会做出贡献的同时，它在投入、产出的循环过程中本身也形成了一个巨大的市场。大力发展高等教育，尽快实现高等教育大众化是增加人力资本投资、创造就业机会、促进经济发展的要求，同时也有引导社会消费、刺激高层次的教育消费、扩大有效需求的效应。

（4）推进素质教育，满足人们接受高等教育需要的必然要求。全面实行素质教育，是提高民族素质，培养创新人才，实施我国经济社会发展第三步战略目标的一项具有重要意义的战略决策。在过去的较长时间内，我国的高考竞争日趋激烈，长时间处于“白热化”状态，究其原因，主要是由我国高等教育的总体规模偏小所致。高等教育需求旺盛，而高等教育的规模过小、渠道单一、入学率低，远远不能满足广大人民群众日益增长的接受高等教育的需求，这必然导致“应试教育”盛行。目前，高等教育在我国尚属“稀缺资源”，极易形成“过度竞争”。只有不断扩大高校招生规模，实现高等教育大众化，才能从根本上改变基础教育中存在的“应试教育”现状，素质教育才能得以全面实施。

（二）高校扩招的具体表现

从1999年开始的我国高等学校的大扩招，有效地推动了我国高等教育的发展，促进了我国高等教育的大众化。到2005年，我国高等学校的扩招情况，可从以下统计数字中窥见一斑：

1977 年 8 月 8 日，邓小平提出，从本年起，恢复从高中毕业生中直接招考大学生制度。当年报考人数最终达到 570 万，录取人数是 272 971 人，考试录取比例约为 21∶1。到 1998 年，全国普通高校招生也才达到 108.36 万人。

从 1999 年起，我国开始了大规模的高校扩招。

《1999 年全国教育事业发展统计公报》：1999 年全国普通本专科招生 159.68 万人，比上年增加 51.32 万人，增长 47.4%；成人本专科招生（含电大普通班）115.77 万人，比上年增加 15.63 万人，增长 15.6%。高等教育本专科在校生 718.91 万人，比上年增加 95.82 万人。其中普通高等教育在校生 413.42 万人，比上年增加 72.55 万人；成人高等教育在校生 305.49 万人，比上年增加 23.27 万人。

《2000 年全国教育事业发展统计公报》：2000 年全国普通高等教育招生 220.61 万人，比上年增加 60.93 万人，增长 38.16%；成人高等教育招生 156.15 万人，比上年增加 40.38 万人，增长 34.88%。高等教育本科、高职（专科）在校生 909.73 万人，比上年增加 190.82 万人，增长 26.54%。其中普通高等教育在校生 556.09 万人，比上年增加 142.67 万人，增长 34.51%；成人高等教育在校生 353.64 万人，比上年增加 48.15 万人，增长 15.76%。

《2001 年全国教育事业发展统计公报》：2001 年全国普通高等教育招生 268.28 万人，比上年增加 47.67 万人，增长 21.61%；成人高等教育招生 195.93 万人，比上年增加 39.78 万人，增长 25.48%。高等教育本科、高职（专科）在校生 1175.05 万人，比上年增加 265.32 万人，增长 29.16%。其中普通高等教育在校生 719.07 万人，比上年增加 162.98 万人，增长 29.31%；成人高等教育在校生 455.98 万人，比上年增加 102.34 万人，增长 28.94%。

《2002 年全国教育事业发展统计公报》：2002 年全国普通高等教育招生 320.50 万人，比上年增加 52.22 万人，增长 19.46%；成人高等教育招生 222.32 万人，比上年增加 26.39 万人，增长 13.47%。高等教育本科、高职（专科）在校生 1462.52 万人，比上年增加 287.47 万人，增长 24.46%。其中普通高等教育在校生 903.36 万人，比上年增加 184.29 万人，增长 25.63%；成人高等教育在校生 559.16 万人，比上年增加 103.18 万人，增长

22.63%。

《2003年全国教育事业发展统计公报》：2003年全国普通高等教育共招生382.17万人，比上年增加61.67万人，增长19.24%；在校生1108.56万人，比上年增加205.2万人，增长22.72%；毕业生187.75万人，比上年增加54.02万人，增长40.39%。成人高等教育毕业生159.34万人。

《2004年全国教育事业发展统计公报》：2004年全国普通高等教育共招生447.34万人，其中本科209.91万人，高职（专科）237.43万人；在校生1333.50万人，其中本科737.85万人，高职（专科）595.65万人；毕业生239.12万人，其中本科119.63万人，高职（专科）119.49万人。成人高等教育共招生221.16万人，在校生419.80万人，毕业生189.62万人。

2005年6月2日新华社（记者吕诺）《867万人报名参加2005年全国高考》：2005年全国高校招生计划为475万人，其中本科230万人。2005年10月17日，北京考试报讯（记者邵会莲、陆信）《2005年全国成人高校计划招生230万》：2005年全国成人高校计划招生230万人，270万人报名，其中报考高中起点专科145万人，高中起点本科15万人，专升本110万人。

（三）高校扩招的历史意义

世纪之交，我国高等教育的大扩招，既有其深刻的时代背景，也具有深远的历史意义。

我国高等学校的大扩招，创造了世界高等教育发展史上的奇迹。2002年底，上海市教科院发展研究中心对我国高校连续三年大扩招进行盘点，充分肯定了高校扩招的历史意义。文章指出，1999年初，党中央国务院按照"科教兴国"的战略部署，做出了高等教育大扩招的重大决策。经过三年大扩招，我国高等学校在校生总规模从1998年的643万人，增加到2001年的1214万人，净增571万人，四年间几乎翻了一番（参见表7-3），创造了世界高等教育发展史上的奇迹。[①] 这样的发展速度和规模，比英国、法国、德国、日本和韩国等发达或新兴工业化国家在20世纪60年代到80年代之间的高等教育大众化速度还要快。

① 上海市教科院发展研究中心．中国高校扩招三年大盘点［J］．教育发展研究，2002（9）．

表 7-3　1998～2001 年高等学校在校生规模情况　（单位：万人）

年　份		1998	1999	2000	2001
在校生人数		643.0	742.2	939.9	1214.4
其中	研究生人数	19.9	23.4	30.1	39.3
	本科生人数	257.6	320.8	411.8	535.4
	专科生人数	365.5	398.0	498.0	639.7

资料来源：1998～2000 年数据摘自相应年份《中国教育事业统计年鉴》；2001 年数据来自教育部计划发展司《2001 年中国教育事业统计分析》。本章以下数据表除非特别说明，资料来源均同本表。

促进了我国高等教育的大众化。1998 年，中国政府在《面向 21 世纪教育振兴行动计划》中，提出了"到 2010 年，高等教育规模有较大扩展，入学率接近 15%"的目标。鉴于 1998 年以来全国高等教育快速发展的态势和高等教育战略地位的确立，以及各地社会经济发展和广大人民群众不断增长的对高等教育需求的强烈推动，2001 年初，我国政府在所公布的《教育事业发展第十个五年计划》中，将原定 2010 年实现高等教育规模和入学率的目标进一步要求提前五年实现，即在 2005 年实现高等教育入学率 15% 的目标。

2002 年，我国高等学校在校学生总人数近 1800 万人，毛入学率为 14%。2004 年底，我国高等教育在校学生总人数达 2000 多万人，其中普通本专科在校生 1333.5 万人、在校研究生 82 万人，分别是 2000 年的 2.4 倍和 2.7 倍，高等教育毛入学率达到 19% 以上。

按美国学者马丁·特罗的高等教育发展"三阶段说"，一个国家或地区的高等教育能够容纳适龄人口的 15%～50% 即为进入了"大众化高等教育"阶段。据此理论，我国现在的高等教育已经步入了大众化发展阶段。高校扩招在这一过程中起着举足轻重的作用。

满足了人民群众对接受教育的旺盛需求。高校招生规模的不断扩大，为数百万原本无望上大学的学生提供了接受高等教育的机会，满足了他们接受高等教育的热切愿望。

同时，高校扩招使高中阶段毕业生的升学率在短短的四年间得到了大幅度提高，从 1998 年的 40% 提高到 2001 年的 65.5%，增加了 25.5 个百分点（见表 7-4），这也是史无前例的。高等学校的扩招和入学机会的增加，带动了普通高中招生规模的大幅度增长。2001 年全国普通高中的招生数由 1998 年的 356 万人增加到 558 万人，增幅高达 56.7%。初中毕业生的升学率相应也有了明显的提高。

表 7－4 1998～2001 年全国高校招生情况

年 份	1998	1999	2000	2001
高校本专科招生数（万人）	208.5	275.5	376.8	464.2
高中阶段毕业生数（万人）	521.0	546.7	602.1	709.1
高中阶段毕业生升学率（%）	40.0	50.4	62.6	65.5

为社会提供了大批高学历人才和紧缺人才，促进了经济社会的发展。高校连续多年的扩招有效提升了我国从业人员的文化素质。通过高等教育的快速发展，"十五"期间，我国有 1700 多万高等学校毕业生进入就业市场，从业人口中大专及以上文化程度人数由 2000 年的 2800 多万增加到 2005 年的 4500 万，使在业人口中大专及以上文化程度人数的比例由 2000 年的 4% 提高到 6%，增强了我国人力资源的国际竞争力。

有效地拉动了我国经济的发展。高等学校大扩招极大地调动了全社会办学的积极性，以投资和消费的双重效应，带动了高等教育和社会经济发展。据初步估计，高等教育三年扩招至少拉动了 800 亿元以上的社会资金投入，仅学生公寓建设一项，就拉动了社会资金投入 200 多亿元，有力促进了以扩大内需（包括高教及相关行业部分的投资与消费）为主要特征的经济发展。

有效促进了高中阶段教育的发展。高校持续扩招，大幅度提高了高中阶段教育各类学校毕业生入学的机会，缓解了巨大的就业压力。1999～2001 年，普通高校共计扩招 323 万人，相当于使同等数量的高中毕业生至少推迟就业 3～4 年，积极有效地发挥了高等教育对劳动力的蓄水池功能。

推动了高等学校布局重心的下移，促进了我国城市化建设的进程。三年大扩招期间，高等学校布局向下延伸，为许多地、县级市带来了发展机遇。据不完全统计，1999～2000 年间，在教育部备案的地、县级市高校增加 110 多所，占全国新增高校总数的 50%，其中河北、河南、江苏、山东增加最多，各在 10 所以上。

在扩招的带动下，地市级高校也有较快的发展，2001 年新增 50 多所，总数是 1998 年的 5 倍多。这些学校 80% 为职业技术学院，三年共招生 8 万余人，在校生总量达 12 万之多，为当地经济建设培养了大批应用性技术人才，在促进我国城市化进程的同时，推动了科教兴市和地方经济的发展。

促进了高等学校自身的建设和发展。1998 年随着高校扩招政策的实施，全国普通高校在办学的“硬件”建设方面，通过采取超常规发展的筹资思路和举措，拨、贷、筹、租并举，克服了制约高教规模扩张的资源投入瓶颈，高校校舍建筑面积实现了与扩招的同步，成效显著。从 1999 年到 2001 年，全国普通高校新增校舍建筑面积 1 亿多平方米，相当于 1990 年至 1998 年间新增校舍建筑面积总和 5500 多万平方米的近 2 倍，也相当于新中国建立后、改革开放前近三十年高校校舍建筑面积总和 4000 多万平方米的 2.5 倍。2001 年与 1998 年相比，全国普通高等学校占地面积增长了 80%，校舍建筑面积增长了 70%（见表 7－5）。

表 7－5 1998～2001 年全国普通高校校舍建筑面积变化情况

年份	1998	1999	2000	2001	2001/1998（倍）
学校占地面积（公顷）	38 666.86	41 733.54	47 066.90	60 400.30	1.56
校舍建筑面积（百万 m^2）	152.8	174.5	204.4	255.7	1.67
生均教学行政用房（m^2）	12.5	12.3	11.2	11.1	0.89
生均学生宿舍面积（m^2）	5.2	5.4	5.4	5.8	1.12

2001 年与 1998 年相比，全国普通高校固定资产总值增长了 1000 亿元，2001 年相当于 1998 年的 2.1 倍。其中，教学仪器设备总值达到 476.4 亿元，2001 年相当于 1998 年的 1.9 倍（见表 7－6）。

表 7－6 1998～2001 年全国普通高校固定资产、教学仪器设备变化情况

年份	1998	1999	2000	2001	2001/1998（倍）
学校固定资产总值（亿元）	939	1171	1403	1938	2.06
生均固定资产值（元）	20 923	22 780	21 211	22 369	1.07
教学仪器设备总值（亿元）	249	305	308	476	1.91
生均教学仪器设备值（元）	5559	5936	5560	5498	0.99

2001 年与 1998 年相比，全国普通高校专任教师三年共增加了 12.5 万

人，创造了我国高等教育发展史上的新纪录。扩招前与扩招后相比，全国高校专任教师中，具有博士、硕士研究生学历的比例上升了1.6个百分点；具有正副教授等高级职称教师的比例上升了5.2个百分点；45岁以下中青年教师的比例有了明显提升，其中，涌现出了一大批中青年学术骨干，高校师资队伍的结构趋于合理、优化（见表7－7）。

表7－7　扩招前后全国普通高校专任教师情况的比较

年　份		1998	1999	2000	2001	2001年比1998年增加
专任教师（万人）		40.73	42.57	46.28	53.19	30.59%
其中	高级职称比例（%）	34.67	38.81	39.43	39.86	5.19个百分点
	博士、硕士比例（%）	27.78	29.04	29.48	29.40	1.62个百分点
	45岁以下教师占专任教师总数比例（%）	75.56	77.30	78.38	78.89	3.33个百分点

促进了民办教育的发展。扩招以前，我国民办高等学校发展较慢，到1998年底，国家承认学历的民办高校仅有22所。实施扩招政策后，与强劲增长的社会需求相适应，政府因势利导，以满足广大人民群众的需求为政策指导，极大地推动了民办高校的发展。2001年与1998年相比，经教育部和地方政府批准的、具有学历文凭发放资格的全日制民办高校新增67所（尚不包括举办学历文凭认定资格考试的全日制民办教育机构数百所），相当于1998年前批准总数的三倍以上。

加快了高校后勤社会化进程。高校扩招碰到的首要问题是后勤保障能力不足，仅靠政府投入和扩大后勤职工队伍难以解决这一难题。为此，党中央国务院及时做出了高校后勤社会化改革的决策，国务院连续组织召开了三次全国高校后勤社会化改革工作会议，倡导通过企业投资、学校融资等方式进行学生公寓和后勤服务设施建设。仅2000、2001两年就新建学生公寓1900多万平方米、改造450万平方米，新建学生食堂260多万平方米、改造81万平方米。

增加了高等教育经费总量。扩招期间，全国高等教育经费收入来源呈现以下几个特点：

第一，政府财政性高教经费投入大幅增长。政府拨款从1998年的342.6

亿元增加到2001年的613.3亿元，增幅高达近80%；但政府高教拨款占普通高校总投入的比例却从62.9%下降至52.6%，体现了新形势下高教投入多元化和政府投入居主体地位的新特征。

第二，学校自筹收入增幅强劲。全国普通高校由多渠道构成的学校自筹收入，从1998年的202.2亿元增加到2001年的553.3亿元，增长了1.7倍，占普通高校总投入的比例也相应地从37.1%跃升至47.4%，成为高教经费来源的半壁江山。

第三，基于成本分担之上的学杂费收入增幅达2倍以上，成为支撑我国高等教育筹资多元化体制快速形成的最重要因素。从学校自筹经费中的学杂费收入看，2001年已达298.7亿元，是1998年的73.1亿元的4.1倍。由此可见，学校和广大学生家庭都为高校扩招做出了巨大的贡献。

表7-8 1998~2001年普通高校教育经费收入来源构成情况

（单位：亿元）

<table>
<tr><th colspan="3">年份</th><th>1998</th><th>1999</th><th>2000</th><th>2001</th><th>2001/1998</th></tr>
<tr><td colspan="3">总计</td><td>544.8</td><td>704.2</td><td>904.4</td><td>1166.6</td><td>2.14倍</td></tr>
<tr><td rowspan="7">其中</td><td rowspan="3">财政性教育经费</td><td>总额</td><td>342.6</td><td>429.5</td><td>512.7</td><td>613.3</td><td>1.79倍</td></tr>
<tr><td>比例（%）</td><td>62.9</td><td>61.0</td><td>56.7</td><td>52.6</td><td>-10.3个百分点</td></tr>
<tr><td>其中：基建拨款</td><td>65.0</td><td>74.7</td><td>71.4</td><td>70.9</td><td>1.09倍</td></tr>
<tr><td rowspan="4">学校自筹收入</td><td>总额</td><td>202.2</td><td>274.7</td><td>391.7</td><td>553.3</td><td>2.74倍</td></tr>
<tr><td>比例（%）</td><td>37.1</td><td>39.0</td><td>43.3</td><td>47.4</td><td>+10.3个百分点</td></tr>
<tr><td>其中：学杂费</td><td>73.1</td><td>120.8</td><td>192.6</td><td>298.7</td><td>4.1倍</td></tr>
<tr><td>比例（%）</td><td>13.4</td><td>17.2</td><td>21.3</td><td>25.6</td><td>+12.2个百分点</td></tr>
</table>

资料来源：教育部财务司历年教育经费统计资料。

（四）问题与不足

高校扩招有效地推动了我国高等教育的快速发展，促进了高等教育的大众化，为全面提高国民素质做出了积极的贡献。但是，受我国高等教育原有客观基础和社会发展水平的限制，高校扩招也给我国高等教育的发展带来了一些亟待解决的问题。

（1）高校扩招给高等教育的教学质量提出了严峻的挑战。高校扩招以来，虽然从总体上看，全国普通高校经费及教育资源总量与办学规模做到了同步增长，但是，由于地区间经济发展水平与财力投入水平差异较大，改革深入程度也有所不同，以致部分地区普通高校生均经费与生均办学条件有相当程度的下降，难以保证基本的教育质量与正常的教学秩序，严重影响了高等教育的可持续发展（参见表7－9）。

表7－9　2001年部分省（自治区）地方普通高校办学条件状况

项　　目	地方高校平均水平	明显低于全国平均水平的部分地区地方高校办学条件状况
生均教育事业费（元）	9791	贵州（3889）、青海（6305）、新疆（6509）、内蒙古（6841）、安徽（7230）、湖北（7654）、江西（7935）
生均预算内教育事业费（元）	6816	贵州（2125）、新疆（2162）、四川（3180）、湖南（3214）、河南（3284）、内蒙古（3470）、湖北（3702）、安徽（3710）、江西（3829）
生均预算内公用经费（元）	2614	内蒙古（248）、新疆（347）、贵州（408）、安徽（499）、湖南（969）
生均教学行政用房（m^2）	10.2	新疆（8.1）、甘肃（8.6）、内蒙古（8.9）、四川（9.1）、安徽（9.3）、宁夏（9.3）、山西（9.4）
生均教学仪器设备值（元）	5031	新疆（2229）、青海（2746）、安徽（3197）、山西（3217）、内蒙古（3333）、甘肃（3443）、贵州（3365）、四川（3372）

资料来源：教育部财务司历年教育经费统计资料。

从表7－9可以看出，2001年，有7个省（自治区）生均教育事业费投入（含预算内外）低于8000元，其中最低省份不足4000元，仅为全国平均水平的40%；有9个省（自治区）地方普通高校生均预算内教育事业费低于4000元，还不足全国平均水平的60%。其中，有2个省（自治区）生均事业费拨款仅为2100多元，还不足全国平均水平的1/3；全国平均生均预算内公用经费为2614元，竟有4个省（自治区）不足500元，尚不足全国平均水平的1/5。如此低的教育投入水平，实难保证基本的教学质量。生均教学行政用房、生均教学仪器设备值也存在类似状况。值得关注的是，上述情况几乎都发生在中西部省（自治区）。需要国家和当地政府适当加大投入力度，并注意调整发展速度。

（2）教师总量偏紧、生师比过高，成为高校进一步发展的瓶颈。从全国来看，扩招以后，在普通高等学校学生规模增长近1倍的情况下，教师总量只增长了31%，严重滞后于学生规模的扩大。2001年，全国普通高校生师比骤然增长为1∶18.2，东部地区部分省市普通高校平均生师比过高情况尤为突出，如广东、上海、江苏以及西部的四川等省市均已超过1∶20，已成为制约高等教育继续发展的瓶颈。从国际比较数据和对我国不同地区、不同类型高校的抽样实证调查来看，生师比的合理区间为1∶14~1∶16。生师比过高不利于教学质量和教师水平的提高。由于生师比过高，一些高校部分课程授课的班级规模越来越大，教学效果有所下降；由于工作量过重，部分教师无暇接触和指导学生，无暇自我“充电”；有些学校甚至由应届本科毕业生和在读研究生担任英语、计算机等公共基础课程的主讲教师。因此，补充教师队伍，扩大教师规模，成为当下高等学校师资队伍建设亟待解决的问题。

（3）专业与课程调整滞后，给毕业生就业带来不利影响。多年来，我国高等教育专业结构、培养目标调整，以及教学内容和课程体系更新严重滞后，使许多高校毕业生难以适应劳动力市场的需要。高校扩招以后，这一问题表现得更为突出，严重影响了毕业生对社会发展需要的适应能力，不利于他们的就业。

下篇 2000年以来教育的公平、质量与文化追求

>> 经过二十余年的改革开放，中国的市场经济快速发展。进入21世纪，以加入WTO为重要标志，社会主义市场经济体系已基本确立，教育发展也面临着一系列新问题、新挑战。

>> 中国的市场经济快速发展是建立在赶超型现代化模式之上的。它要充分利用部分区域（特别是东部沿海和大中城市）已有的良好基础，通过政策倾斜和资源（包括人力、物力和财力）集中，使之在外与世界先进水平不断接近，在内成为改革开放的前锋和先导。这一发展导向，在使一部分人先富起来，一部分地区先发展起来的同时，也带来了日益严重的经济和社会发展的结构性问题。这就是，贫富差距、城乡差距、东西部差距进一步拉大。这些问题作为教育发展的宏观背景，并与教育体系内部的结构性问题相互作用，使中国的教育公平问题在进入21世纪以后凸显出来。

>> 从教育系统内部来看，到了2000年，中国的义务教育基本普及，高等教育伴随着20世纪90年代后期开始的规模扩张，也逐步迈入大众化阶段。但是，与教育规模的不断扩张相比，教育的质量和品位，从硬件（教育、教学设施）到软件（教师的素质、教育教学水平、校园文化）以至教育管理体制等的发展存在滞后。于是，如何在增进数量、扩大规模的同时，保证和提高教育的质量，改善教育管理体制，成了不容回避的问题。

>> 市场经济带来了中国社会和文化的结构性变化。以个体经济、私营经济为主体的多元经济主体和多元经济结构业已形成，它在改变、重塑经济和政治间关系的同时，也在改变和重塑着人与人之间的社会关系：人身依附性明显减弱，人对于物的依赖性越来越强。文化市场化、大众文化蓬勃兴起，文化生产主体与文化消费主体的精神生活更加直接而紧密地联系起来，它们造就了多元文化主体，也造就出多元文化和多元价值观。加入WTO，标志着中国开始以体制化形式，越来越深地介入全球化的时代潮流之中。经济全球化，政治多极化，文化多元化，是这一发展态势的集中体现。在这种情况下，如何重建意识形态，提供新的社会发展愿景，在为体制改革提供必要理论基础的同时，凝聚和重塑民族精神，确立中国文化发展的自主性，参与国际性的文化对话和文化竞争，也成了一项十分紧迫的任务。

>> 上述三个方面，并不是2000年以来教育发展的全部问题，但确实是事关全局、具有普遍性和重大意义的历史课题，也是我们理解现实、展望未来的重要出发点。

第八章

追求教育公平

一、日益凸显的中国教育公平问题

2005年11月10日至12月8日，为了了解公众对我国教育的满意情况，21世纪教育发展研究院联合搜狐网站，在搜狐网的教育频道上进行了一次教育满意度问卷调查。教育满意度分项评价指标分为7个类别，共20个具体指标。7个类别分别是教育公平、教育收费、教育过程、教育决策与参与制度、教育质量、教育选拔制度、教育的个人效益和效能感。调查显示，公众对上述7类问题，满意度最低的是教育公平（36.84分），其次是教育收费。教育公平的满意度评价内容由城乡教育差距、地区教育差距、教育腐败、通过交纳赞助费或择校费进入“优质学校”、进城务工子女的受教育条件和环境、中小学的学校之间差距、政府在促进贫困地区的教育上所采取的措施等7个指标组成。调查结果显示，公众最不满意的教育公平问题是城乡教育差距（29.02分）。另外，地区教育差距、教育腐败、通过交纳赞助费、择校费进入“优质学校”、进城务工子女的受教育条件和环境、中小学的学校之间差距等5个指标的满意度分值也比较低，但对政府在促进贫困地区的教育上所采取的措施，有较积极的评价。教育公平满意度评价值的调查统计如表8－1。[①]

表8－1　教育公平满意度评价值的调查统计　（单位:%）

排序	教育满意度指标	满意度分值	低满意度群体	态度一般群体	高满意度群体
1	城乡教育差距	29.02	94.5	4.8	0.7
2	地区教育差距	31.56	91.5	5.0	3.5
3	教育腐败	34.42	83.1	11.9	5.0
4	通过交纳赞助费、择校费进入“优质学校”	36.62	78.7	10.7	10.6
5	进城务工子女的受教育条件和环境	37.19	80.1	16.3	3.6
6	中小学的学校之间差距	39.77	75.6	14.6	9.8
7	政府在促进贫困地区的教育上所采取的措施	46.11	58.2	26.2	15.6

“‘公平’作为一种价值范畴反映了人们从某种特定的标准出发在主观上对‘应得’与‘实得’是否相符的一种评价及体验”[②]，确实与“教育机会均等”有所不同，很可能因人而异，有一定主观性。然而，如果大多数人对同一个问题表达出大致相同的态度——即普遍感受是“不公平”，那么，这种感受就不再是个别人的主观偏好或态度，而是不平等现实的主观反映，它本身也构成了影响公共生活与社会和谐的现实因素。正像《当代中国社会阶层研究报告》[③] 所揭示的那样，教育在中国社会分层中所起的作用越来越大。因此，“‘教育机会均等’已经不再只是一个抽象的理论问题，而是一个具体的现实问题：它将直接或间接地决定着一个儿童和少年在未来一生的竞争中处于优势还是居于下风，进而会因为它的代际承传作用影响到其下一

① 2005年中国教育满意度调查．搜狐网教育频道，2006年1月20日。同时参见21世纪教育发展研究院编《2005年：中国教育发展报告》，社会科学文献出版社2006年版。

② 石中英．教育机会均等的内涵及其政策意义［J］．北京大学教育评论，2007（4）：81.

③ 陆学艺主编．当代中国社会阶层研究报告［M］．北京：社会科学文献出版社，2002.

代的发展的可能性”[①]。

杨东平在其所著的《中国教育公平的理想与现实》一书中，运用大量统计资料，比较有说服力地论证了中国教育公平的历史与现状。由于基础教育是每个国民生存发展的基础，也是接受更高一级教育的基础，因此，教育公平首先是基础教育的公平。在基础教育中，公平问题又首先表现为城乡教育的巨大差异：

就人均受教育年限来说，2000 年，中国人均受教育年限为 7.62 年，其中城市人口为9.80 年，农村人口为6.85 年，城乡差距为2.95 年。就在校生的城乡比例来看，学历层次越高，农村学生所占比例越小：2000 年，城市小学生升入初中的比例比农村高出 25.7%，而城市学生升入高中的比例则是农村学生的 9.4 倍。就不同学历人口在城、乡的分布来看，根据 2000 年第五次全国人口普查的抽样调查，农村中低学历人口远远高于城市（农村小学及小学以下学历人口占 51.5%，城市为 16.3%，前者是后者是 3.2 倍；初中学历人口，农村为 41.5%，城市为 32.4%，前者为后者的 1.28 倍）。相反，在高学历人口中，城市则大大地高于农村，其高中、中专、大专、本科、研究生学历人口比例，分别是农村的 3.5 倍、16.5 倍、55.5 倍、281.55 倍、323 倍。[②]

从地区差异来看，根据 2000 年中国第五次人口普查结果，各省、自治区、直辖市人口受教育程度的结构，仅以小学及小学以下人口占 6 岁以上总人口的比例而言，北京、上海、天津三市最低，从 20% 到 40% 不等；最高的是西藏、贵州、云南、青海和甘肃，都在 60% 以上，西藏高达 90%；其他省区在 50% 上下。这种呈梯状分布、两极分化的现象，充分说明了中国教育区域差异的结构性状况。如果把这种省区间差异进一步细化成区域内的城乡对比，2000 年我国东西部地区人均受教育年限如表 8－2。[③]

---

① 张玉林．中国城乡教育差距［J］．战略与管理，2002（6）：55.

② 杨东平．中国教育公平的理想与现实［M］．北京：北京大学出版社，2006：71～72.

③ 杨东平．中国教育公平的理想与现实［M］．北京：北京大学出版社，2006：83.

表 8－2　2000 年我国东西部地区人均受教育年限

		城市	乡村	城乡差距
全　国		9.80	6.85	2.95
西　部	青海	9.34	4.72	4.62
	甘肃	9.94	5.61	4.33
	贵州	9.27	5.30	3.97
	云南	9.42	5.61	3.81
东　部	山东	9.55	6.80	2.75
	江苏	9.66	7.15	2.51
	福建	9.31	6.81	2.50
	广东	9.57	7.37	2.20

表 8－2 说明，东西部之间的区域差异主要不表现在城市之间，而表现为城乡之间，实际上是另一种形式的城乡差异；越是经济上相对落后的区域，其城乡差距也就越大。潜藏在城乡、地区教育差异背后的，主要是教育资源（集中体现为教育经费）的差异。在资源差异背后，则是城乡间、地区间经济发展水平的差异。于是，一种恶性循环出现了：因为教育投入低，教育的发展水平便相对低下；而低下的教育水平，又反过来制约了当地的经济与社会发展。

很明显，在经济社会发展与教育发展的水平同时存在巨大差异的情况下，仅靠各个地区的自然发展来解决教育公平问题，将导致愈演愈烈的两极分化。因此，必须通过强有力的国家干预，对落后地区和弱势群体进行补偿。正如约翰·罗尔斯所说："补偿原则认为，为了平等地对待所有人，提供真正的同等的机会，社会必须更多地注意那些天赋较低和出生于较不利的社会地位的人们。这个观念就是要按平等的方向补偿由偶然因素造成的倾斜。遵循这一原则，较大的资源可能要花费在智力较差而非较高的人们身上，至少在某一阶段，比方说早期学校教育期间是这样。"① 然而，在城乡二元社会结构中，受赶超型现代化发展路径的影响，在社会本位（其实是经济本位）教育价值观和效率优先等观念的支配下，改革开放前 20 年的中国教育政策，明显侧重高等教育而相对忽视基础教育（这从国家教育经费在二者

① 约翰·罗尔斯. 正义论［M］. 何怀宏，译. 北京：中国社会科学出版社，1998：96.

间的分配上表现得很清楚）；在基础教育中，又以城市为中心；而在城市中，又有“重点”与“非重点”学校的区分。于是，教育资源不断向城市集中，向重点学校倾斜，如同在经济上提倡“让一部分人先富起来”一样，管教育和办教育的人脑子里也有一种“让一部分人先聪明起来”的潜意识。他们在把基础教育引向精英主义轨道的同时，也强化了教育中的应试主义倾向，从而与基础教育特别是义务教育全面培养全体国民基本素质的目标相矛盾。

在20世纪八九十年代，有一个口号喊得很响亮，叫做“人民教育人民办”。这个带有很强政策性的口号的提出，在当时确有其情非得已的缘由。为了推动商品和市场经济的发展，国家对各种新兴企业、新办产业采取了各种优惠政策。而中国的经济改革首先是从农村开始的，80年代后期和90年代前期，又是中国乡镇企业发展的“黄金时期”。办学首先要有经费。在这种情况下，“人民教育人民办”，实际上就是要把发展基础教育的责任交给地方，实行“地方负责，分级管理”，通过强化“三级办学，两级管理”的体制，依靠全社会的力量，广泛动员群众，多渠道筹集教育经费，以普及九年制义务教育。然而，到了90年代后期，一方面是主要发生在城市地区、以国有企业改革为重要内容的经济体制改革，使城市经济空前繁荣起来，另一方面是以包产到户为主要形式的农村已不再显示出特别优势且面临许多新问题，乡镇企业也因其先天不足而不断滑坡，“三农”问题变得空前严峻起来，再加上60年代生育高峰所带来的新一轮的人口和就学压力，包括学杂费在内的受教育费用不断高涨，这意味着很多孩子上不起学。于是，“地方负责，分级管理”的缺陷，在90年代末充分暴露出来。

“分级办学”制度无论是设计理念还是具体实践运行，都缺少公平地分配教育资源的要素。它将应该由国家、社会和家长共同承担的（农村）义务教育中的“义务”，主要转嫁给了农村社会和农民。作为这一制度的产出，虽然调动了地方政府和农民办学的“积极性”，但是由于主要依靠农村和农民兴办农村教育，在加重了农村和农民负担（从而也就影响了农村社会经济的发展）的同时，在客观上迟滞了农村教育的发展，造成了农村与城市之间教育机会不平等的延续乃至扩大。①

① 张玉林．分级办学制度下的教育资源分配与城乡教育差距——关于教育机会均等问题的政治经济学探讨［J］．中国农村观察，2003（1）：21.

其实，早在20世纪90年代初，“人民教育人民办”在被一些地方和学校作为摊派性集资的借口时，民间对它的理解就是：让人们履行出钱的义务。

再来看看重点学校制度。新中国的重点学校制度建立于20世纪五六十年代，“文化大革命”中因与平均主义思想路线相左而被彻底取消。改革开放之初，经济建设人才奇缺，为了“多出人才，快出人才，出好人才”，教育部根据邓小平同志的有关指示，先后颁布了《关于办好一批重点中小学试行方案》（1978年1月），《关于分期分批办好重点中小学的决定》（1980年10月），重点学校制度又重新恢复。通过政策倾斜，重点学校获得了优势教育资源、优秀教师和学业成绩优异的学生。“三优”的结合，使重点学校迅速脱颖而出，在短时间内成为高升学率学校，确实有效地为国家培养了一批急需人才，这种历史作用必须予以肯定。

进入90年代，随着“素质教育”问题的提出，以及市场经济发展所带来的公平意识的发展，重点学校开始成为人们批评的对象。批评主要在两个层面展开：其一，重点学校“重点”而乏“特点”——既乏独特教育理念，亦乏自己的办学特色。如果说有什么特色的话，那就是升学率最高、“应试教育”做得最好，正是重点学校在引导普通教育围绕着升学率而展开愈演愈烈的教育竞争，这恰恰是与全面发展的教育观以及后来所提倡的素质教育背道而驰的。其二，重点学校制度违反教育公平原则。国家和各级政府把有限的公共教育经费大量倾注在重点学校上，一方面是不少重点学校的过度建设、过度奢华，另一方面是大多数普通学校缺乏基本的办学、教学条件，不仅进一步加剧了城乡差距，而且使城市学校两极分化。重点学校从小学就开始设立，这意味着学生的分化也要从小学开始，从而使很多学生从小学开始就处在升学竞争不利的地位。更重要的是，重点学校招收学生并不是按照同一尺度（比方说考试成绩）进行的，总有数量不等的“条子生”和“经费赞助生”，这意味着有钱有权阶层可以利用自己的外在优势为自己的子女谋取优势教育资源。或许是作为对上述批评和质疑的回应，1995年，国家教委发布《关于评价验收1000所左右示范性普通高级中学的通知》，提出从1995年到1997年，根据有计划、有步骤、分期分批建设的原则，分三批评价验收1000所左右的示范高中。可是，由于“对重点学校发展、示范高中与重点学校的关系并未作出明确的说明，一些地方用示范性高中取代了重点高中，一些地方还用星级学校替代了重点学校，在实践上二者并无实质差别"①。有学者在反思这种效率优先的精英主义教育体制所导致的实践后果（特别是教育不公）后曾这样指出：

无论是从中国社会发展的公正与效率而言，还是从市场经济与民主制度的发展来看，培养每个受教育者的公民意识与公民能力，是现代社会进步的根本支点。学校是公民理性训练和人格培养的机构，而不仅仅是训练一批领导大众的精英。因为在精英主义导向下的教育选拔机制仅仅使所有入学求教者参与到教育的等级竞争中，成功的比例是既定的，而大部分将不断地被淘汰出去，成为教育的局外者。因此，制度本身的改革是必要的。②

为了解决义务教育的均衡发展问题，"十五"期间，国家先后出台了《关于基础教育改革与发展的决定》、《国务院关于进一步加强农村教育工作的决定》，提出各级政府要增加对义务教育的投入，作出了西部地区"两基"攻坚的战略部署，以及新增教育经费主要用于农村的重大决策。与此同时，中央和地方还设立了专项教育基金，先后实施了"国家贫困地区义务教育工程"、"全国中小学危房改造工程"、"两免一补"等重要工程项目。

2001年6月11日，国务院举行全国基础教育工作会议。会议的主要任务是：以全面实施素质教育为核心，以调整农村义务教育管理体制为重点，进一步加快基础教育的改革与发展，努力提高基础教育的质量和水平，为改革开放和现代化建设提供强大的人才储备和智力支持。会议召开之前，国务院就公布了《关于基础教育改革与发展的决定》。参加会议的有各省、自治区、直辖市人民政府的主要负责人、分管教育工作的负责人以及教育、财政部门的负责人，部分中央和国家机关、群众团体的负责人以及计划单列市政府、新疆生产建设兵团的负责人等。这次会议，实际上是由国务院亲自出面，动员各级政府认真落实有关决定。它的召开，表现出国家对基础教育特别是农村教育前所未有的重视。《关于基础教育改革与发展的决定》的核心内容是"完善管理体制，保障经费投入，推进农村义务教育持续健康发展"。

① 李崇爱，王晶善．我国基础教育"重点学校"政策失当的政策学分析［J］．辽宁教育研究，2007（6）：34．

② 金生鈜．精英主义教育体制与重点学校［J］．教育研究与实验，2000（4）：21．

主要内容为：

进一步完善农村义务教育管理体制。实行在国务院领导下，由地方政府负责、分级管理、以县为主的体制。国家确定义务教育的教学制度、课程设置、课程标准，审定教科书。中央和省级人民政府要通过转移支付，加大对贫困地区和少数民族地区义务教育的扶持力度。省级和地（市）级人民政府要加强教育统筹规划，搞好组织协调，在安排对下级转移支付资金时要保证农村义务教育发展的需要。县级人民政府对本地农村义务教育负有主要责任，要抓好中小学的规划、布局调整、建设和管理，统一发放教职工工资，负责中小学校长、教师的管理，指导学校教育教学工作。乡（镇）人民政府要承担相应的农村义务教育的办学责任，根据国家规定筹措教育经费，改善办学条件，提高教师待遇。继续发挥村民自治组织在实施义务教育中的作用。乡（镇）、村都有维护学校的治安和安全、动员适龄儿童入学等责任。

这一管理体制改革的重要发展在于：进一步明确了国家和地方在发展农村义务教育上的责任；确立了国家和省级政府在义务教育经费提供中负主要责任，并通过转移支付扶持贫穷和少数民族地区的义务教育；鼓励民间组织支持教育事业，基层政府组织筹措教育经费要按规定进行。

2003年9月19日，全国农村教育工作会议在国务院主持下召开。正如温家宝总理在会议上所强调的那样，“要充分认识农村教育在全面建设小康社会中的基础性、先导性、全局性作用，充分认识农村义务教育在整个国民教育体系中举足轻重的地位。发展农村教育，有利于提高农村人口的素质，有利于缩小城乡差别和实现社会公平，有助于积累国民经济增长的后劲。没有农村全面‘普九’，没有农民素质的全面提高，就很难实现全面小康。”① 会议期间，新华社于9月20日播发了《国务院关于进一步加强农村教育工作的决定》。这表明，国家已从全面建设小康社会的总体目标出发，针对农村教育中存在的突出问题，对中国农村教育进行独立规划、系统建设、全面安排，并把缩小教育的城乡差距、地区差距作为实现社会公平的重要举措。

《国务院关于进一步加强农村教育工作的决定》共8部分31条。主要内

① 温家宝．在全国农村教育工作会议上的讲话［N］．中国教育报，2003－09－20．

容包括：明确农村教育在全面建设小康社会中的重要地位，把农村教育作为教育工作的重中之重；加快推进“两基”攻坚，巩固提高普及义务教育的成果和质量；坚持为“三农”服务的方向，大力发展职业教育和成人教育，深化农村教育改革；落实农村义务教育“以县为主”管理体制的要求，加大投入，完善经费保障机制；建立健全资助家庭经济困难学生就学制度，保障农村适龄少年儿童接受义务教育的权利；加快推进农村中小学人事制度改革，大力提高教师队伍素质；实施农村中小学现代远程教育工程，促进城乡优质教育资源共享，提高农村教育质量和效益；切实加强领导，动员全社会力量关心和支持农村教育事业。

正如教育部周济部长在教育部第十次新闻通气会上所指出的那样，自从2001年开始实施“以县为主”的农村教育管理体制以来，我国农村教育的发展正在发生巨大变化，这是继“两基”之后，我国农村教育历史上的又一次新突破，初步实现了从“农村教育农民办”到“农村教育政府办”的战略性变化。① 由于上述决策顺民心、得民意，又有较为具体的配套措施作保障，从2000年到2004年，在短短几年时间里，中国义务教育资源配置已开始发生积极变化。根据《国家教育督导报告（2005）》，全国城乡之间以及东、中、西部地区之间义务教育资源配置总体情况变化如下：

（1）政府对义务教育投入的增长率农村高于城市，生均拨款的城乡之比有所缩小。

2000～2004年，全国农村义务教育生均预算内事业费，小学由413元增加到1014元，年均增长25%，初中由534元增长到1074元，年均增长20%，均高于城市6个百分点。小学、初中生均预算内事业费的城乡之比都由1.5∶1缩小为1.2∶1。

全国农村义务教育生均预算内公用经费增长更快，城乡差距缩小更为明显，小学城乡差距由2.6∶1缩小为1.4∶1，初中由2.4∶1缩小为1.3∶1。

（2）农村校舍面积增长较快，大部分省生均校舍面积城乡基本相近。

2002～2004年，全国农村中小学新建和改造校舍1亿多平方米，农村小学生均校舍建筑面积从4.7平方米增加到5.2平方米；农村初

① 温红彦，丁伟. 我国农村教育已从“农民办”变为“政府办”［N］. 人民日报，2003-09-16.

中生均校舍建筑面积从4.8平方米增加到5.4平方米。到2004年，全国大部分省中小学生均校舍建筑面积城乡已基本相近。农村中小学新增校舍质量明显提高，许多校舍由土坯房改建成砖瓦房、楼房。

(3) 教师学历合格率进一步提高，城乡间、地区间差距较小。

2002~2004年，全国农村小学教师学历合格率从96.7%提高到97.8%，城乡差距从2.2个百分点缩小为1.5个百分点。西部地区小学教师学历合格率从95.4%提高到97.0%，与东部地区的差距由3个百分点缩小到2个百分点；中部与东部地区缩小到1个百分点左右。同期，初中教师学历合格率的城乡间、地区间差距也呈缩小态势。

(4) 全国农村学校现代教育技术装备水平有较大提高，城乡差距有所缩小。

2002~2004年，农村初中每百名学生拥有计算机台数由2.0台提高到3.2台，增长近60%，建网学校比例由6.3%增加到13.1%。农村小学每百名学生拥有计算机台数和建网学校比例也有所提高，许多学校计算机配备实现了从无到有。①

而省域内的教育资源配置状况也得到了相应改善：

(1) 生均预算内事业费差距缩小。

近年来，各级政府调整财政支出结构，加大转移支付力度，农村中小学教师工资拖欠问题基本解决，义务教育生均预算内事业费的城乡差距［城乡差距用生均指标平均值的城乡之比（之差）来反映］与县际差距［县际差距是将各省（自治区、直辖市）的县（市、区）平均分为5组，用最高组与最低组生均指标的平均值之比（之差）来反映］逐年缩小，小学尤为明显。

2000~2004年，有29个省小学生均预算内事业费的城乡差距缩小，其中有一半的省较为明显，山东、湖北、吉林和内蒙古缩小幅度高出全国1倍。

2004年，城乡差距较小且农村生均水平在本地区较高的省，东部地区有北京、辽宁和浙江；中部地区有吉林和黑龙江；西部地区有内蒙、青海和云南。这8省（市）的城乡差距均在1.1∶1以下。

与2000年相比，2004年有21个省的小学、19个省的初中生均预

① 国家教育督导团. 国家教育督导报告（摘要）［N］. 中国教育报，2006-02-24.

算内事业费的县际差距也呈缩小态势。

（2）教师学历合格率差距进一步缩小。

“十五”初期，省域内小学教师学历合格率的城乡差距和县际差距已经较小，初中教师的城乡差距也较小，但县际差距较为明显。经过几年的努力，小学、初中教师学历合格率的县际差距均在缩小。

2002～2004年，各省初中教师学历合格率的县际差距均有所缩小，其中广东、广西、山西等15个省区缩小了5个百分点以上，陕西、贵州和青海尤为明显，缩小9个百分点左右，且最低组的县教师学历合格率平均从70%左右提高到80%以上。

2004年，有13个省初中教师学历合格率的县际差距较小，在10个百分点以下。其中，上海和北京县际差距最小，均在3个百分点之内，其最低组的县平均水平已达96%以上；浙江和吉林的县际差距均在5个百分点左右，其最低组的县平均水平达到94%。

（3）生均校舍建筑面积，大部分省的城乡基本相近，县际差距缩小。

近年来，校舍建设与改造工程的实施，使各地区农村和低水平县义务教育生均校舍建筑面积明显提高，城乡差距、县际差距进一步缩小。

2002年以来大部分省小学、初中生均校舍建筑面积的城乡差距逐年缩小，到2004年有24个省城乡其中原来小学生均校舍建筑面积城乡差距较大的山东、江苏、天津、河北、河南、安徽、甘肃、新疆、西藏、贵州等10个省区，农村小学生均校舍面积增长较快，到2004年城乡差距已很小；原来初中生均校舍建筑面积城乡差距较大的贵州等5省，农村初中生均校舍面积逐年增长，到2004年城乡基本相近。①

当然，教育公平状况的明显改善，并不意味着有关问题得到了根本性解决。国家督导团的这个报告同时也指出了其间存在的主要问题。在城乡和地区之间，这些问题表现为：生均拨款水平，中西部地区过低，与东部地区的差距进一步拉大；生均教学仪器设备配置水平，农村和中西部地区仍然较低，城乡间、地区间差距均较大；义务教育学校的中级以上职务教师比例，

① 国家教育督导团．国家教育督导报告（摘要）［N］．中国教育报，2006－02－24．

城乡间、地区间差距较大。在省域内，生均预算内公用经费县际差距较大，生均教学仪器设备值差距明显，1/3 以上省份的差距还有所扩大；中级及以上职务教师的比例差距较大。

在这种情况下，反对“教育产业化”，实行免费的义务教育，建立公共教育体系，进一步促进教育的均衡发展，已开始成为民众、学界和政府的共识。于是，2005 年成为中国教育改革发展的一个标志性年份。

2005 年 3 月 3 日，《人民日报》发表题为《教育公平：和谐社会的基石》的短评，文章引用了新出炉的《关于我国高等教育公平问题的研究报告》，指出清华、北大在 20 世纪 90 年代以来招收的新生中，农村学生比例呈下滑趋势。作者评价：“教育的基本功能之一，就是缩小贫富差距，促进社会平等……如果教育反而扩大社会差距，那岂不是背离了初衷?”

“三大不公”困扰教育。

梳理人们当前对教育公平性和公正性的种种质疑，大致有三大层面。

首先是城乡受教育机会的不均衡——据国家相关课题组调查显示，近年来，随着学历人口增加，城乡之间的差距逐渐拉大。现在，城市人口拥有高中、中专、大专、本科、研究生学历的人数，分别是农村人口的 3.5 倍、16.5 倍、55.5 倍、281.55 倍、323 倍。南京学者张玉林研究了北大和清华二十年来的招生情况，结果令人惊叹：以 1999 年为例，两校招收的本科生中农村学生只占 17.8%，与农村人口占全国总人口近 70% 形成鲜明对比。

其次是国家名校招生指标对广大“外省人”的不公。对于普通国民来说，国家正义的最重要象征之一，就是最高学府公正地向各地国民敞开大门。但现实是，多数省份的孩子考上名牌大学，要比大都市的孩子付出大得多的心血。至于这一招生指标如何产生，循何标准，很多大学校长自己也解释不清。

2005 年“两会”期间，全国人大代表、政协委员纷纷提出“高招指标分配不能搞地域歧视”，引起公众热切关注。《新京报》记者就此采访了北大等几所知名大学负责人，他们均承认招生指标确实存在各地不均衡现象，但问及“是否公平”时，却大都含糊其辞了。北京大学校长许智宏称，如果不定额分配的话，“西藏的学生就没有办法读北大了”，现行制度“确保每个省都有最好的学生进入国家最好的大学，从这个意义上来讲，是公平的”。原清华大学校长王大中则说："对于清华、北大、复旦这些国内顶尖高校来说，给一个省100个名额，给另一个省50个名额，哪个公平，这不好说，没有一个绝对的衡量标准。"相比起来，复旦大学校长王生洪的回答倒较为明确："上海市对复旦的支持非常大，所以复旦在上海的招生人数相对要多一些。"王生洪坦言，高校在一定自主权限内，一般都会优先考虑高校所在地。但公众显然并不认同校长们的观点。《中国青年报》调查显示，89.3%的人认为，目前全国重点大学招生指标的分配是不公平的。有批评指出："这是以'扶弱'之名，行'济强'之实。"

2005年"两会"上，来自湖北团的全国人大代表洪可柱在其关于"高招制度"改革的著名议案中，对当下招生配额不公的具体情形，进行了一番精细的分析："据不完全统计，恢复高考制度二十多年来，清华、北大在湖北省每校每年招生人数不足百人，在北京市则不低于500人，招生人数两者相差5倍；而湖北省总人口7500万人，北京市总人口1500万人，相差5倍。即同等条件下，如果湖北省只有一个招生指标，北京市却拥有25个指标，这是多么严重的不公平！据统计，湖北省考生上清华、北大的平均分数比北京市考生要高160分！"

学者张玉林先生也解剖了"清华"神话：在迄今为止的二十多年间，清华大学投放北京市的招生名额始终超过苏、皖、鄂、川4省总和，2001年则占其招生总数的18%，而当年北京高中毕业生数量只占全国总量的0.9%。结果必然是各地录取比例和分数线的极大悬殊。

除了城乡差异与招生指标的不公平外，还有一种不公平，它是由各种特殊招生手段造成的不公。朱尚同等"湖南教育界五老"观察到，目前高校招生有几类降分录取：一是"定向生"，省属院校可按规定的录取线下降20分。二是"二级学院"，各校录取线按生源多少而定，可以降100分甚至更多。三是"专升本"，向专科生收费取得本科资格。

对教育中存在的不公平现象，政府显然已经充分意识到。教育部日前表示，将把教育投入增加部分主要用于农村，从根本上促进教育公平。在高等教育阶段，将力求建立一套完整的国家助学体系……这不能不说是一种好的开端。

二、公共政策转向与制度安排
——义务教育阶段的新突破

2005年，被人们称为“中国教育公共政策发生宏观转向的转折之年”。

在建设和谐社会、贯彻科学发展观的新的社会背景之下，围绕制定“十一五”规划、制定《面向2020年的教育发展与改革纲要》，以及《义务教育法》修改等，一些社会强烈关注的教育问题终于提到了改革的议事日程上。①

2005年12月24日，国务院发布《关于深化农村义务教育经费保障机制改革的通知》。《通知》进一步阐述了深化农村义务教育经费保障机制改革的意义、内容、步骤和组织保障。其内容包括：

按照“明确各级责任、中央地方共担、加大财政投入、提高保障水平、分步组织实施”的基本原则，逐步将农村义务教育全面纳入公共财政保障范围，建立中央和地方分项目、按比例分担的农村义务教育经费保障机制。中央重点支持中西部地区，适当兼顾东部部分困难地区。

（1）全部免除农村义务教育阶段学生学杂费，对贫困家庭学生免费提供教科书并补助寄宿生生活费。2005年12月23日召开的国务院常务会议提出：从2006年开始，全部免除西部地区农村义务教育阶段学生学杂费，2007年扩大到中部和东部地区，对贫困家庭学生免费提供教科书并补助寄宿生生活费。免学杂费资金由中央和地方按比例分担，西部地区为8：2，中部地区为6：4；东部地区除直辖市外，按照财力状况分省确定。免费提供教科书资金，中西部地区由中央全额承担，东部地区由地方自行承担。补助寄宿生生活费资金由地方承担，补助对象、标准及方式由地方人民政府确定。

（2）提高农村义务教育阶段中小学公用经费保障水平。在免除学杂费的

① 杨东平. 中国教育公平的理想与现实［M］. 北京：北京大学出版社，2006：55.

同时，先落实各省（自治区、直辖市）制定的本省（自治区、直辖市）农村中小学预算内生均公用经费拨款标准，所需资金由中央和地方按照免学杂费资金的分担比例共同承担。在此基础上，为促进农村义务教育均衡发展，由中央适时制定全国农村义务教育阶段中小学公用经费基准定额，所需资金仍由中央和地方按上述比例共同承担。中央适时对基准定额进行调整。

（3）建立农村义务教育阶段中小学校舍维修改造长效机制。对中西部地区，中央根据农村义务教育阶段中小学在校生人数和校舍生均面积、使用年限、单位造价等因素，分省（自治区、直辖市）测定每年校舍维修改造所需资金，由中央和地方按照5：5比例共同承担。对东部地区，农村义务教育阶段中小学校舍维修改造所需资金主要由地方自行承担，中央根据其财力状况以及校舍维修改造成效等情况，给予适当奖励。

（4）巩固和完善农村中小学教师工资保障机制。中央继续按照现行体制，对中西部及东部部分地区农村中小学教师工资经费给予支持。省级人民政府要加大对本行政区域内财力薄弱地区的转移支付力度，确保农村中小学教师工资按照国家标准按时足额发放。

基本步骤。农村义务教育经费保障机制改革，从2006年农村中小学春季学期开学起，分年度、分地区逐步实施。

2006年，西部地区农村义务教育阶段中小学生全部免除学杂费；中央财政同时对西部地区农村义务教育阶段中小学安排公用经费补助资金，提高公用经费保障水平；启动全国农村义务教育阶段中小学校校舍维修改造资金保障新机制。

2007年，中部地区和东部地区农村义务教育阶段中小学生全部免除学杂费；中央财政同时对中部地区和东部部分地区农村义务教育阶段中小学安排公用经费补助资金，提高公用经费保障水平。

2008年，各地农村义务教育阶段中小学生均公用经费全部达到该省（自治区、直辖市）2005年秋季学期开学前颁布的生均公用经费基本标准；中央财政安排资金扩大免费教科书覆盖范围。

2009年，中央出台农村义务教育阶段中小学公用经费基准定额。各省（自治区、直辖市）制定的生均公用经费基本标准低于基准定额的差额部分，当年安排50%，所需资金由中央财政和地方财政按照免学杂费的分担比例共同承担。

2010年，农村义务教育阶段中小学公用经费基准定额全部落实到位。

农垦、林场等所属义务教育阶段中小学经费保障机制改革，与所在地区农村同步实施，所需经费按照现行体制予以保障。城市义务教育也应逐步完善经费保障机制，具体实施方式由地方确定，所需经费由地方承担。其中，享受城市居民最低生活保障政策家庭的义务教育阶段学生，与当地农村义务教育阶段中小学生同步享受“两免一补”政策；进城务工农民子女在城市义务教育阶段学校就读的，与所在城市义务教育阶段学生享受同等政策。

为了落实这个通知精神，一方面，教育部和财政部连续下发了八个配套文件；另一方面，国家又组织中西部省区的财政、教育部门人员，举办了“农村义务教育经费保障机制改革”培训班。

2006年3月，十届全国人大四次会议在北京召开。温家宝总理在会议上宣布，从2006年起用两年时间，全部免除义务教育阶段学生学杂费。这一政策将惠及我国农村地区约1.5亿儿童，他们占全国小学生总数的80%。同年6月29日，修订后的《中华人民共和国义务教育法》公布，自当年9月1日起实施。该法把均衡发展作为义务教育的根本指导思想；明确了义务教育承担实施素质教育的重大使命，回归了义务教育的本性——既是公民应尽的义务，更是国家的义务，并通过免费来进一步体现其公益性；进一步完善了义务教育的管理体制，在“以县为主”管理体制的基础上，进一步加大了省级政府的统筹责任，确立了义务教育经费保障机制——这意味着“人民教育人民办”这一似是而非的口号的终结，以及以“人民教育国家办”为前提的公共教育体系的法制化。对其他一些直接或间接影响教育公平的问题，《义务教育法》从保障平等地接受义务教育的立场出发，作出了明确的规定：“父母或者其他法定监护人在非户籍所在地工作或者居住的适龄儿童、少年，在其父母或者其他法定监护人工作或者居住地接受义务教育的，当地人民政府应当为其提供平等接受义务教育的条件”；“县级以上人民政府及其教育行政部门应当促进学校均衡发展，缩小学校之间办学条件的差距，不得将学校分为重点学校和非重点学校。学校不得分设重点班和非重点班”；“县级以上人民政府及其教育行政部门不得以任何名义改变或者变相改变公办学校的性质”。对违反上述规定的行为，该法还明确了具体的惩处措施。

随着《关于深化农村义务教育经费保障机制改革的通知》和新《义务教育法》等的实施，多年困扰中国发展的一些关键性问题，正在实现重大突破。请看下面的一则报道：

在教育进入新的大发展阶段之后，教育公平日益成为新的历史时期我国社会生活和教育领域备受关注的热点问题，教育均衡发展日益成为关系国家战略的重大问题。以2005年国务院关于深化农村义务教育经费保障机制改革为突破口，我国义务教育迈向均衡发展、追求教育公平，并逐步走向免费义务教育的新阶段，实现了义务教育由全面普及向免费发展的新的更大跨越。以此为契机，在国家强力推进下，中国城乡义务教育免费三年迈出了三大步，实现了最初由经济欠发达、条件最艰苦、攻坚难度最大的西部农村突破，后逐步向农村延伸，再向全国城乡全面辐射的渐进式推进的三次飞跃发展，实现了免费义务教育发展的新的“三级跳”。2006年春季学期开始，国家农村义务教育经费保障机制改革率先在西部实施，首先在西部农村实行了义务教育免除学杂费。“新的学期到学校，两免一补真热闹；爸爸妈妈开怀笑，同学们乐得呱呱叫；老师轻松把名报，勤奋学习把国报。”这首当时流传在重庆市石鞋中学的新童谣，真实生动地反映了学生和家长的喜悦心情。2007年春季学期开始，这一政策在全国农村地区全面推开，全国农村全部免除义务教育阶段学杂费，实现免费上学，惠及1.5亿农村学生。2008年秋季学期开始，全部免除城市义务教育学杂费。

2008年9月1日，是一个注定要被载入史册的日子，继去年全面推行农村义务教育免除学杂费政策后，这一天，国家在全国范围内全部免除城市义务教育学杂费，它预示着我国义务教育阶段学生全部实现了免费上学，中国实现了全部免除城乡义务教育学杂费的宏伟目标。至此，从广袤的北国到秀美的江南，从茫茫的海滨岛屿到巍巍的边陲山寨，无论在繁华的都市，还是在宁静的山乡，免费义务教育的灿烂阳光，照亮了神州大地的每一所学校、每一名学生。这标志着中国又一次实现了义务教育发展的新跨越，全面进入了免费义务教育的新阶段，进入了义务教育发展的新时代。①

与教育公平有关的，还有免费师范生教育政策的恢复和试行。2007年3

① 翟博，中国义务教育发展的新跨越——写在全国免除城市义务教育学杂费之际[N]. 中国教育报，2008-09-08.

月5日，温家宝总理在十届全国人大五次会议上的政府工作报告中指出，为了促进教育发展和教育公平，将在教育部直属师范大学试行免费师范生教育。5月9日，国务院办公厅转发了《教育部直属师范大学师范生免费教育实施办法（试行）》。长期以来，由于区域发展不平衡，农村地区，特别是中西部农村地区，师资流失严重，高水平师资缺乏，教师的年龄结构出现断层危机。① 与教育经费、教育设施等显性指标相比，教师素质差异所产生的教育公平问题显然更加隐蔽，也更具根本性。免费师范生制度有三个重要的政策指向：其一，"免费"，通过全面解决学生的生活和教育费用，鼓励有志于从事教育工作的师范生，为家境贫寒的学生提供优良学习条件；其二，是面向农村，特别是西部农村培养师资；其三，优质，即充分利用部属师范大学的优质教育资源以及相互配套的教育、教学模式，造就优质师资，使他们中的一部分人，能成为未来的教育家，成为带动特定地区教师整体素质提高的中坚力量。

2005年以来，以义务教育阶段公共教育的政策转向为代表，中国教育公平面貌正在发生根本性的变化，公众对于义务教育的满意度也有了明显提升。杨东平牵头完成的2008年中国教育蓝皮书《深入推进教育公平》提供的资料：

2007年，中央和地方政府优先发展教育，继续深入推进教育公平，优先发展和投资教育正在形成风气，农村免费义务教育顺利推进，国家建立了新的贫困学生资助体系，教育部直属的6所师范院校实行师范生免费政策，中等职业教育快速发展。据对城乡居民进行的调查显示，公众的教育满意度有所提升，满意度均值为3.538，各项指标的注意度都在3分到4分之间，即公众的教育评价介于"一般"到"比较满意"之间。

相应地，人们关注的问题也开始发生变化：

治理义务教育阶段"择校热"正在艰难推进。农村在基本实现了免费义务教育之后，教师成为农村义务教育的突出问题，城市流动儿童的教育则成为最突出的问题。

---

① 于翔，姜红，江永玮．解读师范生的"回归"带来的机遇与挑战［J］．文教资料，2007（11－下旬）：178～179.

中国教育正面临一个历史性的转折点：从满足基本需要，到有可能追求好的教育、理想的教育。教育问题正在从外部逐渐转移为以内部问题为主，正在由硬件建设转为以“软件”的更新提升为主。①

① 高莎. 2008年中国教育蓝皮书发布—公众教育满意度有所提升［N］. 工人日报，2008-03-20（5）.

第九章

高等教育：从扩大规模到提高质量

进入新世纪以来，中国高等教育沿着1998年确立的“扩招、合并、收费”的改革路径继续前行，扩招的力度加大，合并的学校增多，收费引起的争议不断。为促进高等教育发展从数量向质量的转变，国家对大学实施教学评估和质量工程。相关措施，对我国的高等教育质量等产生了多方面影响。

一、2000年以来的高等教育改革

（一）高校扩招增速

1999年的高校扩招，像1977年恢复高考一样，成为振奋全民族教育精神的重大事件，为新一轮的教育改革注入了新的强大动力。

进入新世纪后，高等教育扩招的力度更大，普通高等教育本专科招生从1998年的108.36万人增加到2007年的565.92万人，增加将近5倍（见表9－1），研究生招生人数也从1998年的7万人增加到2007年的41万人，增加了将近6倍（见表9－2）。

表 9－1 2000～2007 年普通高校本专科扩招一览表 （单位：万人）

年份	招生人数	比上年增加	在校生人数	比上年增加	毕业生人数	比上年增加
2000	220.61	60.93	556.09	142.67	94.98	10.22
2001	268.28	47.67	719.07	162.98	103.63	8.65
2002	320.50	52.22	903.36	184.29	133.73	30.10
2003	382.17	61.67	1108.56	205.20	187.75	54.02
2004	447.34	65.17	1333.50	224.94	239.12	51.37
2005	504.46	57.12	1561.78	228.28	306.80	67.68
2006	546.05	41.59	1738.84	177.06	377.40	70.60
2007	565.92	19.87	1884.90	146.06	447.79	70.39

说明：表内数据来自教育部全国教育事业发展统计公报。

表 9－2 2000～2007 年高校研究生扩招一览表 （单位：万人）

年份	招生人数	比上年增加	在校生人数	比上年增加	毕业生人数	比上年增加
2000	12.85	3.63	30.12	6.77	5.88	0.41
2001	16.52	3.67	39.33	9.21	6.78	0.90
2002	20.26	3.74	50.10	10.77	8.08	1.30
2003	26.89	6.63	65.13	15.03	11.11	3.03
2004	32.63	5.74	81.99	16.86	15.08	3.97
2005	36.48	3.85	97.86	15.87	18.97	3.89
2006	39.79	3.31	110.47	12.61	25.59	6.62
2007	41.86	2.07	119.50	9.03	31.18	5.59

说明：表内数据来自教育部全国教育事业发展统计公报。

除了普通高校的本专科招生和研究生招生在急剧增加外，成人高等教育招生也在稳步增长，从 1999 年的 115.77 万人增加到 2007 年的 191.11 万人。全国高等教育各类在校生总人数由 1999 年的 718.91 万人增加到 2007 年的 2700 万人，高等教育毛入学率由 1999 年的 10.5% 增加到 2007 年的 23%。[①] 这一扩招规模和增幅在历史上是十分罕见的。中国高等教育规模已先后超过

① 本组数据均来源于教育部全国教育事业发展统计公报。

俄罗斯、印度和美国，跃居世界第一。经过短短数年的艰苦努力，在国内人均生产总值1000多美元的条件下，中国高等教育发展走完了其他国家三五十年甚至更长时间所走的道路。

高校扩招带来的影响是多方面的，对高校扩招的解读也是多种多样的，但一个显而易见的事实是，通过高校扩招，中国高等教育由精英教育向大众教育的转变得以实现。在2003年这个载入高教发展史的年份，中国高等教育毛入学率达到17%，意味着高教大众化时期的正式到来。解决了数量和规模之后，提高高等教育的质量问题被提上日程。

（二）高校合并基本完成

与高校扩招相伴的是高校合并。从20世纪90年代初开始，国家按照“共建、调整、合作、合并”的八字方针，改革计划体制下形成的部门办学的管理体制，下放、调整、合并高等学校，将大多数高等学校的管理权下放到各省、自治区、直辖市。

2006年以后，除西南师范大学和西南农业大学合并为西南大学等个别案例外，中国现阶段的高校合并基本完成。

目前，“985工程”高校中尚未参与合并的高校有：西北工业大学、北京航空航天大学、北京理工大学、中国人民大学、北京师范大学、南京大学、天津大学、大连理工大学、中国海洋大学、厦门大学、中央民族大学。

（三）高校收费与国家助学体系的完善

高校收费是我国高考制度中一个极其重要的附件，20世纪90年代后期的高校收费改革，使贫困家庭的子弟就读大学面临困难。目前一些最普通的高校公布的学费，一般专业也要4000~6000元，外语专业8000元以上，艺术专业1万元以上。加上教材费、住宿费、伙食费、保险费等等，即使收费相对低的最冷门专业，一年至少得花费万元以上。中国人均年收入仅8000元上下，且贫富悬殊，城乡低收入家庭基数较大，其中尤以人均年收入至今不足3000元的农村为多。按现在的学费水平，城镇居民的平均年收入不够一个大学生一年的最低费用，对农村来说，这最低费用要花去三四个农民人均年收入的总和，收入远低于平均数的贫困人口就得更多人不吃不喝才够一个大学生一年的学习费用。教育费用成了我国一般家庭最大一笔支出，是大多数家庭不得不背负的沉重经济负担。

为确保来自贫困家庭的大学生能顺利完成学业，国家完善了以奖学金、学生贷款、勤工助学、特殊困难补助和学费减免为主体，多元化的资助贫困家庭学生的政策体系，以确保“不让一名学生因家庭贫困而辍学”。

奖励政策包括：（1）国家励志奖学金。国家励志奖学金是为了激励普通本科高校、高等职业学校和高等专科学校的家庭经济困难学生勤奋学习、努力进取，在德、智、体、美等方面全面发展，由中央和地方政府共同出资设立的，奖励资助品学兼优的家庭经济困难学生的奖学金。国家励志奖学金每学年评选一次，实行等额评审。每人每年资助5000元，每年9月30日前，学生向学校提出申请，各高校于当年10月31日前完成评审。高校每年11月30日前将国家励志奖学金一次性发放给获奖学生，并记入学生的学籍档案。（2）国家奖学金。国家奖学金是为了激励普通本科高校、高等职业学校和高等专科学校学生勤奋学习、努力进取，在德、智、体、美等方面全面发展，由中央政府出资设立的奖励特别优秀学生的奖学金。每人每年资助8000元。学生无论家庭经济是否困难，只要符合规定条件，均可获得国家奖学金。同一学年内，获得国家奖学金的家庭经济困难学生可以同时申请并获得国家助学金，但不能同时获得国家励志奖学金。

学费减免政策：国家对公办全日制普通高校中家庭经济特别困难，无法缴纳学费的学生，特别是其中的孤残学生、少数民族学生及烈士子女、优抚家庭子女等，实行减免学费政策。

助学贷款政策：（1）国家助学贷款。国家助学贷款是由政府主导、财政贴息、财政和高校共同给予银行一定风险补偿金，银行、教育行政部门与高校共同操作的，帮助高校家庭经济困难学生支付学生在校学习期间所需的学费、住宿费及生活费的银行贷款。国家助学贷款是信用贷款，学生不需要办理贷款担保或抵押，但需要承诺按期还款，并承担相关法律责任。原则上每人每学年最高不超过6000元。从2006年起，中央部门所属全日制普通高校国家助学贷款应届毕业生，自愿到西部地区和艰苦边远地区基层单位从事第一线工作，服务期达到3年以上（含3年）的，其在校学习期间的国家助学贷款本金及其全部偿还之前产生的利息，由中央财政代为偿还。（2）绿色通道。为切实保证家庭经济困难学生顺利入学，教育部、国家发改委、财政部规定各公办全日制普通高等学校都必须建立“绿色通道”制度，即对被录取入学、家庭经济困难的新生，学校一律先办理入学手续，然后再根据核实后的情况，分别采取不同办法予以资助。

我国向大学生发放助学贷款工作起始于1987年，那时它只是高校对经济困难学生资助的一项补充措施。作为资助体系主体部分的国家助学贷款起始于1999年，自1999年国家助学贷款工作开展以来，至2006年全国累计395.2万人申请贷款，银行审批人数240.5万人；申请贷款累计总金额305.6亿元，银行审批金额201.4亿元。① 在实践中，各地为推进国家助学贷款政策的实施，进行了各具特色的探索，涌现出以高校参与助学贷款管理为主的"河南模式"② 和以风险共担原则为主的"吉林模式"③ 等行之有效的模式。

助学金政策：（1）国家助学金。国家助学金是为了体现党和政府对普通本科高校、高等职业学校和高等专科学校家庭经济困难学生的关怀，由中央与地方政府共同出资设立的，用于资助家庭经济困难的全日制普通本专科（含高职、第二学士学位）在校学生的助学金。全国平均每人每年2000元，具体标准在每人每年1000～3000元范围内确定，分为2～3档。同一学年内，申请并获得国家助学金的学生，可同时申请并获得国家奖学金或国家励志奖学金。（2）勤工助学。勤工助学是指学生在学校的组织下利用课余时间，通过自己的劳动取得合法报酬，用于改善学习和生活条件的社会实践活动。勤工助学是学校学生资助工作的重要组成部分，是提高学生综合素质和资助家庭经济困难学生的有效途径。学生在学有余力的前提下，向学校提出勤工助学的申请，接受必要的勤工助学岗前培训和安全教育，再由学校统一安排到校内或校外的岗位上进行勤工助学活动。

免费政策。从2007年起在高等教育中主要是针对免费师范生实行的免费接受高等教育的政策。

（四）教育评估

从20世纪80年代开始，高等教育的评估工作开始受到政府的广泛关注，1990年颁布的《普通高等学校教育评估暂行规定》，是我国第一个高等

① 吕诺. 国家助学贷款已资助240.5万人读大学［N］. 新华每日电讯，2006-07-26.

② 郭炳德. 国家助学贷款"河南模式"初见成效［N］. 中国教育报，2007-01-20.

③ 金姝. 国家助学贷款"吉林模式"推出［N］. 吉林日报，2007-01-28.

教育评估方面的法规性文件，是我国高等教育评估工作开始走向规范化的标志。针对高等院校的合格评估、选优评估和随机评估三类评估形式在《暂行规定》中被确定了下来。

1992年底，国家教委成立了全国高等学校设置评议委员会。1994年7月，北京理工大学成立了高等学校与科研院所学位与研究生教育评估所，该所主要受国务院学位委员会和国家教委的委托，承担学位与研究生教育评估及开展有关咨询服务。

从20世纪中期开始到2002年，我国的高等教育评估进入了一个试验、探索的发展阶段。从1994年初开始，普通高等学校的教学工作评估先后经历了合格评估、优秀评估（1996~2000）和随机性水平评估（1999~2002）三个阶段。

到2001年底，以上三类评估共计对178所高校进行了合格评估、对16所高校进行了优秀评估、对26所高校进行了水平评估。2002年，教育部将合格评估、优秀评估和随机性水平评估三种方案合并为一个方案，即现行的《普通高等学校本科教学工作水平评估方案》。普通高等学校本科教学工作水平评估的结论分为优秀、良好、合格和不合格四种。

从2002年至今，我国高等教育的教学质量评估工作进入了一个相对稳定的发展时期。教学质量作为高等教育的生命线，受到了国家、社会和学校的高度重视。

2001年，教育部出台了《关于加强高等学校本科教学工作提高教学质量的若干意见》，其中就加强教学工作明确提出了12条针对性很强的要求。2004年12月，教育部召开了第二次全国普通高等学校本科教学工作会议，会议全面总结了1998年第一次教学工作会议以来，高等学校教学工作取得的成就和经验，围绕“大力加强教学工作，切实提高教学质量”的主题，研究了加大教学投入，强化教学管理，深化教学改革，以更多的精力、更大的财力进一步加强教学工作的政策和措施。

2005年1月，教育部下发了《关于进一步加强高等学校本科教学工作的若干意见》，就高等教育的发展提出16条要求，强调高等教育必须坚持科学发展观，实现高等教育工作重心的转移，在规模持续发展的同时，把提高质量放在更加突出的位置。《国民经济和社会发展第十一个五年规划纲要》中明确指出：“把高等教育发展的重点放在提高质量和优化结构上，加强研究与实践，培养学生的创新精神和实践能力。”

2006 年 5 月 10 日，温家宝总理主持召开国务院常务会议时强调：“高等教育要全面贯彻落实科学发展观，适当控制招生规模增长幅度，相对稳定招生规模，切实把重点放在提高质量上。”

2006 年 8 月 29 日，胡锦涛总书记在中共中央政治局第 34 次集体学习时强调：“普及和巩固义务教育，大力发展职业教育，提高高等教育质量，是‘十一五’规划纲要对教育事业发展提出的三项主要任务，必须切实抓实抓好。”

在实践层面，2004 年 8 月，教育部高等教育教学评估中心正式成立。建立五年一轮的评估制度及成立评估中心标志着中国高等教育的教学评估工作开始走向规范化、科学化、制度化和专业化的发展阶段。

第一轮评估工作计划到 2007 年底，完成对全国 592 所普通高校教学工作水平的评估。截至 2006 年底，约有 300 所左右的高校完成第一轮的评估。

2003 年，教育部开始实施高职高专院校人才培养工作水平评估，对 26 所高职高专院校进行了试点评估。从 2004 年开始，教育部决定由各省对本地区高职高专院校进行评估，教育部负责制订评估方案，具体工作由省级教育行政部门组织实施，同时教育部将不定期地对省级评估结论进行抽查。2004 年，高职高专院校人才培养工作水平评估共计评估院校 107 所。对独立院校进行的教育工作合格评估尚未正式启动。教育部于 2006 年 1 月对浙江大学城市学院、吉林建筑工程学院装饰学院、重庆工商大学派斯学院三所独立学院进行了评估方案的测试，并于 5 月在江苏省江南大学太湖学院召开第三次普通高等学校独立学院教育工作评估方案研究课题组工作会议，对评估方案进行了研讨和修订。

2006 年 11 月，教育部、财政部联合举行新闻发布会，正式启动“国家示范性高等职业院校建设计划”。这一计划预计在“十一五”期间，中央财政安排 20 亿元专项基金，旨在通过 5 年的重点建设，使 100 所左右的国家示范性高等职业院校在教学实力、教学质量、管理水平、办学能力等方面有较大的提高，特别是在深化教育教学改革、创新人才培养模式、建设高水平的专业教学团队、提高社会服务能力和创建办学特色等方面取得明显的进展，并带动高等职业教育的改革和发展，逐步形成机构合理、功能完善、质量优良的高等职业教育体系。该计划从 2006 年到 2010 年逐年分批组织实施，2006年启动30所左右，2007年40所左右，2008年30所左右，2009年到2010年完成项目建设和验收。需要指出的是，这一建设计划加强了对院校建设过程中的绩效考核，如果项目建设院校在年度考核中不合格，上级部门将中止立项和资助。

（五）免费师范生教育

2007年3月5日，国务院总理温家宝在十届人大五次会议上所作的《政府工作报告》中指出，在教育部直属师范大学实行师范生免费教育。教育部据此起草了《教育部直属师范大学师范生免费教育实施办法（试行）》，并经5月9日国务院第176次常务会议讨论通过，决定从2007年秋季起，在教育部直属师范大学实行师范生免费教育。2007年9月，万余名免费师范生纷纷到北京师范大学等教育部六所直属师范大学报到入读，六所师范大学开始落实对免费师范生的教育培养规划，免费师范生培养真正进入实施阶段。近代中国在相当长时间内实行的师范生免费教育制度，如今又重新返回大学校园。

免费师范生政策的主要内容是：师范生四年在校学习期间免缴学费、住宿费，领取生活费补助；免费师范生入学前与学校和生源所在地省级教育行政部门签订协议，承诺毕业后从事中小学教育工作十年以上。到城镇学校工作的免费师范毕业生，应先到农村义务教育学校任教服务二年。国家鼓励免费师范毕业生长期从教、终身从教。

教育部在部属师范大学实行师范生免费教育，是建设德才兼备教师队伍，提高中小学教育质量和水平，进一步促进教育发展和教育公平的一项示范性举措。采取这一重大举措，旨在进一步形成尊师重教的浓厚氛围，让教育成为全社会最受尊重的事业；要培养大批优秀的教师；要提倡教育家办学，鼓励更多的优秀青年终身做教育工作者。

二、社会各界对高等教育改革的评价

1999年以扩招为标志的高等教育改革，对我国高等教育发展产生了深远影响，社会各界对由此而产生的各种问题，提出了自己的看法和建议。

（一）关于高等教育改革

对于高等教育改革取得的成就，浙江师范大学徐辉教授将其总结为四点[①]：第一，在高等教育发展当中，开始在一定程度上体现出以人为本的发展观。过去几年来，高教发展的政策导向从国家需求转向国家需求和社会需求并重，特别强调办学要以社会需求为导向。和以前比，这几年受高等教育的机会得到了大幅度增加，人民群众希望子女受高等教育的愿望在更高程度上得到了满足。这是过去几年高等教育发展的一个最大成绩。第二，中国高等教育在1952年院系调整后存在办学过分单一化、人才培养非常狭窄的问题。通过高校合并和体制调整，高校综合化程度得到了很大的提高，加上其他教学改革，高等学校办学面过窄和过分专门化的问题已经得到了一定程度的解决。第三，高等学校的办学基础条件得到了很大改善，这是不容置疑的事实。新增了很多土地，投了很多钱，建了很多校舍，育人环境得到了很大改善。第四，按照统计数字来看，办学效益有明显的提升。这些年来，通过不断的改革，情况发生了很大变化，成本效益有所提高。

西南交通大学张世昌教授认为高等教育改革的“得”，主要有三点[②]：第一，以《高等教育法》、《教师法》等法律法规为标志，高教开始步入法制轨道，为我国高等教育的发展奠定了法律基础，这是新中国建立以来前所未有的进步。第二，李岚清同志提出的“八字方针”打破了苏联高等教育模式的一统局面，我国高等教育开始与国际高等教育接轨，这是很大的成绩。第三，高等教育的规模有了较大的发展。

但张世昌教授认为，与“得”相比，高等教育改革也存在一些问题。[③]他所认为的“失”包括：首先表现在高等教育体制改革滞后，阻碍了高等教育的长足发展。其次是领导体制问题，改革不仅没有解决而且强化了行政权力支配一切的问题，不少高校学术委员会、学位委员会、职称评定委员会，往往流于形式，三块牌子一套人马，成了校长主持下的中层干部会，科学

---

① 高等教育改革得与失［J］. 群言，2006（1）.

② 高等教育改革得与失［J］. 群言，2006（1）.

③ 高等教育改革得与失［J］. 群言，2006（1）.

化、民主化的高校管理制度没有建立起来。第三是课程框架结构设置问题。一些本来应该在中学阶段或者预科阶段学习的课程，却在大学校园里跑马圈地，不能有效发挥高等教育培养高水平专门人才的功能。第四是教育质量下降。以入学率为指标的大众化只是一个显性指标，大众化只有量力而行，在保证质量的前提下才谈得上是“高等教育”（而不是“中等教育”）的大众化。高等教育要从“精英教育”阶段进入“大众化”阶段，这需要实力来支撑，不能急于求成，不能搞过去那种“跑步进入”。质量下降不仅表现在专业素质上，而且表现在人文素质也在下降。

徐辉教授认为，虽然高等教育在法制上有了进展，但还存在很大的缺陷。[①]《高等教育法》还不够完善，缺乏像经济领域里的公司法那样具体的、可操作的实体法。现在大学究竟有什么权利、责任和义务，在《高等教育法》中的规定非常笼统、非常不全面。由于缺少实体法，中国大学在办学层面、内部机构设置方面比较混乱，缺少跟国际上别的机构进行交往的基础条件。没有大学设置法，有的很小的学校可以有二三十个学院，从办学规律、科学规律、人才培养规律来讲，就会存在较大问题，同时导致重复设置、资源浪费，学院之间学科交叉，大大降低管理效率。另外，高等学校在办学秩序方面比较混乱。部属大学、省属大学和其他地方大学之间层次结构不够明晰，包括校名用语也是比较混乱的，有些师范学院里办医学院，名不正，言不顺，校名与办学实际不符的事情还是相当普遍的。另外像职业技术学院、地方本科院校和教学研究型大学、研究型大学之间的层次、任务、定位，虽然大家谈得很多，但从管理角度看，还缺乏有效治理。

香港中文大学卢乃桂教授注意到了高等教育改革中的“市场因素”，他认为20世纪90年代末以来的高等教育改革虽然是为国家政策所主导和推动，但更多的是对中国的市场经济改革的一种回应。[②] 因而“市场”在推动高等教育改革进程中的角色亦不可忽视，而中国“市场”角色更多地表现在两个方面：一是作为新的资源配置渠道，增加来自民间的筹资；二是在协调机制上对原有计划体制的突破，如增强消费者的选择能力，提高大学办学规

① 高等教育改革得与失［J］. 群言，2006（1）.

② 卢乃桂，陈霜叶. 20世纪90年代以来中国高等教育改革中市场角色的研究［J］. 教育研究，2004（10）.

模效益，提升高等教育质量。

在高等教育改革的过程中，行政权力的扩张和学术权力的萎缩，是需要引起重视的问题。“211 工程”、“985 工程”、“教学评估”、“本科质量工程”等一系列工程的陆续推出，都是为了提高高等教育质量。诸多“工程”能否真正发挥建设的成效，关键在于能否激发大学自身的活力。“工程”实施过程中的行政权力如何与学术自由保持一种必要的张力，是高校能否实现创新、提升高等教育质量的关键因素之一。

（二）关于高等教育质量

高等教育在连续多年扩招以后，教育质量问题引发了广泛的关注。高校扩招后教育质量是否在滑坡？这个问题成为教育界争论不休的话题。有人倡导要树立正确的高等教育质量观，认为高等教育大众化时代的教育质量观应该区别于精英教育时代的教育质量观，如果人们习惯于用正规教育的质量标准来衡量与要求高等职业教育、成人高等教育、民办高等教育、高等教育自学考试的质量；习惯于用 20 世纪五六十年代的“尖子”教育标准来衡量大众型高等教育质量，就会由此而感叹当前“高等教育质量的下降”。随着高校扩招，高等学校不可避免地出现了师资、教室、图书馆、实验室、宿舍等教学和后勤条件的紧张状况，存在一些诱发人才培养质量问题的因素，这是要引起重视的，但我们不能据此认为高等教育的质量在下降。①

上述说法虽不无道理，但同样不能否认的是，大众化阶段高等教育的质量标准虽有别于精英化阶段的高等教育，却还是高等教育，并有一些不能不有的基本的评价尺度。近几年高等教育的扩张规模和速度，大大超过了同期国民经济的发展速度，而教育资源，尤其是高校教师的数量不可能以这样的速度增长，就造成了高等学校扩招加紧运行，人均教育资源迅速降低等现实问题。许多已经通过本科教育评估的学校，扩招后在办学条件和设施上都不能达到规定标准，公共基础课出现了几百人的大课。承担高校扩招主要任务的省属高校，资源不足、难以为继的问题更为突出，有的省的生均教育经费降到了扩招前的 1/3，仅为两三千元，培养质量可想而知。与此同时，近年来高校也“一窝蜂”地举办了许多“面向市场”的专业，如新闻传播、影

① 刘和忠．树立正确的高等教育质量观［N］．中国教育报，2002 - 04 - 29．

视、广告，包括MBA、EMBA等，其师资来源和教育质量存在问题。

国家的“十一五”规划建议中，为教育确定的三个主要任务，是巩固和普及九年义务教育、大力发展职业技术教育和提高高等教育的质量。“提高高等教育的质量”的提法是以前从未有过的，可以认为是为这一争论做了一个结论。

（三）关于高校扩招

高校扩招，从正面意义上讲，扩大了我国高等教育的毛入学率，但由于相应的就业难等问题，对于扩招的利弊，各界存在不同看法。

著名经济学家茅于轼总体上肯定扩招。他认为，大学扩招扩大了大学的数量和规模，也带来了中学的扩招，而就业难，主要不是供给过度，而是所学与社会需求脱节。在现代化的社会中大学教育渐渐地成为对公民的基础要求，所有的职业都要由大学毕业生承担。从这个角度看，大学生永远不会过剩。[①]

有关人士之所以认为“高校扩招和发展不应停止”，其理由为：中国高校20%的毛入学率“比起一些发达国家，比起周边一些新兴的工业国家和地区还有很大的差距”。单纯从数据看，的确如此，不过这只是一个表象，影响或决定一个国家高校毛入学率的因素还有很多，要考虑到具体国情。

据国务院发展研究中心刘勇博士测算，城市化率每提高1%，就能拉动经济增长3%。[②] 而据有关部门统计，GDP每增长1个百分点，就有可能增加70万至120万个就业机会。一些发达国家和地区的高校毛入学率比较高，是因为其城市化率比较高，如美国城市化率在85%~90%之间，日本城市化率是90%，欧洲国家普遍是90%。正因如此，在这些国家和地区即便毛入学率高、毕业生多，也不会出现较为严重的大学生就业问题，而当前中国的城市化水平却还比较低（目前是38%左右），提供的就业岗位有限。由此来看，即使中国高校毛入学率只有20%也不算低。

1999年，中国高校开始扩招，当年扩招比例高达47%，到了2005年，高校招生人数已达到530万人。从1998年至2005年的7年里招生人数增加

---

① 茅于轼．大学扩招带来了什么［N］．民营经济报，2006－10－16．

② 王攀．高校扩招谨防“大跃进”［N］．中国改革报，2008－01－07．

了4倍，年均增加22%，大大超过人口、经济、基础教育等的增长速度。与此同时，大学生教育质量也在降低，就业难、大学教育与社会需求脱节等问题日益凸显。此外，大学的高速扩招，也让高校出现畸形发展，如目前一些高校出现的严重的债务危机。据中国社会科学院发布的《2006年：中国社会形势分析与预测》显示，2005年以前，我国公办高校向银行贷款总额在1500亿元至2000亿元之间，几乎所有的高校都有银行贷款债务。①

（四）关于"高校合并"

政府对于"高校合并"是给以正面肯定的②，认为高校合并并非我国的独创，世界著名的大学都是综合性的大学。那些强强联合的高校合并，有利于学科交叉和复合型人才的培养，有利于建设若干所世界一流大学和一批高水平大学；而合并后的地方高校，专业学科之间得到合作，实力自然强大不少；合并后大学的层次进一步提高，学科申请硕士点、博士点比较容易，有利于增强其科研竞争力。

而高校合并过程中存在的一些问题，也引起了社会各界的关注。许多大学在高校合并和扩招中失去个性和特色，造成"千校一面"。③ 在合并的过程中，学校的校名改了，一定程度上使原有的学校品牌优势丧失了。这些问题主要表现在：一是专业全了，特色没了。目前不少高校开设了很多自身不擅长、不具备教学优势的学科，明明是理工科院校，偏偏设立艺术、音乐专业，贪大求全。抛弃了自己原有的特色和目前在某方面所具备的优势，必然导致教学质量的下滑。二是校区多了，负债重了。高校在合并的过程中，建设大学城，地盘越来越大，楼房越盖越高，实际上很多学校因为扩建背负了沉重的债务。校区扩展后，学校的管理成本也在加大。三是学校大了，质量降了。中专升大专，专科升本科，学院升大学，这一现象不是个别。学校升格的结果是，整个社会都来培养大学生，造成高级技工、中级技工严重短

---

① 汝信，陆学艺，李培林. 2006年：中国社会形势分析与预测［M］. 北京：中国社会科学文献出版社，2006.

② 叶慧珏. 高校合并大调整暂告一段落跨学科建设是趋势——访中国高教学会会长周远清［J］. 评价与管理，2004（3）.

③ 扩招中失去个性 委员质疑高校四大"怪现状"［EB/OL］，http：//learning. sohu. com/20070313/n248696135. shtml.

缺，同时也导致大学教育质量低下，大学生工作难找。

（五）关于高校收费

1992 年《中共中央、国务院关于加快发展第三产业的决定》指出，教育事业是第三产业中对国民经济发展具有全局性、先导性影响的基础行业。第三次全国教育工作会议上，江泽民同志强调，要切实把教育作为先导性、全局性、基础性的知识产业和关键的基础设施，摆在优先发展的战略重点地位。《中共中央国务院关于深化教育改革全面推进素质教育的决定》则更明确地提出要“发展教育产业”，1999 年高校扩招之后，“教育产业化”成为最为时髦的词语，但高校扩招和高收费引发了社会各界的质疑。

“教育产业化”在我国从理论走向实践，乃是在 1998 年亚洲金融风暴之后。当时，由于受到亚洲金融危机的影响，中国经济靠外贸拉动的经验受到了挑战，转而寄希望于拉动内需刺激增长。面对国内持续经济消费低迷、通货紧缩状况，部分经济学家向中央献策：以教育产业拉动内需，因为教育收费是刺激国民消费的好办法。

亚洲开发银行汤敏博士在 1999 年 2 月 19 日的《经济消息报》中提出，若三年内使我国高校的招生量增加一倍，达到年招生量 200 万人的水平，并一律实行全额收费，学费每年 1 万元，其他费用 4000 ~ 5000 元，高校可每年多收学费 200 亿元，在校消费约为 40 亿元，再用我国的产出乘数来匡算，这 240 亿元可拉动 1000 亿元的投资与最终消费。

但据向国家建议高校扩招收费以拉动内需的经济学家汤敏的说法，在他 1998 年向国家建议高校扩招收费之前的 1996 年、1997 年，教育界就已经有很多人在讨论教育产业化。他始终认为，扩招没错，因为中国需要更多的大学毕业生，但就扩招的力度来说，他的建议是三年内扩招一倍，没想到实际上是扩招了 5 倍。① 汤敏尤其对国家补助高校学费实行“一刀切”的做法提出异议，认为这样的补法不分贫富差别，对贫困家庭而言是很不合理的，是富人搭了穷人的便车。他主张对高校学费的收取和补助，应该分不同层次进行。国家对高校的新增专款，首先要用于贫困学生身上。此外，按规定高校收入中用于困难补助的这笔钱也要专款专用。他还极力提倡，国家应把“暗

---

① 汤敏. 我不是教育产业化之父［J］. 南方人物周刊，2007（2）.

补”改成“明补”。声明凡是没有缴全额学费的都是得到了助学补助的，如同任何补助或扶贫款的发放一样，极贫困家庭的大学生应全免学费，比较困难的应部分减免学费，而有支付能力的家庭少接受甚至不接受任何补助。①

关于“教育产业化”的问题，20 世纪 80 年代中期和 90 年代中期，教育界进行过两次讨论，1999 年高校扩招收费之后，再次形成新的讨论热潮。北京大学厉以宁教授认为，教育是第三产业中的一个产业②，争论的问题在于教育作为一个产业，要不要产业化，“我们说，教育产业化，这是大势所趋，是不可抗拒的”③。北京师范大学王善迈教授则认为，在市场经济中，教育是具有巨大外部效益的准公共产品，应由政府与市场共同提供，教育管理体制必须进行适应市场经济体制的改革，但不应将产业化等同于市场化，教育市场化将导致教育机会的不公平，可能导致入学率的降低，导致政府对教育投入的减少，甚至导致教育的异化。④ 在分析了近年来关于“教育产业化”的争论之后，可以发现，这种争论，本质上是对教育属性和教育发展途径之争，虽然争论的双方各有其立场，但还是存在一些共识，都认为教育是一种复杂的社会现象，有其特殊规律；教育要适应市场经济，同时要加强宏观管理；教育投入要多元化，教育成本应分摊；政府要担负好教育的责任；学校应开源节流，提高办学效益⑤。

从 2004 年起，教育部部长周济、副部长张保庆等教育高层领导都公开表示反对“教育产业化”的提法。政府在财力不断增强的情况下，也加大了对教育的投入，2008 年秋季起，城乡义务教育阶段的学杂费全部免除，高等学校的高收费也引起各级政府高度重视。我们有理由相信，这一问题必将得到更大程度的重视和改善。

---

① 钟岷源．“教育产业化”缘何背负恶名［J］．南风窗，2007（2）下．

② 厉以宁．关于教育产品的性质和对教育经营的若干思考［J］．教育科学研究，1999（3）．

③ 厉以宁．关于教育产业的几个问题［J］．高教探索，2000（4）．

④ 王善迈．关于教育产业化的讨论［J］．北京师范大学学报：人文社会科学版，2000（1）．

⑤ 王秀成，王连森．“教育产业化”学术论争：分歧与共识［J］．山东师范大学学报：人文社会科学版，2008（2）．

（六）关于免费师范生政策

免费师范生政策的推出，受到社会各界的普遍肯定，认为这不仅是尊师重教的体现，是为了提高师范教育质量以满足基础教育改革对高素质师范生的需要，更彰显了中国大学“民生时代”的来临。[①] 免费师范生制度是普及义务教育的产物，是独立师范教育制度的典型特征，是政府调节义务教育师资、实现教育公平的重要手段。由于当今中国教育发展的严重不均衡性，需要政府通过各种措施调控教育资源，目前实施免费师范生制度不失为一种调节教师资源的重要手段。[②] 但同时，对免费师范生能否真正缓解农村师资匮乏状况、免费师范生是否能真正在基层安心从事教育工作，不少人也心存疑问，建议采取相应的配套措施，从根本上来说，还是要提高农村中小学教师的待遇。[③] 还有人认为，免费师范生政策的出发点是好的，但由于没有进行充分调研，难以实现培育基层教师的预期目的，因此不应选择教育部6所部属师范大学来培养免费师范生，因为这6所院校招收的学生成绩大多居于当地高校的中上甚至上游，这些学生的就业期望往往偏高，很少有从事基层师范教育的兴趣。因此免费师范生培养工作应在中西部师范类高校进行试点[④]，或者把免费就读的学校范围扩大到各省的省属重点师范大学，免费生的补助费可由各省级财政负担。[⑤]

另外，作为一种获取教育资源的手段，在现今的环境下，有人也建议采取直接购买合格的教育服务而不用提前购买服务者的策略，即政府将购买行为放在直接购买合格的产品上，无论谁、什么学校培养的合格教师，只要其毕业后能到指定地方履行一定年限的教育服务，国家就支付其培养费用。这样就可以杜绝一些由于种种原因不履行服务义务的免费对象，可以将那些不合格的免费师范生拒之教师岗位之外，可以解决教师队伍流失的问题，可以

---

① 刘克梅．师范生免费彰显民生时代来临［N］．科学时报，2007-03-13.

② 胡艳．关于实施免费师范生制度的思考［J］．陕西师范大学学报：哲学社会科学版，2007（6）.

③ 廖君，王骏勇．师范生免费，能否解基层“教师荒”［N］．新华每日电讯，2007-03-11.

④ 熊丙奇．免费师范生教育政策的“事后议论”［N］．科学时报，2007-06-19.

⑤ 李德宗．对师范生免费的三点建议［N］．人民政协报，2007-04-02.

随时通过市场补充教师。这样可以突破选择教师的资源范围，为多渠道的高质量的教师教育探索提供支持。①

（七）关于教学评估

通过教学评估来促进教学质量的提高，各界对此的重要性是有共同认识的，但对教学评估的内容、方式、程序以及在迎评促建过程中的一些现象，各界却提出了不同的看法。

教学评估的出发点是好的，但现实中存在的形式主义、干扰教学的搞法已背离了它的初衷，走入歧途。②

由于教学评估的结果关系到对一所学校的评价，因此关系到这所学校的声望、知名度和地位，从而也关系到今后学校的招生指标、生源质量、主管部门的经费投入等，关乎学校的生存和发展前途，容不得有半点闪失，所有学校都把它当成了头等大事。

全国政协委员、厦门大学中文系教授杨春时在2007年的“两会”上提交了一个废除高校本科教学评估的提案。他认为，本科教学评估的初衷是好的，但事与愿违。本科教学评估的最大弊病在于：兴师动众、劳民伤财，干扰了正常的教学。政府应该通过法规来管理大学，至于怎么教、教什么，是大学的自主行为，不应该由政府来包办，否则，这就好像过去计划经济时代指导工厂生产一样。教学评估不应由同专业学校成立的教学行业评估委员会来运作，而应根据同行业同专业不断变化的特点，不断调整评估标准，避免当前教育评估按一个模式走过场的局面。③

郑惠强教授建议，应按照各种类型各种层次高校建立多种版本、不同标准的评估指标体系。将评估工作由政府或半政府直接操作逐步改为由政府委托社会中介机构或非政府组织来具体实施，与主管部门彻底脱开。④

对于教学评估中存在的问题，也有人认为，目前我国高等教育评估制度正处在规范与调整的关键时刻，应该关注的问题是如何使评估制度更加有效

① 胡艳．关于实施免费师范生制度的思考［J］．陕西师范大学学报：哲学社会科学版，2007（6）．

② 强亦忠．教学评估高校不堪承受之重［N］．人民政协报，2007－05－14．

③ 赵鹰，孙琛辉．本科教学评估之惑［N］．科学时报，2007－06－19．

④ 高等教育改革得与失［J］．群言，2006（1）．

地服务于教育质量的提升，而不能因噎废食，因为评估中出现的问题而怀疑评估制度存在的必要性。今后我国高校教学评估关注的焦点不是是否要坚持评估制度，而是为评估制度的发展提出建设性意见，不断完善评估制度。要完善评估制度建设，首先，要积极开展评估理论研究，以成熟的理论体系指导评估实践，进行科学的评估；其次，要充分发挥评估的改进功能，提出有价值的反馈意见，以评估推动教育质量的提升，开展有效的评估；再次，要培育健康的评估文化，遵守评估中的伦理道德规范，实施阳光评估；最后，要加强对评估有效性的分析，改进和完善评估制度。只有公众以宽容的态度看待评估中出现的问题，政府以积极的态度完善评估制度建设，学术界以现存问题为研究的起点，高校以健康的心态对待评估，不同层面共同努力，以提高教育的有效性为评估制度建设的目标，才能建设可持续发展的评估制度，有效促进高等教育质量提升。①

毫无疑问，在高等教育规模不断扩大的今天，为确保高等教育质量，开展教学评估是完全必要的。这一点，在对于教育主管部门和民间对大学教学评估所引发的争论中，各方并无太大分歧，争论的焦点在于应该如何评估、谁来评估以及评估应该起什么作用。恰当的评估不仅有助于提高教学质量，促进教育发展，还能催生教育改革。一百多年前弗莱克斯勒受卡内基基金会的委托，对当时美国和加拿大的医学教育进行的一次评估，成为美国医学教育的转折点，对当时美国的医学教育产生了革命性的影响。② 无疑，弗莱克斯勒进行的评估所取得的对美国医学教育的革命性影响，值得我们当前在考虑大学的教学评估时深思。与当年美国医学院猛增的情况类似，我国在近几年，设立法学院或法律系的学校达到了500多个，法学教育处于一种无序状态③，我们同样期待可以有弗莱克斯勒式的一个评估来推动我国的法学教育改革。

① 赵立莹．教学评估岂能因噎废食［N］．中国教育报，2008-09-04．

② 张大庆．一个人的教学评估［J］．读书，2008（10）．

③ 梁慧星．我对中国高等教育的忧思［N］．西北职教，2007（1）．

三、全面提高高等教育质量的举措

20 世纪 90 年代末，中国开始启动高等教育规模扩张，历经几年的快速发展，我国已成为世界瞩目的高等教育大国。但由规模快速扩张而引发的矛盾也不少，尤其是高等教育质量问题备受人们的关注。2001 年教育部下发了《关于加强高等学校本科教学工作提高教学质量的若干意见》，提出“必须高度重视高等教育的质量建设”。随后国家提出规模、质量、结构、效益协调发展的高等教育发展观。2005 年，党中央、国务院明确提出：“十一五”期间，要把高等教育发展的重点放在提高质量上，适当控制招生增长幅度，相对稳定招生规模，着力培养学生的社会责任感、实践能力和创新精神。2007 年 5 月 18 日颁布的《国家教育事业发展“十一五”规划纲要》明确提出，切实把高等教育发展的重点放到提高质量上，着力培养学生的创新精神和创新思维，增强学生的实践能力、创新能力和就业能力、创业能力。2007 年召开的十届全国人大第五次会议上，温家宝总理在《政府工作报告》中指出：“高等教育要以提高质量为核心，加快教育教学改革，相对稳定招生规模，加强高水平学科和大学建设，创新人才培养模式，优化人才培养结构，努力造就大批杰出人才。”胡锦涛总书记在党的十七大报告中则明确提出，要“提高高等教育质量”、“建设人力资源强国”。

（一）继续加大教学评估的力度

评估工作意义重大，成效显著，这是国家对我国十余年来，尤其是对五年一轮评估制度确立以来高等学校教学评估工作的基本评价。[①] 评估工作在促进高等学校转变教育思想，树立现代教育观念，加强教学工作，落实教学工作中心地位，改善办学条件，规范教学管理，提高教育质量等方面，发挥了非常重要的作用。今后，教育部将强化五年一轮的评估制度，包括每年一度的教学基本状态数据公布制度。同时将不断完善评估方案，改进评估方

① 教学评估是提高教育质量的关键举措［N］. 中国教育报，2006－05－19.

法，增强评估工作的透明度，并杜绝弄虚作假。为了从源头上预防个别学校对学生以前试卷、论文“造假”的行为，教育部将原来规定的抽查近三年的学生试卷、毕业论文（设计），改为原则上只抽查在校学生最近一年的试卷、作业、实习实验报告和最近一届毕业生的毕业论文（设计）等。同时，教育部正在制定评估工作规范，强化评估纪律，一旦发现哪所学校有弄虚作假行为，采取一票否决制。

（二）实施本科质量工程

近年来高等教育规模快速发展，质量有了较大的提高，但是高等教育质量还不能完全适应经济社会发展的需要，不少高校的专业设置和结构不尽合理，学生的实践能力和创新精神亟待加强，教师队伍整体素质亟待提高，人才培养模式、教学内容和方法需要进一步转变，迫切需要采取切实有效的措施。提高高等教育质量，既是高等教育自身发展规律的需要，也是办好让人民满意的高等教育、提高学生就业能力和创业能力的需要，更是建设创新型国家、构建社会主义和谐社会的需要。

2007年1月，经国务院批准，教育部、财政部联合下发了《关于实施高等学校本科教学质量与教学改革工程的意见》，投资25亿元人民币，正式启动“高等学校本科教学质量与教学改革工程”，这是继“211工程”、“985工程”和“国家示范性高等职业院校建设计划”之后，我国在高等教育领域实施的又一项重要工程，是提高高等学校本科教学质量的重大举措，同时也是新中国建立以来中央财政用于我国高等教育教学质量和人才培养方面的最大一笔专项投入。实施质量工程，是坚持科学发展观，落实科教兴国战略和人才强国战略的重要组成部分。质量工程以提高高等学校本科教学质量为目标，以推进改革和实现优质资源共享为手段，按照“分类指导、鼓励特色、重在改革”的原则，加强内涵建设，提升我国高等教育的质量和整体实力。质量工程的实施，对于扩大优质教育资源受益面，形成重视教学、重视质量的良好环境和管理机制，实现高等教育规模、结构、质量和效益协调发展，具有十分重要的意义。

“高等学校本科教学质量与教学改革工程”的建设内容主要包括六个方面。

第一，专业结构调整与专业认证。根据科学技术发展的特点，紧密结合我国高等教育实际，研究建立适应国家经济与社会发展需要的本科专业设置和调整制度，构建专业设置预测机制，定期发布各类专业人才的规模和供求情况，为高校优化专业布局和调整人才培养结构提供指导。

第二，课程、教材建设与资源共享。推进国家精品课程建设，在教学内容、教学方法和手段、教学梯队、教材建设、教学效果等方面，提升我国高等学校的课程建设水平。

第三，实践教学与人才培养模式改革创新。大力加强实验、实践教学改革，重点建设一批实验教学示范中心，推进高校实验教学内容、方法、管理及实验教学模式的改革。

第四，教学团队与高水平教师队伍建设。重点遴选和建设一批教学质量高、结构合理的教学团队，促进教学研讨和教学经验交流，开发教学资源，推进教学工作的老中青结合，鼓励和支持校内及聘请国内外著名专家学者和高水平专业人才承担教学任务和开设讲座。

第五，教学评估与教学状态基本数据公布。研究制定高等学校分类指导、分类评估的政策和制度，针对不同层次、不同类型的高校，确定不同的质量标准和评估指标体系，引导高校合理定位，发挥优势，办出水平和特色。建立高等学校教学基本状态数据检测体系，定期采集各类高等学校本科教学基本状态信息和数据，逐步将教学质量和教学改革的数据向社会公布，加强高等学校教学质量的社会监督。

第六，对口支援西部地区高等学校。推进对口支援西部高校工作，促进东部和西部高等教育的协调发展。

以上六个方面，以专业、课程、教学建设、实践和人才培养模式等为突破口，抓住了高校人才培养这一中心工作。坚持以提高教学质量为宗旨，即从根本上关注学生的发展，这才是教学质量的核心所在。

（三）控制研究生扩招比例，试点改革研究生培养机制

据统计，目前我国已获得博士、硕士学位的研究生总数超过 150 万人，在学研究生数量达 110 万人，成为世界上仅次于美国的研究生教育大国。教育部副部长吴启迪在出席“2007 年全国博士生学术论坛”时透露：在未来几年内，我国研究生扩招比例将控制在 5% 以内。教育部希望发展以在职人员为主的专业学位，但也不会大规模扩招，增长比例将控制在 2% ~5%。也

就是说，研究生培养将从扩大规模向提高质量转变，今后研究生教育的重点将放在培养质量上，特别是创新意识和创新能力上，以努力提高研究生培养水平，完成由研究生教育大国到研究生教育强国的转变。为了实现这样的远大目标，2007年国家开始启动研究生培养机制改革，现共有哈尔滨工业大学、北京大学、清华大学、浙江大学、复旦大学、上海交大、同济大学、西安交大、中国科大、中国农大、大连理工大学、武汉大学、南京大学、东南大学、四川大学、中山大学、华南理工大学等17所高校首批试点改革。

此次研究生培养机制改革的指导思想是：创新是灵魂，导师是基础，科学研究是核心。改革的主要目的是：充分发挥高校自主创新的作用，完善以科学研究为主导的导师负责制和资助制，通过建立研究生质量监控、保障和激励机制来提高研究生培养的质量和水平。改革的关键在于：研究生导师是否具有较高水平的研究课题和必需的研究经费，如果没有则宁缺毋滥。改革的目标是：在各个高校中建立起以科学研究为主导的导师责任制，在管理中充分发挥导师的作用，使研究生在科学研究、教学实践和管理实务中不断增长知识，提高学术水平和管理技能；通过统筹各个方面的教育经费或资源，加大对研究生的奖助力度，使研究生的实际表现与获得的奖助有机地结合起来，进一步激发研究生的学习热情与创新精神；通过建立导师资助制，进一步理顺师生关系，提高导师培养研究生的积极性，加快创新人才培养的步伐，促进研究生培养水平的提高。此次改革还涉及研究生收费制度的并轨问题，即取消原有的公费制，将计划内与计划外的研究生培养模式改为全日制与非全日制两种培养模式，并对其中的全日制研究生实施高额奖助学金制度。研究生收费制度的并轨，其目的是为了健全合理的成本分担制度，构筑新的人才培养激励机制，提高教育资源的使用效率，以保障研究生收费制度改革的顺利进行。据悉，目前正在试点改革的17所高校工作进展顺利，各项改革措施得到了导师、研究生和学校的广泛赞同。教育部决定从2008年起继续扩大试点高校的范围，积极开展研究生培养机制改革试点工作，建立和完善以科学研究为主导的导师负责制和资助制度；调整研究生教育的学位类别与质量标准，加强复合型、应用型人才培养，统筹研究生学位授予权审核改革和专业目录设置；深化研究生招生制度改革，积极稳妥推进初试、复试和推免生制度改革，提高研究生选拔质量。研究生培养机制改革不是研究生收费制度改革，更不是全面收费的改革，而是全面提高研究生培养质量的改革。培养机制改革后，学校将统筹使用财政拨付的研究生培养经费、导师的部分研究经费和筹集的其他有关资金，建立新的、科学的研究生资助体系，用于资助研究生的资金总额、受资助研究生的比例和资助强度将大大高于研究生培养机制改革以前的水平。优秀的研究生不仅不需要缴费，还能得到远远高于培养机制改革前的各项奖励和资助。教育是为了解决社会不公，让社会各阶层都有通过教育改变自己命运的机会，但如果教育制度设计不够完善，反而会加剧不公平。因此，研究生培养机制和研究生收费制度改革能否全面顺利推进，学校能否提供完善、强大的资助体系十分关键。

（四）开展博士质量调查

2007 年 9 月 28 日，国务院学位委员会、教育部、人事部联合下发《关于开展全国博士质量调查工作的通知》，要求各博士生培养单位全面开展博士质量调查工作，并于 2007 年 11 月 30 日之前完成。据教育部统计，2006 年全国在学博士生已达 20. 8 万人，当年毕业博士生为 3. 62 万人。2006 年共招收研究生 39. 79 万人，比上年增长 9. 07%，其中招收博士生 5. 6 万人。而在 2000 年，全国招收研究生 12. 85 万人，博士生为 2. 51 万人，当年在学博士生 6. 73 万人。① 从 2000 年到 2006 年，博士生招生人数翻了一番还要多，而在学博士生人数增长了两倍多。博士生数量膨胀过快直接导致师资力量不足，博士培养质量严重受损。有调查显示，我国每个博士生导师平均要带 5. 77 名博士生，远高于美国每名导师带 2 至 3 名博士生的比例。博士研究生教育是学历教育的最高层次，代表着一个国家的人才培养水平，对提高我国的国际竞争力、建设创新型国家和实现人才强国的战略目标具有重大的意义。近年来，我国研究生教育发展迅速，培养规模不断扩大，为国家培养了大量高层次专门人才，为国家经济建设和社会发展做出了重要的贡献。随着研究生教育的快速发展，进一步提高博士质量已成为当前所面临的主要任务。调查工作的重点是：全面评价我国博士研究生教育的发展状况，分析影响博士质量的相关因素，总结博士研究生培养的经验和问题，提出进一步提高博士质量的对策。经过调查，希望达到以下目的：一是建立和完善我国博士质量评价的标准和教育理论；二是全面分析和评价我国目前博士质量的状

① 本组数据来自教育部全国教育事业发展统计公报。

况，深刻剖析存在的问题和成因；三是通过有针对性的、深入的国际比较和研究，明确我国博士研究生教育与国际水平的差距与原因；四是提出今后博士研究生教育改革和发展的思路、方针、策略，建立博士质量的保障制度和体系。《通知》要求各高校和科研院所主要“寻找博士研究生培养当中存在的问题”，不仅要对博士论文进行比较研究，还要分别对在读博士、已毕业博士、博士生导师、管理人员和与博士学位相关的工作人员进行访谈调查，所有博士研究生培养单位都要形成博士质量分析报告，然后将调查材料汇总到北京大学教育学院进行分析。

国务院学位委员会、教育部、人事部联合推动的博士质量调查具有特殊的意义，全面分析和评价我国目前博士质量的状况，深刻剖析存在的问题和成因，对于我国提出今后博士研究生教育改革和发展的思路、方针、策略，建立博士质量的保障制度和体系具有重要的参考价值，有利于推进我国研究生教育的可持续发展。同时，博士质量调查的启动和实施，标志着我国高等教育“质量工程”上延到了高等教育的最顶层。

提高质量已成为当前中国高等教育的主旋律，我国的高等教育大众化实践开始走向理性和成熟，规模、质量、结构和效益逐步走向和谐。国家陆续启动和实施的“211 工程”、“985 工程”、“国家示范性高职院校建设计划”、“质量工程”、研究生培养机制改革和博士质量调查，以及今天在科学发展观和建设和谐社会思维框架下推出的一系列规范高等教育管理、彰显高等教育公平与效率的举措，标志着我国建设高等教育强国的乐章已全面奏响。

第十章 教育发展的文化追求

一、“文化”话语所体现的意识形态变革

在“知识就是力量”的号角激荡世界几个世纪之后，“文化就是力量”的命题又应运而生了。确认文化是社会进步和人类发展的巨大力量，既是对人类发展史的深入反思，也是对全球化时代世界发展态势的敏锐把握。

今天奉献给广大读者的《读书时报》，虽以“读书”为名，却不是单纯的读书报。她是一份文化报，一份以学术为根底，以通俗为形式，致力于沟通精深思想学术与大众精神生活的文化平台。“承续文化传统，弘扬人文精神；平衡理性激情，养成高雅情趣”，就是她的根本宗旨。

这是笔者作为主编，以《文化的力量》为题为新改版的《读书时报》所写的发刊词中最前面的两段话，发表在2004年3月3日的《读书时报》上。如今读起上述文字，我仍能感受到自己写就它时的思想激情，并情不自禁地回想起孕育这种激情的历史语境：文化保守主义和大众文化同时兴起，“文化”进入了市场，并成为经济全球化时代与民族国家间的经济竞争、政治博弈相辅而行的精神竞技场……

2004年，被称为“文化保守主义年”。其间，在学界、政界和民间人士

的共同参与下，文化保守主义高调抬头，其突出标志是："新读经运动"引发大争论，《甲申文化宣言》闪亮登场，祭孔大典在山东曲阜隆重举行，中国第一所海外"孔子学院"在韩国挂牌成立，《原道》10周年学术纪念会在北京召开……而接下来的2005年，被著名文化批评家朱大可称为中国的"娱乐文化元年"：

2005年是中国的"娱乐元年"，这已成为大众媒体的一个共识，因为正是从这一年开始，娱乐成为中国媒体和互联网的核心母题。芙蓉姐姐、超女、博客，三大流行文化事变，都已载入娱乐元年史册的首页。它们像叛乱的旗帜那样，高扬在古老中国的上空，为中国大众的娱乐生活注入强大的能量。①

如果说中国的文化保守主义旨在用文化激活知识，让"精神"统帅"身体"、引领市场和政治，那么，中国的娱乐文化则试图去除一切文化"制约"而彻底解放"身体"，让"身体"成为"精神"的直接表达，并用大众的口味决定"精神"生产的方式和内容。于是，"回到传统"和"回到身体"以精神与身体相互分裂和相互对立的形式，表达出某种共同的立场：超越传统而重新确立自我。只不过，一个是文化的和精神的"我"，一个是个体的和肉身的"我"。在这种情况下，如何以党和国家倡导的意识形态实现文化整合和国民精神的凝聚，就历史地摆在新一代国家治理者的面前。

另一方面，加入WTO之后，中国已介入全方位的全球文化竞争之中。竞争总是以竞争者的实力为后盾的。实力有硬的方面，也有软的方面。硬实力主要体现为武力和经济力，软力量则以知识、思维方式和价值信仰体系等精神文化为代表。这几种力量虽总存在着相互依赖的关系，但相对而言，在文明竞争的不同阶段，起主导作用的往往是不同的力量。在以自给自足的自然经济为基础的古代社会，武力的征服和威慑常常是获得竞争优势的主要手段；进入资本主义时代以来，经济力的重要性日益突出，并由于经济对于科技和信息依赖性的不断加强，形成并强化着"知识就是力量"的文化信念。由武力到经济力再到知识力的演变，体现了人类文明程度的不断提高。全球化时代的国际竞争是文化的全方位竞争。在这样一个时代，"文化就是力量"

---

① 朱大可，张闳．大众文化批评挺进娱乐元年：21世纪中国文化地图（2005卷）序言［M］．上海：上海大学出版社，2006．

这个命题比起“知识就是力量”来，更能反映时代的特点和需要。在当今世界，“软硬兼施”是以美国为首的发达国家维持和扩大其竞争强势的基本策略。他们力图在最大化本国利益的同时普遍化自己的精神文化，因为精神文化的统治比起武力、政治和经济的统治更能一劳永逸地解决问题：它能够通过使其他文化作废而使其他心智作废。

在这一背景之下，“十五”规划以国家文件的形式首次正式使用“文化产业”概念，使之成为“文化建设”范畴之下与“文化事业”并行的一个重要概念。这意味着国家要充分利用市场力量和市场机制进行文化建设、参与全球化的文化竞争。2002 年，江泽民同志在中共十六大报告中确认了文化建设的战略意义：“当今世界，文化与经济和政治相互交融，在综合国力竞争中的地位和作用越来越突出。全党同志要深刻认识文化建设的战略意义，推动社会主义文化的发展繁荣。”2003 年 8 月 12 日，胡锦涛总书记在中共中央政治局第七次集体学习会上，首次使用“国家文化安全”的概念，强调“一切有利于加强我国社会主义文化建设的有益经验，一切有利于提高我国人民精神境界的文化成果，一切有利于发展我国社会主义文化事业和文化产业的管理方式，都要积极研究借鉴。要始终高举社会主义文化旗帜，在文化观念上决不照抄照搬，在发展模式上决不简单模仿，坚决防范和抵御各种腐朽落后的文化观念侵蚀干部群众的思想，确保国家的文化安全和社会稳定。”① 正如有学者所指出的那样，“国家文化安全”有两个重要表征：其一，在国际关系层面，国家拥有充分完整的文化主权，能够独立自主地行使对公共文化事业进行政治安排的权力；其二，在国家内部，各民族之间具有高度一致的文化认同。②

2005 年 10 月 21 日，中国艺术研究院成立了“文化发展战略研究中心”。以该中心为主要依托，2006 年 8 月 1 日，全国艺术科学规划小组正式批准“中国文化发展战略研究”立项为全国艺术科学规划特别委托课题。“整个项目是在文化部的直接领导与相关司、局的支持下展开的，是在中国艺术研究院和内地科研机构、高等院校专家、学者的通力合作下共同完成的。课题研究的内容包括了文化事业、文化产业的发展政策与策略、文化核心价值观

① 金羊网，2003 - 08 - 13.

② 石中英．论国家文化安全［J］．北京师范大学学报：社会科学版，2004（3）.

承传与重构、非物质文化遗产的保护、国家文化安全、国家形象的塑造与传播、中国文化'走出去'战略、公共文化服务体系的建构等诸多重要的理论问题与现实问题。"① 2006 年 9 月，中共中央办公厅、国务院办公厅印发《国家"十一五"时期文化发展规划纲要》。该纲要明确指出：

文化是国家和民族的灵魂，集中体现了国家和民族的品格。文化的力量深深熔铸在民族的生命力、创造力和凝聚力之中，是团结人民、推动发展的精神支撑。五千年悠久灿烂的中华文化，为人类文明进步做出了巨大贡献，是中华民族生生不息、国脉传承的精神纽带，是中华民族面临严峻挑战以及各种复杂环境屹立不倒、历经劫难而百折不挠的力量源泉。在开创中华民族美好未来的历史进程中，文化既为经济社会全面协调发展提供强大的精神动力，也是经济社会发展的重要内容。繁荣发展社会主义先进文化、树立民族自信、振奋民族精神，必将为实现全面建设小康社会宏伟目标、构建社会主义和谐社会提供思想保证和精神动力。

当今世界，文化与经济、政治相互交融，与科技的结合日益紧密，在综合国力竞争中的地位和作用日益突出，越来越成为衡量一个国家综合实力强弱的重要尺度之一。在复杂的国际环境中，要赢得国际竞争，不仅需要强大的经济实力、科技实力和国防实力，同样需要强大的文化实力。我们必须增强忧患意识，加快发展文化事业和文化产业，激发民族生命力，增强民族凝聚力，提高民族创造力，在国际竞争中占据制高点，掌握主动权。

《纲要》主体部分包括十项内容：(1) 指导思想、方针原则和发展目标；(2) 理论和思想道德建设；(3) 公共文化服务；(4) 新闻事业；(5) 文化产业；(6) 文化创新；(7) 民族文化保护；(8) 对外文化交流；(9) 人才队伍；(10) 保障措施和重要政策。在"民族文化保护"方面，特别值得注意的是：突出了文化典籍的编纂出版；强调"改造和发展富有浓郁民族特色的民间传统节庆内容、风俗、礼仪，维护民族文化的基本元素。继续完善中华民族始祖的祭典活动，充分发挥春节、元宵节、清明节、端午节、七夕节、中秋节、重阳节等传统民族节庆的作用"，以之"增强中华民族凝聚

① 贾磊磊."中国文化发展战略研究"课题成果述评［N］. 光明日报，2007-08-03.

力，促进和谐社会建设”，同时，“要高度重视国庆节、‘五一’国际劳动节和‘七一’建党、‘八一’建军等重要节日、纪念日，广泛开展热爱党、热爱祖国、热爱人民、热爱社会主义的主题宣传教育活动”。

2007年10月，胡锦涛总书记在中共十七大报告的第七部分，以“推动社会主义文化大发展大繁荣”为主题，用更加简洁的语言，阐明了文化建设和文化发展的战略意义，即“当今时代，文化越来越成为民族凝聚力和创造力的重要源泉、越来越成为综合国力竞争的重要因素”；并从“建设社会主义核心价值体系，增强社会主义意识形态的吸引力和凝聚力”、“建设和谐文化，培育文明风尚”、“弘扬中华文化，建设中华民族共有精神家园”、“推进文化创新，增强文化发展活力”等四个方面，论述了党和国家今后文化建设的基本任务。这种文化发展的战略规划，显然是以全面建设社会主义的小康社会、和谐社会为目标，以科学发展观为指导的新的意识形态在文化领域中的具体化。

“小康社会”作为新的意识形态话语，是邓小平同志在1979年12月6日会见日本首相大平正芳时首先提出来的。他说：“我们要实现的四个现代化，是中国式的四个现代化。我们的四个现代化的概念，不是像你们那样的现代化的概念，而是‘小康之家’。到本世纪末，中国的四个现代化即使达到了某种目标，我们的国民生产总值人均水平也还是很低的。要达到第三世界中比较富裕一点的国家的水平，比如国民生产总值人均一千美元，也还得付出很大的努力。”① 中共十二大正式引用这一概念，把到20世纪末人民生活基本达到“小康水平”作为经济和社会发展的战略性目标。中共十六大则在“人民生活总体上达到小康水平”的情况下，描绘出“全面建设小康社会”的新蓝图。至中共十七大，新的“小康社会”概念已涵盖了物质文明、制度文明、精神文明和生态文明等四个方面。

进入90年代，随着市场经济的推进和大众文化的兴起，多元价值观开始形成，“道德失序”（或“道德滑坡”）、“腐败”等问题日益突出。作为改革开放新意识形态的补充和提升，“三个代表”和“以德治国”等被提了出来。其中，“三个代表”既是对中国共产党现代传统的肯定与总结，也是对

---

① 邓小平. 中国本世纪的目标是实现小康. 邓小平文选（第2卷）［M］. 北京：人民出版社，1994：237.

“现代文化”的肯定与接纳；“以德治国”则意味着要把传统儒学的政治理念吸纳到新的政治理想之中，使“德”与“法”相辅而行。显然这已有融会文化传统与现实政治方略、中国文化与世界文化的意识。

进入21世纪以后，以“和谐社会”和“科学发展观”为代表的新意识形态，则使大众文化与学术文化、中国文化与外国文化、传统文化与现代文化取得了更加有机的联系，具有更强的务实感、一定的人情味和全球视野，充分发挥了意识形态话语的文化象征和指意功能。例如，“和谐社会”容纳了传统儒学“中庸”、“中和”、“和为贵”、“和而不同”等观念，呼应了“和平与发展”的当今世界主题，作为价值理想引导着解决中国城乡差距、地区差异和贫富分化等问题的现实努力，包含着对于社会和人的全面和谐发展的高度关注。“建设社会主义核心价值体系”，则是在“尊重差异、包容多样”基础上，形成“具有吸引力和凝聚力”的“社会主义意识形态”。“文化产业”观念的形成，不仅意味着中国将以竞争者、挑战者的姿态进入国际文化市场，也意味着国家从原来对于文化事业单一的管理、限制，开始走向运用市场规律、按照民众需求进行文化生产和创新的道路。正因为尊重差异、包容多样，注重凝聚和认同，“以人为本”、“和谐社会”等才不只是政治的话语，也成为学术的乃至大众的话语。这说明，经过三十年的改革开放，中国的意识形态正在逐步转向“文化适应和引导”。

二、孔子学院：从文化输入到文化输出

以孔子和儒学为主要代表的中国古代文化，曾以其强大生命力，传遍东亚各国，成为东亚文化圈的文明象征。鸦片战争以来，国力贫弱所导致的接连战败，在摧残中国人文化自信的同时，也带来了征服者对中国人和中国文化的轻蔑。中外文化关系也由平等交流，演变成侵略者以武力为后盾的文化入侵，以及中国对于外来文化，特别是西方文化的单向输入。其间，海外华人虽然有以传播中国文化为己任者，但和之者盖寡。西方国家陆续成立了一些“汉学”或“中国学”研究中心，但那些汉学家们基本处于象牙塔内，而他们研究中国文化的心态，其高者间或表达出对一种古老文明的敬意，但

更多的则是“强者”对于一个失落了古老文明之“弱者”的同情；其卑者，则以其对于落后“东方”的知识，为殖民者出谋划策。这种单向输入的文化状态，随着中国的改革开放而逐步改变。

1988年，中华人民共和国文化部应毛里求斯和贝宁政府的要求，先后在两国首都设立了中国文化中心。这是以中国政府名义在海外设立文化传播机构的开始。但由于各种因素的限制，中国在海外设立文化中心的工作一度停顿，更不要说向西方发达国家扩展。2002年12月，根据前一年李岚清副总理与当时法国外交部部长签署的一份《会谈纪要》，巴黎中国文化中心正式成立，这是中国政府在西方国家成立的第一所文化中心，尽管它以筹办大型、高端文化活动为主，还没有走出象牙塔。[①] 真正使中国的文化输出走向大众的，当以孔子学院为典型代表。

孔子学院是以对外汉语教学为基础建立起来的对外文化教育机构。2002年，鉴于国外人士汉语学习需求迅速扩大，国内有关机构已难以满足需要，教育部和国家对外汉语教学领导小组决定在海外设立汉语推广机构。2004年3月，根据国务委员陈至立的提议，决定以“孔子学院”命名之。这个命名本身，就体现了当代中国人前所未有的传统认同和文化自信。2007年9月10日，孔子学院总部制定了《孔子学院章程》；同年12月12日，该章程在孔子学院理事会第一次全体会议上通过。[②] 章程全文如下：

孔子学院章程（试行）

第一章　总　则

第一条　为保证孔子学院健康发展，以增进世界人民对中国语言和文化的了解，发展中国与外国的友好关系，促进世界多元文化发展，为构建和谐世界贡献力量，特制定本章程。

第二条　本章程适用于世界各地的孔子学院。

第三条　孔子学院的外文名称应与中文名称相符合。

---

① 成舸．搭乘文化的东方快车——全球孔子学院速览［J］．世界博览，2008（6）：16.

② 柴葳．孔子学院总部理事会全体会议举行［N］．中国教育报，2007－12－13.

第四条　孔子学院为非营利性教育机构。

第五条　孔子学院开展汉语教学和中外教育、文化、经济等方面的交流与合作。

第六条　孔子学院遵守注册地法律，并且不抵触中国法律。

第七条　孔子学院不参与政治、宗教和种族主义活动。

第八条　孔子学院的设置模式，根据各国特点和需要，可以灵活多样。

第九条　境外具有从事语言教学和教育文化交流活动能力的法人机构，有权申办孔子学院。

第十条　孔子学院的汉语教学采用普通话和简体字。

第二章　业务范围

第十一条　孔子学院提供下列服务：

（一）面向社会各界人士，开展汉语教学；

（二）培训汉语教师，提供汉语教学资源；

（三）开展汉语考试和汉语教师资格认证业务；

（四）提供中国教育、文化、经济及社会等信息咨询；

（五）开展当代中国研究。

第三章　总　部

第十二条　孔子学院总部在中国北京设立，是全球孔子学院的最高管理机构。

第十三条　孔子学院总部是具有独立法人资格的非营利组织。

第十四条　孔子学院总部设理事会，由主席、副主席、常务理事和理事组成。主席、副主席和常务理事由中国政府任命，理事由各孔子学院推荐产生。

第十五条　孔子学院总部理事会下设秘书处。秘书处为孔子学院总部日常工作机构，设总干事、副总干事。

第十六条　孔子学院总部的职责是：

（一）定期召开理事会；

（二）制定孔子学院章程、建设规划和评估标准；

（三）审批各地孔子学院的设置；

（四）审核批准各地孔子学院的年度项目实施方案和预决算；

（五）为各地孔子学院提供资源支持；

（六）培训孔子学院管理人员和教师，并根据各地孔子学院需要，选派中方院长和教学人员。

第四章　设　置

第十七条　孔子学院的申办者须符合下列条件：

（一）申办机构所在地有学习中国语言和文化的需求；

（二）有符合办学需要的人员、场所、设施和设备；

（三）有必备的办学资金和稳定的经费来源。

第十八条　孔子学院的申办者须向孔子学院总部提交申请书，其中应包括下列内容：

（一）申办机构简介；

（二）用于孔子学院的教学场所、设施和设备；

（三）市场需求预测、管理机制及运营计划；

（四）经费筹措及管理；

（五）孔子学院总部要求提供的其他材料。

第十九条　孔子学院总部对申办者提交的申请材料进行审查，审查方式包括文件资料审查、当面听取报告和实地考察等。

第二十条　孔子学院总部批准申办案后，孔子学院总部与申办者签订协议并颁授孔子学院铭牌。

第五章　经　费

第二十一条　对新设置的孔子学院，中方投入一定数额的启动经费。年度项目经费由外方承办单位和中方共同筹措，双方承担比例一般为1∶1。

第二十二条　孔子学院中方所提供经费实行项目管理，管理办法另行规定。

第六章　管　理

第二十三条　孔子学院设立理事会。中外合作设置的孔子学院，理事会成员由双方共同组成，其人数及构成比例由双方协商确定。

第二十四条　孔子学院理事会负责审议孔子学院发展规划、年度工作计划、年终总结报告、项目实施方案及其预决算。

第二十五条　孔子学院实行理事会领导下的院长负责制。院长负责孔子学院的日常运营和管理。

第二十六条　孔子学院院长须了解和熟悉中国国情，熟练掌握所在国语言，具有与本岗位工作相称的管理工作经验，具有较强的公共关系和市场开拓能力。

第二十七条　孔子学院所聘教师应喜爱中国语言和文化，具备岗位所需的专业水平和教学能力。

第二十八条　孔子学院须按规定期限编制项目实施方案及预算、项目执行情况及决算，并报经总部审批。同时，须将年度工作计划和总结报总部备案。

第二十九条　孔子学院总部负责组织对各地孔子学院的评估，对违背办学宗旨或达不到办学质量标准的，孔子学院总部有权终止协议。

第三十条　孔子学院总部每年召开孔子学院大会，交流办学经验，研究孔子学院的建设和发展。

第七章　权利与义务

第三十一条　孔子学院的权利：

（一）享有本章程及协议规定的权利；

（二）有权使用孔子学院的名称和统一标识；

（三）优先获取孔子学院总部提供的教学和文化资源。

第三十二条　孔子学院的义务：

（一）遵守本章程及协议的规定；

（二）维护孔子学院的声誉、形象和统一标识；

（三）接受孔子学院总部的指导和评估。

第八章　法律责任

第三十三条　孔子学院总部有权依法追究任何下列行为的责任：

（一）未经孔子学院总部许可，擅自设立孔子学院；

（二）盗用孔子学院名义开展活动；

（三）违反本章程和协议规定，破坏或恶劣影响孔子学院声誉。

第九章 附 则

第三十四条 孔子课堂的设置和管理参照本章程执行。

第三十五条 本章程解释权归孔子学院总部。

第三十六条 本章程自孔子学院总部理事会批准之日起生效。

章程简洁明了，明确了办学宗旨、业务范围、经费、管理等诸多事项。从办学体制上来讲，孔子学院吸收借鉴了其他国家相关机构（如德国的歌德学院、西班牙的塞万提斯学院和法国的法语联盟等）推广民族语言的成功经验，又有新的突破。首先，它是非营利性的文化教育机构，却采用了商业中的连锁经营形式，通过特许经营，使全球孔子学院形成以北京总部为核心的大型跨国教育联合集团。这既保证了所有学院教育活动的统一标准和规范，又调动了各学院自主办学的积极性，使它们能够根据各地实际情形，采取主动、灵活的办学模式。其次，除个别情形外，绝大多数孔子学院都是依托于外国某大学的相关机构，通过与中国国内高校结对合作而建立，由此形成中、外教育资源的互补与整合。因而，与歌德学院等的直营式办学相比，孔子学院的体制优势相当明显，有效地推动了孔子学院的快速发展。

第一所孔子学院是2004年11月在韩国首都首尔设立的。截至2007年底，仅仅3年的时间，全球孔子学院已达210所，遍布五大洲。其中，亚洲64所，欧洲73所，美洲51所，非洲16所，大洋洲6所，平均每四五天就有一所新学院诞生，其速度是哥德学院的30倍。据国家对外汉语推广领导小组办公室估计，到2010年，全球将建成500所孔子学院。2006年，“国家对外汉语教学领导小组”更名为“国家汉语国际推广领导小组”，并设立办公室作为常设管理机构，实现了从“教学”到积极“推广”的转变。[①] 如今，孔子学院已成为以汉语教学为基础、自觉传播中国文化的最重要的通道。

孔子学院的快速发展，是与改革开放以来中国经济、社会和文化的发展

---

① 成舸．搭乘文化的东方快车——全球孔子学院速览［J］．世界博览，2008（6）：17～19.

紧密联系在一起的。随着对外交往的日益频繁，认识中国、了解中国、与中国打交道，已成为越来越多外国人士的迫切需要。而学习汉语，正是这种认识、了解和交往的基本条件。这导致了国际性“汉语热”的持续升温。请看下面一则报道：

据统计，目前全球有100多个国家的2300所大学、上万所中小学开设了汉语课程……

美国哥伦比亚大学的东亚语系最近举办了有史以来规模最大的“海外中国语言教学国际研讨会”，世界中文教学与研究机构几乎都派出代表参加。根据美国人口普查局公布的报告，汉语在美已成为仅次于西班牙语的第二大外语。

日本现有近200万人学汉语，500余所大学几乎都开设了汉语课，其中85所大学还设有汉语专业。汉语在日本成为英语之后的第二外语。

在韩国，汉语成为最受韩国学生欢迎的外语。韩国有200所大学开设了汉语课程，中学选修汉语的学生约有13万人，汉语考试已经被正式列为韩国外语高考科目。韩国教育部还计划今年在全国中小学普遍开设汉语课。

法国学习汉语的人数也逐年增加。目前，法国约有2万人学习汉语，大约200所大中小学教授汉语。参加各地华人社团周末汉语课程学习的华裔子弟也有8000余人。英语、日语、西班牙语培训市场的年增长率是2%～4%，而汉语则高达38%。

在加拿大，越来越多的人想了解中国和认识中国，学汉语热潮也随之水涨船高。加拿大语言专家认为，汉语正逐渐取代法语，成为除魁北克省之外其他各省份的第二大语言。

在澳大利亚，学习汉语的人数已经超过意大利语，汉语成为澳大利亚第一外语。①

国家汉办成立20年，但在推广中国语言和文化方面充分地发挥作用却在最近几年，这首先得益于自中国加入WTO后世界上日益强劲的汉语需求。正如美国华美协进社副社长贾楠所说：“学习一个世界上经济增长最快的、人口最多的国家的语言是多么有意义。”②

同时，语言是文化的信息载体。学习一种语言，既以了解那种文化为前

---

① 喻京英．汉语“课堂”落户全球［N］．人民日报：海外版，2007－01－30．

② 翟帆．孔子学院：打开了解中国的一扇窗［N］．中国教育报，2006－07－08．

提，又是通达那种文化的手段。因此，语言学校自然具备文化传播功能。在英语占据世界语言统治地位、世界上80%的科技文献用英语写成且英语普及率不断提高的今天，汉语的异军突起无疑是促进世界多元文化发展的重要积极力量。正因如此，海外孔子学院从创设之初，就明确了自己的五项职能：一是面向当地社会各类汉语学习者展开汉语教学；二是成为传播中国文化的重要平台；三是为中外经贸往来和其他交流交往提供信息咨询；四是成为外国学生留学中国的直达快车；五是通过把孔子学院建在当地大学，吸引有关大学中研究中国问题的专家，变学术资源为教学资源，使他们担负起向本地人介绍当代中国真实状况的任务。对于大多数外国人来说，孔子就是中国和中国文化的象征。孔子学院以孔子命名，就是充分利用了这一文化象征。但孔子学院并不是一个传道、布道的宗教机构，也不把孔子作为宗教偶像来崇拜。在孔子学院中，除了孔子的标准像格外引人注目之外，课本中的孔子跟中国其他历史文化名人如老子、庄子等的出现频率不相上下。这也继承并体现了中华文化的开放本色。故有论者说，在孔子学院中，“中国文化这道大餐，和洋洋大观、百无禁忌的中餐菜谱一样，开放得很”[①]。超越宗教的羁绊，以开放的姿态传播开放大度、丰富多彩的中国文化，把历史的中国和当下的中国同时介绍给世界，正是以孔子学院为代表的中国当代文化推广事业应该具有的文化胸襟和时代精神。

尽管孔子学院发展迅猛，但它仍远远不能满足国际性的强劲汉语学习需求。据国家汉办估计，到2010年，国外学习汉语者将达1亿人，全球汉语教师缺口将超过400万。而业已建立的孔子学院，也面临着一系列发展中的问题，如师资、教材的提供，教学质量的保障，组织、运营模式的进一步发展完善等。从师资方面来说，不仅数量严重不足，高水平师资更显匮乏。因为在海外运用第二语言进行汉语教学，不仅需要教师能熟练运用两种语言，也需要教师拥有与两种语言相关的丰富的历史和文化知识。这样的师资显然不是短时间内就能造就出来的。就教材而言，一方面是片面追求教材的大众化而淡化了其科学性：“整个工作中存在着一种不正常的现象：对外汉语教学自身科学性被忽视，甚至被藐视。在编教材的时候，例如，‘了’、‘的’

① 成舸．搭乘文化的东方快车——全球孔子学院速览［J］．世界博览，2008（6）：17.

的用法，是不能不讲的；教汉语不是小儿科的事情，如果忽略这一点，那么上世纪八九十年代有人提出的‘是中国人就能教汉语’观点可能再度抬头。”[1] 另一方面，满足不同国家、不同人群需要的多样化汉语教材十分缺乏。中国人编的英文和日文等汉语教材比较丰富，形式多样，而其他语种的教材如法语、德语等则十分单一。针对这些发展中的问题，2006 年，国务院转发了《关于加强汉语国际推广工作的若干意见》，教育部发布了《关于贯彻落实〈关于加强汉语国际推广工作的若干意见〉的通知》，确定了今后工作的六大任务：继续加快孔子学院建设；加快对外汉语师资培养，增强海外师资队伍自身发展后劲；研发适合当地需要的教材；从根本上改革汉语水平考试，使其适应普及型、应用型的教学需要；加强网络建设，使更多的人通过网络学习汉语；对重点国家重点扶持，如在美国，先把它现有的 2500 所开设汉语课学校的师资和教材问题解决好。

总之，以孔子学院的不断大量设立为标志，进入 21 世纪的中国，已走出单向文化输入阶段而迈向文化教育输出的新时代。接下来的任务，是把孔子学院作为一个重要的文化教育品牌建设好，让她在发展中国文化教育大国中发挥更大、更好的作用，成为建立多元、和谐世界文化的重要力量。

三、新读经运动：中国课程文化的另一道风景线

如果放宽眼界，总览中国当今教育改革全景，我们将会发现：新读经运动与新课程改革几乎在同步发展。两者看似渺不相涉，一个主要借助于中国传统文化资源，一个主要借助于现代教育理论资源。然而，仔细观察则不难看出，两者实际上面对着同一个问题——一个亟待改革和完善的中国现代教育传统。

且看蒋庆——这位“当代大儒”、新读经运动（主要是儿童读经）的主要倡导者之一——的读经宣言：

---

① 赵静．让孔子学院健康地走进世界［N］．科技日报，2006－08－10．

近世以降，斯文见黜；经书之厄，甚于秦火。学堂废读经，杏坛禁祀孔。于是弦歌声绝，《诗》《书》扫地，国人已不知经典为何物矣！所幸天运往还，斯文重振；经籍复兴，弦歌再起。是编（系指12册的《中华文化经典基础教育诵本》——引者）之出，正其时矣。①

2001年6月，教育部发布《基础教育课程改革纲要（试行)》。为便于教育界对于该纲要的理解与执行，基础教育改革专家工作组部分专家受教育部委托起草了《〈基础教育课程改革纲要（试行)〉解读》。论及新课程改革的背景，《解读》直指已经陈旧了的现行课程观念和课程体系：

教育观念滞后，人才培养目标已不能适应时代的需求；思想品德教育的针对性、实效性不强；部分课程内容陈旧；课程结构过于单一，学科体系相对封闭，以致难以反映现代科技、社会发展的新内容，脱离了学生经验和社会实际；课程实施过程基本以教师、课堂、书本为中心，难以培养学生的创新精神和实践能力……②

还有学者从课程创新对于理论创新的必然依赖性出发，更加尖锐地指出：

我国的课程创新宣告了“凯洛夫教育学”时代的终结。

课程创新的前提条件是“概念重建”。这就需要我们“建立一个学术流派的‘联合国’来促进跨越话语边界的对话”［引自（美）威廉·F. 派纳等的《理解课程》］。说到底，需要我们不断地挑战自我、更新自我、超越自我。“对于我们来说，以往的课程必须被摆渡到永不回归的彼岸安息，而在此岸的我们，则需要获取新的灵魂。”［引自（美）多尔，（澳）高夫主编的《课程愿景》］③

毋庸讳言，无论新读经运动还是新课程改革，都存在着这样或那样的问题，有些问题可能还是相当明显且具有爆炸性的。但没有人会否认，中国业已形成的现代课程体系确有改革的必要，很多方面也是非改不可的。因此，在目前，无论是参与者还是研究者，都不要急于对正在进行中的改革努力妄

① 蒋庆选编．中国文化经典基础教育诵本后记［A］．北京：高等教育出版社，2004．

② 钟启泉，崔允漷，张华主编．基础教育课程改革纲要（试行）解读（M）．上海：华东师范大学出版社，2003：5．

③ 钟启泉．概念重建与我国课程创新［J］．北京大学教育评论，2005，(1)．

下断语，而应以文化承担意识和更加理性化的态度，兼听旁证，准确把握教育改革的应有方向。

如果不是孤立地看待新读经运动或新课程改革，而是将两者合而观之，我们将不难发现，二者沿着不同方向的同时崛起，实在是自清末以来，中国现代教育的双重发展需要，即进一步国际化与进一步本土生长的要求在当前情境中的新表达：对于新读经运动来说，中国现代课程问题的症结在于斩断了与本国文化传统的血脉联系，因而需要通过与传统进行更加深入的对话对现行课程进行改造；对于新课程改革来说，现行课程的根本问题在于它不能充分反映现代文化、社会和人的发展需要，因而需要通过进一步与世界教育接轨、进一步与世界先进课程理论和实践对话，实现课程的目标、结构、内容和实施过程的现代化。不用说，在教育实践中，上述两种诉求常呈现出紧张甚至对立的关系。就课程改革而言，这种张力关系具体表现为：本土知识的传承发育与外来知识的引进吸收，如何取得有效的平衡？在教育学研究中，新课程改革已被屡屡言之。在此，我们将集中考察新读经运动的来龙去脉，以及相关争论所彰显的教育中的文化问题。

改革开放以来，中国关于读经的倡导和实践，是从儿童读经开始的，并首先在香港和台湾兴起。1990 年 2 月，南怀瑾先生创办香港国际文教基金会，以发扬中国文化精神、改善社会风气、促进社会福利为己任。1994 年，台中师范学院教授王财贵鉴于近几十年来整个中国社会只顾发展经济，而未能相应地提高国民文化教养，导致君子之风日渐远去，人的心量不广，涵养不深，人生无所归依，理想不敢坚持，而一个没有自我文化根基的民族，是终究不能参与世界文化创造的。于是，在台湾地区发起“儿童育读经典工程”，得到了南怀瑾先生的大力扶持，并使读经活动在台湾地区迅速兴起，约有 400 万儿童加入其中。①

1995 年，第八届全国政协会议上，赵朴初、叶至善、冰心、曹禺、启

① 改革开放以来，中国有一个很奇特的文化现象：正是东南沿海那些开放得早且现代化水平较高的地区，传统文化习俗最先复兴；而现代新儒学和儿童读经，也首先出现在港台地区。这至少说明了两个问题：越是经济水平发展较高的地区，其文化需求越强烈；经济上的自主发展和文化上的自主选择，是相得益彰的。它同时也表明，在实际的社会和文化生活中，“传统”与“现代”并非呈对峙之势。

功、张志公、夏衍、陈荒煤、吴冷西等九位政协委员拟出了《建立幼年古典学校的紧急呼吁》的提案。提案说：

> 我国文化之悠久及其在世界文化史上罕有其匹的连续性，形成一条从未枯竭、从未中断的长河，但时至今日，这条长河却在某些方面面临中断的危险，此可能中断的方面是代代累积，构成我民族文化重要内容的各类古代典籍的研究和继承，不可讳言，目前我们一代人的古典学科基础已远不如上一代人之深厚，继我们而起的青年一代则更无起码的古典基础可言，多数人甚至对古代文学、历史、哲学的典籍连看也看不懂了。
>
> 构成我们民族文化的这一方面是我们的民族智慧、民族心灵的庞大载体，是我们民族生存、发展的根基，也是几千年来维护我民族屡经重大灾难而始终不解体的坚强纽带；如果不及时采取措施，任此文化遗产在下一代消失，我们将成为历史罪人、民族罪人……

该提案得到国家教委的重视和批复。1998 年，北京圣陶实验学校在北京市委和教委的关怀下正式成立。也是在这一年，南怀瑾领导的香港国际文教基金会将“读经”引入中国大陆，并在中国大陆开展“儿童中国文化导读”和“儿童西方文化导读”等活动。1998 年 6 月 26 日，团中央、少工委和中国青少年发展基金会启动了“中华古诗文诵读工程”。该工程由中国青少年发展基金会下属的社区与文化委员会负责实施；著名学者季羡林、杨振宁、张岱年、王元化、汤一介担任顾问；南怀瑾担任指导委员会名誉主任。中国青少年发展基金会社区与文化委员会组织专家学者编辑了《中华古诗文读本》，选编从先秦至近代的 300 篇古诗文经典之作，全部诗文有汉语拼音注音并配有注释，分为子、丑、寅、卯等 12 集出版；该读本于 2000 年由北京大学出版社出版，并配有录音磁带。由于主办单位所具有的权威色彩，以及相关利益主体的积极参与，短短两年的时间，全国已有 80 多万名少年儿童参加，受其影响的成人超过 500 万人。2003 年 3 月，“古诗文诵读——百县计划”正式启动，“这标志着古诗文诵读的参与者由城市向农村城镇辐射，向相对闭塞的边远山区延伸”①。该工程已在全国 30 个省（自治区、直辖市）的数千所学校的 430 余万少年儿童中开展起来，同时受其影响并在其中

① 杨雪梅．让千年弦歌世代传诵［N］．人民日报，2000-10-31．

受益的成年人也超过2500万人。[①]

中国社会科学院也于1998年批准实施“华夏文化纽带工程”。作为一项承载着宣传与弘扬中华文化的“纽带”性质和作用的全国性的学术文化工程，其发起后得到了全社会的关注与支持，八个民主党派和国家民委、国务院新闻办、国务院侨办、国务院宗教局及黄埔军校同学会、海峡两岸关系协会积极支持并担任组织指导单位。全国人大常委会副委员长程思远、吴阶平、何鲁丽、丁石孙、成思危、许嘉璐、蒋正华等和全国政协副主席阿沛·阿旺晋美、罗豪才、张克辉等欣然出任“华夏文化纽带工程”组委会主任委员。该工程的活动目的和宗旨是“促进民族团结、社会稳定、祖国统一、世界和平”[②]，传统文化经典诵读也渐成该工程的重要项目之一。

据说，至2005年，中国大陆的百十个城市、数百万儿童参与了经典诵读活动，台湾、香港亦有百万之众的读经儿童。新读经运动还波及海外，有十余个国家不同程度地参与了这场由中国发起的读经运动，尤以东亚和东南亚国家为甚，如韩国、新加坡、马来西亚、印度尼西亚等。一批知名高校和学术研究机构也参与其中，如北京大学、中国人民大学、北京师范大学、南京大学、东南大学、北京外国语大学、复旦大学、华东师范大学、武汉大学、台中师范学院、中央教育科学研究所、哈佛大学等。[③]虽然近代中国也出现过数次读经潮，但从官方到民间、从国内到海外，就其影响之大、范围之广而言，这还是第一次。

不过，只是到了2004年，由于12册的《中华文化经典基础教育诵本》的出版，儿童读经运动才引发了激烈的争论，至今绵延不绝。该书作为“中国教育学会‘十五’申报课题实验用书”，由中华孔子学会组编，蒋庆选编。该书之所以成为激烈争论的对象，首先缘于编者蒋庆异乎寻常的坚定、明确的“原教旨主义”立场：他把民初以来“学堂废读经，杏坛禁祀孔”视为“甚于秦火”的中华文化厄运；直言不讳要启五四新文化运动之“蒙”；他所选编的中华文化经典，无一例外地来自儒学“道统”中人物；

---

① 姜知然. 中华古诗文经典诵读工程实施五年惠及三千万人［N］. 中华新闻网，2003-12-17.

② 杨金瑞. 中国人的精神家园——“华夏文化纽带工程”纪实［N］. 人民日报，2008-08-11.

③ 刘克苏. 经典诵读十年复兴录［J］. 北京教育：普教版，2005（4）：31.

自信“宣圣删述代作之意，朱子训蒙养正之心，于今吾知之矣”，“十万之文，经典精华尽在是；十二之册，圣贤法言萃乎此”；倡言“吾中华儿童手持一编读之读之再读之，而他日君子之国、大同之世，必在此琅琅读书声中也”。其次，蒋庆是一个无挂无碍的民间学者，人们大可对其肆意放言，特别是对于那些尖锐的批评者来说。此外，2004 年格外浓重的文化保守主义氛围，必然激起不同文化立场者的激烈反弹，而蒋庆的原教旨主义以其极端性，正可作为一个吸引论敌火力的有效靶子。

首先向蒋庆发难的，是旅美学者薛涌题为《走向蒙昧的文化保守主义——评蒋庆的读经运动》的文章，发表在 2004 年 7 月 8 日的《南方周末》上。文章并不长，为展现当时的争鸣语境，特照录如下：

由当代“大儒”蒋庆先生编纂的 12 册“中华文化经典基础教育诵本”即将问世。蒋先生在后记中称：“近世以降，斯文见黜；经书之厄，甚于秦火。”本来以为他讲的是“文化大革命”。但他似乎生怕别人搞错，特别申明他所指的是 1912 年。那年“蔡元培上台担任教育总长，一上任就废除了小学‘读经科’。从此，这个教育体系中没有了经典教育。中华民族成了抛弃自己经典的民族，我们可以用八个字来概括这种教育的后果：‘礼崩乐坏’，‘学绝道丧’”。

众所周知，蔡元培先生以兼容并包的精神主持北大，开创了近代中国为数不多的优良学术与文化传统。他当教育总长废了读经，却并没有去焚书，如何能与焚书坑儒的秦始皇相比？如此厚诬前贤，不知道蒋先生守的是哪路“道统”？

那么，蔡元培是否应该废除读经呢？看看蒋先生搞的名堂就明白。蒋先生编的这套“诵本”，从《诗经》、《孝经》，到王阳明的《传习录》，共 19 部儒家经典，洋洋 15 万字，832 课。对象是 3 到 12 岁的孩子。而且，这些内容是要求孩子们背诵的！蒋先生称：“蒙学教育就是背诵教育。孩子 12 岁以前背诵能力强，称为‘语言模仿期’，12 岁以后接受能力强，是‘理性理解期’。背诵经典就是在儿童记忆力强时记住经典，长大后就逐渐会理解经典的义理内容。”一句话，他所提倡的读经，就是要强迫孩子在 3 ~ 12 岁期间背 15 万字自己并不懂的东西。

这套东西不该废除吗？笔者有幸早生几十年，没有赶上蒋先生读经运动的洗礼。不过，当年为了高考背某课标准答案的记忆还是有的。其实那时的死记硬背，比蒋先生的读经教育还人道些。因为当时对背的东西信不信、喜欢不喜欢是一回事，至少对内容还是理解的。可是蒋先生提倡的儿童读经，那些可怜的孩子连背的东西是什么意思都不明白，如此死背9年书，活生生的孩子也成了呆子。

再说，如今当个孩子不容易，学校里除了语文外，还有各种功课。这15万字一背，你还指望孩子有空读别的东西吗？如果这就是读经的话，蔡元培先生将之废除，不愧为英明之举。至少他捍卫了少年儿童的人权，也保证了孩子们有精力来接触多元的文化。

不过，蔡元培先生废了读经，却没有禁止读经。那些千古流传下来的经典，自有其价值。但是，如何弘扬和继承中华传统文化，为下一代所接受，这不能不说是一个值得广泛探讨的问题。在海外养过孩子的中国人大多理解我们真正的文化困境是什么。我们希望孩子接受中国文化，坚持和孩子讲中文。但是，孩子一旦能够读书，麻烦就来了。中文里没有孩子可读的东西。和英文读物竞争，怎么也竞争不过。孩子的心一下子就被英文世界吸引过去，你怎么引导也不行。比如E. B. White和语言大师William Strunk，写过一本仅80多页的小书*The Elements of Style*，讲英文写作的基本规则，大概是最重要的一本英语写作的读物了，对英语的影响，也许可以和《韦氏大字典》相比。可是人家这么一位大师，还专门给孩子写书，讲一头猪和一个蜘蛛生死友谊的童话，读得孩子也哭，大人也哭。里面有忠诚，有信赖，有超越生死的友情和爱。你要拿蒋先生编的12册经书和人家竞争吗？Good Luck！（祝你好运！）

一位友人在新加坡碰到一个华裔的孩子，那孩子直言不讳地说："我不是不想学中文，只是一见中文老师心里就烦。跟英文老师读书，人家循循善诱，双方平等讨论。中文老师上来就说你要记住这个，背诵那个，连为什么也不解释。谁有那个耐心？"

如今儿童心理学已经相当发达，学者们作了许多调查、实验。不知道蒋先生观察了多少孩子，有多少数据，凭什么就说12岁以前是"语言模仿期"，就得死记硬背，12岁以后是"理性理解期"，会逐渐理解经典的义理内容？笔者自己5岁的孩子在美国的幼儿园长大，从来没有背过什么，甚至没有读书识字。但是，她3岁就在问："如果说上帝创造了人，那么谁创造了上帝？""哪里是世界的尽头？"笔者鼓励她读书识字，说知识都是从书上来的。她马上反问："写第一本书的人的知识是从哪里来的?"

孩子4岁时老师告诉她"黄金定律"："己所不欲，勿施于人。"其实同样的话，儒家的经典中和基督教的经典中全讲了。但不幸的是，我们这里这一定律一般不被当做孩子所需要学的第一道德戒律，而且即使传授给孩子也是蒋先生那样的死记硬背的方式。可是在我孩子所在的幼儿园里，老师把这句话告诉孩子后，马上在孩子们玩耍时的各种冲突中活生生地演义出来：你抢了人家的玩具吗？难道你希望自己的玩具被人家抢吗？孩子回到家，小小年纪就知道要等做饭的妈妈来一起吃饭，否则就不公平，就不合黄金定律。她可从来没有背过什么"孝经"，她在"语言模仿期"也会思想，会挑战大人的说法。

看蒋先生的工程，笔者觉得难以达到振兴中华文化的目的。相反，以笔者看来，以蒋先生代表的文化保守主义如果得势，我们就会有回到蒙昧之虞。

实在说，除了批评蒋氏视蔡元培废除尊孔读经为"甚于秦火"之举颇有力度外，薛文基本上是从经验和感觉出发同蒋氏唱反调，并没有多少学理上的说服力。薛文的真正力量，实来自于他的态度和立场，即如当年写《我们现在怎样做父亲》时的鲁迅先生一样，是站在反抗、反叛父祖权威的少者立场、自然主义立场上——用教育学的语言来说，就是站在儿童本位的立场上——说话的。这十分符合五四以来反传统的历史态势，也十分投合20世纪90年代以来悬挂在中国各级学校（从幼儿园到中小学校）校园内的似是而非的教育口号——"一切为了孩子，为了一切孩子，为了孩子的一切"（唯独忘了学校是为了教育孩子才存在的）——所特有的口味。他以"走向蒙昧的文化保守主义"为题，大有把一切文化保守主义者和文化保守主义的一切文化理念付之一炬的气概。而他虽不乏幽默却也不乏调侃、不屑一顾的口气，不过是为了彰显那基于信仰而大倡读经的蒋庆如孔乙己般的迂腐。

极端化的原教旨主义，激起了极端化的批评。而对于原教旨主义的极端化批评，由于其立场的专断性和态度的轻蔑性，又引起了具有温和自由主义立场人们的深深不安。于是，秋风发言了，他在7月13日的《南方都市报》上，发表《现代化外衣下的蒙昧主义》，对薛涌展开批驳，全文如下：

当代儒家思想人物蒋庆先生编辑了一套《中华文化经典基础教育诵本》，引来耶鲁大学历史系博士候选人薛涌先生的强烈批评（《走向蒙昧的文化保守主义——评蒋庆的读经运动》，见《南方周末》，2004年7月8日)，他形容蒋先生的努力是“一场以‘文化保守主义’为旗帜的愚民运动似乎正在开始”，他径直将这称为一种“文化蒙昧主义”。

这样的评论倒也没有什么，因为，一个人总有对一件公共问题表达意见的自由。蒋庆先生既然倡导儿童诵读中国古典经典，那么，自然也应当接受别人的批评。但是，网络论坛却出现了一种舆论一律，薛涌先生的批评博得了广泛的喝彩，在世纪沙龙上，网友们评论说：“倒也不必怕，这种倒行逆施的东西是得势不了的!” “好，不能虐待儿童!”“如此愚昧的东西为何能形成‘运动’?”“文化承传乃自然选择过程，无须‘大师’们奔走呼号!”等等。

就在同时，各个论坛上也有一个热门帖子，不少网友对各地政府破坏文化遗产的现象极为愤慨，对一些专家呼吁停止改建旧鼓楼大街、保护北京城市风貌的意见表示同情。然而，看到薛涌和网友们在读经事件中所表达出来的那种彻底地、绝对地反传统的心态，我知道，各地政府破坏旧城风貌，其实是有深厚的社会心理支持的。

今天的那些稍微有点头脑、也乐于思考的中国人，通常都是无可救药的进步主义者、唯理主义者、启蒙运动的崇拜者。启蒙时代的欧洲大陆知识分子把整个人类历史描述成一个进步的历史，相应地，中世纪则是一团漆黑；今人比古人聪明、幸福、明智、理性、善良；我们今天生活在历史的尽头，文明在我们这里达到了迄今为止的巅峰。

同样，现代以来的绝大多数中国知识分子也相信了这种天真的进步主义，但这却导致了一场进步的悲剧。他们看到了现代化在西方的成就，回过头来，他们发现，自己所生活的这个国家、社会、文化、文明、道德等等，是如此的落后、愚昧、无知、丑恶。不摧毁这些东西，就无从建立新社会、新国家、新道德、新人生。因此，他们发起了一场讨伐传统的知识、社会，甚至政治运动。

这场运动从20世纪初一直延续至今，全盘反传统已经成为现代中国人本能的意识形态。当年有人呐喊不读中国书，因为中国书所教导的都是愚昧和无知。过了近百年后，这个声音依然清晰地回响在我们耳旁。在这种心态下，主导城市建设的政府官员为了现代化，为了城市的社会、经济进步，而对城市连根推倒，全盘重建。这种做法，跟学者鼓动扔掉中国古书，其实完全相得益彰。

当然，在一个文化、知识和思想多元的时代，没有人可以强制要求所有家长必须督促孩子阅读中国典籍。但是，同样地，责骂一个学者发出的阅读中国古典的号召为“愚民运动”、为“文化蒙昧主义”，恐怕也有失粗暴。这些人士觉得，他们可以对传统、对中国的典籍作出终极的评价，这样的评价是不能质疑的。这反映的是一种一元论、唯理主义的独断论的心态，而这种理性的自负和自我中心，恰恰是蒙昧主义的典型特征。——很多时候，很多人是以追求现代化开始，而以彻底的蒙昧主义告终。这样悖谬的事情，中国人百多年来经历过不少了。

让我们还是理性一点，宽容一点，尤其是对自己的传统、对自己的祖先、对自己的文化，多一些同情的理解，而少一些刻薄、猜疑、鄙视和仇恨。毕竟，薛涌博士和他的孩子生活在美国，当然不一定非得读中国古典。但是，生活在中国本土，并且注定了将一直生活在这里的我们和我们的孩子如果在可预见的未来仍将说汉语、写中文，那么，我们和我们的孩子似乎就有理由去读一些中国经典，我们的教育体系也似乎应当多拿出一些时间进行汉语和中文的训练，学习那种语言的表达方式。而阅读、精读古典，乃是进行语言训练最重要的途径，不管哪个民族，恐怕都是如此。

不光是语言，我们恐怕也需要通过阅读中国典籍来进行思想训练。如果我们将继续说汉语、写中文，那么，我们就该学会用汉语思考。这就需要我们去揣摩，我们的祖先是如何思考的，进而了解他们都思考了哪些问题。也就是说，我们只能在中国人的思考传统的边际上去进行创新。如果未来中国人还可能会有一些思想的创见，那么，这样的创见注定了不可能出自一个从来不阅读中国古典的人的头脑。

西方人让他们的孩子阅读《荷马史诗》、阅读《圣经》，然而，中国的孩子为什么就一定必须忘记《诗经》、《论语》，然后才能做一个现代的、文明的、理性的中国人，我实在不能明白这其中奇怪的逻辑——我只能说，追求现代而走到了这种地步，也许是因为心灵过于狭隘而智力上希望偷懒而已，毕竟，全盘拒绝传统只需要一点激情就足够了。

秋风的文章也不算长，却比“现代化主义”的理性更为理性，因为他抓住了“现代化主义”的历史症结：趋时务新，为了彰显自我而制造传统与现代的对立，以及浓烈的自然主义、历史进步主义和儿童中心主义等。特别是他提倡的“让我们还是理性一点，宽容一点，尤其是对自己的传统、对自己的祖先、对自己的文化，多一些同情的理解，而少一些刻薄、猜疑、鄙视和仇恨”，不仅点到了中国现代文化不良心态的要害部位，也凸显了这次读经之争的真正主题：在传统文化日益介入当代中国的社会和文化生活，成为一部分中国人（包括部分学者）的精神信仰的情况下，无此信仰的人们对那些信仰者是尊重、理解、包容，还是蔑视、敌视、排拒？中国人对于中国文化，应该有一种历史承担意识，还是仅作为一个旁观者、只进行理智的分析？在对于传统文化的把握中，是采取人文主义的方法，在同情之理解的基础上怀疑、批判，还是仅以怀疑、批判为不二法门？……这些问题，在当今中国的文化实践中，都是不难回答的。事实上，通过这场争论，既非原教旨主义的读经倡导，亦非极端反原教旨主义的读经批判，而是秋风所代表的温和自由主义立场，才日益成为2000年以来中国文化的主导心态。

接下来，薛涌又发表了一篇针对秋风的反批判文章，题为《什么是蒙昧主义？——再评读经，兼答秋风》，发表在同年7月22日的《南方周末》上。因为涉及文化、政治与教育的相互缠绕所带来的读经争论的复杂性，在此似有进一步讨论的必要。薛涌说：

对孩子的教育，应该是苏格拉底式的，不应是蒋先生所界定的读经式的。苏格拉底自称他什么也不懂，他唯一比人们多懂一点的，就是他懂得自己不懂。所以，他在雅典的街头巷尾和人们讨论，对那些自以为懂许多东西的人提出质疑，最后把对方搞糊涂，使之终于认识到自己并不懂为止。

知识就是这么被创造出来的。

……蒋庆等人的问题是，他们认为自己对传统、经典有一个终极解读，自己很懂，别人不懂，于是为别人定下哪些书该读，哪些书不该读。觉得孩子年龄小，就不具备理解、质疑、挑战的资格。只能先背诵，后理解。在笔者看来，这正是用自以为是的“知识”（即未经苏格拉底式的质疑的知识），让别人停止思想，进入蒙昧。

教育是质疑而非背诵的过程。……后来的腐儒不让孩子提问，只让他们背书，实际上是以他们那些陈腐的“人之末”，压制孩子充满创造力的“人之初”。

读经派对孩子的态度，实际上也是他们对待老百姓态度的一个投影。他们觉得自己是权威，别人要等着他们教导。不读他们开的书单，就会如蒋庆所说，不配做“有文化意义的中国人”。请问：古往今来有多少不识字的中国老百姓？他们可能在大部分时间都占了中国人口的大多数，难道都不配做“有文化意义的中国人”吗？

笔者对五四以来的启蒙主义的一个主要批评，就是这种启蒙主义有一个基本的设定：少数几个读书多一点的人，不仅在知识上优越，甚至在道德、价值方面，也有垄断性的权威。他们可以替别人作出决定：什么该学，什么不该学，甚至动不动就说你如果没有这种或那种意识，就不配做一个现代人等等。读经派虽然批评五四的传统，却和五四启蒙主义分享着同样一种专制心态：似乎世界上只有几个人可以思想，其他人只配按他们的指定来背书。这实际上全是来源于传统士大夫对文化的垄断。笔者则认为，这种文化垄断需要打破。世界上人人有思想的权利，只需要记住那些自己认为值得记住的东西。

关于青少年读经争论的复杂性，部分在于文化问题与教育问题的相互缠绕。尽管文化发明的过程同时也可以是一个教育的过程（如苏格拉底与其弟子们以及柏拉图学园中师生的共同探究），但教育的过程（特别是对于少年儿童的教育过程）大多并不是文化发明和发现的过程，而是学者在教者引导下进行文化学习、接受文化熏陶的过程。其间即便有儿童的发现和发明，也主要是对于人类文化的再发现和再发明，与科学家的创造发明相比，这与其说是“发明”，不如说是“记住”。由于儿童总是在困惑中学习的，所以，学习过程又是一个质疑问难的过程。至于先记诵还是先质疑，这是一个纯粹的方法问题，它取决于特定的学习目标和学习对象。一定要把记诵和理解、记诵和质疑对立起来进而反对记诵，实际上是对于文化发明和文化学习两个不同性质活动的混淆。与此相适应，一般意义上的文化民主、思想自由，也不能直接套用到教育过程来，以之演绎教育过程中师生间的文化关系。事实上，为孩子提供成人认为好的精神食粮，永远是社会、家长和成人的文化责任，尽管成人的判断也可能出错，但不判断或放弃判断则更加错误，那意味着对于处于成熟和发展过程中的儿童的不负责任。更何况，按照“人人有思想的权利，只需要记住那些自己认为值得记住的东西”，让儿童完全自发地选择学习的内容，最终将取消课程，甚至取消学校和专门化的教育，不是更大的“蒙昧”又能是什么呢？至于以反“精英主义”为理由反对读经，问题更大。作为课程的知识，必然是经典性的文本（无论是古代经典还是现代经典，也不管它们是中国经典还是外国经典），那些没有文化含量、缺乏智力挑战价值、境界卑俗的文化快餐确不宜堂而皇之地进入课程，这也是课程所应该有的经典意识。

与薛涌的反批判文章同时发表在《南方周末》上的，还有《为什么不能读经》（秋风）、《蒙昧的教育理念与传统观——评薛涌先生的反读经观点》（刘海波）、《背诵、经典与保守主义》（朱国华）。它们把青少年读经的争论推向了高潮。

高潮过后，关于读经的争论仍在继续，但已更加和缓而理性，不再剑拔弩张。2007 年的《教育学报》第一期和第二期，就分别发表了针锋相对的两篇文章：《要求少儿读经是逆潮流而动》（萧宗六）和《要求少儿读经是顺潮流而动》（郭齐家）。争论归争论，中国的经典诵读脚步似乎并未因学者们各持己见的争论而止步，而是进行得更加从容而稳健。

2006 年发布的《国家"十一五"时期文化发展规划纲要》指出："在社会教育中，广泛开展吟诵古典诗词、传习传统技艺等优秀传统文化普及活动，努力提高全民族的人文素养，树立良好社会风气"，"规范和保护国家、民族语言文字。严格遵守《国家通用语言文字法》，在全社会大力推广普通话，推行规范汉字"。2007 年 9 月，教育部、国家语委、中宣部、中央文明办、民政部和文化部等六部委，联合启动"雅言传承文明，经典浸润人生——中华经典诗文诵读活动"，旨在以国家通用语言文字和中华经典诗文为载体，通过诵读，进一步提高国民的语文素质，提高国家通用语言文字——普通话和规范汉字的社会应用水平，激发全社会对祖国语言文字和中华优秀文化的热爱，增强民族自豪感和文化自信心。① 该活动首先在天津、山西、山东等八省市试点开展，遴选推荐出 140 多名选手，通过中央电视台《子午书简》的"我爱诵读"暑假特别节目，进行了诵读和才艺综合展示，并于 2008 年年初在北京举行了中华经典诗文诵读赛年度全国总决赛，引起了热烈的社会反响。② 2008 年，根据国家语委的提议，这项活动将推向全国；配合

① 雅言传承文明，经典浸润人生——中华经典诗文诵读活动简介［N］. 教育部门户网站，http://www.moe.edu.cn/edoas/website18/36/info32336.htm.

② 李馨. 传统在诵读中延续 文化在弘扬中发展——六部委举办"中华经典诵读"活动［N］. 中华新闻报，2008-04-18.

着国务院在法定假日中增列清明、端午和中秋三个节日的举措，在贯穿全年的诵读竞赛基础上，同步开展以清明、端午、中秋和春节等传统节日为内容的“中华经典诗文诵读”和“中华赞·诗词歌赋创作”活动。六部委在倡议中强调：传统节日凝结着中华民族精神和民族情感，承载着中华文化的血脉和精髓，是维系国家统一、民族团结和社会和谐的精神纽带。① 把经典诵读、诗文创作、传统节日与现代传媒结合在一起，能使传统文化与现代生活方式有机融合，增强经典诵读的生活性、群众性和感染力，并使传统节日超越“吃”的阶段而更具文化品位。

2008 年秋季新学期伊始，清华大学人文科学实验班开设《四书》必修课，一下子又引起了众多媒体的关注。请看下面的一则报道：

清华大学人文实验班开设《四书》必修课引发争议②

9月24日下午3时20分。身着一件黑色对襟中式服装的彭林教授走进清华大学第六教学楼的课堂。随着彭教授的一声“上课”，同学们全体起立，师生相互鞠躬，然后坐下，过程整齐而庄重。

这门课叫做“中国经典研读”，是清华大学人文科学实验班的一门必修课。由于研读的对象是《四书》，最近这件事在网上被炒得沸沸扬扬。作为主讲老师，清华大学人文学院教授彭林身处舆论旋涡。面对诸多质疑，彭林一一予以回应。

质疑：《四书》是旧东西，没必要搬进大学

回应：其核心概念可超越时空

网上有人说，《四书》是种旧东西，没有必要照搬进大学课堂。对此彭林认为，《四书》的基本部分都很好，读书明理、好学求道的精神需要继承，其核心概念可以超越时空，应该为社会所包容。

之所以选择讲《四书》，彭老师解释说，一方面，两年前，清华大学人文学院就动员他开一门关于《四书》的课，但因为当时自己比较忙，就暂时搁置了。这学期他将全部的心思都投入到《四书》讲解

① 李馨．传统在诵读中延续　文化在弘扬中发展——六部委举办“中华经典诵读”活动［N］．中华新闻报，2008－04－18.

② 人民日报，2008－09－26.

中。另一方面，如果学生想比较细致地了解中国文化，《四书》是很好的入门。经过朱熹作注后，《四书》比较简明，同学们可以读懂。而且，学习《四书》对于学生的治学和做人都有好处，因为它教人如何为人仁爱、诚信。“如果连仁爱和诚信都不要了，我们还能要什么?”面对网上的质疑，彭林这样反问。

上课的同学也比较同意彭老师的看法。潘星宇同学说，正像彭老师说的，《四书》是“儒学之根基，六学之阶梯”，古人很小的时候就已经能背了，但现在的大学生估计连“四书五经”的书目都说不全。听说美国大学有通识教育，在一、二年级的时候读一些西方经典名著。“而那不正相当于他们的‘四书五经’吗？读《四书》有助于个人修养的培养，同时可以有点传统文化的韵味，这也是在传承文化。”潘星宇补充说。

质疑：课堂上行礼是形式主义

回应：礼仪是我们的文化核心

除了课前的相互鞠躬外，彭林还要求学生在上课时提问“要举手”，回答问题“要起立”。这种做法遭到不少网友质疑，认为只有在小学时老师才会这么要求，大学课堂大可不必如此拘礼，是形式主义。但彭林认为，行礼是师生间最好的尊重。古人言：“请益则起。”说的就是，如果学生想让老师再多说一次，就要起立以示尊敬。

“中国有良好的文化传统，特别讲究道德、公理、良知，认为人性本善。在这一点上，中西方是不同的。”彭林认为，西方的文化核心是宗教，他们认为人性本恶，因此通过宗教来约束、管理人心和社会，这也是为什么他们要做礼拜和祷告的原因。

“中国的古人很聪明，他们将人性本善这样很虚无缥缈的道理转化成了礼仪。”彭林认为，现在的教育使学生有些过于自我，有些学生甚至不懂得尊重别人。“中国是礼仪之邦，文化核心即是礼仪，行礼是表达尊重的意思。温家宝总理在作政府工作报告的时候多次鞠躬，就是做了最好的表率。”彭林说。

质疑：大学生没有必要背《四书》

回应：理解应该从背诵开始

关于大学生还有没有必要背《四书》，也是舆论争议的中心之一。对此，彭林坦诚地表示，毕竟是第一次开这门课，这也是一种尝试。背书在古代是童子功，是一种传统。现在的大学生都在20岁左右，背书已经有点晚了，但还是希望他们能够适当地背一点。“如果完全背下来困难的话，可以只背《四书》里的《大学》、《中庸》和《论语》，而《孟子》略微有点长，下一轮教学时再做些调整。我相信能做到的同学将终身受益。”彭林这样认为。

此外，彭林认为，背书对于增进理解很有帮助。所谓“书读百遍，其义自见”就是这个道理。有人指责这是死记硬背，他反驳道：“大家在背英语单词的时候，怎么不说死记硬背了呢？理解就应该从背诵开始。”

彭林挑选的教材是朱熹注的《四书章句集注》。《四书》也有汉代和清代的注书，但都烦琐晦涩。而朱熹注本“不烦琐，分量不大，深浅程度适合在一学期内讲完。”在讲课过程中，彭林是一字一句地精讲。他说：“读古书，就要逐字逐句地读，讲究‘文字’、‘音韵’、‘训诂’。我还会让学生自己点标点，学会读古书的技能，因为点标点是最起码的基本功，能看出你是否看懂了。”

“清华的传统是‘爱国、报国’。”彭林说，“我希望上完课以后，这些同学能对母文化有一种温情和敬意。我们在经济全球化的今天，不能忘记自己的经典文化。希望同学们在自己读书的基础上，逐步建立起对自身经典文化的一种理解与判断。”

清华大学的前身是清末庚款兴学时设立的留美预备学校，20 世纪 20 年代，在“新教育中国化”浪潮中清华逐步改组为大学。由于被指责为中国新教育“外国化”的急先锋，因此清华为改大学而成立的研究院，首先从开办国学研究院开始。由于聚拢了王国维、梁启超、陈寅恪、李济等学术大师，清华一度名噪一时，并奠定了民国时期清华文科的坚实历史基础。在 20 世纪 50 年代的高等院校调整中，清华因文科被合并到其他大学而成了单一的工科院校。进入 80 年代、90 年代，为了办综合大学而恢复文科，当年的国学院被作为精神象征而重新进入清华人以至全国学术界的视野。如今的清华把传统经典研习作为必修课引入人文科学实验班，理应被视为重塑清华文化形象之历史努力的一部分。既然是实验，其是是非非自当听人评说，但不能不正视的一个重要问题是：中国当代大学课程的经典意识不是太浓而是太淡了，片面强调职业定向、以操作性知识为核心内容的课程不是太少而是太多了。不必拘泥于历史上的说法和各类工具书的定义，在我看来，经典之所以是经典，就在于它们是把人类文化的创造性和独特性发挥到极致的典范。研习经典、与经典对话，就是与人类最富创造性和独特性的心灵对话。通过这种对话，我们所领受的，不仅是卓越的思想观点和独特的思维方式，也是超凡脱俗的精神气质和思想境界。对于一个有志于文化创造的文科大学生来说，是否接受过充分的经典著作熏陶，其思想的广度、深度和境界，是大不相同的。至少，这种经典研习的价值，是那些以操作性知识为中心、知识图解式的大学教科书所无法取代的。

总之，进入21世纪以后的中国教育，已经在连续不断的争议声中，走向了她的文化追求之路。她需要这些争议以自我反省、主动调整、逐步完善来创新自己，也需要以锲而不舍地继续这种追求来发展自己。如今的中国，无论是参与国际竞争、贡献和谐世界，还是建立国家认同、凝聚华人社会，抑或是进行文化创造，都需要以基本的历史和文化认同为基础。在文化认同的基础上进行文化创造，又通过文化创造进一步巩固和发展这一认同，也许是我们必然的历史选择。

编后语

改革开放三十年的中国教育，几经变化，气象万千。限于时间、精力和水平，《中国教育三十年（1978～2008）》一书无法面面俱到，而是分三个阶段并就每个阶段中的典型问题，进行了初步的梳理和论述。所论定有诸多不当之处，敬请学界同人批评指正。

本书是集体协作的结果。按照章节顺序，作者分工情况如下：于述胜撰写导言、第八章和第十章，倪烈宗撰写第一、二、三、五、六章，李兴洲撰写第四章和第七章，李涛撰写第九章。最后，由于述胜统阅全书。